赵匡胤传

陈玉潇◎编著

陕西新华出版传媒集团
三　秦　出　版　社

图书在版编目(CIP)数据

赵匡胤传 / 陈玉潇编著. -- 西安 : 三秦出版社,
2013.3 (2021.4 重印)
ISBN 978-7-5518-0360-1

Ⅰ. ①赵… Ⅱ. ①陈… Ⅲ. ①赵匡胤 (927~976) -
传记 Ⅳ. ①K827=441

中国版本图书馆 CIP 数据核字 (2012) 第 319454 号

赵匡胤传

陈玉潇　编著

出版发行	陕西新华出版传媒集团　三秦出版社
社　　址	西安市雁塔区曲江新区登高路 1388 号
电　　话	(029) 81205236
邮政编码	710061
印　　刷	香河利华文化发展有限公司
开　　本	710mm×1000mm　1/16
印　　张	22
字　　数	410 千字
版　　次	2013 年 3 月第 1 版
	2021 年 4 月第 4 次印刷
印　　数	9001-14000
标准书号	ISBN 978-7-5518-0360-1
定　　价	58. 00 元

网　　址　http://www.sqcbs.cn

前 言

在我们五千年的历史长河中，历朝历代的皇帝们占据了重要的角色，他们的存在，很大程度上影响着百姓的生活、历史的发展。皇帝作为历史的重要角色之一，是当时左右和影响国家、民族命运的关键人物，研究他们的是非功过，兴盛衰废，在一定意义上事关国家盛衰、民族兴亡、个人成败，并对现代人有极大的借鉴意义。

这套《帝王传大系》，以帝王们的一生为主线。从他们的家族渊源入手，以历史小说的形式系统地介绍帝王们一生的沉浮。在打天下与守天下的风云战场中凸显出人物的性格特点、历史功绩，最大限度地将帝王和他的大臣们的传奇人生，不遗余力地展现在读者眼前，让读者在趣味阅读的过程中，享受完美的历史文化盛宴。

尽管这些曾经叱咤风云、指点江山的帝王们已成过眼烟云，但又有谁能够遗忘他们站在历史之巅所承受与经历的一切？

恍然间，我们仿佛看到了“千古一帝”秦始皇“横扫六合”的雄伟身姿；大汉朝开国皇帝刘邦从“市井无赖”到“真龙天子”的大变身；汉武帝刘彻雄赳赳地将中华帝国带上顶峰的威风场景；光武帝刘秀苦征恶战，于乱世中成就霸业的冲天豪情；乱世枭雄曹操耍弄“奸计”，玩转三国的高超智慧；亡国之君隋炀帝的骄纵狂妄；唐高祖李渊率众起义、揭竿而起，建立唐王朝的惊天伟业；唐太宗李世民玄武门兵变的狠辣果断；一代女皇武则天勇于创造命运的步步惊心；宋太祖赵匡胤“杯酒释兵权”的聪明睿智；一代天骄成吉思汗开创铁血王朝的钢铁毅力；元世祖忽必烈以蒙古铁骑横扫欧亚大陆的英雄豪迈；“草根皇帝”朱元璋从“乞丐”到“皇帝”的辛酸血泪；清太祖努尔哈赤以十三副铠甲起兵，开辟锦绣前程的创业史；大清王朝“第一帝”——皇太极夺取江山的谋略手段；少年天子顺治为爱妃做到极致的痴心情意；清军入关后的第二位皇帝康熙除权臣，平叛逆，锐意改革的天才谋略；最富争议的皇帝——雍正的精彩人生；乾隆皇帝钟情于香妃的风流韵事；慈禧太后将清朝操纵于股掌之间的惊天手段……

我们无法否认，在浩瀚无边的中国历史长河中，帝王始终是核心人物，或直接或间接地掌控着历史的船舵，所以，了解他们的传奇人生，研究他们的功过是非，仍然可以让读者借鉴与警醒！

然而，刻板的阅读模式使得纸媒每年都在流失受众，基于此，我们决定利用小说的形式去呈现帝王的传奇，语言风格也有别于传统的叙述方式。这套书在编排体例上突破了以往同类书严肃、枯燥、干巴巴的“讲授”形式，以更加细腻、更加精练、更加活泼幽默和诙谐的语言，用一种立体的方式将一个帝王的多样性与丰富性展现在广大的读者面前。

全书妙语如珠，犀利峥嵘，细述每个帝王的政治生活、历史功绩、家庭生活、情感逸事等，充满了故事性、知识性与趣味性，让读者在轻松愉悦的享受中体味人生的变化莫测；在“观看帝王大片”的过程中收取成功的法门秘诀。

为了保证书稿质量，编辑工作者查阅了大量的相关资料与文献，并且请教了很多长期从事历史教学与研究的专家学者。不过，由于时间与精力有限，本套图书或许还存在着些许错误，敬请广大的读者朋友们批评指正。

目　录

第一章　初露锋芒降神驹　思绪万千绕心头

后晋出帝开运三年(公元946年)八月的一个下午,在洛阳城东的一个校场上,一位虬髯卷发、高鼻深目的西域胡人,牵着一匹赤褐色的高头大马,一边走一边吆喝着:"各位,各位,快点过来看呀,正宗的西域宝马!各位赶紧过来看啊……"

这位胡人的嗓音洪亮,再加上生硬有趣的汉语,立刻就吸引了一大批的人前来观看。那些摆地摊的商贩、闲逛的流浪汉,以及正在买东西的市民、僧人、官兵等,都不约而同地围了过来。

这东校场是当年东汉明帝时修建的,纵向和横向分别为一百丈,非常宽阔,是历朝历代军事操演的地方。只是到了唐末,天下发生战乱,战祸频仍,后梁、后唐、后晋各朝,忙于征战篡弑,更兼运衰祚短,无暇到此地排阵阅兵,竟然使得好端端的一座校场,荒草萋萋、雉飞兔窜,一天比一天破败。

近两年的时间,这附近夹马营、驻马营、辖马营、健马营、客马营、新马营"东城六营"的住户,越来越多,而且大多数都是连年在外征战的将校的家眷。他们的孩子,大多好勇斗狠,都非常喜欢舞刀弄枪、骑马射箭。因此,那些从外地来洛阳的商贩,开始在校场的一侧设摊,主要经营马匹马具、刀剑弓弩等,生意红火得很,逐渐变成了一个并不是非常冷清的墟市。

那个西域胡人还在不断地吆喝着,前来围观的人也越来越多,转眼之间就围得水泄不通。人群中不乏豪杰俊彦之士,当然还有不少泼皮。大家的目光都集中在那西域宝马身上。

那匹马的全身都是赤褐色,光泽油亮,就像缎子一样,鬃毛乌黑而且粗长;身高足有六尺五寸,前胸宽阔,臀部滚圆,四条腿修长有力;嘴唇、鼻头和眼圈的毛色略淡,与淡红色极为相似,显得剽悍、年轻、高贵。很显然,这是一匹千里挑一的神驹!

不过,几个老到而又细心的围观者也注意到:这匹马的尾巴只剩下了一半,身体的左侧还有两道非常明显的刀伤痕迹。从它站在那里的那一刻起,就没有一分钟是安分的,两只前蹄不停地在地上踢、刨,嘴里打着喷嚏,头拼命地向上仰着,好像随时都要挣脱缰绳,奋蹄疾奔远去一般。这样看来,那些懂马的行家顿时明白了,这可是一匹经历了战场厮杀的烈马,最重要的是它是一匹宝马,但是平常人一定没有办法驾驭它。

那牵马的胡人听到人们对这匹马赞不绝口，就趁热打铁，伸手摘下头上的毡帽，一边挥舞着一边扯着嗓子喊道："各位都已经看到了，此乃纯种的西域良马，追风赛电，可以日行千里。不信的话你们可以看看它的毛色、骨骼，甚至是气度，样样都是上品货色。各位别看这匹马高大壮硕，其实才长了五个牙，口嫩着呢！不信的话，你们瞧一瞧！"

他刚说完，旁边围观的人就开始往上靠。那人一看，将毡帽重新戴在头上，腾出左手，掰开马嘴，让人们一一过目。人们一看，立即发出啧啧的称赞之声，而那个胡人的右手，始终紧紧地抓住那马络头，丝毫也不敢松懈。

"常言道，得良马如得良伴。战乱年头能有这样一匹好马，可以说是福气啊！机会难得，过了这个村可就没这个店啦！"

他接着叹了一口气，显出万般无奈的神情说："我若不是急于回乡，缺少盘缠，又怎么舍得将它出手！"

"你要卖多少银子？"有人问。

"现今时价，身高四尺二寸的儿马，值银四十两，每高一寸增银十两，这是就平常马而言。我这匹马身高近七尺，又是纯种西域马，你说值多少？"

"少啰嗦！干脆点！卖多少？"

西域胡人略一思忖，咬咬牙说："一百两，一口价！少一钱也甭想牵走它。我急着使钱，便宜哪一位了？"

人们又开始议论起来，有的说贵，有的说不贵。这些围观的人群中，十之八九是来瞧热闹的，既不谙相马之道，也无购马之意。虽然那些行家心知肚明，这赤褐马价值远远不止一百两，如果在平时，配上一个好一点的马鞍、马镫，再稍加修饰，最少可以卖到五百两，有可能还会更多；但是这匹马的来路不明，搞不好落一个鸡飞蛋打，招来不必要的麻烦；二来这匹马的性子如此刚烈，只怕一般人难以驾驭，反而成为累赘。所以，谁也不愿上前搭腔。

那个胡人见到这样的情况，正要开口再卖弄一番，人群中忽然涌上来一群十六七岁的后生。这些都是"东城六营"的泼皮无赖，每天无所事事，游手好闲，喜欢招惹是非。他们平时从来没有见过这样威武雄健的骏马，一时按捺不住，就一同围上来，这个摸摸腿，那个摸摸尾巴，还有一个，用右手食指在那马左侧的刀痕上划来划去，嘴里还一边哼着小曲。

"快走开，赶紧走开！"西域胡人大声呵斥到，他一听那赤褐马急促粗重喘息，就知道马已经发怒了，胡人使劲攥住手中的马缰。

就在这时，那马猛地向上一仰头，顺势向旁边一甩，挣脱了马缰，后腿直立，两只前腿腾空而起，头向苍穹，发出一声凄厉的嘶鸣，好像是在发泄它积压在心中的愤怒一般。

那几个后生被这突起的变故惊呆了，待到回过神来，准备跑开时，赤褐马已在空中扭转身子,四蹄着地,奔着他们疾冲而来。那些手脚灵活的,本能地向旁边一闪,有两个行动稍慢,被撞翻在地,马蹄再一踏,便在地上翻滚抽搐,呼爹叫娘,显然是断了肋骨。

赤褐马像箭一样,从人群闪开的口子中窜过,撒开四蹄,朝校场空旷的一端飞驰而去。

“快拦住它,快拦住它!”西域胡人声嘶力竭地喊叫着,急得捶胸顿足。人群中的议论声、咒骂声、呼喊声,交相错杂,沸沸扬扬,淹没了他的声音。

或许是赤褐马刚解脱羁绊,还辨不清方向,或许是有意要向人们挑衅,它跑出一百来步,竟停了下来,在那里慢慢地兜着圈子。

西域胡人非常迅速地跑过去,试图用手抓住缰绳,谁知赤褐马头一偏,扬起前蹄,奋力一踢,正好踢在胡人的前胸上,幸好他躲闪得快,再加上魁梧粗壮,才没有伤到筋骨,只是疼的龇牙咧嘴,再也不敢上前了。

望着仍然在兜圈子的赤褐马,那胡人又急又怒。万般无奈之下,他脚一顿,拱手对围过来的人群说:“哪位英雄可以替我收服这匹烈马?在下感激不尽,并心甘情愿将此马让给他,仅收白银五十两,绝不反悔!”

听了他的话,人群之中有人跃跃欲试,但再一看那凶狠暴戾的赤褐马,又开始犹豫、胆怯起来。

正在这时,人群之中走出来了一位军将模样的汉子,边走边捋起袖子,露出一支长满黑毛的非常粗壮的胳膊。此人的身躯就像铁塔般又高又壮,但是步伐却十分灵活。

只看到他不慌不忙地绕着赤褐马跑了几圈,瞄准时机,加快脚步,一把抓住马缰,死命地向后拽。没想到赤褐马的力气这样大,竟然速度不减,拖着汉子照样兜圈子,那汉子也不肯放手,反而越来越使劲,死命拖住。马缰虽然是粗牛皮制成的,却也禁不起这般拉拽折腾,转了几圈,“啪”的一声断了。

那汉子猝不及防,四脚朝天跌倒在地,半天也没有爬起来。

赤褐马放慢脚步,回头看看,也不再兜圈子,不慌不忙地向人群外跑去。

“完了!”不仅那胡人,而且在场的围观者也都这样想。

就在众人绝望之际,忽然听到一声暴喝:“畜生,休得逞能!”此时,只见一位青年掠过人群,几个箭步追了上去,距离马尚有数尺,双脚一顿,腾身跃起,在空中一个转身,稳稳地骑在马上。

“好!好……”众人齐声喝彩。

赤褐马猛然之间被遏制住了,狂性大发,不停地颠跳腾挪,想要将青年甩下去。怎想到青年紧抓马鬃,双腿夹住马肚,好像扎了根一样,稳如磐石。那赤褐马一见这招不灵光,就使出了自己的杀手锏,后腿站立,前腿腾空,直立而起。只见青年双手牢牢地抱住马脖子，身子仍然紧贴马背。赤褐马不但摆脱不了他，脖子反而被勒得一阵剧痛，野性大发，撒开四蹄，风驰电掣般向前飞奔而去。跑了大约一箭地，突然停步，臀部猛地耸起。马上的青年经这一顿一耸，身子从马背上弹起来，头下脚上，眼看要被甩下马去。

围观的群众发出一阵阵尖叫。情急之中，只见那青年双手揪住马鬃，腰部使劲，双腿猛地向上一蹬，旋转身子恢复了原位，稳稳地坐在了马背上。

接下来，他气沉丹田，双腿猛地一用力，赤褐马吃不住这神力，又撒腿狂奔起来。转眼之间就跑出了马场。校场前方，是一堵数丈高的土墙，没有设置大门，左右两侧各有一角门可通。左侧角门通向繁华的大街，行人川流不息；右侧角门则通向一片菜圃。

如果马闯进大街，可就麻烦了！人们正在担心，只见那个青年人毫不犹豫地抓住马鬃，使劲向右边拽，朝右侧角门疾驰而去。

这角门本是为行人进出而设，高不过一人多，如何出得去？赤褐马像箭一般向角门冲去。说时迟，那时快，青年将身体本能地一仰，平平向后躺去。可是情况紧急，动作又快又猛，那青年虽躲过了致命的一撞，整个人却重重地从马背上滑下来，"砰"的一声跌在地上，一动也不动了。

远处观望的人们看得目瞪口呆。

哪里知道这个时候，令人吃惊的事情发生了。那匹已经跑得很远的赤褐马，居然又掉过头，悠悠地走到青年的身边，用头不住地在他的胸前拱动着。

人们都在想这个青年人究竟是怎么样了，哗啦啦围过去。此时，那青年人还是一动不动，众人都认为他已经死了，纷纷惋惜不已。

哪知过了一会，那青年竟然动了，慢悠悠地站了起来。他睁开眼睛，看到赤褐马正在自己胸前亲昵地来回拱动着，就伸出手在马背上缓缓地滑动着。那赤褐马似乎很愉快接受这种抚摸，半截尾巴左右摆动，头在青年人肩膀上来回磨蹭，显得亲热而温顺。

那青年纵身跳上马背，双腿一夹，赤褐马也不再倔强，平稳地跑了回去。

夕阳西下，落日的余晖泼洒下来，将校场染成了胭脂色。夕阳中的一人一马，宛如天神一般，显得格外威武雄壮。

青年骑着马，来到卖马人的身边，矫健地跳下马背。人们呼啦啦围上去，想要一睹这位英雄的风采。

只见他紫色脸膛，两颊丰润，鼻梁挺拔；宽阔的额庭下，两道粗黑的眉毛，外端微微上翘，几乎延伸至太阳穴。眼睛并不大，也不明亮，却有一种洞彻肺腑的穿透力。他身高七尺，肩宽腰细，体格匀称。真是天表神伟，让人一见就知道并非寻常之辈。

“哦，原来是夹马营的赵匡胤！”人群中有人嚷道。

“我就说，除了他，谁还可以降服这匹烈马！”

“百闻不如一见，这赵匡胤果真是一条好汉！”

赵匡胤究竟是什么人呢？说起来的确不寻常。他祖籍涿州，先辈世世代代为官。高祖名朓，曾经在唐朝做过永清、文安、幽都令；曾祖名诞，历官藩镇，兼任御史中丞；祖父名敬，先后任过营、蓟、涿三州的刺史；父亲名弘殷，从小骁勇，擅长骑射，后唐庄宗时，曾主管禁军。赵弘殷娶了定州安喜县杜家庄庄主第四位女儿作为妻子，不久就迁来洛阳夹马营居住。杜氏心地仁慈，容貌端庄，但是治家非常严格。第一胎生了个男孩，取名匡济，却不幸夭折；第二胎又是一个男孩，取名匡胤；后来又生了二女二男，长女夭折，二女成为后来的燕国公主，二男取名为匡义、匡美。

据说赵匡胤出生的时候，赤光绕室，异香整夜不散，体有金光，三日不变，人称“香孩儿”。成为茶余饭后人们议论的焦点。有人说，这香孩儿是救人济世的定光佛转世；也有人说，那后唐明宗李嗣源登上皇位之后，每晚在宫中焚香祈祷，言自己本为胡人，暂承唐统，希望上天早降圣人，平息动乱，统一中原，必定是他的一片诚心感动上苍，才在洛阳诞生了这灵异的香孩儿。

赵匡胤自小就非常喜欢骑马射箭，练习武艺。长大之后，十八般武艺可谓是样样精通，尤其擅长棍法。赵匡胤天生神力，将一根三十六斤的铜棍舞弄的出神入化，但是非常不喜欢读书。

赵匡胤的母亲杜氏是书香世家出身，大家闺秀，非常喜欢读书，她看到赵匡胤喜欢武艺，非常担心他重武轻文，将来难成大器，就多次劝说他要多读圣贤书。赵匡胤却一本正经，振振有辞地对母亲说道：“治世用文，乱世用武，现在正是天下大乱的时候，兵戈未靖，孔孟之道，有什么用。孩儿宁愿娴习武事，等到他日可以驰骋疆场，成就自己的一番事业。”杜氏见他说得如此坚决，而且也不无道理，也就随着他的意思去了。

本来赵匡胤无意买下这一匹马，可谁知降伏了这暴戾的赤褐马之后，竟起了惺惺相惜之心，再也舍不得。只是身上没有带银两，就在附近熟悉的商贩手中借了五十两白银，买下这匹骏马。那西域胡人虽然少得五十两银子，但是有言在先，只得悻悻地离去。

赵匡胤一个箭步跨上马背，出了校场，向夹马营奔驰而去，顷刻之间就来到家门前。

这是一幢夹马营最普通的房舍：门外几株浓密的大榆树，进了大门，是一个宽敞的庭院。过了庭院，便是正房。正旁中间有一个厅堂，厅堂右侧是父母的卧室，左侧是赵匡胤小夫妻所居，内侧的两个小房间，分别为妹妹和弟弟的卧室。

赵匡胤牵着马走进院子,喊了一声:“娘,我回来了!”

“哥哥回来啦!”七岁的匡义兴高采烈地叫喊着跑着过来。他一眼瞥见那赤褐马,发出一声尖叫,拔腿跑过去,想要摸一摸。

“别过来,它凶得很!”赵匡胤伸出手挡住匡义,之后将新换的马缰,拴在院中的柳树上。

“哥,你就让我瞧一瞧嘛!”匡义一副委屈的样子。

“别急,以后熟悉了,不仅让你摸,还让你骑呢!”说罢,拉着匡义的手,迈步走进厅堂。

“发生了什么事情,怎么这么吵吵闹闹的?”杜氏抱着刚满周岁的匡美,从卧室里走出来,右手在孩子身上有节奏地轻拍着。这是一位四十出头的中年妇女,中等身材,微胖,因过度操劳,头上已间有白发,脸色略显憔悴,朴素的衣着,掩盖不住雍容的气度和刚毅的神态。

“娘,哥骑回一匹赤褐马。”匡义的嘴总是那么快。

“什么赤褐马,胤儿?”杜氏望着赵匡胤,慈爱的目光中透出几许威严。

赵匡胤虽然不喜欢儒家典籍,但是天生非常孝顺,而且父亲赵弘殷常年在外征战,他自小由母亲一手抚养教诲,对母亲十分敬畏。

听到母亲发问,他赶忙恭敬地回答:“孩儿在东校场遇到一匹罕见的千里神驹,用五十两银子将它买下来了。可真是捡了个便宜呢!”他对降马触门的事,只字未提,怕引起母亲的不安。

“五十两,哪来的银钱?”

“在朋友那里借的。”赵匡胤深知,父亲已经很久没有寄钱回来了,家里并不富裕,自己也没有挣回半文铜钱,还要这样花费,母亲一定会不高兴。

他低声回答完,用余光看了母亲一眼。母亲的脸色果然非常严肃,赵匡胤心中不由一凛。

杜氏慢慢地坐在椅子上,挥挥手说:“胤儿,娘有话对你讲,你坐下!”

“娘说吧,我听着呢。”他顺从地坐在另一把椅子上。

“胤儿,你已经满二十,今年又娶了媳妇,算是一个大人了。我从来不反对你操练弓马武艺,但是你整天这样游手好闲,每天无所事事。何况大丈夫当修身齐家治国平天下,你爹在战场上以性命相搏,已经有一年多的时间杳无音信,也不知是死是活;娘一天天衰老了,你弟妹都还小,将来持家的重任,还有你自己的前程,都应当多想一想才是啊!”

“娘,你放心,孩儿一定不会辱没祖宗的,也不会辜负您老人家的期望!”

“那就好,那就好。”听了儿子的话,杜氏感到一丝安慰。

吃过晚饭,赵匡胤向母亲问过安,就回到了自己的卧室。

妻子绮云递给赵匡胤一杯热气腾腾的香茗，望着他温婉一笑，笑意中包含着浓浓的爱意。

绮云是贺景思的女儿，和赵匡胤一般大。因为贺景思和赵弘殷同为军校，一起出生入死，交情深厚，赵弘殷知道绮云性情温婉，容貌秀丽，就替赵匡胤下了聘礼，贺景思自然一口应承，生死之交又成了儿女亲家。自从春天绮云嫁过来之后，小两口如胶似漆，十分恩爱。绮云上孝敬婆婆，下照看年幼的小姑、小叔，还帮着婆婆操持家务，全家上下无人不喜欢她。

"相公，你发什么呆啊？"绮云看到赵匡胤端着茶杯陷入了沉思，用右手食指在他额头上轻轻一点，笑着问道。

妻子那如花的笑靥、如水般的柔情，让赵匡胤心神一荡。他放下茶杯，顺手揽过绮云，将她抱到怀里，在她的脸颊上轻轻地吻了一下。绮云倚在他胸前，说："相公，你就不要郁闷了，婆婆这样说也是为了这个家。你想想，公公已经这么长时间没有消息了，世道这么乱，你又没有什么正经的营生，她怎么能不着急吗？"

"我知道，都怪我没有本事。"他闷声答了一句。

"相公，要不你和我舅舅做生意，这样一来可以接济家中进行周转，二来还可以让婆婆高兴，三来可以见见世面。我知道，你不愿意做这些琐事，就算是一个权宜之计吧。"

赵匡胤默不作声。因为赵匡胤想要投军从戎、搏杀疆场，只是难舍亲情，时机还不成熟，暂时还不能有所行动罢了。

绮云见他又皱起了眉头，也就没有再说什么。

第二章 决心已定赴沙场 混乱之中结兄弟

第二天，刚刚天亮，赵匡胤早早地就起床了，连早饭也没有吃，便骑着赤褐马一路飞驰出了城，径直来到了洛水边。

洛水岸边一片郁郁葱葱，河面在晨光的照射下显得格外美丽。赵匡胤松开缰绳，任由马儿到处闲逛吃草，独自一人在洛水边上游荡，仰望蔚蓝的天空，在草地上躺了下来。空气是如此的清新自然，躺下身来，背下的青草软绵绵的，传来一阵阵沁人心脾的芬芳，但是赵匡胤的心却难以宁静。

昨天晚上思考了很久的问题又浮上脑际：到底是经商还是从军？他必须在这两者中作出抉择，再游荡下去是绝对不行了。显然，经商是一条相对稳定的、合乎常规的人生道路，它将人导向一种富裕安定的幸福生活；而从军则充满了凶险和不可预知的因素，可正是这种不可预知性，给人提供了无限的可能和机遇，它也许将人导向死亡，也许将人导向辉煌的顶峰。

赵匡胤心绪纷乱如麻，站起身来，放眼望去，只见晨雾之中，洛河水汹涌澎湃，滔滔东去，惊涛拍岸，如震如怒，显得十分壮观。他猛吸一口气，胸中的豪情不禁油然而生，“逝者如斯，人生苦短。何不趁着年轻，效命沙场，干一番轰轰烈烈的事业？厕身商贾之间，庸庸碌碌，岂不是在世上枉走一遭？况且当今天下纷攘，生灵涂炭，契丹亦对中原虎视眈眈，这正是大丈夫匡扶社稷、建功立业的好时机，我又焉能舍鸿鹄青云之志，作燕雀蓬蒿之计呢？”

决心一旦定下来，赵匡胤如同卸下了心头的千斤重担，浑身感到说不出的舒坦，他忍不住面向洛河，嘬口发出一声长啸，啸声传得很远，在对岸的山谷中回荡。

赤褐马听到啸声，以为是主人在呼唤，飞快地跑了过来。赵匡胤伸手在它的脑袋上拍了拍，赤褐马低下头，咴咴地叫了一声。

这时，太阳缓缓地升起来，驱散了薄薄的雾气，天地间的一切变得那么清晰，那么瑰丽。望着那轮光芒四射、赋予天地万物以蓬勃生机的红日，赵匡胤感觉到一种不可名状的亢奋与冲动，一种要宣泄内心情感、赞美太阳的强烈愿望。一向不喜诗赋的赵匡胤略作沉思，一首七言绝句竟然奔涌而出：欲出未出光辣达，千山万山如火发。须臾走向天上来，赶却流星赶却月。

时光流逝，不知不觉寒冬已经来临，这年冬天，连日来要北征契丹的传闻终于得到了证实。洛阳城中不断有朝廷调集的军队粮草开往北方，人喊马嘶,闹得本就十分繁华的西京城沸沸扬扬。

自后晋石敬瑭割燕云十六州给契丹以来,中原地区就不断受到契丹的骚扰和掠夺。听到天雄节度使杜重威受晋出帝之命,率领朝廷所能征调的所有兵马,会同天平节度使李守贞,讨伐契丹,决意恢复幽州,荡平塞北,一举根除北患的消息后,“东城六营”的年轻人,有不少人慨然从军。

赵匡胤看着他们身着戎装,满脸神气的样子,心里羡慕非常,无奈父亲至今征战未归,消息不通,家中全是妇孺,自己身为长子无法弃之不顾,只好暗自惆怅。

没料到不久有消息传来,杜重威的大军刚抵瀛州,便中了契丹的埋伏,损兵折将,锐气大挫,不得已撤过了滹沱河,与契丹军队隔河对峙。杜重威初战新败,心存怯意,不敢主动进攻,又以为有险可恃,戒备不严,结果契丹派兵偷渡滹沱河,切断了晋军的粮道与归路。挨到年底,杜重威见援兵不至,粮草将绝,契丹主耶律德光又许诺他为中原之主,竟然下令将士解甲投戈,投降契丹。可怜晋军数万兵士,空怀报国效主的一腔热血,不禁仰天号哭,声震原野。

晋军战败投降的消息传到中原,朝野震撼,人心惶惶。洛阳城中的那些达官贵人豪绅富贾,纷纷收拾金银细软,准备逃难。赵匡胤听到这一消息时,正在城东的小酒店里和几个朋友把酒对饮,气得将手中酒杯往地上一摔,大骂杜重威匹夫误国,朝廷用人不当,恨不得立刻披甲上马,与契丹鞑子决一死战。只可惜自己手中无兵,只能颓然愤慨而已。

赵匡胤满腔激愤地回到家里,只见厅堂里香烟缭绕,母亲杜氏双掌合于胸前,跪在蒲团上,双眼微闭,口中喃喃祈祷着:“阿弥陀佛,佛祖保佑我丈夫在外逢凶化吉,全家大小平安无事,阿弥陀佛……”

赵匡胤连忙悄声站在一边,母亲声音一停,便立刻上前叫了一声:“母亲。”虽然在朋友面前赵匡胤为人性格豪爽狂放,但天性纯孝的他对于母亲杜氏却极为尊敬,甚至带着些许的惧怕。

“什么事?”杜氏站起身来,在椅子上坐下。

赵匡胤将在外面听到的情形,一一向母亲禀告。杜氏双眉紧蹙,长长叹了口气。

“杜重威这一投降,朝廷再无军队抵挡契丹的南侵。东西二京也难免落入鞑子之手。城里的大户人家都已经准备逃离洛阳了,我们是否也去南方避避风头?”赵匡胤说。

“胤儿,娘和绮云都是妇道人家,你弟妹年纪尚小,如何经得起?况且北兵凶悍迅捷,一旦得了京城,必将乘势南下,我们又怎么能跑得过他们的骑兵?”

杜氏顿了一下，略作沉思，接着说道："依娘看，不如暂且留在洛阳，一则毕竟是西京，北兵应当有所顾忌；二则你爹若来寻找，也不致于扑空。"

望着母亲信任的眼光，赵匡胤意识到，眼下父亲在外征战，自己便是家中最大的男子汉，母亲虽然精明能干，但是一旦遇到大事，只有自己来承担这不可推卸的责任。

时局如人们所预料的那样，刚过了年，契丹主耶律德光便统率大军，进了京城开封，废晋帝为负义侯，流放北地黄龙府。后晋这个短命小王朝自石敬瑭称帝传到晋出帝石重贵，仅仅二世，祚十一年而亡，但它留下的后患却是无穷的。

耶律德光不费吹灰之力占领了开封后，改国号为辽，改元大同，并告谕天下曰："从今以后，不修甲兵，不买战马，轻赋省役，共享太平。"话虽如此，但辽国将士，民风剽悍，掠夺成性，根本无法约束。辽军骑兵以牧马为名，四处劫掠，谓之"打草谷"。不但如此，而且还公开抢劫财物，奸淫妇女，无恶不作。

洛阳一带数百里间的百姓几乎被洗劫一空，百姓苦不堪言。自古中原多血性男儿，岂能容忍异族入主？各地豪杰纷纷揭竿而起，或暗杀零散的辽兵，或偷袭辽军营垒，或伏击辽国使者，一时之间闹得辽人头痛不已，却也无可奈何。

辽太宗耶律德光虽然秉性凶残暴戾，却笃信佛教，无论军机如何繁忙，每隔两日总要去城外的寺庙烧香拜佛。

这一天，照例是他上香的日子。由于汉人的反抗情绪日益高涨，耶律德光外出时戒备极为森严，八人大轿遮挡得严严实实。大轿两侧，各有四名武艺高强的骑兵侍卫，大轿前后还有数百名精悍的亲兵护驾。

舆驾刚走出城大约一里，突然从驿道左右的树林中冲出十来个黑衣人，直扑中间的黄幔大轿。其中为首的一个大汉，肤色黝黑，满脸络腮胡，额头高挺，双眉浓黑如漆，目光如炬。他手持双刀，几个箭步紧逼大轿，右脚轻轻一点，身子斜纵而起，手中双刀一挥，那些侍卫根本没有料到来人身手如此了得，未及还手早已被砍翻马下，身首异处。

黑脸汉子砍翻最前面的侍卫，双脚刚一落地，便毫不迟疑地右手挥刀，直刺轿内。只听"嗤"的一声，锋利的刀锋已然透过布幔，紧贴着耶律德光的脸颊滑过。变故来得如此突然，耶律德光虽然久经沙场，也不由得心中一阵发凉，背上冷汗直冒。

那黑脸大汉见一击不中，正要再度挥刀，余下的侍卫早已手拿兵器，挡在轿前。可是这么一耽搁，耶律德光那些亲兵也早已蜂拥而至。黑脸大汉见状，连忙喝令其他黑衣人，分两队拦住亲兵，自己则继续与那几位侍卫格斗。只见他分花拂柳，身如鬼魅，手起刀落，又有几个侍卫命丧黄泉，可自己同时也被八个一色轿夫打扮的侍卫高手团团围住，怎么也无法脱身。

再回头一看，耶律德光的大轿已被亲兵抬着跑向远处了，而自己的同伴也只剩下四个，依然在和辽兵缠斗，但已明显处于下风。时机转瞬即逝，黑脸大汉忖度着自己的形势，再斗下去，恐怕所有的人都得命丧于此。留得青山在，不怕没柴烧。他打了一声呼哨，纵身跳出圈外，如流星般向树林疾奔而去。

那耶律德光逃回王府，心中又惧又怒，派人四处张贴告示，捉拿凶犯。据说耶律德光后来突然离开开封北归，不久在沙胡林暴死，都和这次所受惊吓有关。只不过正史未载，难以确考了。

辽兵进入洛阳将近两个月，整日里烧杀抢劫不断。昔日繁华热闹的古都，变得冷清萧条，人烟稀少。不久，城里出现了粮荒，幸亏杜氏早有准备，不至于断炊，可家里的存粮也是一天天减少。

赵匡胤也不禁为此发愁，唯一的办法是去城外的大黄庄买些粮食。自己是家中的长子，自然要替母亲分忧，于是跟母亲商量，说自己打算出城去买粮食。

母亲杜氏一听，虽然担心，但全家人要活命，也是没有办法的办法了。杜氏反复叮嘱他路上小心，千万不要招惹辽兵。赵匡胤一一允诺。

赵匡胤牵着赤褐马，顺着冷冷清清的街道出了城门，远远望见城墙上贴着一张告示，不少人在围看，连忙走上前去。

原来是辽国通缉刺客的告示，上面还画着刺客的容貌，如有活捉者赏银五千两，杀死者赏银三千两，报告消息者赏银一千两。得知画上这位黑脸大汉，便是刺杀耶律德光的人，赵匡胤又是钦佩又是惋惜，暗想："这位好汉的行刺，虽未免太鲁莽，但也算得上是惊天动地。如此敢作敢为，方可称得上大丈夫！"

大黄庄在洛阳城东南三十里的玉泉山下，一路上田园荒芜，罕有人迹，满目凄凉。赵匡胤一路策马前行，大约行了十里，突然听到路边树林中，隐约传来打斗声，心中一动，赶紧下马，悄悄向树林走去。声音越来越清晰，刀剑撞击声中夹杂着呼喊声、喘息声、呻吟声。赵匡胤回头拍拍赤褐马的脑袋，示意它停下。自己蹑手蹑脚走上前去，躲在一棵大树后窥视。

只见二三十个辽兵，正在围攻一个黑衣人。那黑衣人双手各持一把鬼头刀，步伐灵活，身手敏捷。但那些辽兵也相当英勇，且训练有素，在一个军官的指挥下轮番进攻，纠缠不放。赵匡胤仔细打量那黑衣人，不禁大吃一惊：他就是榜文上通缉的刺客！

赵匡胤心中一股豪气油然而生，顺手抄起地上一根胳膊粗的树枝，便要冲过去相助。说时迟,那时快,赵匡胤尚未现身,只听得半空中一声暴喝:“鞑子看枪!”随即一道白影,从树上飘然而下。

来人一袭白衣,身材修长,手中拿一杆长枪,进退之间衣袂翻飞,体态婉转,犹如玉树临风。一杆长枪使得出神入化,呼呼生风,直杀得辽兵鬼哭狼嚎,与那黑衣人的粗犷强悍,形成鲜明的对比。赵匡胤在一旁忍不住暗自喝彩。

忽然间,一阵急促的马蹄声由远而近,“不好,鞑子的援兵来了!”再拖延下去,两人绝非鞑子兵的对手,赶快脱身要紧。赵匡胤见情势危机,顾不得母亲的叮嘱,大吼一声,冲了过去,迎着其中一个武士,兜头就是一棍。那武士慌忙中举刀去挡,可哪扛得住他的天生神力?只听得“咣”的一声,刀掉在地上,而那木棍的威力仍然不减,正砸在那人的天灵盖上。可怜那个武士还没明白怎么回事,就一命呜呼!

赵匡胤得势不饶人,右脚上前一步,将棍子扫向另一个武士,正中胸口。那武士踉跄倒地,七孔流血而死。转瞬之间就打死了两个武士,这时黑衣人又奋力砍死一名武士。其余武士一看架势,再也不敢恋战,一声呼喊,拔腿向林外跑去。

赵匡胤环视一下横七竖八的尸体,对黑衣人、白衣人急急喊道:“两位英雄,鞑子援兵已到,此地不可久留!不如先跟我去玉泉山,到那里再细叙!”说完,嘬口长啸一声,赤褐马飞奔而来。其余二人也纵身跃上马背。三匹马向玉泉山疾驰而去。

玉泉山距树林不过二十里。三人驱马狂奔,不足一顿饭的工夫就到了玉泉山下。半山腰有个白龙潭,方圆半亩,三面古柏参天,潭水清澈,潭水一侧是悬崖,一道清流直泄而下,注入潭中。

三人拴好马,在潭边坐下,各自互道原委。原来那黑衣人姓韩名令坤,是磁州武安人氏,出身将门,从小习武,威猛过人。辽兵侵占中原,占据京城开封,飞扬跋扈,鱼肉百姓,他便发誓要效法荆轲,刺杀辽帝。于是邀集了一群侠义志士,详细策划刺杀计划,无奈行动失败,遭到官兵的大规模搜捕。韩令坤等人在辽兵的不断追杀下,来到洛阳郊外,同伴尽数被杀死,他孤身一人苦战枣树林。若非有人相救,恐怕早已暴尸荒野了。

那白衣人复姓慕容,名延钊,是山西太原人,父亲慕容章是并州刺史。因为不愿儿子长大后再过行伍生涯,立志将他培养成一个知书识理的儒学之士。因此他自幼熟读各种典籍,平日里吟诗作赋,满口子曰诗云。谁料十六七岁上,遇到一位云游道士,说他骨骼清奇,天生是练武的好资质,并愿意收他为徒,传授绝艺。当时战乱迭起,父亲也不再阻拦,于是边习武边读书,十几年下来,不仅练得一身好武艺,而且写得一手好文章。

互相道罢来历，慕容延钊手抚着枪杆，哈哈一笑，说道："在下前往洛阳探视岳丈岳母，岂料尚未进洛阳城，便遇上了两位兄台，岂非有缘？谚曰：有缘千里来相会。此之谓乎？"赵匡胤、韩令坤一听，想到三人本素不相识，今日却在此时此地相遇相知，确实是机缘巧合，异口同声说："真是有缘，真是有缘！"

赵匡胤站起身，拱了拱手说："两位英雄，我们今日能相会于此，既是有缘，何不结为异姓兄弟，将来也好有个照应。不知两位意下如何？"

"好极！好极！"韩令坤乐得一蹦而起，"俺这条命是你们捡回来的，救命之恩，俺韩令坤一辈子也不会忘记，两位若不嫌弃俺粗鲁，那可真是俺的造化了。"韩令坤是个极憨厚爽快的人，对赵匡胤两人拔刀相助，心中早已是不胜感激钦佩了，何况赵匡胤天表神伟，有胆有识，慕容延钊潇洒倜傥，能武能文，都是当世罕见的豪杰之士。能与这样的人结为金兰，自然是求之不得，一百个愿意。

慕容延钊微微颔首道："两位所言正合吾意。《易》曰'同声相应，同气相求。'又曰'三人同心，其利断金。'我们三人一见如故，肝胆相照，正该结为异姓兄弟，将来齐心协力，纵横天下，亦不枉此一生！只是在下不才，年龄虚长，恐怕辱没了两位青年英雄。"

"两位千万不要说什么嫌弃、辱没之类的客套话，这样反见外了。我赵匡胤见识虽浅，却也知道两位都是顶天立地的男子汉大丈夫，今日有幸与两位结交，实在是大慰平生。"

慕容延钊微微一笑，从行囊中取出一个酒葫芦，对两人说道："今日山野之中，我三人姑且以此代杯，歃血为盟。"

于是三人各自割破食指，将鲜血滴于葫芦中，三人的血在酒中融为一体。然后走到潭边并排跪下，按年龄长幼排序，慕容延钊最长三十四岁，是大哥；韩令坤二十二岁，是二哥；赵匡胤二十一岁，自然是三弟。三人齐声盟誓道："苍天在上，今日我三人在此结为异姓兄弟，从今以后有福同享，有难同当。若有违背，天打雷劈，神人共殛！"誓毕，将血酒一饮而尽。三人不约而同放声大笑！

刚刚恶斗了一场，三人早已饥肠辘辘。韩令坤脚步虚浮，脸色发白，只是死撑着。慕容延钊见状，从随身行囊里掏出几个地瓜，递给韩令坤、赵匡胤，笑着说："虽无酒肉，地瓜亦可充饥。君子不耻恶衣恶食，一箪食，一瓢饮，不改其乐也。"韩令坤、赵匡胤听他满口文绉绉的，忍俊不禁，笑得前仰后合。

第三章 襄阳城潜龙遭忌 岘首山巧闯山门

吃完了，慕容延钊站起身来，用空葫芦装了一壶潭水，仰头喝了起来，说道："看来洛阳城是进不去了，我准备先回太原，之后再做商议……"还没有说完，韩令坤就抢先说话了："我在来洛阳的途中，就听沿途的百姓说河东节度使刘知远已经在太原自立为王，公开与辽军对抗，天下的英雄豪杰纷纷归附于他，不如咱们也一起投奔他算了。我就不相信，凭借咱们的武艺，会没有锦绣前程吗？"

"此事愚兄也有所耳闻！那刘知远称帝，虽未改晋国国号，但心术不正，必有私图。且此人獐头鼠目，实非明主。倒是他手下有一员最信任的大将，名唤郭威，勇武而多谋略，更兼宽厚容人，甚得人心。所谓良禽择木而栖，我辈真要投军，也须投在郭威将军麾下，方是良策。"

瞥见赵匡胤面露沉思之色，慕容延钊走过去拍拍他的肩膀，慢慢说道："三弟，方今鞑子入侵，中原纷攘，你我兄弟，正该奋发砥砺，驰骋疆场。愚兄以为，我三人莫若前往太原，效力郭威将军帐下。你看如何？"

赵匡胤抬起头来，面色凝重地说："两位贤兄所言极是。小弟虽驽钝，却也素怀报国之愿、建功之心，本当随两位兄长前往太原。只是小弟有一事未了，恕我不能同行。"

"不知三弟有何事？"两人异口同声问道。

"家父从军在外，已数年未归，杳无音信。前几日听人说，他在襄阳王彦超军中。小弟须先赶往襄阳，见过家父，然后再赴太原，与两位兄长会合。来去不过两三个月时间，不知这样可好？"

两人见他去意颇坚，况且探望父亲也是情理之中的事，也就不再多劝，说道："好，三弟，那就一言为定，我们在太原等你。"

"另外还有一件事情要烦劳两位兄长，如果辽兵已经北归的话，请两位设法去洛阳夹马营小弟家中报个信，以免家人挂怀。拜托了。"

"贤弟放心，我们一定尽快通知你的家人。只是你孤身一人南行，定要加倍谨慎。你要速去速回，你我兄弟早日相聚太原。到时我们再为你接风，把盏尽欢。"

夕阳西沉，暮色渐浓，刚刚结为兄弟的三人，各自上马远行……

赵匡胤辞别两位义兄，一路昼伏夜行，尽量避开官道，抵达襄阳城下时，已经是三月底了。襄阳地处荆楚上游，东瞰吴越，西控川陕，南蔽荆衡，北接宛洛，檀溪带其西，岘山亘其南，汉水环萦，樊城对峙，堪称南北之通衢，中原之门户。

赵匡胤牵着马，从城东的阳春门进了城。只见城门内街道宽阔，店铺林立，人来人往，显得十分繁华，简直可与战前的洛阳相媲美。时已黄昏，人困马乏，须找个客店安顿下来。他沿着街道往前走，四下张望，一抬眼看到"悦来客栈"的匾额，便走了进去。

"客官，住店吗？"小伙计早已笑脸迎上。赵匡胤要了一间客房，交代伙计将赤褐马牵到后面的马厩里好生喂养，自己要了一壶酒，自斟自饮起来。心里正盘算着如何打听父亲的消息，忽听邻桌有人说："陈二哥，你听说了吗？辽主耶律德光已经率军北归啦！"

"这谁不知道？据说辽兵临走之前大屠相州，城中男子被杀得尽数不留，年轻妇女一概虏去，全城只剩下几百口人！那耶律贼真是作孽！"

"俗话说，善有善报，恶有恶报。此话真是半点不虚，前几天耶律德光在沙胡林一命呜呼，真是报应不爽啊！"

听到这里，赵匡胤长吁了一口气，抓起酒壶，昂头将剩下的酒一饮而尽，随即高喊："小二，拿酒来！"

小二赶紧过来添满酒。刚要离开，赵匡胤一把抓着他的手，将他按在凳子上，道："在下请你喝酒，能否赏脸？"

"客官，你这是？……"小二一脸惶惑。

这襄阳地区民风剽悍，好斗轻生，动辄刀剑相向，借酒闹事更是家常便饭，所以小二一看赵匡胤的架势，立即惊惧不安起来。

"小二，不必担心，在下并无恶意。"赵匡胤见他害怕，便松开手，"请你喝酒不过两个原因，一则为辽兵北撤和耶律贼暴死；二则在下要向你打听一件事。"

"客官所问何事？"

"襄阳防御使王彦超将军的衙署在何处？你是否知道他手下有一位叫赵弘殷的军将？"

"防御使衙署设在城东南魁星楼旁边，离这里不远。至于赵弘殷，请恕我见识短浅，却是不曾听说。不过，这也容易，客官去防御使衙署一问便知。"那小二转身刚要走，忽然又转过身来，拍拍脑袋说："你瞧，我差点忘了。防御使衙署有位姓王的将军，每天都要来小店喝两杯。客官明日问他便可知晓了。"

第二天早上，赵匡胤醒来已是日上三竿了，忽然记起今天要与那位王将军会面，便赶紧穿衣洗漱，走下楼去。

刚走到桌旁坐定，便听到店中伙计在高喊：“王将军，你来啦，快里边请！”

赵匡胤一抬头，一位身着戎装的军将正大步走了进来，大声唤道：“掌柜的，快叫厨房弄几个小菜过来！”这军将约莫二十三四岁年纪，瘦高个子，双臂奇长，鹰钩鼻，黄眼眸，两颊如刀削，眉宇间流露出一股凶悍骄矜之气，一看便知是辽西一带汉人与胡人的混血种。

伙计紧步走过来，弯腰将他引到赵匡胤的桌旁，满脸堆笑地说：“王将军，你这边坐。这位客官想向你打听个人。两位慢聊！”

赵匡胤站起身，双手抱拳做了个礼。

“这位兄台如何称呼？不知欲向在下打听何人？”眼见面前这个年轻人气宇轩昂，那军将的骄矜之气，不觉减了几分。

“在下姓赵名匡胤，家父赵弘殷，不知王将军是否听说过，还望告知一二。”

那军将一听，不由得一愣，继而朗声大笑：“哈哈，原来是赵兄！请恕在下眼拙。快请坐，请坐！”接着又转头对店小二吩咐道，“来两壶好酒，菜只管捡好的上，今天我要与赵兄来个一醉方休！”

“王将军……”赵匡胤大惑不解，正要开口询问，却被那个军将打断：“赵兄万不可如此称呼。在下王审琦，只不过是王彦超将军手下的一名校尉，离将军还差得远呢！早就耳闻赵兄大名，一直无缘拜会，今日一见，实在是夙愿得偿啊！”

“王兄过奖，”赵匡胤心中惦念父亲，便问：“请问王兄，家父还在襄阳吗？”

“赵兄恭喜了。令尊赵将军因为作战有功，被朝廷提升为凤翔军都指挥使，前几日已往凤翔赴任去了。赵兄要是早到几日，便可遇到令尊。”

酒菜陆续端了上来，摆了满满一桌子。王审琦将酒杯斟满，端起来道：“赵兄，在下曾居洛阳，对赵兄仰慕已久，今日在此相遇，也算是他乡遇故人。来，干了这杯酒！”说罢，一饮而尽。

“好，王兄果真是痛快人。在下承蒙王兄款待，实在是受之有愧。既然王兄如此说，我就恭敬不如从命了！”

两人一见投缘，便推杯换盏对饮起来。接连几杯酒下肚，赵匡胤想到父亲已经前往凤翔，此番襄阳探父不遇，不知下一步该怎么办，沉思间酒杯不觉停了下来。

酒酣耳热之间，王审琦指着桌上一盘茎青根白的菜蔬道：“赵兄，尝尝此菜。此名藜芦，又称鹿葱，茎似葱白，根似马肠，加些须油盐在锅中微炒，佐以香醋麻油，吃起来香脆可口。这可是襄阳的特产，其他地方，可是无法享受到这等口福的！”

赵匡胤用筷子夹起，尝了一尝，果然清脆爽口，别有一番滋味。两人吃得开心，杯箸齐下，痛快至极！

王审琦边吃边问：“不知道赵兄以后有何打算？”

“在下原本是为了打听父亲的消息。而今打算去太原和新结拜的义兄，一起投郭威！”赵匡胤沉思一下回答道。

王审琦一听，把筷子往桌上一放，劝道：“赵兄何必舍近求远呢！目前北方形势极为复杂，刘知远称帝，辽主耶律德光死后，永康王耶律兀突、赵延寿、杜重威都想做皇帝，前景实在难料。倒不如留在南方，投在王彦超帐下，以观其变；况且你我二人意气相投，正该彼此倚重照应，岂能刚相识便离别呢？”

赵匡胤见他说得颇有道理，便问：“不知王彦超何样人也？”

“王将军是大名临清人，为人温和恭谨，礼贤下士，笃信佛教，曾在凤翔重云山出家为僧，人称三宝将军；且他与令尊有旧，自然会对赵兄多加关照，赵兄不必多虑，三日后我代为引见王将军。”

王彦超的私宅在防御使衙署后面，远离闹市，十分清静。当时正值春天，院子里黄莺婉转，花草繁茂，阳光从雕花窗棂的斜格子里射进来。

王彦超是个四十多岁的矮胖子，穿着随意的家居衣服。因为平时从不焦躁恼怒，加上保养得法，所以面容白净光滑，竟如女子一般。单从外表上看，很难想象这是一位在战场上出生入死二十年的、老谋深算的将军，倒更像是一位慈眉善目的得道高僧。他悠然踱进客厅，在太师椅上坐下。椅子扶手上的丝绸光滑而富有质感，宛如女子的肌肤一般，让他感到一阵惬意。

王彦超忽然想起昨天王审琦对他说，赵弘殷的儿子赵匡胤要来拜见他，希望能在他帐下谋个军职。阳光舒服地洒在他的身上，让他有种说不出的惬意陶然，又带着点舒服的困倦。

迷迷糊糊之中，他恍惚置身于汉水之滨的茫茫荒野。天地昏暗，雷雨大作。突然，从正北方向飞出一条赤龙，摇头摆尾，直逼过来。那龙鳞、龙须、龙爪，犹如赤红的火焰，尤其是那一对龙目，眈眈相视，好像要洞穿他的五脏六腑……他被赤龙逼得无路可走，不禁大叫一声……

王彦超猛然惊醒过来，才知道是南柯一梦。摸一摸心口，还在突突地跳，内衣凉沁沁的，梦中的情景依然历历在目。他是个极相信命数的人，惊魂甫定，便暗自揣摩起梦中所蕴涵的玄机，“我属虎，与龙相克不相生；我居于南，龙从北来，南北势必冲突。我今年三十六岁，是为本命年，晖禅师说我今年当谨慎，方可保平安。如此看来，这赤龙乃是我本命年的克星。可是这赤龙究竟所兆何人呢？”

正在胡思乱想之际，管家匆匆来报："将军，王审琦领了一个年轻人来求见。"他手一挥，示意让他们进来。

"将军，这位就是赵匡胤！"

王彦超张开双目，眼光落到赵匡胤身上，心中猛然咯噔一下。只见赵匡胤赤脸赤须，浓眉斜矗，不怒自威，双目所触，令人局促惶恐，如芒在背。王彦超立刻联想起梦中的赤龙，"莫非赤龙便应在此人身上？适才所梦乃是佛祖对我的即时警示？看来此人万万不可留在身边。"他心中虽然这样想，脸上仍显得十分热情。招呼二人坐下后，唤下人沏茶，摆上点心，便开始寒暄起来。

"匡胤，洛阳家里的人都还好吧？"

"托王将军的福气，家人都还安好。"

"此番来襄阳，让王审琦陪你四处走走，游览游览名山古迹，多住些日子再走也不迟。"

"王将军，"赵匡胤从椅子上站起身来，"不瞒您说，在下此次来襄阳，本为探望家父。现今家父调任凤翔，在下意欲投在将军麾下，效命奔走，冲锋陷阵，赴汤蹈火，亦在所不辞！殷殷此情，还望将军鉴察。"

王彦超叹了口气说道："阁下将门之子，英彦之才，若能入我帐中，那真是王某的大幸！只是舐犊情深，于情于理，你都应当去凤翔，侍奉在父亲身边。令尊与我是故交，我岂敢留其爱子，令世人齿寒呢？"

赵匡胤、王审琦刚想开口辩解，王彦超摆摆手道："两位不必多言，请不要陷我于不义！"随即叫管家取来白银二百两，赠给赵匡胤，"王某清贫，无以为赠，绵薄之意，望请收下。此举实出无奈，还望你能体谅我的苦衷！"

事已至此，多说无益，二人出了王府，王审琦便愤愤地说："哼，这个老狐狸，态度变得这么快，也不知他葫芦里卖的什么药！"

赵匡胤心知王彦超忽然婉拒，必有缘故，故在一旁没有做声。倒是王审琦在一边讪讪的，"赵兄，在下答应为你引荐，没想到王彦超这个老家伙，这么不能容人！不如在下和赵兄一道另投明主算了！"

赵匡胤见他着急，笑笑说："王兄无须动怒，万事讲究一个缘字，此地不留爷，自有留爷处。明天，我想去那闻名已久的岘山一游。过两日，便往太原去和两位兄弟会合！"王审琦见此，也只好作罢。

第二天一早，赵匡胤随便用了早点，骑着赤褐马，慢悠悠地朝城南走去。出了文昌门，城外是一望无际的原野，绿草如茵，繁花点点，远处起伏的群山，在雾岚中显得缥缈而神秘。

赵匡胤骑着赤褐马，直奔岘山而去。

岘山又名岘首山，在襄阳城南七里，虽不如五岳高峻雄奇，却也是雄踞湖襄，峙临汉水，自有一番秀美灵气。赵匡胤牵着赤褐马，不慌不忙地上山，一路欣赏着景色，自有一番悠游滋味。

此时已是落日苍茫，如血的残阳给天地间的一切，镀上了一层悲壮的色彩。层山叠叠，松涛阵阵，清冷的山风吹在脸上，赵匡胤不禁精神大振，豪情顿生：男儿就该像这山风一般，迅猛强烈、满腔豪情、无所羁绊。

岘山山顶有一块著名的“羊祜碑”。据《晋书》记载，西晋大将羊祜镇守襄阳，统率天下兵马时，曾多次与朋友邹湛登临此地。兴尽悲来，对邹湛说道：“自有宇宙，便有此山，古来贤达之士，登此远望，如我与卿者多矣，皆湮没无闻，使人伤悲！如百岁之后有知，魂魄犹登此山也！”羊祜死后，襄阳百姓在此立碑，望其碑者莫不流泪，所以晋代文人杜预称此碑为“堕泪碑”。自此以后数百年来，“羊祜碑”已和岘山融为一体。登临之人至此，无不生出一种迁逝之感，生命之悲！

赵匡胤站在山顶，手抚被岁月和风雨侵蚀的斑驳的碑身，俯瞰东流的汉水和雄伟的襄阳古城，不禁心情激荡，思如潮涌。

想当年，羊祜在襄阳安抚士庶，垦田积粮，准备一举灭吴，完成统一天下的大业，以名垂青史，可是终因朝廷的牵制而大志未遂！前贤已逝，山河依旧，缅怀古人，想到自己同样至今功名未就，不由得感到一阵深沉的忧虑和惆怅。即便是所有登临此山的人，又有几人能摆脱湮没无闻的命运呢？

赵匡胤想起远在洛阳勉力支撑的母亲，温柔美丽的妻子，年纪尚幼的弟妹，这些人注定是他这一辈子无法摆脱的牵挂，只是眼下兵荒马乱，也不知他们怎么样了。想到这里，赵匡胤的心情变得沉重起来。

眼看天色已晚，赵匡胤信马由缰地沿着山路下去。小路两旁是浓密的松树林，松林深处传来涧水淙淙流淌的声响，偶尔一两声清脆的鸟鸣，在寂静的山涧回转，脚下的松针发出轻微的沙沙梭梭声，一切都是那么静谧。

深山藏古刹。没过多久，一座寺庙便出现在赵匡胤的眼前。这是一座早已破败的寺院，只有那早已倾颓的墙垣，青苔丛生的琉璃瓦，在依稀诉说着它曾经的辉煌和世人的冷落。

赵匡胤牵着马，走上前去，看到寺门正上方的庙额上写着“龙兴寺”三个古朴苍劲的大字，那木制的匾额上蛛网纠结，尘埃遍布，已是破败不堪。正在他暗自感叹的时候，寺内走出一个面貌清癯，须发皆白，身穿黄色僧袍，肩披袈裟的老僧人。他缓缓走上前来，单掌对赵匡胤施礼道：“阿弥陀佛，施主是否姓赵，从洛阳来？”

“正是。”赵匡胤答道，心中一阵疑惑。

“阿弥陀佛。老衲终于等到施主了！”

赵匡胤惊愕不已，便问：“在下从未与大师谋面。大师何出此言？”

"此事说来话长。施主,请随我来。"

赵匡胤跟着老僧进了寺门,将赤褐马拴在廊柱上,然后跟随老僧一路穿过佛祖殿、观音殿,最后来到僧众住的禅院,在一间幽静雅致的禅房坐下。立刻就有一个十四五岁的小沙弥端上两杯茶,恭恭敬敬地放在桌上,悄然退出。

"施主,请用茶。"那老僧端起茶杯,向赵匡胤做了个手势,微微颔首道,"老衲是本寺主持,法名广济。施主疑惑之事,听我慢慢道来。"

原来这龙兴寺建于南朝萧齐永明年间,在荆襄一带很有名。此寺的上任主持灯禅师,早年云游四方,历览天下名山大川,广结善缘。六十岁以后接任主持,便不再出山,专心研究佛经,参悟禅理,教授门徒。唐末大乱,兵连祸结,生灵涂炭,灯禅师反复观测星象,细研谶书,料定天下将有数十年的祸劫。于是,倾尽平生之所学,参研古代各种兵书,潜心研习,撰成《舆地与兵法》一书。又凭他数十年的功底,创立了一套神奇的棍法,号为"浑天棍法六十四式",以待有缘之人。

第四章　龙兴寺高僧指点 文昌门故人偶遇

八年前的一个中秋之夜，灯禅师将广济大师喊来，神色淡然地说道："我的尘缘未了，我们终究要面临分别，不如就在今晚，以后就由你来接任本寺主持，弘扬佛法吧。除此之外，师父还有一桩心事没有了结，就交由你来完成吧。"

说完，他又指着案头一个锦盒和一根红褐色的齐眉棍说："此盒中装有《舆地与兵法》《浑天棍法六十四式》两册书，凝聚了为师毕生心血；这浑天棍乃昆仑山赤龙木所制，坚硬无比，无坚不摧。你要好好保管这两件物品，八年后的仲春时节，将有一位姓赵的施主，从洛阳来本寺，他便是此书与此棍的有缘人。到时你将书与棍交给他，并留他在舍中钻研，一百日后方可下山北去。此事关乎佛门盛衰，黎民祸福，万万不可有半点差池。切记，切记！"说完，口占偈语一首：会得祖师真妙诀，无得无物又无说。驱散乌云千万重，一点灵心明皎洁。念毕，端坐而化。当时龙兴寺上空出现朵朵五色祥云，或如华盖，或如莲叶，持续了整整三天，方始散去。

广济大师说完，离开座椅，从柜子中取出黄绸布包裹的锦盒和浑天棍，递给赵匡胤："施主，这便是先师留给你的书册和浑天棍。"

"天下之大，人海茫茫，怎见得在下就是灯禅师所指的有缘人？大师还是慎重行事为好。"赵匡胤郑重其事地劝道。

"阿弥陀佛，四海之内，除了施主，还有谁能受此重托？善哉，善哉！"

见广济大师执意如此，赵匡胤说了声"愧受"，接过浑天棍和锦盒，对广济大师作了个揖道："大师既道我是有缘之人，在下也就不再客套，姑且收下这份厚礼。只是在下惦念家中老母，又与两位兄台有约在先，恐怕不能留在贵寺仔细研习了！"

广济大师微微一笑道："灯禅师留下遗言，让你务必在寺中参习一百日，方可下山，想是自有深意！况且一切自有天意，施主不必挂怀，就请安心留在本寺潜心研习吧。"

赵匡胤低头一想，也许这是个奇遇也说不定，便点头答应了。广济大师早已为赵匡胤收拾好一间幽静客房。当天晚上，赵匡胤就在灯下仔细研究那两册书。那浑天棍法理解起来并不困难，主要是以"太极生两仪，两仪生四象，四象生八卦，八卦复衍生六十四卦"的《易》理创成的，倒是《舆地与兵法》，看似平常，其实暗藏玄机，颇让他感到困惑。赵匡胤一直看到很晚，才昏昏睡去。

第二天，天刚蒙蒙亮，赵匡胤就被一阵喝彩声惊醒。睁开惺忪的睡眼，朝窗外一望，只见七八个年轻僧人，正围着一个精壮汉子看打拳。看到精彩之处，便发出一阵阵喝彩。那汉子虎背熊腰，气势如虹，一拳一脚都携带着一股雷霆般的威猛，透着一股浓重的杀气。赵匡胤看了，不禁黯然心惊，神情骇然。

赵匡胤从小习武，却从未见过如此威猛的拳法，不由涌起一股争强好胜之心。他取出混天棍，走了出来，摆个架势，运气于胸，舞将开来。赵匡胤这套棍法是祖传的游龙棍法，一共三十六式，讲究的是以气驭棍，棍随意行，他自小演练，早就烂熟于心。只见他：直劈横扫，前挑后搠，进退有度，开阖自如，力刚势猛，虎虎生风。练武的僧人一看，纷纷围过来，一齐喝彩。赵匡胤心里一阵得意，更是将棍子舞得如车轮般飞转。一瞥眼，看到广济大师也正站在人群中观看，嘴角微笑，似乎有轻藐之意。赵匡胤收式定神，走上前道："让大师见笑了，晚辈随意舞了一通棍法，还望大师指点一二！"

"施主这套棍法，果然好看，只是临阵对敌，重在实用，招式繁复，反成累赘！且棍随意转，固然潇洒，若无章法，必生破绽。"

赵匡胤心高气傲，心里兀自不服。广济大师一笑，从旁边僧人手里，拿过一根普通木棍，对赵匡胤道："施主若是不信，不妨放手攻来，看看如何？"

赵匡胤豪兴陡起，说声"得罪了！"便使出一招力劈华山。谁知广济大师身形未动，只是举棍微微一带，赵匡胤就觉得自己棍中的力，猛然间似乎卸去了大半，心中一急，又连忙使出一招横扫千军，接着是直捣黄龙，一点灵犀……可是都被广济大师轻轻松松一一化解。赵匡胤暗自心折，猛然收棍，倒地便拜："大师棍法精妙，在下自愧不如，还请大师多多提点！"

"阿弥陀佛！施主快快请起！施主棍法，已然不俗，只要将浑天棍法六十四式勤加苦练，自是受益不尽！"

赵匡胤这才知道浑天棍法果然精妙非常，从此便在龙兴寺安心住了下来。白天在广济大师的指导下练习棍法，有时抽空向打虎拳的弘忍学几路拳法，或者向那个叫觉慧的小沙弥讨教几招剑术；晚上就在灯下细细研读那本《舆地与兵法》，日子倒也过得极快。

天气一天天热起来，不知不觉赵匡胤已在龙兴寺住了将近三个月。这段日子里，他的功力大大提高，对《舆地和兵法》也有了大致的了解，对广济大师、觉慧等人的感情也越来越深。一百天的期限终于到了，广济大师在大殿为赵匡胤饯行，弘忍和觉慧在一旁侍立。

赵匡胤从内心深处希望广济大师答应让觉慧和自己一起下山。从第一眼看到觉慧起，赵匡胤就觉得和他特别投缘，在龙兴寺的这段日子里，每天都是觉慧来给他送水送饭。那觉慧长得眉清目秀，话虽不多，心思却极为细密，这一点和自己的弟弟匡义很像。

赵匡胤对比自己小十几岁的弟弟匡义，怀着一份很复杂的感情，有时候他觉得自己不只是他的兄长，在感情上更像是父子。匡义打小就是一副少年老成的样子，不愿意和小伙伴们玩耍，却整天窝在家里遍览群书典籍，一副喜怒哀乐不行于色的样子。有时候连赵匡胤也不知道他心里在想些什么。

“老衲以茶代酒为施主饯行。施主当以天下苍生为念，戒杀好生，造福万民。此外，佛门引人为善，普度众生，异日还希望施主慈悲为怀，存之兴之。阿弥陀佛，善哉，善哉！”

赵匡胤听了，有点茫然不解。广济大师的话总是蕴涵着深奥的玄机，叫人摸不着头脑，他也不便深究。他刚想提觉慧的事，却听到广济大师唤了一声：“觉慧，你过来！”

觉慧慢慢走上前道：“师傅，弟子在！”站在那里一脸沮丧。

“你不是很想下山去见见世面，开开眼界吗？为师便成全你，让你去尘世中历经一些磨难。”看到觉慧的脸上露出又惊又喜的表情，广济大师从柜子中拿出一把剑和一个小皮囊，交给他说：“觉慧，你带着这把宝剑和这数十支燕子镃，跟随赵施主下山。天下大定之日，即刻回山，不得眷恋世俗的浮华，你可记住了？”

“师傅，弟子记住了！可何时方是天下大定之日呢？”

“无须多问，到时自然明白！”

赵匡胤不禁喜出望外，连忙插嘴道：“多谢大师。弟子一定好生照看觉慧，请大师放心！”

众人来到寺门口，广济大师对赵匡胤道：“施主，老衲有数言相赠。”

赵匡胤正容答道：“敬听大师教诲。”

广济大师随口念道：“今当往北莫南行，他日黄袍自加身。削夺藩镇重文士，根除北患为子孙。”赵匡胤心中不解，但知多问无益，于是默默记在心上。

觉慧含泪拜别广济大师，同赵匡胤一起驱马而去。

广济大师手捻佛珠，目送两人渐渐远去，消失在苍茫的暮色中。他长长叹了口气，抬头仰望苍穹，喃喃念道：气宇冲霄大丈夫，寻常沟渎岂能拘。手提七尺浑天棍，直取骊龙颔下珠。

念毕，缓缓走人寺中。空旷的寺门外，只有弘忍一人依然伫立在那里，朝着赵匡胤、觉慧离去的方向，久久凝望着。

赵匡胤和觉慧离开龙兴寺，下了岘山，直抵襄阳。二人要先去会见王审琦，然后再一同前往太原。

一直住在龙兴寺的觉慧，一进襄阳城，初次见到如此繁华的街道，喧闹的人群，睁着一双大眼睛四处张望，脸上露出孩子般的惊奇。赵匡胤领着觉慧来到悦来客栈，因为是熟客，掌柜的格外热情，很快一切便安排妥当。

赵匡胤见觉慧光着个头，穿一身灰色僧袍，便对他说："觉慧，你现在下山了，这样穿着太打眼，给你换身衣服吧。"

"一切听从赵施主安排。"

"看你，还叫赵施主！以后就叫我赵大哥吧。对了，觉慧，你进龙兴寺以前的俗名叫什么？"

"我原来姓李，我娘他们都管我叫良儿。后来他们都被乱兵杀死了，师傅救了我，把我带到龙兴寺，教我识字学武，又替我取了觉慧这个法号。"

"好，那我以后就叫你李良吧！走，大哥陪你上街买两件换洗衣服去！"

两人出了阳春门，再到文昌门，一口气将半个襄阳城逛了个遍。回到客栈，洗了澡，李良换上新买的白短褂、黑马裤，头戴一顶黑纱帽，显得精干又英俊。

赵匡胤打趣说："这下小沙弥变成了美少年啦，可别叫人抢去做女婿啊！"说得李良"刷"地红了脸，腼腆得像个大姑娘。

第二天上午，两人正在吃饭，王审琦来了。一见赵匡胤，便赶了过来，"赵兄，数月不见，你怎么会在此地？"说到这里，突然发现赵匡胤身边坐着一个齿红唇白的英俊少年，不由眼睛一亮，便问："这位是？"

"王兄，请坐！"赵匡胤站起身来，"这位是我结交的兄弟李良。李良，快叫王大哥！"李良见王审琦长相凶恶，眼睛里带着股邪气，心里着实厌恶，无奈碍着赵匡胤的面子，只好极不情愿地叫声"王大哥"，然后低头继续吃他的饭菜。

赵匡胤和王审琦简单聊了下自己的经历，便打听这几个月来北方的时局动态，这才知道中原政局发生了很大变化。

辽兵北撤后，耶律兀突果然当了皇帝。六月，刘知远率郭威等人，乘机进入开封，复之以东京，置开封府，改国号为汉。不久，刘知远改名刘暠，即后汉高祖。邺州留守、天雄节度使杜重威，见辽军已撤，连忙向后汉上表称臣。刘暠想动摇他的根基，调他担任归德节度使。谁知老奸巨猾的杜重威拒不受命，滞留邺州，阴结辽军，公开与后汉对抗。

"眼下后汉、辽、杜重威三足鼎立，尤其是后汉与杜重威之间关系紧张，战争一触即发。王彦超等一批镇外将领，虽大多表示归服后汉，但实际上是拥兵自重，徘徊观望。王彦超这个人，胸无大志，优柔寡断，难有大的作为，在下也想另择明主!”

赵匡胤想到广济大师离别时,叮嘱他务必北去,正好自己本来就想要去太原,和两位兄弟会合,就对王审琦道:“听说郭威将军胸襟开阔,非王彦超之流可比;加上我两位兄弟慕容延钊、韩令坤已经投军在那里,自可为我们引荐。不如我们一起去投奔郭将军,不知王兄意下如何?”

“好!”王审琦将杯中酒一饮而尽,“我即刻回去收拾一下,牵两匹马过来,我们立刻动身。”

赵匡胤、李良、王审琦三个人,一路策马飞奔,几天后就抵达了顺阳镇。此时正是酷暑天气,骄阳似火,天地间就像一个巨大的火炉,喷发出一阵阵热浪。三人连日赶路,早就是浑身汗臭,口干舌燥,就连胯下的马儿也直喘粗气,身上汗津津的。

赵匡胤看到路边有一家小酒店,回头对王、李两人说:“天气太热,不如暂且在此地歇息片刻,吃点饭菜,再继续赶路。”三人下了马,将马交给店小二饮水喂料,然后各自提了一大桶水,就在路边,光着上身擦洗开来。

王审琦呼噜呼噜,整个脑袋都扎进水桶里,老半天才抬起头来,大呼痛快。一回头,瞥见李良也脱了短褂,只穿裤衩,在那里冲凉,健康而光滑的肌肤,在阳光的映照下,闪着青春的光泽,忍不住转过身偷偷地看。

李良正自顾冲凉,忽觉得有点不对劲,回头一瞧,正好迎上王审琦那双眼睛,正色迷迷地盯着自己。本来李良就对王审琦没好感,一看他不怀好意地盯着自己,便狠狠地瞪了他一眼,回过身去。王审琦像被黄蜂蜇了似的,倏地转过身子,再也不敢四处乱瞧了。一边的赵匡胤装作未看见,心中却暗暗发笑。

原来,王审琦有个怪毛病,他不太喜欢女色,却有龙阳之好。在襄阳时,他手下那些年少俊美的士兵,往往成为他淫威下的猎物。自从见到李良,他便生了觊觎之心,只是碍于赵匡胤的面子,才勉强压住心中的欲火。

这天夜里,他出去小解,回房时经过李良房外,李良正倚在窗前纳凉,端的是俊秀非凡。王审琦按捺不住汹涌如潮的欲望,悄悄溜了进去,猛地从后面将李良一把抱住,张开大嘴,就往李良脸上乱亲。

李良情急之下,回头一看,竟是王审琦,又羞又怒,也不说话,身子猛地向下一沉,右肘朝后重重击去,正击在王审琦的肋骨上,痛得他龇牙咧嘴,却又不敢叫出声来。

王审琦自恃臂力奇大,经他抱住,一般人无法挣脱,因此,他这一招屡屡得手。他以为李良也是那种软弱可欺的绣花枕头,可李良一出手,他立刻就后悔了,肋骨处传来一阵阵剧痛,让他明白李良的功夫非同寻常。一惊之下,也顾不得痛,拔腿就跑。

隔壁赵匡胤听到李良房中好像有动静,放心不下,连忙赶过来,却迎面撞见李良满眼泪水,双唇直抖,手里拿着一把利剑,喊着非要杀了王审琦。赵匡胤连忙上前,一把抱住,好说歹说,才把他按到凳子上坐下。

李良一五一十,把王审琦如何溜进自己房间,又被自己打跑的事,说给赵匡胤听。赵匡胤又气又好笑,可也不好发作,只得轻声安慰李良:"王审琦这个家伙,真是混账!不过你放心,吃了这次亏,他以后再也不敢来惹你了。如果他下次还这样,我就宰了他!"

第二天一早起来,三人见面,王审琦自知理亏,脸上讪讪的。赵匡胤明白,行伍出身的人,总是有些坏毛病,见他还有知错之意,再加上这人还算讲义气,将来也许用得着,也就不把事情挑明,总算给他留点面子。不过,李良仍然窝着满肚子的火,见了王审琦便将脸扭过去,死活都不理睬他。

擦洗完,三人找了张桌子,围着坐下,一边喝酒吃菜,一边商量选择哪条路线去开封。这顺阳镇属邓州地界,是襄阳通往开封的必经之地。顺阳镇因为顺阳山而得名。

顺阳山在镇子的北面,山的东边是官道,道路宽而平坦,但要多走很多弯路;山的西边有一条小路,虽然坎坷险峻,却是直路,差不多可以省半天时间。赵匡胤三人年轻力壮,都愿意走西边的小路。

店小二一听说他们要走西道,上来劝道:"客官,不是我有意吓你们,这条道不太平,的确走不得!"赵匡胤、王审琦一听,异口同声地问:"小二,这条路怎么就走不得?"

小二面露难色,四下看了看,压低声音说:"三位客官有所不知。最近这顺阳山上聚集了一伙强盗,为首的寨主叫王仁。他本是唐州人氏,父母早亡,从小学了一身武艺,又好吃懒做,不谋生计,只是仗着一身本领,在乡里横行霸道。后来因为杀了人,逃到洛阳。正赶上辽兵南侵,他在洛阳城外与'打草谷'的辽军发生冲突,一怒之下,杀了十几名辽兵。"

那小二顿了顿,又接着道:"再往后,他逃到这里来,聚集了本地一大群流氓散勇,当起了山大王。辽兵北撤后,他也不回唐州,依然留在山上,过着打家劫舍的强盗生涯。这伙人不但洗劫来往的商贾,甚至连官府的物资也敢抢,有时没路可劫,还去抢夺附近的殷实人家。此人心狠手辣,被抢的人稍有反抗,必定杀得不留一个活口。又因为他使得一手好剑,脸上长满了麻子,当地人都称他为'王剑儿'或'王麻子'。在这一带,只要提起'王剑儿',没有人不心惊胆战的。这王仁的山寨,就在顺阳山西侧,所以知道底细的人,都不敢走西道,唯恐羊入虎口,送了自家性命。我看三位客官相貌堂堂,仪表不凡,所以好意出言提醒。"

店小二一口气说完,连连四下张望。

“如此横行不法，官府岂能熟视无睹？”赵匡胤愤愤地说。

店小二摇了摇头，脸上露出无可奈何的神情：“哪还有什么官府！大家都忙着打仗，争着当皇帝，谁还有心思来管我们百姓的事啊！倒是那王剑儿的人马越来越多，势力也越来越大。唉，这也难怪，这年头不去抢别人，就要被别人抢，老百姓都过不下去了，还不如上山投王剑儿呢！”

第五章　顺阳山初试身手　相国寺再见义兄

赵匡胤的眉头紧锁，猛地伸出双掌，恨恨地说："明知山有虎，偏向虎山行。今天我就赌上一把，我倒要看看那个王剑儿，是不是真的长着三头六臂，我一定要去会会他不可！"

"客官啊，看得出你们都是练武的人，但是他们人多势重，你们就算去了，恐怕也只会吃亏。依我看，各位还是听我一句劝，能避开就避开吧，何必好端端地为自己招惹是非呢？"

"狗屁！"王审琦拍案而起，"几个小蟊贼也想挡我们兄弟的道？惹得大爷火起，干脆端了他的山寨，让那狗屁王剑儿，也知道马王爷有几只眼！"

见此光景，那店小二知道再劝也没用了，叹了一口气，走开去招呼其他客人了。

三人草草吃过饭，将各自的杂物，用包袱裹了背在肩上，手里握着兵器，骑马直奔顺阳山西道。顺阳山并不高大，地形却极其复杂，沟壑纵横，山峦起伏，浓密的灌木与高大的乔木纠结在一起，即使是夏天，也给人一种阴森森的感觉。

三人进了山，沿着并不开阔的山道，小心翼翼地往前走。这样走了约半个时辰，仍然没有什么动静，李良将剑插入鞘中说："我看强盗是不会来了。我们身上又没有金银财宝，他们何必来找我们的麻烦？"话还没说完，就听到路旁的树丛中似乎有响动，赵匡胤勒住马缰，叫声："小心！"李良将剑拔了出来，紧紧握在手中。

四周一片死寂。突然，一声尖锐的哨声打破了山林的寂静。一群身穿黑衣扎白头巾的强人"呼"地跳了出来，横在路上。为首的一个，手提双刀，往前走了两步，对赵匡胤等人大声喊道："过路的客人听着，我们是王剑儿的部下，此番前来并不想为难各位，只要留下那匹赤褐马，我们立即让道！"

原来，赵匡胤他们一到顺阳镇，就给王剑儿的探子看到了。探子见那赤褐马高大雄健，威风凛凛，想到王剑儿也喜欢骏马，急忙回去报信。王剑儿听了自然欢喜，便派了个小头目，率几十名弟兄去抢马。

赵匡胤见这里的地形不宜马战，跳下马来，回答道："假如我们不遵命，那又如何？"

"不留马，就把命留下！"那小头目恶狠狠地说。

“那你们就来试试，看留下的是谁的命！”王审琦手持双锏，咬牙切齿地嚷道。

“上！”那小头目手一招，五六十名强盗，嘴里呼喊着，一窝蜂地围了上来。赵匡胤刚刚学成下山，有意试试浑天棍法，却也不想过多伤人，大喊一声，冲进强盗群里，劈扫挑捌，左右逢源，转眼间，便有十几个强盗丢了兵器，躺在地上呼爹叫娘。

王审琦可就不像赵匡胤那么仁慈了，那双黄眼珠冒着凶光，左手伸出铁锏，格开对方兵刃，右手铁锏狠命砸下，随即腾起一片血光。他杀得性起，如法炮制，接连又有五六个强盗死于锏下。

李良守着马匹，偶尔有几个迂回过来的强盗，他就挥剑挡开，充其量在对方的手臂或大腿上轻刺一剑。在龙兴寺过了这么多年，广济大师的话，他牢记在心，虽然下了山，可是不到万不得已，他实在不忍心杀人。

正当李良小心对付那帮强盗时，一个满脸络腮胡须的彪形大汉，偷偷从草丛中跃出，举起朴刀就要砍过去。王审琦一眼瞥见，大吼一声，纵身跳起，在空中将右手铁锏奋力掷去，正打在那大汉的脑袋上，大汉仆地倒下，血水溅得满地都是。王审琦拾起铁锏，也不说话，重又杀进群盗。

那小头目见赵匡胤神勇非常，王审琦又凶神恶煞、神出鬼没，想要偷袭也无法得手，自己的人又越来越少，心中一慌，转身就跑，剩下的二十来个还能跑动的喽啰，也赶紧随他逃命。一伙人跑得兔子似的飞快，转瞬之间就消失在灌木丛后面。

王审琦杀得性起，还要追赶，被赵匡胤制止了。

三人跃上马背，加快速度，继续前行，“嘚嘚”的马蹄声，在山谷间显得格外清脆。前面是一片开阔地，过了那里不远，便是山口了。赵匡胤的赤褐马跑得快，若不是等王审琦和李良二人，此时只怕早已过了山口。

赵匡胤做了个手势，示意后面的王审琦、李良快跟上。三人快马加鞭，开阔地过了一大半，赵匡胤正暗自庆幸，前面突然传来一阵隆隆的巨响。只见山口两侧的陡峭山崖上，巨石和檑木滚动着呼啸而下，声势骇人。顷刻之间，本来就相当狭窄的道路，就被木石给堵住了。

赵匡胤见势不妙，连忙勒住马头，李良和王审琦也停了下来。三人正在商量如何出山口，后面又响起了喊杀声。赵匡胤知道是王剑儿领寨兵追来了，心一横，拨转马头，迎着来兵冲过去。

双方相隔数丈，在开阔地中央停住。那里黑压压站了一片的人，赵匡胤估计了一下，至少也有四百人，还有十多个人骑着马。中间一人，身材高大，剃着光头，满脸麻子，胯下骑着一匹雄骏的白马，银镫银鞍，煞是威风。显然，他就是那大名鼎鼎的寨主王剑儿。

赵匡胤暗想，强龙不压地头蛇，若数百人一齐拥上，三人便难以脱身；且杀戮太多，也于心不安；只有降伏了王剑儿，叫他自己让出道来，才是上策。主意一定，他驱马向前，高声说道："王寨主，为何要苦苦相逼？"

王剑儿扯开嗓子吼道："好小子，你们杀了俺那么多的弟兄，俺王仁会放过你们吗？识相的赶快下马受缚，免得大爷动手！"

"以王寨主这么响亮的名头，莫非要一起上吗？"

"哼，好小子，口气倒是挺硬啊，只要胜过俺手中这口宝剑，你们只管走人！"

"王寨主一言九鼎，可不能后悔啊！"赵匡胤见他上了钩，心中暗暗高兴，拍马就要上前。

谁知王审琦早已赶在他之前，催马向王剑儿猛冲过去。王剑儿见了，右手一招，一位身穿僧袍的胖大和尚纵马抢出，手举禅杖迎住王审琦，乒乒乓乓战成一团。王审琦双锏翻飞，左扫右砍，变化多端，那胖大和尚虽然劲大气壮，但身体不够灵活，难以应付那飘忽不定的铁锏。

眼看胖大和尚就要落败，王剑儿身后那个黑瘦道士一声怪叫，策马舞动双剑前来助阵。这道士不仅剑术精熟，而且十分狡猾，一上来，就全力攻王审琦的下盘。王审琦棋逢对手，抖擞精神，施展浑身解数，勉力敌住这一僧一道。斗了半个多时辰，还是不分胜负。眼看太阳开始偏西，再相持下去于己不利，赵匡胤跃马冲出，喊了一声："王兄暂且下去休息，待在下来会会这两位英雄！"便用浑天棍接住那僧人和道士的招式。

王审琦此时已觉力绌，加之从未见过赵匡胤与强敌交手，也想见识见识他的身手，便将马缰一带，出了圈子，骑在马上观看。

李良见赵匡胤上阵，连忙取出两枚"燕子铛"，握在手中，双眼紧紧盯着对方，伺机而发。如果赵匡胤发生了什么意外，他就不能不大开杀戒了。

赵匡胤本想速战速决，所以一上来，便使出了浑天棍法的精髓。对方二人，立刻感觉到一股强大的压力，场上的形势也发生了变化。赵匡胤棍法圆熟自如，无半点破绽可寻；使出的每一棍，都挟带着雷霆般的气势和威力，而且招招相续，绵绵不断，那僧、道二人被逼得手忙脚乱，拼命支撑。战了五六个回合，赵匡胤瞅准时机，左边挡开攻过来的禅杖，右边"当当"两声，击落了道士的双剑，再顺势向前一捌，那道士闪避不及，当胸着了一棍，倒于马下。

胖和尚情知不妙，双腿一夹，催马就要逃跑。赵匡胤追了过去，大吼一声，泰山压顶一般，棍子直砸在马的腰肋处。可怜那匹健马，顿时被砸得血肉横飞，轰然倒下。那胖大和尚结结实实摔在尘土里，爬也爬不起来。不到一杯茶的工夫，自己的两大高手就遭如此惨败，王剑儿不禁心生害怕，一边的王审琦也暗自叹服，李良则松了一口气，将"燕子铛"放回袋中。

赵匡胤也不理睬地上的一僧一道，双手将浑天棍横握在胸前，径直来到王剑儿面前，神态自若地说："王寨主，请赐招吧！天色不早了，在下还要赶路呢！"

王剑儿的武功，比那一僧一道也高明不了多少，刚才一看赵匡胤的神威，明白若不是对方手下留情，只怕那两人早已成了人家的棍下之鬼！此时哪里还有那种跋扈之心、藐视之意？他稍稍定了定心神，抬起衣袖擦了擦额上的汗珠，定睛一看，赵匡胤那丰颐隆鼻、宽额浓眉，依稀在哪儿见过。心念一动，在马上拱手问道："敢问英雄尊姓大名？"

"行不更名，坐不改姓，在下赵匡胤是也。不知王寨主有何见教？"

王剑儿不由得一惊，翻身跳下马背，对赵匡胤连连作揖，嘴里道："在下有眼不识泰山，多有冒犯，真是罪该万死，还请赵大哥宽恕！"

赵匡胤听王剑儿如此说，心中十分纳闷，也便下了马，向他询问端详，这才知道事情的原委。

原来半年前，韩令坤在开封刺杀辽主耶律德光，紧接着赵匡胤等三人又在洛阳城外大闹枣树林，杀死耶律德光的四名贴身侍卫。辽主震怒，四处张贴榜文，绘出图像，悬重赏捉拿三人，而他们的壮举，也因此传遍中原，令各地豪杰之士敬仰不已。

当时王仁在洛阳看到告示图像，从旁人议论中得知赵匡胤的名字，因心中倾慕，便记在心上，他后来杀辽兵之举，多少受了赵匡胤他们的激励。没想到落草之后，竟在这顺阳山，将心中的大英雄当成了打劫的对象。

说到这里，王仁后悔不迭，拱手道："在下有眼无珠，几乎酿成大错。如今听凭赵大哥发落，俺王仁绝无怨言！"说着就要跪下。

赵匡胤连忙挡住，说："不知者不为罪。王寨主，不必如此！"转身叫过王审琦和李良，对王仁一一介绍，接着说："我们急于去开封，请王寨主赶快让道吧！"

王仁为难地说："赵大哥，山口的路已被堵住，清除那些木石也颇费时日。现在天色将黑，可否请赵大哥在山寨中歇息一宿，明早再起程？"

王仁的年纪比赵匡胤大五六岁，却一口一个"赵大哥"，赵匡胤见他确是出自至诚，也就随他叫去。此时天色已晚，太阳西沉，赵匡胤心知，除了按王仁的话行事外，再无其他办法，只好点头答应。

王仁见赵匡胤答应，心里那个高兴劲儿就甭提了，赶紧吩咐手下的小头目，带着一百来号人，去清除山口的木石，又叫几个人，抬上受伤的胖大和尚和瘦道士，领着赵匡胤他们去山寨。

山寨建在顺阳山西侧的一处陡崖上。走到崖下，夜色已经降临，王仁下令点起早已准备好的火把，沿着小径逶迤上山。过了约莫半个时辰，才登上山崖。赵匡胤回头望去，只见上百个火把蜿蜒如龙，在昏黑的天幕下，显得十分壮观，借着火把微暗的光，再一瞧，那陡崖又高又滑，徒手根本无法攀登。而脚下这唯一可通山寨的小道，也是崎岖狭窄，举步维艰。赵匡胤心想，果真是一夫当关，万夫莫开的天险之地！只要守住这条道，积贮足够的粮食、武器，任你有千军万马，也只能望寨兴叹。

他一转念，又想到那些拥兵自重的藩镇和以抢掠为生的山大王，无一不是据险而恃，自成一体。当今天下，不知还有多少诸如此类的大小山寨，给一方百姓造成无穷的灾难。想到这里，赵匡胤不禁百感交集，喟然怃然。

第二天早上，王仁设宴为赵匡胤三人饯行。桌子上摆满了陈年佳酿、山珍海味。酒到酣处，王仁叫手下端出一只托盘，盘子上放着一个檀香木盒和一把小巧玲珑的短刀。他对赵匡胤拱手行礼，诚挚地说："赵大哥，在下冒犯虎威，罪不可赦。蒙您大人大量，不仅不怪罪，而且不计前嫌，屈临敝寨。在下感恩戴德，没齿不忘。特备薄礼，还望赵大哥笑纳！"

他揭开盒盖，里面装满了光彩夺目的金银珠宝，其价值恐怕在万金以上。王审琦在旁边看着，不由得瞪大了眼，直咽唾沫。接着，王仁又拿起短刀，将刀从刀鞘中拔了出来。那刀约七寸长，精钢打就，寒光闪烁，锋利无比。

赵匡胤走过去，将盒子盖上，又从王仁手中拿过短刀，插入鞘中，放回托盘，微笑着说："珠宝、利器皆贵重之物，然君子不夺人之所好。王寨主，你还是收起来吧！你若真把我当朋友，我倒有一言相劝。"

"赵大哥请训示。"

"从今往后，你不要再骚扰附近的村民。这些年来百姓够苦的了，你还忍心雪上加霜？告诉你，多行不义必自毙，恶贯满盈之时，报应自会到来。你好好思量一下吧！"李良在旁边听了，心中暗暗叫好。

"赵大哥教训的是，在下以后再也不敢放肆。"说罢，王仁又拿起短刀说，"我知道赵大哥英雄本色，不愿让那些抢掠来的珠宝，玷污了清白之身。这把短刀是俺家传之宝，未沾半点污秽，请赵大哥务必收下，否则便是看不起俺王仁了！"说着便双手捧刀，跪了下去。

赵匡胤见他如此心诚，只好伸手接了过来，递给一旁的李良收好。一把搀起王仁说："我的话你可要记住，切莫令我失望！"

"大哥的话，小弟自当谨记！"赵匡胤心中牵挂着家人和两个结义兄弟，片刻也不愿意多耽搁，王仁没办法，只能早早地罢席，让他们三人启程。王仁一直送到山口，才拱手作别："送君千里，终须一别。赵大哥，将来有用得着在下的地方，只要捎个信来，俺王仁赴汤蹈火，在所不辞！"

赵匡胤一跃上马，对王仁拱拱手说："后会有期。"说罢，三人便策马一路向北疾驰而去。话说赵匡胤、李良、王审琦三人披星戴月，日夜兼程，一路风餐露宿，出了邓州，越过许州，只用了七天就到达了开封。开封是中原重镇，历史悠久的古都。早在战国时期，魏惠王就在此建都，号曰大梁；汉置陈留郡，后魏置梁州，唐代置汴州；后梁、后晋皆定都于此，号为东京，置开封府；辽主耶律德光入据开封时，曾降其为汴州，后汉高祖刘暠一进开封，马上恢复为东京重置开封府。经过历代的经营扩建，开封城周回数十里，城墙高大坚固，布局规整有序，防御系统严密，成为当时规模最大的政治经济文化中心。

赵匡胤的岳丈家就在开封，对开封自是相当熟悉。他领着王审琦和李良，从城南中门朱雀门进城，一路直奔相国寺旁边的清风客栈。由于后汉刚刚建立，根基未稳，开封城中驻扎了大量的军队，巡逻的士兵和零散的兵勇在街上随处可见。

赵匡胤拉住一个士兵，向他打听郭威的队伍驻地，才知道郭威已被朝廷命为枢密使，总管军机事务，枢密院暂设在相国寺。相国寺前身为大建国寺，建于北齐，唐代重修，因唐睿宗原封相王，故登基之后，改名为相国寺。其规模宏伟，巍峨壮观，寺中各类房屋多达千余间，中庭廊庑可容纳近万人，堪称天下第一古刹。

赵匡胤匆匆擦洗完毕，来到相国寺，只见寺门台阶上站着两排手持长矛的卫士。他刚要过去询问，寺内走出一个年轻的军校，浓眉大眼，虎背熊腰，挎着腰刀，煞是威武。

赵匡胤忙上前迎住，双手抱拳："这位壮士，在下想向你打听个人，不知可否？"

"尊驾所问何人？"

"请问慕容延钊、韩令坤是否在枢密院当差？"

那军校听到这两个名字，眼睛一亮，盯着赵匡胤看了半晌，忽然开口道："对，你就是赵兄，赵匡胤！哈哈，你终于来了！"

"壮士何以知道在下的名字？"

"经常听人念叨，岂有不知？赵兄无须细问，请随我来！"

相国寺回廊杂沓，赵匡胤曲曲折折，不知转了多少个弯，终于来到一间朱漆房门前。那位军校一把推开房门，高声喊道："韩兄，慕容兄，你们看谁来了？"

慕容延钊和韩令坤正在下棋，抬头一看，赵匡胤站在门口，都惊呆了！韩令坤将手中的棋子一扔，大喊一声"三弟"，便朝快步走来的赵匡胤迎了上去。

兄弟三人紧紧拥抱在一起。

好不容易平静下来，三人坐下，彼此将几个月来所发生的事情，从头细说了一遍。原来赵匡胤的父亲已从凤翔调来开封，全家也跟着搬到此地。

“刚才那位兄台是？”赵匡胤忽然问道。

“噢，他叫石守信，我们都叫他石头！那可是个打起仗来不要命的家伙啊！”韩令坤抢着答道。

傍晚，赵匡胤回到开封的新家，与家人别后重逢，自然有说不完的话。

第二天，赵匡胤吃过早饭，向父母问过安，便出了家门，来到清风客栈找李良。赵匡胤拍了拍李良的肩膀，笑道：“李良，昨天慕容大哥他们可来过？”

“来过！慕容大哥那么飘逸潇洒，令人好生仰慕。”赵匡胤接着又问，“王审琦没有再欺负你吧？”

李良眉头一蹙：“他敢！”赵匡胤见他气还未消，连忙打哈哈道：“那就好。走，我们去相国寺！”

第六章　相国寺众人投军 倚香楼仗义救美

赵匡胤来到酒楼找到王审琦，携同李良三个人一同来到相国寺。相国寺宏伟壮观，让李良眼前一亮，并不禁感叹道："龙兴寺如果有这里一半的规模，我师父不知道要乐成什么样呢？"

慕容延钊、韩令坤、石守信都在。大家见了面，不可避免地又是一番寒暄，彼此之间非常有默契。

慕容延钊说："三弟，当时在洛阳城外，我们约定好，都投郭将军帐下，现在伯父在京城，身为护圣都指挥使，君子见机而制宜，三思而后行。怎么决定，就看你的了。"

"无须再想。小弟早已决定，投郭将军帐下，与各位兄弟一起，携手同心，将来好好干一番事业。只是不知郭将军是否愿意收留？"

赵匡胤在襄阳为王彦超拒绝，心中颇存疑虑。

"三弟不必担心！俺们早已向郭将军推荐过你，何况咱们在洛阳城外杀鞑子的事，他也知道，哪有不收的道理！"

韩令坤听说赵匡胤仍然决定投奔郭威，兴奋之情溢于言表，"他娘的，俺们兄弟三人，再加上石头、王兄和李良兄弟，便是横行天下也不怕了！"

"那何时去见郭将军呢？"赵匡胤问。

韩令坤说："算日不如撞日。郭将军正在知客殿处理公务，俺这就领你们去见他，如何？"

赵匡胤略作沉思，抬头对李良说："李良，让你投军当兵，你愿不愿意？"当时天下动荡，僧人、道士从戎的不计其数，早已司空见惯，况且李良遵师命下山，原本就有跟随赵匡胤的想法，也就一口应允。于是，赵匡胤等三人当即跟随韩令坤去见郭威。

郭威在当时是名震天下的大英雄，字文仲，本来是邢州尧山人，三岁时随父母迁居太原。他身材魁伟，勇猛好斗，年轻时也是沾染了一身无赖习气的主，因为曾经在身上刺了一只青雀，所以人送他一个外号"郭雀儿"。郭威十八岁就效命沙场，投在潞州留守李继韬麾下。虽说投身军中，可是那专爱抱打抱不平的性子，依旧不改。

有一次，郭威喝醉了酒，来到上党市场。那市场上有个屠户，身高力大，凶暴异常，普通百姓都唯恐避之不及。郭威早就想好好教训一下那家伙，为四围的百姓出口恶气，于是故意让那屠户亲自给他割肉，百般挑剔，稍不如意，就大声叱骂。

那屠户何曾受过这等恶气？勃然大怒，把衣服往两边一扯，对郭威说："有种你就杀了我！"郭威二话不说，拔出刀来便捅入屠户的肚子里。后来郭威被官府抓住要治罪，但李继韬爱惜他是个将才，找个机会，故意放他逃走了。

再后来，郭威又被河东节度使刘知远罗致帐下，深得信任。晋出帝开运末年，契丹犯帝阙，晋帝北迁，郭威与苏逢吉、杨邠、史弘肇等人劝刘知远建号称帝。刘知远在太原登位时，百事草创，四方犹梗，新朝的内外机要事务，多依赖郭威。刘知远进驻开封，建大汉国号，即封郭威为枢密使、检校太保，总领天下兵马。郭威不仅勇力过人，而且通兵法、知权谋，胸怀远大，为天下英雄所敬仰。

韩令坤领着赵匡胤一行，来到郭威处理公务的临时处所知客殿，叫他们在殿外等候，自己先进去通报。一会儿，韩令坤出来，悄悄对赵匡胤说："郭将军让我领你们进去，看样子他挺高兴的。"

众人来到殿中，行过礼，韩令坤一一介绍，郭威满脸笑容地招呼众人坐下，对赵匡胤说："久闻贤侄大名，延钊、令坤也多次在我面前提起你，夸你智勇双全，是人中之杰，今日一见，果然是英气逼人！长江后浪推前浪，将来就看你们这些青年英雄的啦！"

赵匡胤见郭威跟父亲差不多年纪，方脸大耳，虎目生威，虽然位极人臣，却和蔼可亲，心中的仰慕不觉又增了几分。站起来，双手抱拳，上前对郭威道："蒙将军夸奖，在下深感惭愧。久闻将军胸怀江海，吞吐日月，广纳天下贤才，故与两位朋友前来投奔，愿效奔走之劳。"

郭威哈哈一笑，说："你父亲与我同庚，现任护圣都指挥使，你何不跟随父亲，一来可彼此照应，二来于晋升更为有利？"

赵匡胤朗声回答："在下虽驽钝，却也耻于托庇父荫，乞食余泽，而宁愿凭自己的真本事效力沙场，自取前程！"

"好一个效力沙场，自取前程！"郭威在几案上猛击一掌，倏地站起来，"好小子，有志气！就凭你这句话，我也不会让你走了。你先留在我帐下，与令坤等人同为军校，等将来积有功劳，我再向朝廷保荐。"

王审琦也被录为军校，李良则编入郭威的侍卫亲兵。三人谢过郭威，同韩令坤一道出了知客殿，赶紧把这个好消息告诉慕容延钊、石守信。大家一听，自是高兴万分。

韩令坤在一旁兴高采烈道："咱们兄弟今晚一定要去倚香楼喝个痛快，一来为兄弟们找到安身立命之所表示庆贺，二来嘛，也算是为三弟，还有李良他们洗尘。大哥,你看如何?”

慕容延钊听了,在旁边淡淡一笑,兀自不作声,韩令坤可就有点急了,连忙转头跟石守信求救。

这“倚香楼”是开封最有名的妓院,石守信、王审琦都是好色之徒,平日里自然经常光顾,如今见韩令坤一提议,纷纷点头。

赵匡胤本不愿去,但见大家都兴致极高,自己不去,恐怕扫了大家的兴,只好答应了。

当天傍晚,赵匡胤和他的一帮兄弟,兴致勃勃来到端池街的倚香楼。端池街是开封有名的花街,妓院林立,酒楼遍布,无数达官贵人、富商巨贾日日在此千金买笑,偎红倚翠。

几个人一进大门,涂脂抹粉的鸨母,一阵风似地迎上来,一口一个客官,比见了亲爹还亲,扭着肥臀,将他们引到二楼的一个大房间坐下。楼上传来悦耳的歌声。

韩令坤翻着菜谱,点好酒菜,大家喝着茶聊了一会儿闲话,酒菜陆续端上来,山珍海味摆满了桌子。紧接着,六个年轻漂亮的姑娘,如一团彩云似地飘了进来,分别站在每一位客人旁边,笑闹着直往客人身上贴。韩令坤、王审琦早就习惯了这种场合,可李良刚从龙兴寺出来,哪里见过这样的场面?一张脸通红,显得不知所措。

慕容延钊端着酒杯站起来道:“来,三弟,王兄,李良,喝了这杯酒,算是为各位接风了。”说罢,一饮而尽。众人也都豪气冲天,一饮而尽,只有李良端着酒杯,犹豫着不敢喝,尴尬地看着赵匡胤。

赵匡胤看他窘得满脸通红的样子,忍不住笑着说:“李良,你就喝了吧!入乡随俗,况且只要你心中有佛,何必拘泥于形式呢?”

韩令坤在旁边起哄:“你再不喝,俺可要硬灌啦!”说着就要动手。

李良见赵匡胤如此说,只好硬着头皮喝了半杯。

酒过数巡,众人都已酒意盎然。石守信抱着身边的姑娘,连摸带搂地忙活开了。韩令坤则干脆一张大嘴,在姑娘脸上纵横驰骋,不亦乐乎。李良几杯酒灌下肚,早就晕晕乎乎,云里雾里。

身旁的姑娘见他生得俊秀,忍不住芳心荡漾,时不时故意用高耸的胸脯去碰碰他,要不就将樱唇挨着他的脸颊,在他耳边娇声软语地挑逗。李良何曾见过这种光景?越发拘谨,红着脸,一动不动坐在那里。那姑娘又嗔又气,暗地里伸出纤纤玉手,在他大腿上狠狠拧了一把,痛得李良猛地一惊,只好强忍住痛,不敢吭声。

正当众人喝得不亦乐乎之时,楼上的歌声停了,随即听到楼上“砰”的一声响,听得出是酒壶摔碎的声音,紧接着,脚步声、男人的咒骂声、女人的哭喊声,纷至沓来,乱作一团。

李良早就坐不住了,便趁着机会赶紧起身,出门想看个究竟。他走出房门一看,只见楼上一个彪形大汉,一边骂骂咧咧,一边连踢带踹,对一位纤弱的姑娘大打出手。那姑娘连滚带爬地想向楼下逃跑,那汉子仍然追着痛打。姑娘拼命挣扎,一不小心,从楼梯上滚了下来,正倒在李良的身边。

那姑娘猛地扑过来,一把抱住李良的双腿,哭喊道:“大哥,救救我!”

李良一看,那姑娘不过十三四岁的样子,衣衫不整,钗鬓凌乱,额角摔破了,鲜血直流,仰着一张满是泪水的脸,脸上一双明亮而充满稚气的眼睛,饱含着惊惧与哀求。

李良望着那张清丽的脸、那双眼睛,尤其是嘴角边浅浅的酒窝,下巴左边的一颗小红痣,心里不禁一阵战栗,脑海里浮现出小时候和妹妹一起荡秋千的情景。

正在李良出神的时候,大汉来到那姑娘身后,伸手便要揪她的头发。那小姑娘紧抱李良的腿,凄厉地喊道:“大哥,救我!”这一声呼喊,将李良从发呆的状态中惊醒。他热血奔涌,抢前一步,一掌打开对方的手,将姑娘拦在身后,大喝道:“滚开,别碰她!”

那大汉一看李良身形瘦弱,一副文质彬彬的书生模样,冷笑一声道:“瞧你那细皮嫩肉,也敢跑来逞英雄。干脆跟这婊子一起去陪我们家少爷吧!正好我家少爷也喜欢你这一种的。哈哈……”

李良一听,火冒三丈,也不说话,纵身跳起,左脚猛地踢出,把那家伙踢了个四脚朝天,趴在地上半天起不来。

一帮恶仆见自己人吃了亏,气势汹汹围了过来,指着李良吼道:“哪里来的野小子,竟敢管咱家少爷的事!你知道咱家少爷是谁吗?咱家老爷乃天平节度使,讳名高行周,咱家少爷就是在戚城击退辽军,立下赫赫战功的少年英雄高怀德。识相的赶快滚,别扰了咱家少爷的雅兴!”

李良正在气头上,双眼一瞪道:“我管你是什么节度使,什么英雄。看你们今天谁敢动这姑娘一根汗毛!”

高怀德一看,李良丝毫没有让开的意思,右手一招,六七个喽啰一拥而上,扑向李良。

再说里面赵匡胤等人,见李良迟迟不回,外面又吵得沸沸扬扬,连忙出门,正好看到一帮豪奴在围攻李良,也就不问青红皂白,犹如饿虎扑食,打将过去。那几个豪奴哪是他们的对手?转眼间,横七竖八躺了一地,还有一个,竟被韩令坤扔到楼下去了,也不知是死是活。余下的那几个还想去助阵,被高怀德制止了。他鼻子翕动了几下,阴沉着脸问道:“敢问几位是何方英雄?”慕容延钊道:“行不更名,坐不改姓,我就是慕容延钊,他是赵匡胤,那位是韩令坤……”高怀德听了,眉头一蹙,心知今天的亏是吃定了,说声:“我们走!”便招呼手下喽啰,离开了倚香楼。

高德怀一走,吓得脸色发白、浑身颤抖的老鸨才露出头来招呼客人。她一边招呼围观的客人回房,一边对赵匡胤等人说:“多谢各位客官救了绿珠姑娘。那挨千刀的高怀德,仗着家里有权有势,在开封府胡作非为,无人敢惹。说好了咱们绿珠姑娘卖艺不卖身,他偏要霸王硬上弓……”

原来她叫绿珠!

李良回头看着依然瘫在地上的小姑娘,心里有说不尽的怜惜。他弯腰扶起绿珠,上了楼梯,走进绿珠的房间,扶着她坐下,然后取来毛巾,小心翼翼地擦去她额头和眼角的血。觉察到绿珠的眉毛跳动了一下,他轻声问:“疼吗?”手放得更轻。

绿珠长长的睫毛一动,两行泪水顺着秀气稚嫩的脸,又流了下来。

望着那张酷似妹妹的脸,李良心里一阵黯然神伤。如果妹妹尚在人世,也应该有这么大了吧?

李良正在暗自伤神,鸨母一颠一颠地走了进来。李良搬了张凳子,让鸨母坐下,向她询问绿珠的身世。

鸨母告诉他,这姑娘姓陈,潞州人氏,本是大户人家的女儿,琴棋书画无一不通。谁知去年契丹南侵,兵乱中家人离散,她落入人贩子之手,并以五百两白银的价格,卖给了倚香楼。

鸨母的话,又勾起了绿珠对痛苦往事的回忆,她情不自禁地伏在桌子上,放声大哭。李良强忍泪水,走过去,在她肩膀上轻轻地拍了几下,安慰道:“绿珠姑娘,别哭了。这样会伤身子的!”

绿珠哭着哭着,突然转过身来,扑通一声,跪在他面前,双手紧紧抓着他的胳膊,呜咽着哀求道:“大哥,我知道你是个好人,你……你带我走吧!做牛做马,我……我也心甘情愿!求求你,带我走好不好?”

那鸨母刚才还为绿珠伤心流泪,唉声叹气,一听说她要走,立马站了起来,“走?往哪走?你真要走,我还巴不得呢,拿银子来啊!五百两,加上这两年的花销,至少有一千两吧!只要有银子,你想去哪就去哪,我才懒得管呢,没钱,想都别想,哼!”

绿珠听了,呆在一旁,只是哀哀哭泣。李良看着她悲泣的样子,忍不住一阵心痛,可是他哪儿来这么多钱赎她出去呢?即使赎她出去了,自己无家无业,又如何安置她呢?

李良走过去,轻轻扶起绿珠,替她擦去脸上的泪水,柔声道:“绿珠,你别着急,大哥会想办法把你赎出去的。以后别总是这么哭了,当心哭坏了身子。”

绿珠睁着一双水汪汪的大眼睛,凝视着李良年轻英俊的脸,听话地点点头,哽咽道:“大哥,你说话可要算数啊!你一定要带我出去。我等你来接我呢!”

李良一狠心,快步走出房门。

一帮人走出倚香楼的时候,已是深夜。天空中淡月如钩,疏星斜挂,街道上行人稀少,显得格外空旷。晚风中吹来一阵呜呜咽咽、如泣如诉的箫声,越发令人倍感凄凉。李良仰头看着天空,忽然感到一阵异常的忧伤,一种属于尘世的忧伤。他忽然想起下山前广济大师看自己时的眼神……

却说高怀德带着一帮手下,垂头丧气地离开倚香楼,回到父亲在开封府特意给他建造的府邸,又是摔东西,又是骂人,浑身气不打一处来。这也难怪,自打出生到现在,这二十三年来,他何曾受过这等窝囊气?

第七章　伏牛山英勇降虎　朝廷内纷争乍起

父亲高行周在后晋的时候,便是朝廷中的一员猛将,曾经率领军队镇守延州、滁州等地,之后又在洛阳镇守。后晋初期,势力强大的契丹屡屡进犯,高行周被再次任命为北面前军都部署;后汉建立之后,皇上不想失去这样一位德高望重的将领,对高行周甚是优厚,任命为天平节度使,镇守一方,权势甚是显赫。高怀德在十五岁的时候就跟随自己的父亲一起上阵杀敌,也立下不少战功,特别是在他二十岁的时候,在戚城边境遭到契丹大军的偷袭,他带领数十名精英,第一个冲进敌人的包围圈中,夺取了敌人的将旗,立下奇功。后晋帝亲赐宝带名马,还将其提升为牙将,他的事迹一时间传遍大街小巷。后汉初,朝廷为了拉拢高行周父子,又任命高怀德担任忠州刺史。

高怀德这次来开封,是来接受朝廷封赏的。他本想像以往进京城一样,尽情寻欢作乐,可万万没想到,在倚香楼竟然因为一个小姑娘,引出了一伙天不怕、地不怕的家伙,愣是不买他的账,玩儿似的,就把他一帮手下给打得鼻青脸肿。

平时高怀德去妓院,老鸨都是巴儿巴儿地讨好,谁敢跟他抢中意的姑娘?可是,当时他一看赵匡胤等人的身手,就知道自己出手是自找难看。何况郭威现在权倾天下,连当今天子都对他忌惮三分,若是得罪了他,只怕他们父子将来死无葬身之地,只好暗自晦气地走了。不过倚香楼这笔账,他也牢牢地记在心里。

高怀德经此一事,也无心寻花问柳,在京城盘桓数日,便恨恨地离开,前往忠州赴任去了。他这一走,绿珠的日子,也就好过多了。

天气一天天转凉,重阳节刚过,人们便换上了秋装。这时候,传来了后汉高祖刘暠要亲征邺州的消息。

原来杜重威拒绝朝廷调度,在邺州勾结辽军,意图不轨。刘暠令高行周为招讨使,镇宁军节度使慕容彦超为招讨副使,前往征讨。谁知两人来到邺州城下,因为意见不合,迟迟不肯出兵。刘暠担心大军驻守在外,迟早会引发兵变,便决定御驾亲征。

刘暠临行前将京城的军政大事托付郭威,自己率领大军,浩浩荡荡向邺州进发。刘暠这一走,朝廷政务全由郭威一个人处理。郭威夙兴夜寐,不敢出半点差错。每天送公文的人络绎不绝,他整日待在知客殿里,几乎足不出户。

这天上午，郭威处理完公务，看到外面天高气爽，突然豪兴大发，要去城外伏牛山打猎。他命人准备马匹弓箭，带着赵匡胤、韩令坤等人，兴致勃勃出了城门。

伏牛山在开封城西十三里。此山并不高峻，却连绵起伏，方圆数十里。众人打马上山，满山茅草和灌木，被山风一吹，起伏如波浪。众人久未出城，心中憋闷，被风一吹，不觉精神大振，纷纷策马奔驰。

飞奔的马蹄声打破了山上的寂静，灌木丛里的野兔、野鸡受到惊吓，纷纷四处逃窜。众人弯弓搭箭，瞄准猎物射去，一旦射中，便大呼小叫，又开始寻找下一个猎物。众人里，数郭威和王审琦的箭法最为高明，哪里有点风吹草动，抬手即射，几乎箭无虚发，引得围猎的将士齐声喝彩。

然而，这种射杀野兔野鸡所带来的乐趣和兴奋，很快就消失了，作为军人和猎手，郭威渴望那种搏杀猛兽的刺激与快感。他将马缰一带，朝树林深处跑去。赵匡胤怕出意外，紧随其后。李良也赶紧跟了上去。

前面是一片洼地，灌木丛生，不时有突兀嶙峋的怪石挡住去路。郭威跳下马，手持弓箭，往前一路追寻。忽然，一道黄黑色的影子，在茅草中一闪而过。凭着直觉，郭威知道那是一只小老虎，这也就是说，附近必定有只大虎。

郭威屏住气息，缓缓前进，突然闻到一股强烈的膻腥味，情知不妙，急忙转身，谁知慌忙中，一只脚卡在石头缝隙里，怎么也拔不出来。这时，只听一声怒吼，一只斑斓猛虎，朝他直扑过来。郭威心想，此番休矣！

就在郭威准备决死一拼的时候，却听到老虎一声怪叫，睁开眼睛一看，原来李良和赵匡胤已经赶到了。李良见情势危急，扬手发出一枚燕子镖，“嗖”的一声，正中老虎右眼。那白额虎在地上打了几个滚，尾巴一甩，翻身而起，又向郭威扑去。

这母老虎为了救护幼崽，连自已的性命都不顾了，左眼流着血，一声怒吼，锋利的牙齿，白森森地露在外面，扬起两只巨大的爪子，就要向郭威扑去。赵匡胤来不及拔出佩刀，大吼一声，张开双臂，一把将白额虎拦腰抱住，用头拼命顶住老虎的下巴，脚下用力一蹬，连人带虎一起，滚落在茅草里。

赵匡胤死死勒住老虎的脖子，暗自用力，勒得那虎不住地在茅草中打滚，试图摆脱他的钳制。赵匡胤丝毫不敢放松，死死地抱住。一人一虎就这样僵持着，翻滚着。李良在一旁干着急，可又不敢发手中的燕子镖，唯恐伤了赵匡胤。

相持一段时间之后，赵匡胤全身都麻了，胳膊上的力气也越来越小，可还是死命地抱住老虎,不敢松手。不久,他感到老虎滚动的频率越来越慢,挣扎的力气也慢慢减弱,心中一喜,使出最后的一点力气,猛力一勒。老虎软绵绵地瘫了下来,一动也不动了。

李良连忙跑过去,用腰刀在老虎身上猛力一砍,见没有动静,对躺在地上的赵匡胤喊道:“赵大哥,赵大哥!老虎死了。你没事吧!”

赵匡胤睁开眼睛,瞧了一眼躺在身边的老虎,仰天瘫倒在茅草地上,几乎虚脱过去。

郭威一瘸一拐地走了过来,用手在老虎鼻子上探了探,再看看赵匡胤,连声赞叹道:“好小子,你哪来的这么大力气,硬是活生生将这头母大虫给箍死了!”

这时,慕容延钊、韩令坤等人,也循声找来,见了那躺在地上的赵匡胤和死老虎,不知是怎么回事。待李良一一细说,也无不惊叹佩服。

众人把赵匡胤扶起来,发现他背部的衣服,被虎爪抓得稀烂,露出几十道深浅不一的血痕。赵匡胤这才感到疼痛。

郭威走到赵匡胤面前,拍拍他的肩膀,眼中满含赞许和感激的神色,说:“匡胤,今天老夫这条命,是你救下的。多谢!”

郭威伏牛山大难不死,回城后全力主持大局。不久,邺州前线传来消息,说是刘暠亲自率领将士攻城,伤亡惨重,仍然无法攻下城池。

郭威心知这一战非同寻常,关系到天下全局。若攻城不克,杜重威得势,必然会进犯东京,各路将领拥兵观望,情势将变得十分复杂。他一方面调集京城附近的军队,加强京城的防卫,一方面四处搜集情报,仔细研究邺州的战局,思量攻城的良策。

赵匡胤见郭威整日苦苦思索,心事重重,估摸着是因为邺州战事,回到家中,便悄悄翻开《舆地与兵法》。他仔细研究了邺州的地形特点,越看越觉得此书奥妙非常。

这天晚上,赵匡胤带着亲兵在殿外当值,郭威眉头紧蹙,走出殿来,一边踱着步子,嘴里兀自念叨着:“攻还是围?……围还是攻?”

“将军是因为邺州战役决定不下吗?”赵匡胤走到郭威身边,轻声问道。

“你如何知道?”郭威微微有些吃惊。

“末将妄自猜测。”

“那你以为邺州之战,是速攻为好,还是围城逼降好呢?”

“邺州是名城古都,中原重镇,城墙坚固,四面空旷,易守难攻,况且杜重威苦心经营日久,甲兵勇猛,士卒同心,更有辽军相助。若想一举攻下,确非易事。依末将看来,不如四面包围,断其粮草,绝其援军,不出两个月,必然自乱。如此一来,杜重威除了投降,再无其他生路。兵不血刃而屈人之师,方为上策。不知将军以为如何?”

郭威听他分析得头头是道,心中暗自感叹,接着又问:“皇上急于夺城,为之奈何?”

“皇上求胜心切,原因有二:一是担心邺州耗时过久,京城有失;二是忧虑各路将士居心叵测,乘机作乱。请将军修书一封,说明京城的部署情况,既可以自避嫌疑,又可以消除皇上后顾之忧。如此一来,皇上自然会考虑围城逼降的建议了。在下斗胆胡说,不当之处,还望将军勿要怪罪。”

郭威没想到赵匡胤不仅勇猛过人,而且卓有见识,倒是一个不可多得的将才,心中不禁暗自惊奇,尤其是“自避嫌疑”之说,连自己都没想到。这赵匡胤年纪轻轻,心思却如此细密。

郭威深知刘暠素来多疑,自己擅自调动兵马之事,还未及禀告,如果有小人从中作梗,那刘暠必定会以为自己有异心,后果将不堪设想!

他连忙回到大殿,反复斟酌推敲,写了一封书信,表明心迹,献上计策,派人火速送往邺州。

刘暠看了郭威的信,如释重负,下令停止攻城,命令高行周、慕容彦超将邺州城四面包围起来。

挨了不到一个月,城中粮草已尽,军心离散,杜重威一看局势今非昔比,惶惶不可终日。刘暠乘机派人送去劝降信,许诺赦免他的罪过,并仍授以检校太师之职。杜重威此时走投无路,只好素服出降,拜谒汉主刘暠。

刘暠在邺州停留了数日,留高行周为邺州留守,兼天平军节度使,自己和杜重威则立刻动身返回开封。郭威率领文武大臣,在城外亲迎銮驾。刘暠对郭威的围城之策,大为赞赏。

自此,郭威对赵匡胤另眼相待,将他视为心腹。

刘暠本属沙陀部落,他担心汉人不服,便以同为刘姓为由,强引汉高祖为远祖,改国号为汉。这次邺州告捷,除去了杜重威这个心腹大患,便又乘机建宗庙,定乐舞,大行祭祀典礼,借此进一步巩固自己的正统地位。

不料,皇太子刘承训在祭祀中受了风寒,身体素来羸弱,加上数日来奔波劳累,竟然一病不起。尽管御医耗尽心思,多方治疗,仍未见疗效,终于在十二月撒手西去,年仅二十六岁。

老年丧子,是人生的一大伤心事。何况刘暠诸子中,只有刘承训最得宠爱,为人孝顺仁厚,明事达理,是他心目中最佳的皇位继承人。因此,刘暠伤心不已,在爱子的灵前一次次地晕厥过去。

在郭威等人百般安慰下,他终于同意将灵柩送回太原安葬,可从此以后,刘暠终日不见一丝笑容,心中常怀忧戚,身体眼看着一天不如一天。

鞭炮声中,又迎来了新的一年,却无法驱除笼罩在后汉皇宫上的阴霾。

刘暠病体未愈，为了清除晦气，求得吉祥，诏令将这一年，改为乾元年，大赦天下。然而，人的寿命自有定数，即使身为人君，拥有四海，大限一到，照样无法挽回。到了正月末，刘暠的病越来越严重，他深知自己痊愈无望，急召枢密使郭威、杨邠，宰相苏逢吉，宋州节度使史弘肇四人火速进宫。

郭威接到诏令，心中猛然一惊，不敢怠慢，当即赶往皇宫。他和其他三位大臣，来到刘暠的病榻前，见他面容憔悴，气如游丝，不禁悲从中来。

刘暠强睁开眼，望了望跪在病榻之前的四位顾命大臣以及次子刘承祐，见他们面含忧戚，便拼着全身的力气说："诸位爱卿不必悲伤，人固有一死，亦何惧哉！唯承训已殁，承祐当依次即位。朕虑他年少，将来国事，全靠诸位爱卿了！"

四人一齐跪下，应道："臣等必将竭心尽力，辅佐幼主！"

刘暠长叹一声，抓住郭威的手说："郭爱卿，眼下国基已立，辽人亦不敢南侵，但需谨防杜重……"说到这里，喉咙里一口气上不来，眼睛瞪着，似有无限的不甘。

苏逢吉等人慌得手足无措，刘承祐却要出门，唤后妃、皇子前来送终。郭威一把拉住他，虎目一扫道："殿下暂时不要着急！"刘承祐被他这么一望，不由得后背发凉，只好停下。

郭威大步走出殿外，令人草拟了一份诏书，命令大内侍卫，带着三百禁卫军，即刻前往杜重威的私宅，捉拿杜重威以及他的三个儿子弘璋、弘琏、弘遂，押往市曹斩首。

一接到杜重威父子已斩的消息，郭威急奔御寝，附在刘暠耳边轻轻地说："陛下，杜重威父子已在市曹处斩了。"

刘暠喉咙里咕隆了一声，随即双眼一闭，溘然长逝。

当天晚上，郭威与苏逢吉等人商议，并请示刘承祐，为防止引起混乱，决定暂时密不发丧；同时加强京城防卫，提防辽军乘机来犯。待一切安排妥当之后，才于二月中旬，在万岁殿内召集文武百官，宣读先帝遗诏："周王承祐，于灵柩前即位。规章制度，一依旧制。"当天，内外发哀，谥刘暠为高祖，葬于皇陵。

三月，刘承祐正式登上广政殿，会见群臣。这刘承祐年方十七岁，心胸狭隘，志大才疏，他见父皇去世以来，自己虽然贵为天子，却处处受到郭威、杨邠、史弘肇等人的牵制，根本无法发号施令，心中大是不满，可是自己刚刚即位，羽翼未丰，万事还得仰仗这班老臣，不得不将满腹怨恨埋藏在心里，表面上对他们还是毕恭毕敬。

赵匡胤的妻子贺氏，闺名绮云，是贺景思的长女，容貌秀丽，性情温顺，颇得公婆的喜爱，和赵匡胤的感情也很好。五月里，绮云生了孩子，母子平安。孩子满月那天，赵府张灯结彩，大摆宴席。赵弘殷身为都指挥使，赵匡胤又是郭威的亲信，故旧自是不少，这一天，赵府宾客盈门，热闹非凡。慕容延钊、韩令坤、石守信等人也都前来帮忙。

赵匡胤满脸笑容，忙着招呼前来贺喜的客人。正在宾客喧哗之时，一个国字脸、浓眉大眼的男子，走上来道："在下郭荣，与妹夫张永德，奉家父之命，前来向赵兄道喜！"从身后随从手中，取过两个装饰精美的礼盒，"一点薄礼，不成敬意，还请赵兄笑纳！"

赵匡胤早就听说过誉满京城的"郭家双杰"，没想到两人今天竟一同前来贺喜，连忙拱手作礼，双手接过贺礼道："郭将军大驾光临，如何敢当？两位快里面请！"说完，与韩令坤、石守信，陪着两人往客厅里走。

郭荣本姓柴，邢州龙冈人，是郭威夫人的娘家侄子，从小跟着郭夫人长大，跟随郭威左右。当时郭威家道沦落，膝下无子，见柴荣谨慎厚道，惹人怜爱，就将他收为义子，改姓郭。后汉初，郭威向后汉高祖举荐，授左监门卫将军。郭荣虽然出生寒微，却是仪表堂堂，雍容大度，而且兵马娴熟，精通兵法谋略。

张永德是并州阳曲人，与赵匡胤是同庚，精于骑射，据说曾在校场左右各距五十步，设十个箭靶，自己手握十支利箭，策马疾奔，左右开弓，十发十中，在京城一时传为佳话。由于他父亲张颖和郭威是至交，郭威见他武艺超群，便将女儿许配给他，因而成了郭家的女婿。

郭荣比赵匡胤年长六岁，却极有心计。自从刘承祐登基以来，郭威以顾命大臣身份执掌军政大权，君臣矛盾不断扩大。为防不测，他便秘密开始着手积聚力量。一方面，结交外镇将领，连成声势；另一方面，则竭力拉拢京城中的青年才俊，以形成自己的中坚力量。

从某种意义上说，谁能得到这批青年将士的支持，谁就占据了政治上和军事上的主动权，也就拥有了未来的无限可能，郭威心里十分清楚这一点。他之所以派郭荣亲自来赵府贺喜，很明显就是有意拉拢赵匡胤等人。

酒宴上，众人都是武将，喝得豪气干云，闲聊之中也多是些战场厮杀之事。韩令坤满脸通红对郭荣道："他娘的，俺听说李守贞父子起兵谋反，我们兄弟早就闲得受不了啦，就盼望能痛痛快快去战场上厮杀一番，强似在这里闷得发慌！"

郭荣微微一笑，故作神秘地说："告诉各位一个消息。朝廷很可能派家父前往统率众军讨伐叛贼。各位切莫泄露出去！"

时近中秋，皓月临空，皇宫大内里，重重叠叠的凤阁楼台，沐浴在如梦如幻的清辉之中，显得肃穆而深邃。

广政殿内，轻烟缭绕，烛影摇曳，汉主刘承祐心神不宁，在大殿中走来走去。他那瘦弱的身躯在宽敞的殿堂中愈显单薄，脸上流露出似乎不堪承受的焦虑与忧思。

自从李守贞等三镇叛乱，刘承祐再也无心和那些嫔妃宫娥寻欢作乐，为确保自己的皇位焦急筹划，以致思虑重重，寝食难安。

第八章　郭威智取河中府
守贞焚身烈火中

李守贞在后晋的时候，便是一位德高望重的大将，一直以来都在北疆镇守，威望甚重，在当时，在教坊伶人所演唱的曲子中，有一句非常有名的唱腔，就是“天子不须忧北寇，守贞面上管幽州”。李守贞与杜重威是莫逆之交，同生共死的好兄弟。后晋末年，契丹不断侵犯边境，于是李守贞和杜重威二人决定在郸州会和，一同抗击辽军。出乎意料的是，李守贞和杜重威二人在滹沱河被契丹打败，两人成为俘虏。辽兵北撤之后，汉王朝建立，李守贞上表称臣，被授以太保之位，继而镇守河中府，依旧是一名独当一面、统率千军的节度使。后汉高祖刘暠驾崩之后，杜重威被诛杀，他的心中略感不安；再加上刚刚登基的刘承祐年纪尚轻，四位顾命大臣的资历又都比较浅，他认为自己此时有机可乘，于是便萌生了异心。

李守贞铁着心一门心思起兵造反，还有一个隐秘的原因。原来，河中府有个叫总伦的僧人，知道李守贞的心意，就跑去见他，吹嘘自己的占卜术天下第一，还说什么他命当为人君云云。

李守贞一听大喜，大大赏赐了他一番。这事过了不久，又有一个来自峨眉的道士，自称善听声音，还能依声推断人的贵贱。李守贞便把自己的家人叫出来，让那道士挨个听其声音。

李守贞的次子李崇训，刚娶了兖州刺史符彦卿的女儿为妻。那术士装模作样，听听这个，又听听那个，不言不语，后来听到符氏的声音，说她命中有大富贵，将来必能母仪天下。李守贞本就想谋反，听了道士的话，称帝的野心更为坚定，便加紧修缮城墙，积聚粮草，打造兵器。

正在这时，军校出身的赵思绾，在长安发动兵变，占据城池，屠杀守吏，并派人给李守贞送来书信礼物，表示愿意归顺李守贞。李守贞大喜过望，俨然以帝王自居，自称秦王，下诏书封赵思绾为晋昌军节度使、检校太尉。紧接着，凤翔节度使王景崇，因为与朝廷发生矛盾，也派使者和李守贞联合，以图大事。李守贞得此二人相助，以为自己起事上合天意，下顺人心，愈加猖狂起来。

河中、长安、凤翔三镇先后谋反的消息，在朝廷引起了极大震动。汉主刘承祐与大将郭威等紧急商议后，决定派澶州节度使郭从义率兵三万，攻打赵思绾；玢州节度使白文珂率兵五万，讨伐李守贞；陕州节度使赵晖率兵三万，征讨王景崇。

三路兵马同时西进。郭从义赶到长安城下，与赵思绾一交锋，便损兵折将，转而畏缩不前；白文珂对李守贞本来就有所忌惮，抵达同州后，借故逗留不前；赵晖率兵来到咸阳，调集军需，部署兵士，一时之间，也不敢轻易发动进攻。就这样，双方一直僵持到八月，直把广政殿里的刘承祐急得团团转。

这天，一大早就将苏逢吉召到宫中，商议对策。

苏逢吉与郭威素有过节，想借此机会将他排挤出京城，所以当刘承祐问他有何应对之策时，便作出一副深思熟虑的样子道："三镇战局毫无进展，实因前线无得力的统帅，陛下若遣枢密使郭威前往统率诸军，必能荡平三镇，铲除叛逆。"

郭威接到诏令后，心中十分忧虑。李守贞统率禁军多年，不少将领受过他的恩惠，如今要他们倒戈攻打旧主，怎会拼死作战？只好连夜拜访太师冯道，请教良策。

冯道说："李守贞乃前朝宿将，亲信部下遍布军中。将士之所以听命于他，不过是因为金银珠宝财货而已，郭公此番领兵，若能将官府的金银财宝尽赐将士，并多加抚恤，许诺克城后必有重赏，则将士必能归心，乐于听命，李守贞也就只能束手就擒了！"郭威大喜，谢过冯道，回府加紧筹划。

郭威一面调集兵马粮草，一面研究主攻方向。他认为李守贞为叛乱之首，一旦攻破李守贞，长安、凤翔不费吹灰之力即可攻下。然而刘承祐恨极王景崇，有意让他先攻打凤翔；诸将心畏李守贞，也大多主张先攻长安、凤翔。一时人心惶惶，主意难定。郭威便叫赵匡胤前来商讨策略。

赵匡胤已将《舆地与兵法》一书细细参详过，又结合三镇的地形，对战局进行了深入周密的考虑，见郭威相问，不慌不忙道："擒贼先擒王，当今三镇叛乱，以李守贞为首，若先取河中，其他两镇闻之丧胆，自可一战而克；况且长安、凤翔在河中西面，如舍近攻远，赵思绾与王景崇拼命抗拒我前锋，李守贞趁机袭我后路，岂不是自陷险境？"

郭威拍掌大笑："英雄所见略同，我也正有此意！"

郭威传下羽檄，令白文珂从同州进军，泽潞节度使常恩从潼关进军，自己亲率主力从陕州进军，三路兵马直抵河中。郭威听从冯道之策，将府库金银分与士卒，许以重赏；沿途所经，与将士同甘共苦；小功必赏，微过不责；士卒伤病，必亲自探视，那些禁军个个愿意拼死效力。

李守贞据守河中，自认为城高河深，兵锐粮足，外有长安、凤翔二镇互为依托，万无一失。等到三路兵马集结城下，他登临一望，只见旌旗飘扬，军容壮盛，不禁大惊失色。但事已至此，他也只好硬着头皮，督促手下将士拒守，同时暗自派心腹潜出城外，向辽军求救。

郭威从附近调集了两万民夫，由白文珂督领，在城四周挖掘壕沟，修筑连垒，命众将各率士卒，将城团团围住，偃旗息鼓，闭垒不出；又调遣水军封锁河面，日夜防备。李守贞计无所出，只好冒死突围，但汉军士气高昂，河中军根本无法突出去，李守贞只好又派使者，分头向南唐、西蜀、北辽求救，都被汉军一一捕获。眼见城中积粮越来越少，将士军心渐渐不稳，怨声大起。

李守贞手下有一个叫杨呐的道士，身手不凡，轻功绝佳，却生性凶残，极为好色。杨呐因采花杀人，被官府抓获，李守贞见他武功高强，是个可用之人，便免了他的罪，罗致到自己帐下，还特意将自己的一个美妾送给他。杨呐由此对李守贞死心塌地，发誓报恩。看到城中情况越来越严峻，李守贞一副忧虑不安的样子，他便自告奋勇去南唐搬救兵。李守贞深知别无他法，只好冒险一试。

当晚，杨呐怀揣求救信，和弟弟杨元一道，趁着夜幕的掩护，从城墙缒下，挥剑砍杀了几个巡逻的汉军士卒，突围出去。二人一路快马飞奔，赶往南唐，将李守贞的亲笔信交到南唐国君李璟手中。

李璟接到书信犹豫不决，便召集大臣商议。兵部侍郎魏岑上前奏道："陛下，臣以为，这是个扩展疆域的绝好机会，请陛下出师以助李守贞，乘机削弱汉朝国力，以解除其对我南唐的威胁！"

李璟本是个无主见之人，一听魏岑的话，便诏令北面行营招讨使李金全，领兵三万援救河中。郭威早有防备，得到消息后，把围城的重任交给白文珂，亲自率领四万禁军迎击南唐军队。

两军对峙于涞州北境，各自列好阵势。李金全本是一位久经沙场的老将，见郭威壁垒森严，将士强悍，心知必败无疑，叹息道："郭威为帅，李守贞死无葬身之地也！"乘夜拔寨，撤兵而去。

杨呐眼睁睁地看着唐兵撤走，自知劝说也是徒劳，不禁心急如焚，可是自己身受李守贞大恩，岂能弃主自保？反复思量，只有组织一支精锐的小部队，偷袭郭威的帅营，杀了郭威，使汉军群龙无首，才有可能解除河中之围。此举如虎口拔牙，九死一生，但为了报恩，明知是赴汤蹈火，他也在所不辞了。

杨氏兄弟急忙回到家乡涞州，散尽家中所有财产，招纳亡命之徒，又去城外玄元观，请了几位武功高强的师兄弟，总共聚集了三十余人，骑着快马，携着兵器，星夜赶回河中。

他们在接近汉军的地区潜伏起来，白天化装成平民，侦察郭威帅营的地点，了解汉军的部防情况和巡逻路线，晚上袭击零散的汉兵，换上他们的号衣。在一切都了解清楚、装备齐全之后，开始了行动。

这天晚上，郭威召集白文珂、常恩、刘词等将领，商讨攻打河中城的事。

白文珂等都主张尽快攻打，因为从去年八月到现在，已经围城整整七个月之久，军心开始出现混乱，长此下去，不但汉主会怪罪，将士们也会产生懈怠之心。郭威却坚持围而不战，继续困住李守贞。

郭威好不容易说服诸将，回到营帐中。他喝了一口茶，想到刘承祐三番五次下诏，令他火速攻城。京城里谣言纷纷，说他按兵不动是心存异志，如此等等……忍不住心中一阵烦躁，便叫李良递过自己的狐皮大氅，信步走出营帐。

李良一看，连忙叫赵匡胤一起跟上。

此时天空下起了大雪，西北风卷起团团雪花，漫天飞舞。郭威不自觉地紧了紧大衣。天气如此寒冷，不知将士是否扛得住，他心情一阵沉重。

透过满天飞舞的雪花，看见八个守门的卫士，站得笔直，一声不吭，郭威顿觉异样。正在狐疑，卫兵中突然有人侧身，扬手射出一件暗器。李良是暗器行家，对方一侧身，就觉得大事不好，情急之中，一个箭步挡在郭威身前。急射而来的暗器，“嗖”的一声，击中了他的左肩，原来是一把小飞刀！李良忍着疼痛，挥舞宝剑，护在郭威身前，一边高声叫喊：“有刺客，有刺客！”

赵匡胤迟到一步，他喝令李良保护郭威回帐，自己持腰刀断后。且说杨呐当晚领着那伙亡命之徒，身穿汉军号衣，混到郭威帅营外，神不知鬼不觉杀了守栅门的八个卫兵，换上他们的斗篷，叫其他人埋伏在雪地上，伺机动手。见郭威出来，正暗自庆幸皇天相助，谁知郭威察觉，接着李良挺身受刀，他精心策划的行动，功败垂成。杨呐心中一急，吩咐所有的人一齐涌上，直扑郭威。

赵匡胤眼见情况紧急，迎了上去，手起刀落，将冲在最前面的一个人砍翻在地，随后顺势横劈，将另一个刺客劈成两截，溅得自己满身满脸的血水。然而此时他也顾不了那么多，只管挡在前面，左右奔突，拼命砍杀。

俗话说，刀砍一人，棍打一片。赵匡胤仓促之间没带浑天棍，手执腰刀，即使有通天本领，也无法挡住数十人的围攻；而且杨呐本是狡猾之徒，见赵匡胤是个劲敌，便命几个高手缠住他，自己领着其余的人，杀向郭威。

此时，郭威已退到营帐附近，但他未带兵器，李良左肩受伤，风雪弥漫之中，又不知道究竟还有多少刺客。面对杨呐凶猛的进攻，李良用右手的剑奋力抵挡。要命的是，对方又有五六个人绕过去，封住了郭威回营帐的退路。郭威在敌方刀剑之下左避右闪，险象环生。

正在郭威绝望之际，慕容延钊、韩令坤、石守信、王审琦都已冲出营帐，三下五除二，将挡住郭威的几个刺客收拾了，然后各挺兵器，接住攻向李良的敌人。李良趁机护着郭威，进了营帐。

赵匡胤见郭威进了大帐，心中一宽，大喝一声，又砍倒一个刺客，嘴里招呼道:“大哥,二哥,别让刺客跑了!”

杨呐还想冒死冲进营帐杀郭威,无奈被慕容延钊、韩令坤等人团团围住。杨元大喊着:“大哥,快走,快走吧!否则一个也活不了!”

杨氏兄弟冒死冲出营栅,奔向围城的墙垒。等守墙的军士反应过来,他们已飞身上了墙头。赵匡胤刚好赶到,急令放箭。杨元稍一迟疑,腿上中了一箭,摔下墙来。杨呐见弟弟危险,返身来救,被慕容延钊一枪刺翻在地。杨呐自知难逃一死,反手一挥,割断脖颈,倒地而亡。可怜那杨元,也被汉军长矛一阵乱戳,捅了几十个窟窿。

郭威经此一难,对赵匡胤等人更加信任器重。他抖擞精神,顶住来自朝廷的压力,继续围城,又坚持了两个月,已是五月中旬。郭从义派专使送来捷报,说赵思绾已经投降伏诛,长安城也被汉军攻下。郭威大喜,立刻召集诸将,令他们尽快造云梯,聚集弓箭,做好攻城准备。

河中城内粮食早已耗尽,百姓饿死者不计其数,李守贞竟然下令将妇女儿童杀掉,以充作军粮,可怜那些无辜的妇孺,竟如牲畜般被宰杀烹食。整个河中城悲啼厉号,直冲九霄;冤魂怨魄,充塞街巷。

郭威下了一道劝降书,许诺“城中不论何人,只要出降,一律免死”,命人抄写了许多份,用箭射入城中。城中将士被困已将近一年,本就军心涣散,一接到劝降书,斗志全无,纷纷出城投降,连李守贞的心腹将领王继勋、聂知遇,也率领部下向郭威投降了。

李守贞自知已无退路,只好严防死守,由于城墙高阔,加上城中剩下的兵士都是李守贞的旧部,还有从家乡带来的大约两万子弟兵,自知必死,个个拼死抵挡,一时却也难以攻下。

接连几次攻城受挫,郭威焦虑万分,两颊深陷,双目布满血丝。赵匡胤见主帅如此,献策道:“将军,河中城墙高势险,李守贞殊死顽抗,这样硬攻下去不是长久之策。依末将愚见,不如各路依然保持攻势,同时集中精锐兵力和大部分云梯,以城西为突破口,发起猛攻,迅速攻上城墙。只要一路突破,河中城也就土崩瓦解了。不知将军以为如何?”

郭威一听大喜,拍手称妙,当晚调集五千禁军,一百多架六丈高的云梯,做好了攻城准备。第二天拂晓,各路军队开始攻城,郭威亲自指挥御林军猛扑城西,迅速渡过护城河。城上守军发现后,慌忙射箭,砸石头,滚檑木,拼命阻挡汉军攻城,汉军被打得血肉横飞,惨叫声不绝于耳。

眼看着第一轮攻城就要失利,韩令坤握紧双拳,骂了声:“日娘贼!”拔出腰刀,领着敢死队冲了上去,慕容延钊、赵匡胤、石守信、李良等人一看,拔腿急奔城下,王审琦弯弓搭箭,掩护众人。乱石纷纷,韩令坤打前锋,不知从哪里飞来一支暗箭,正中左肩。他一咬牙,“啪”的一声折断箭柄,反手一扬,一个守城士兵应声坠地。韩令坤虽然受伤，身手兀自矫健，猿猴般接连几个纵跃，跳上墙头。与此同时，慕容延钊、赵匡胤、石守信，也先后纷纷上了城墙，对着守军一阵砍杀，遇者死，挡者亡，守军的气焰被遏制下来。

见先头部队得手，郭威令旗一挥，汉军沿着云梯蜂拥而上，兵分两路，向南北横扫过去。李守贞慌忙指挥残余部众，退回内城自保。

自外城失守，李守贞自知必死无疑，他早就令部下在节度使衙署内堆积了大量柴草，随时准备点火自焚。当他听到内城守将詹志仁开门纳敌，汉军入城的震天呐喊，知道大限已到，亲自点燃柴堆，拔剑杀了自己的结发妻子和四个姬妾。大儿子李崇勋也亲手杀了妻子、儿女，次子李崇训遍寻妻子符氏不着，独赴火海。覆巢之下，焉有完卵？可怜偌大的一个节度使衙署，哭声震天，一片凄惨。

望着火海中妻子、儿女的尸体，李守贞泪水纵横，仰天长叹："想我纵横天下数十年，一着不慎，身败名裂，反累了家人。我有何面目立于人世？"说罢，纵身跳入熊熊火海。

随后赶来的韩令坤，领着一群禁军闯入衙署，看到熊熊大火，知道李守贞已经自杀，命部下赶紧灭火，找出李守贞的尸首，挥刀砍下首级，令人送给郭威，自己继续在衙署内室搜索。

走进室内，只见到处一片狼藉。让韩令坤始料不及的是，大厅的太师椅上，竟然端端正正坐着一位盛装的少妇，她樱桃嘴，柳叶眉，皮肤白皙，眼若秋波，端庄秀丽。韩令坤早听说李守贞美妾成群，心中大喜，叫了声"美人"，便要伸手轻薄。谁知手还没挨到嫩脸，就听到那少妇一声呵斥："狂徒休得无理！郭大帅乃我世叔，你们怎敢犯我！"韩令坤一听"郭大帅"三字，再看她辞色俱厉，当真不敢造次，连忙派人去郭威处报告。

郭威来到大堂，那少妇叫了一声"郭世叔"，一头跪在他脚下，放声大哭。郭威将她扶起，一问才知，她便是兖州节度使符彦卿的小女儿，前年嫁给李守贞的儿子李崇训为妻。孰料世事纷纭，转眼之间家亡夫死，幸亏她为人机警，趁混乱躲入内室，才免去一死。

传闻符彦卿的女儿个个天姿国色，郭威以前从未见过符氏，今日一见，果然是绝色美人。如今听到她的哭诉，又见她秀眉紧蹙，梨花带雨，楚楚可怜的模样，郭威顿生怜悯之心，叫人带她去内室休息，任何人不得骚扰。

当晚，郭威的帅府就设在李守贞的衙署。他传令各部肃清残敌，封锁内城，另派石守信，带着李守贞的首级，火速赶回开封，向朝廷报信。

第九章 英雄暗醉温柔乡 大殿争论怒火烧

终于将河中城攻下了，压在心中的大石头也终于落了下来，郭威熟睡在华丽的雕花大床上，觉得非常舒服。突然间，好像听到了轻轻的敲门声，他立刻从床上坐了起来，大喊一声："是谁在外面？"谁知，门外竟然半天没有人作答，却传来了哭泣的声音。

郭威连忙下床，打开门一看，门外竟是符氏！

郭威大吃一惊，怕被别人看见，只好将她让进房中，关了门，问道："深更半夜，你来此做甚？"

符氏抬起头来，说："大帅，奴家害怕！"便扑在郭威胸前，嘤嘤低泣。

郭威一时不知说什么好，将她扶到床沿坐下，自己有意拉开一段距离。符氏却挨了过来，直往他怀里钻，软软的躯体紧紧贴着他，嘴里说："奴家害怕，李崇训要杀我！"

那符氏只穿一件贴身的小亵衣，身材玲珑曼妙，充满无尽的风情魅惑，双手搂着郭威的腰，两只挺突温热的乳房，在他的胸前拱动着，撩拨着。

郭威虽年近五十，但毕竟是个精力充沛的热血汉子，更何况在外征战，很久未近女色，面对符氏那俏丽的脸庞、年轻丰满的肉体，他此时再也无法控制自己的欲望，喉咙里发出一种呜咽般的低吼，猛地将符氏按倒在床上。

那张精致的雕花大床，轻轻地战栗着。那种神秘的声响，仿佛是一首千年不变的古老歌谣。

河中、长安二镇已平，只剩下凤翔一座孤城，已是指日可下，汉主刘承祐令郭威班师回朝。乾祐二年八月初十，郭威率大军回到京城开封，整个京城张灯结彩，锣鼓喧天，迎接凯旋将士。

次日，刘承祐亲自登上明德殿，对郭威面加慰问，亲赐御酒，赏以金银玉带，并赐郭威为检校太师兼侍中，恩渥有加；又升擢赵匡胤、韩令坤、慕容延钊、石守信、王审琦等为副将，李良为校尉。

临近年底，北风呼呼地吹了起来，卷起漫天的尘土，天地之间一片混沌。这几天，郭威的心情就像这恶劣的天气一样，阴沉晦涩，就连凤翔已克，王景崇自杀的消息，也不能使他的心情开朗起来。

几天前，高行周亲自来到他府上，委婉地转告他，符彦卿有意将自己守寡在家的小女儿，许配给郭荣为妻。按说两人年龄相当，与符家也是门当户对，况且郭荣的妻子已过世一年多，根本没有什么可顾虑的。

不知怎么，只要他一想起河中城那天深夜里，在那张雕花大床上和符氏的一夜风流，郭威就莫名其妙地又激动又沉重。他无法抗拒符氏年轻而热情的肉体，然而正是担心自己沉溺其中，他很快派人将她送回符家。如今要让她做自己的儿媳，总觉有些别扭。

郭威一想到这事，头都大了。那符彦卿是两朝元老，如今贵为节度使，高行周更是位高权重，显赫当时，自己想要干成一番大事，这两个人是万万得罪不得的。如此权衡再三，郭威终于答应了高行周的提亲。一个月后，郭荣和符氏举行了盛大的婚礼。

这天傍晚，郭府里一片觥筹交错之声，数百根蜡烛，把整个大厅照得灯火通明。婚礼开始了，新郎新娘拜过天地，依礼见过父母，郭威夫妇坐在大堂上接受新媳妇的跪拜。郭威望着身穿大红礼服的符氏，透过薄薄的红纱盖头，隐约看到她那俏丽的面容和秋波流溢的双眸，心中不由得一阵惆怅。

乾祐三年(950 年)初夏，边境传来军报，辽军入寇，横行黄河以北地区，并且大有南下之势。汉主刘承祐紧急召集苏逢吉等亲信大臣，商议对策。

苏逢吉见几个月来，郭威与史弘肇、杨邠来往密切，唯恐对自己不利，就趁机劝刘承祐任命郭威为主帅，镇守北方。刘承祐的近臣郭永明因替自己的亲信求官不得，心怀怨恨，也在一旁鼓动将郭威调出京师。

刘承祐早就厌烦了这种当傀儡皇帝的日子，一听此计甚妙，立刻下了诏书，任命郭威为邺州留守、天雄军节度使，仍兼任枢密使，统领各路兵马，凡黄河以北地区的兵甲钱谷，见了郭威的文书，立即交付，不得有误。同时，还提升郭荣为天雄内都指挥使，协助郭威料理军务，表面上是官位提升，信任有加，实际上是把郭威父子调离京城。

郭家的府邸里，郭威眉头紧锁，在大厅里来回地走着，郭荣则在一旁侍立，一副沉思的模样。接到诏书，父子俩都意识到此事关系重大，稍有差错，说不定就得赔上一家老小的性命，必须慎重考虑。

郭威停下脚步，回头问道：“荣儿，调我去邺州，肯定是苏逢吉的主意。你对此事怎么看?”

郭荣见父亲发问，缓缓答道：“虽然是苏逢吉的意思，却是皇上的诏书，不去恐怕是不行了，否则就要背上抗旨不遵的罪名。如此一来，正中了苏逢吉的下怀!”

“可一旦我离开京城，苏逢吉整天在皇上面前进谗言，挑拨离间，而杨邠、史弘肇等人又是一帮腐儒，根本不是他的对手。这样下去，对我们可是大大的不利！而且我这一走，恐怕前途莫测了！”郭威满脸忧色。

郭荣望了养父一眼，见他两鬓花白，面色憔悴，心中有些不忍，上前安慰道：“父亲不必过于忧虑，其实苏逢吉的主要矛头是对着杨邠、史弘肇二人。他竭力怂恿皇上调你出京，是怕你支持杨邠、史弘肇对他不利罢了。因此我们去邺州，不仅可避免与他发生冲突，又可远离京城，静观其变；况且，此番镇守邺州，父亲兵权、财权集于一身，只要我们兵权在手，还怕回不了京城吗？孩儿以为，若想成大事，这次说不定真的是天赐良机呢！”

郭威若有所思，不断点头。他走过去，在郭荣肩膀上拍了拍：“荣儿，你说得没错。你肯用脑子，心思又缜密，确实没有辜负我对你的厚望。成大事一定要善于耐心等待，切不可急于求成！”

次日，郭威入朝向刘承祐辞行，诚恳地说：“陛下春秋方盛，当勉力国政，遇事多跟苏逢吉、杨邠、史弘肇等大臣商议，太后跟随先皇多年，老成睿智，对国事颇有见识，陛下应该多方请示。亲贤臣，远小人，明辨是非，洞察忠奸，此国家兴隆之基也，愿陛下留意！至于疆场戎事，臣愿竭诚效忠，请陛下勿忧！”

刘承祐虽然心中不以为然，但碍于面子，也只好敛容称谢道：“朕知道你劳苦功高，对国家社稷一片忠心。朕赐你御马五匹，祝你旗开得胜，早日消除北患，造福百姓！”

郭威此番镇守邺州，深知前途未卜，他本想把家眷一起带走，可是一家老小安居京城久矣，都不愿迁徙受那舟车劳顿之苦；另一方面，郭威也顾虑到，一旦举家迁徙，难免会引起朝廷的疑心，只好作罢。唯有郭荣，舍不得抛下新婚的妻子，将符氏携往邺州。

刘承祐从军中调拨一万精锐骑兵，作为郭威的直属部队。赵匡胤、韩令坤、慕容延钊、王审琦、李良等人，全部是清一色的甲胄、骏马、雕弓，一个个威武雄壮，英姿勃发。赵匡胤、慕容延钊等人，都希望能与辽人一番血战，一显身手，立下战功，可是谁也不曾想到，一场惊天动地的大事变，正在悄无声息的酝酿之中。

郭威率兵抵达邺州，河朔诸将领前来迎接。他在节度使衙署，与诸将士商议了三天，制定了防御辽军的周密计划，督促诸将立刻各自回去部署。辽军听说郭威奉命前来镇守邺州，本已畏惧，又见汉军迅速加强了边境的防卫力量，也不敢轻举妄动。而郭威此时别有所图，也无意主动进攻辽军，整个黄河以北地区，顿时陷入了一种微妙的僵持状态。

几个月来，郭威千方百计地联络各镇将领，对手下的将校大施恩惠，同时抓紧军队的训练，以提高军队的战斗力。一天，他和郭荣在衙署商议禁军训练的事情。郭威道：“荣儿，这一万精兵可是我们的命根子，不但要训练好，让他们能打仗，而且还要千方百计地笼络他们，让他们在必要时为我们拼命！这后一点尤其重要，你明白我的意思吗？”

“孩儿明白父亲的意思。我已经给每个士兵加了一两银子的月饷，将校待遇更优。此外，赵匡胤、韩令坤等人，在禁军中的故旧颇多，我也特别交代他们，尽量多和其中的将校来往，广交朋友。这些人都很能干，而且对我们忠心耿耿，尤其是赵匡胤，智勇兼备，颇得士卒信任，实在是大将之才！”

郭威端起桌子上的茶杯，喝了一口，满意地点点头，道：“赵匡胤等人跟了我这么多年，立下许多功劳，官职却一直不高。我之所以不向朝廷举荐他们，就是希望他们能为我所用，也确实委屈他们了！”

郭威停了停，脸上露出忧虑的神色，继续说道：“邺州城内以及周围的军队，毕竟好掌握，但那些外镇将领就很难控制了。我最担心的，就是澶州节度使李洪义和驻兵镇守澶州的夔州节度使王殷，他们二人的军队，合起来有八万之众，若有变故，就难办了！”

“李洪义贪财货，王殷好女色，只要我们不惜钱帛，投其所好，倒也不难拉拢！”郭荣却是胸有成竹。

“这次来邺州，皇上下旨，钱财货物任我调度，这个自是不愁！”郭威站起身来，“荣儿，澶州始终是我的一块心病。我看近日内，你从衙署支取一笔金银，去相州物色几个有姿色的女子，再带上几十坛好酒，以劳军为名，去澶州活动活动。不要计较花了多少钱，只要能让李洪义、王殷高兴就行了！”

“好，我明天就动身！”

“带上石守信和王审琦！”

郭威又交代了一句。

郭荣去澶州两天了，郭威担心朝中有什么变故，又派了两个心腹潜回开封，随时报告朝廷的一举一动，直到一切安排得妥妥当当，才松了一口气。

吃过晚饭，郭威信步走到后院。庭院里菊花开得正盛。这个小庭院的四周都是内宅，因为郭威没有带家眷前来，所以许多房子都空着。郭威住在南边的正房，郭荣夫妇则住在北边的正房，另有两个使女住在东厢房。

此时已是夕阳西沉，明月在天，院子里十分幽静。郭威走到菊花丛边，折下一朵，放在鼻子前，细细地感受那份醉人的清香，内心却在期待着什么事情发生。

一个红色的影子在回廊上一闪，郭威心里一阵慌乱，他立刻猜到了来人是谁。理智告诉他，必须立刻离开，可是他的双脚，却像被施了魔法一样，不由自主地朝着火红的人影走去。

郭威迷迷糊糊地跟着那个人影，穿过两道门，来到符氏的卧房里。烛光摇曳，白色的帷帐，让他恍惚迷离。符氏从后面一把抱住了他的腰，郭威猛地惊醒过来，扒开符氏的手，欲往外走。符氏死死地抱住他，嘴里喃喃自语道："不，别走，别走！"

不知怎的，符氏的声音，有如魔音穿耳一般，使郭威失去了最后一点离开的勇气，却仍兀自徒劳地挣扎着："你现在已是我的儿媳，我是你的公公！"

"不！"符氏叫了一声，搂住他的脖子，耳语般道："我不管，我们有情在先，而且他又不是你的亲生儿子。我们是无罪的！"

郭威一把推开她，自言自语道："不行，不行……绝对不行！"

符氏两颊如火，目光流盼，开始缓缓地，一件件脱去身上的衣服。一具充满诱惑的洁白胴体，出现在郭威面前。郭威的目光再也无法挪开，他贪婪地注视着烛光中越发显得曲线毕露的身躯。迅速膨胀的情欲，淹没了理智的堤防，而符氏却一步一步退向身后的大床。

终于，犹如两极的碰撞，两个滚烫的躯体，倏地抱在了一起，倒在床上。突然间，郭威一抬头，瞥见床侧挂着一件黑色的披风……郭威的脑袋"轰"的一声，猛然意识到，这是儿子和儿媳的床，澎湃的激情立刻冷却了下来。他一把推开符氏，迅速穿上衣服，头也不回地走出了房间。

后面传来符氏那压抑的抽泣声。庭院中的菊花，在黑暗中依然盛开。

再说汉主刘承祐虽无雄才大略，却自视甚高，自从继承皇位，总觉得受到顾命大臣的牵制，心中颇为愤愤不平。随着登基时间日久，这种情绪越来越强烈。另一方面，宰相苏逢吉对杨邠、史弘肇的独断专行深感不满，便与刘承祐的宠臣郭允明、聂文进等人联成一气。双方发生冲突，以致矛盾越来越大，势同水火。

这天，照例上朝，文武大臣来到广政殿，分班次列于两旁。苏逢吉手持朝笏，出班奏道："启奏陛下，今有宣徽使一职空缺。现任武德使李业，素掌内宫钱帑，忠厚勤勉，处事干练，臣以为可升补为宣徽使。"

李业是当朝太后的弟弟，也就是皇上的舅舅。此事李业曾向刘承祐亲口提起过，但碍于杨邠等人，刘承祐自己不便开口下诏。现在苏逢吉举荐，刘承祐心里暗暗高兴。

谁知杨邠偏偏不认这个理，苏逢吉刚退下，他就出列说："启奏陛下，内使迁补，须有次第，这是先皇立下的规矩，况且李业又是外戚，尤其不可超常擢升，紊乱朝纲。"

刘承祐见好端端的事又要被他搅黄，不由得心头火起，强压怒火道："古人尚且知道'内举不避亲，外举不避仇'的道理，杨爱卿怎能如此迂腐呢！"

史弘肇见了，急趋殿前，道："陛下息怒，保重龙体要紧。国家大事，臣等自有公论，处理必然合情合理，何劳圣上操劳！"

刘承祐瞪着史弘肇，半天说不出话来，长袖一挥，气冲冲回到了后殿。他越想越窝火，越发要除掉这几个眼中钉，便与李业、聂文进、郭允明等人悄悄密谋。

第十章 汉主怀恨杀诸臣 匡胤智说宋延渥

第二天早朝的时候，杨邠、史弘肇携同另外一位大臣王章，刚刚来到广政殿东侧的走廊之上，忽然之间大殿上涌出数十名甲兵，他们个个手持腰刀，将三人团团围住，不问青红皂白，就砍杀起来。三个位高权重的朝廷重臣，在转眼之间就成为了刀下鬼！

而后前来上朝的众位大臣们，见到这样的惨状，一个个心胆俱裂，面面相觑，心灰意冷。正在人们惊恐不已的时候，聂文进出殿宣读圣旨："杨邠、史弘肇、王章三人，意图谋反，今天一起处斩，诛杀其三族，所有资产归公。"

刘承祐又诏令四处捕杀三人的党羽亲信，弄得开封府人心惶惶，人人自危。苏逢吉又对刘承祐说："邺州留守郭威，素与杨、史等人沆瀣一气，狼狈为奸。现今他领兵在外，一旦得知杨、史被诛，必生异心，对陛下不利啊！"

"依卿所见，朕该怎么办？"刘承祐平日最惧郭威，连忙问道。

苏逢吉老谋深算，早就想置郭威于死地，忙应道："郭威手握重兵，故旧甚多，明令诛杀必定激起事变。陛下不如先传下密诏，令澶州节度使李洪义、夔州节度使王殷，会同王峻、郭崇威、曹威等人，于军中诛杀郭威父子，其余将士一概免罪。如此，就了却陛下的心腹大患了！"

这事不知怎么传到老太后那里，她坚决反对，苦苦劝说道："郭威乃先帝旧臣，素有功于汉室，岂可随意诛杀？况且郭威统兵多年，深得将士拥护，若要将他除去，绝非易事！只怕诛之不成，反为所制。"

刘承祐已被诛杀杨邠、史弘肇的胜利冲昏了头，哪里肯听太后的话？傲气十足道："国家大事，非母亲所知，孩儿自有主张。"说完拂袖而去。老太后气得浑身发抖，不禁老泪纵横："小子无知，听信谗言。汉室危矣！"

再说那李洪义、王殷接到刘承祐的密诏，两人大惊失色，面面相觑，不知如何是好。两人深知，这件事情异常棘手。一边是皇上，一边是军事统帅，一旦走错一步，必然落得个诛夷三族的下场。

两人商量了很久，最后决定还是偏向郭威，因为后唐以来的史实告诉他们，兵权才是最重要的。

李、王二人亲自骑着马，携密诏赶往邺州。

郭威早已知道杨邠、史弘肇被诛杀的事情。刘承祐这样做，对他来说意味着什么呢？作为一个久经沙场的将军，郭威嗅到了一丝丝杀戮的血腥气息，这是作为政治动物的人所特有的敏感，而且这种气息，让他从骨子里感到一种嗜血的兴奋。

郭威看到刘承祐的密诏后，脸上并没有露出李洪义和王殷意料中的惊慌，而是异常平静地问："请问两位将军，现下有何打算？"

李洪义、王殷两人来都来了，还能有什么打算？异口同声道："唯大帅马首是瞻。"

郭威心里一松，心知下面就看曹威、郭崇威和监军使王峻的了。他召来赵匡胤、韩令坤等部下，率领数百名禁兵，埋伏在衙署四周，交代他们一旦听到命令，立刻杀出。

安排妥当这一切后，郭威召来王峻、郭崇威、曹威和三军将领，对他们说："在下与各位将士，跟随先帝出生入死，浴血奋战。随从先帝夺取天下，又受先帝遗命，废寝忘食，东征西讨，方保国家无虞。今杨、史诸公无辜受诛，都是因为皇上年少，受苏逢吉等奸佞的蛊惑。现在他们竟怂恿皇上下密诏，诛杀在下和监军使。"他越说越激愤，禁不住潸然泪下，接着道："如果诸将以为在下罪不可赦，尽管前来取我首级。在下绝不愿累及无辜将士！"

诸将听了皆哗然。郭崇威泣涕而前，跪下道："天子必是被奸臣所惑，末将愿随大帅入朝，共清君侧。大帅万万不可白白受死，枉受恶名！"

郭威涕泪俱下，在众将面前上演这场戏，要的就是这句话，这个效果，但他表面却依然不动声色道："领兵回朝，这是大逆不道之事。在下受先帝大恩，岂能做出如此举动？诸位还是取我首级，以保全各自身家性命吧。"

曹威听郭威如此说，也连忙跪在他面前，慷慨激昂道："末将跟随大帅多年，岂能为保全性命而出卖将军！我等愿随大帅，驱兵南向，清除君侧，替大帅讨还公道！"见此情景，所有将士都纷纷跪下，一时之间，群情激愤。

郭威见军心可用，决定挥师进京。他令郭荣留守邺州，郭崇威为先锋，自己和王峻率领主力，向南进发。部队抵达澶州，与李洪义、王殷的军队会合，更是军力大盛，士气昂扬。

郭威并未悄无声息地回京城，而是先令人起草了一封奏疏，派专使呈送汉主刘承祐，疏曰：

臣威言：臣发迹寒贱，遭遇圣明，既富且贵，实过平生之望，唯思报国，岂敢他图！今奉诏命，忽令李洪义等诛杀臣。罪臣即时俟死，而诸军不肯行刑，逼臣赴阙，令臣请罪于陛下。臣三五日当及阙朝陛下，若以臣有欺天之罪，臣岂敢惜死？若臣实为奸臣所谮，乞陛下缚送军前，以安抚三军将士之心，则臣虽死无恨。臣昧死以闻。

信使走后，郭威与众将商议道："大军南进，必经滑州。滑州城池坚牢，节度使宋延渥又是朝廷驸马，实在是个心腹大患！"

王峻微微沉思道："宋延渥与大帅是故交，与苏逢吉素来不和，况且我军十几万人马兵临城下，他必定有所顾忌。若有一位智勇干练之士，持大帅亲笔信前往滑州，面见宋延渥，动以旧情，晓以利害，则兵不血刃，城可下也！'，

"不知谁可担当此重任？"

"大帅身边就有一位最佳人选，不知大帅是否舍得？"

"你指的是赵匡胤？此人武艺、智谋皆为上乘，确实是人中之杰。只是此番前去滑州，吉凶难测，万一有什么闪失，折我爱将，那就太可惜啦！"

"大帅，我们能否顺利进京，滑州是个关键。事关生死存亡，还望大帅三思！"

郭威沉吟良久，觉得能担此重任者，确实无人比赵匡胤更合适。于是，他召来赵匡胤、李良道："你们即刻带上我的亲笔信出发，以一日为限，不论是否能说服宋延渥，我军都将于后天抵达滑州城下。是战是和，全看你们的了！你俩对我有救命之恩，平素我视你们如子侄，此番滑州之行关系重大，只能派你俩前去。不管怎样，你们都要平安返回，切勿鲁莽行事！"

赵匡胤、李良见郭威面露惜别之色，答道："将军放心，我们一定尽力说服宋延渥。实在不行，则在城中做内应。"

赵匡胤、李良换上轻便衣服，暗藏短刀，快马飞奔，第二天便到达滑州城。

两人来到城门前，发现城门紧闭，护城河上的吊桥也未放下，城墙上矛戟林立，戒备森严，一副严阵以待的架势。赵匡胤心一沉，暗想，假若宋延渥死心塌地跟郭威作对，那就很难说服了。李良望着他一脸的严峻，说道："赵大哥，不管怎样，我们还是先想办法进城才是。"

赵匡胤一想，只要能进城见到宋延渥，事情就还有希望，况且即使说服不了他，也能了解一些城中的地形和情况。主意一定，两人将马拴在树林幽僻处，沿着城墙慢慢寻找可以攀援的地方。

城墙高峻，守卫严备，走了半晌，依然找不到可以进去的地方。正在暗自焦急，忽然听到李良叫道："赵大哥，你看！"赵匡胤顺着他努嘴的方向一看，不禁眼前一亮！

原来，由于城墙修筑时的粗疏，每隔一段距离，就有砖头凹凸不平形成一道缺口，一直延伸到墙头。以他俩的身手，沿着这道缺口攀援而上，绝非难事。两人大喜，只待等到天色黑下来，便可以趁机攀援进城。

赵匡胤十几岁时曾来过几次滑州，而且，这次出发之前仔细查阅了《舆地与兵法》一书中关于滑州的部分，因而对这里的街道地形非常熟悉。攀墙进城后，他领着李良穿街走巷，来到城西的节度使衙署。

因为不知道宋延渥究竟持何种态度，不敢贸然从大门进入，于是两人翻

过高墙，躲过巡夜的士兵，顺着墙根蹑手蹑脚地溜到大厅旁边。大厅里灯火未灭，两人躲在暗处，朝厅内望去，只见宋延渥反背双手，眉头紧蹙，在大厅中走来走去。

赵匡胤向李良耳语几句，两人绕到门口侍卫身后的廊下，李良左臂紧勒士兵的脖子，右手短刀贴在他的脸颊上，低喝道："不许出声！"赵匡胤则趁此机会，直扑宋延渥，锋利的刀尖直指他咽喉，压低声音道："宋将军，在下无意加害于你，此处非谈话之地，请至他处详谈。"

宋延渥做梦也没有想到，会在自己的衙署里被人劫持，心中实在窝火，但眼下落入他人之手，也只能俯首听命。强压下火气，抬手指了指大厅之后的密室。三人进了密室，赵匡胤收起宝刀拱手道："宋将军，适才多有冒犯，乃是出于不得已，还请宋将军见谅。在下姓赵，是来替郭威将军送信的。"说着，从怀中掏出密信。

宋延渥脸色陡然一变，双手颤抖着接过信函，就着微弱的烛光，迅速看了一遍，颓然倒在椅子上，一言不发。

赵匡胤看到这种情形，知道他心意已转，顺势开导道："宋将军，你与郭将军是旧交，当年在太原，你们曾生死与共，情同手足。现在他受奸臣迫害，难道你就不念故旧，忍心兵戈相向吗？况且李洪义、王殷的军队已与邺州大军联合起来，若真的攻打滑州，你自认为能守得住吗？再者，本朝手握重兵者有三人，除郭将军外，高行周、符彦卿，均是郭将军的好友亲戚。至于其他外镇将领，亦大多为郭将军的故旧。假如郭将军振臂一呼，众将必定响应，到那时，你宋将军将如何安身呢？"

宋延渥叹了口气道："朝廷欲诛杀郭将军，我也心存不平，更不想与他为敌。只是，陛下派聂文进来滑州任监军，兵权为他所有，我也是无可奈何啊。"

聂文进是苏逢吉的死党，为人极为奸诈，两人极力想置郭威于死地，所以滑州城守卫极为森严。赵匡胤暗想，宋延渥兵权被夺，只有杀了聂文进，才能控制住滑州城，便道："宋将军，如果你真有诚意，今晚我们乘其不备，杀掉聂文进，夺回兵权，开门迎接郭将军进城。若你甘心依附奸佞，就将我俩绑了送聂文进。何去何从，请将军选择！"

宋延渥见事已至此，便说："赵壮士，那聂文进随身带了很多武艺高强的侍卫，要想杀他，恐非易事。宋某的身家性命，可全都在你身上啊！"赵匡胤道："宋将军无须为此事担心，我二人会小心行事的。我二人去刺杀聂文进，你只要带着亲兵配合即可。"

深夜，聂文进下榻的官邸漆黑一团，伸手不见五指。赵匡胤、李良潜了进去，杀掉巡逻的卫兵，悄悄打开大门。宋延渥领着二百亲兵拥了进来，迅速解决了聂文进手下的大部分侍卫。

再说那聂文进正在睡梦之中，忽然听到外面喧哗声大起，忙从床上坐起来，随身侍卫竟无人应答，待从门缝一望，只见四处都有士兵把守，知道大事不妙，想从后门溜走，却被李良一枚燕子銟射去，正中后心。

聂文进一死，宋延渥忙着收拾残局，心中却也着实松了口气，赵匡胤、李良等都是一夜未眠。第二天一早，赵、李二人便和宋延渥率领滑州城将士，迎接郭威进城。

郭威望着赵匡胤、李良布满血丝的双眼和憔悴不堪的脸色，说："多谢！二位立了大功，以后再行奖赏。现在快去休息吧！"

宋延渥被迫交出滑州城，已无路可退，而且郭威挥师进京，其意决不止清君侧，明眼人都心里雪亮，他岂能不知？谁知那郭威一进城，说了几句感谢的客套话，就笑眯眯地向他借府库的钱帛："宋兄，此番义献滑州城，郭某心存感念。只是将士效命沙场，图的就是金银财宝。若无赏赐，他们岂能全力作战？一旦进不了京城，你我二人岂不死无葬身之地？"

宋延渥人称守财奴，府库中积聚了大量的钱帛，如今要全部拱手送与他人，简直比杀了他还难受。他一听郭威的话，简直是心如刀割，但如果自己不答应，眼前形势确如郭威所说。虽然他爱钱如命，但钱与命之间，还是命更重要。于是，他强忍住内心的不舍，装出豪爽的样子一口应承。

郭威将金银财物尽数分给军中将士，并许诺一旦攻下京城，所有军士放假三天。三军将士一阵欢呼。所谓的放假，其实就是听任将士在城内奸淫掳掠，为所欲为。五代时的士卒，很多是当过强盗或犯过律条的游手好闲之徒，生性残暴贪婪，听此承诺，自然兴高采烈。自然，郭威这一许诺，给开封古城带来了一场空前的浩劫。

皇宫大内，刘承祐身着便服，舒服地躺在龙床凤榻上，旁边两个年轻美貌的宫女，在轻轻地帮他捶着腿。即将到来的大权独握的快感，让他有些醉意陶然。

"启奏陛下，紧急公文！"门外传来内侍的声音。

"什么公文？"刘承祐慢慢睁开眼睛，在宫女浑圆的屁股上肆意抚摸着。

"是郭威派人送来的奏疏。"

刘承祐立刻停止了动作，说道："快送进来！"便挥手让宫女退下，自己起身坐在床上。他接过奏疏，看过之后，不禁又惊又惧，那张黑黄的脸不断抽搐着，冷汗不断流下来。呆了半晌，才对内侍喊道，"速召苏逢吉、李业、郭允明到广政殿，有急事商议！"

苏逢吉等人，其实早已知道郭威率兵南下的消息，但因为害怕被刘承祐怪罪，一直隐瞒着。来到广政殿后，也只是默默不语。

刘承祐阴沉着脸，扫视了他们几个一遍，道："郭威起兵谋反的消息，想必你们早就听说了。当日密诏下得确实过于草率，再说无益。当前最重要的是，如何抵御叛贼，守住京师。"

苏逢吉等人见刘承祐并未怪罪，胆子壮了起来："陛下不必忧虑，京城有滑州为屏障，郭威一时到不了京城。请陛下火速召集外镇将领赴援京师，同时派右神武将军袁义和邓州节度使刘进统帅禁军，驻扎城外赤岗，迎击叛军。待数日后兵马聚齐，叛军顷刻就会土崩瓦解。"

刘承祐恨极了郭威，咬牙切齿道："郭威一直与朕作对，实在可恶！苏爱卿，你速令禁军将他全家拿下，无论男女老幼，一个不留，格杀勿论。朕要让他断子绝孙，为背叛皇室者立戒！"

苏逢吉素对郭威嫉恨，一得到刘承祐的命令，立刻带着禁军直奔郭府。那帮禁军如狼似虎，在郭府见到人就砍，逢物就砸，丫鬟、仆人、妇女、孩童，一个都不放过，霎时间整个府邸哭声震天。可怜郭威一家老小，三十余口都惨死在禁军刀下，仅一人逃脱，那就是符氏，因为随郭荣去了邺州而逃过劫难。

杀了郭威全家，实际上断绝了与郭威妥协的任何可能。刘承祐的特使迅速奔赴各地，传达皇上的诏令。然而，那些外镇将领并不如刘承祐那么着急，高行周、符彦卿是郭威的好友和亲家，自不必说，便是白文珂、郭从义、赵晖等旧部，也不愿与曾经提拔过自己的郭威为敌。至于其他将领，在局势未明朗之前，是绝对不会轻举妄动的。因为不管谁做皇帝，只要手中拥有兵权，就可以镇守一方，何必冒这个风险呢？

刘承祐心急如焚地等了两天，没有等来救驾的将领，反倒等来了宋延渥杀聂文进献出滑州城的消息。情急之中，他想到了兖州节度使慕容彦超，便急诏他进京。

慕容彦超本姓刘，是后汉高祖刘暠的同胞兄弟，算起来还是刘承祐的叔父。因为从小过继给别人，才改姓慕容。他皮肤黝黑，满脸麻子，性格暴躁，为人凶悍，打起仗来不顾性命，在军中颇有威名。他接到刘承祐的诏令，即刻率领万余部众，赶往开封救驾。

刘承祐终于盼来了一支援军，龙颜大悦，亲自在广政殿接见，还赐名剑宝马，以示嘉勉。那慕容彦超自是感激涕零，誓死效忠。

刘承祐的军队和郭威的军队，在开封城外二十里的刘子坡对峙。慕容彦超见郭威的部队兵强马壮，士气高昂，不禁有些发怵。

太后苦劝刘承祐道："郭威乃我家故旧，若非不得已，决不至于麾兵相逼。你若守住都城，飞诏慰谕，斩苏逢吉、郭允明以谢天下，或许郭威念及旧情，尚能保全君臣名分，否则后果不堪设想！"

刘承祐哪里肯听？在郭允明等一班侍从和御林军的簇拥下,直奔刘子坡大营。适逢两军出营列阵,准备厮杀,刘承祐便舍去车驾,登上营中土坡观看。

只见邺军十余万人马列于旷野之上,军容整肃,杀气腾腾,“郭”字帅旗迎风招展。郭威传下令:“我此番进京,只为清除朝中奸佞之人,不敢与皇上为敌。如汉军未进攻,不得轻动!”

传令刚完毕,汉军阵地一声炮响,鼓角震天。慕容彦超引着数百轻骑,前来掠阵。邺军大将李筠也不甘示弱,舞着狼牙棒出战。慕容彦超手持一柄铜锤,力刚劲猛,战了不到十个回合,李筠招架不住,调转马头,败下阵来。慕容彦超初战告捷,心中得意,在阵前耀武扬威,激怒了大批邺军将士。

慕容延钊见此情景,身跨白马,手提红缨枪,率领三百轻骑,旋风般冲向慕容彦超。慕容彦超见来者脸色白皙,须髯飘飘,犹如一介书生,不禁心生蔑视,驱马迎了上去,右手铜锤奋力砸下。谁知对方出手奇快,铜锤尚在半空,那长枪已倏地来到胸前,慕容彦超被逼,只好收回右锤,同时用左锤荡开长枪。慕容延钊一招得手,迅速展开攻势,左一枪,右一枪,或虚或实,或刚或柔,枪枪不离对方要害。慕容彦超虽然力大,但举着数十斤的铜锤,要抵挡慕容延钊灵活刁钻的枪法,显得力不从心,只能拼命招架。

第十一章　郭威登基称帝王　李良奋身救绿珠

正在两个人斗得天昏地暗的时候，郭威便下令让王审琦、石守信率领麾下五百名精锐部队，朝汉朝军队杀去。慕容彦超此时如热锅上的蚂蚁，一个不注意，腿上就中了慕容延钊一枪，痛得几乎从马上摔下来，急忙策马退回营中。再看他麾下的数百轻骑，死的死，伤的伤，已经所剩无几了。穷寇莫追，郭威并没有乘胜追击，而是命令慕容延钊、王审琦、石守信立刻返回营地，重新布置列阵。

慕容彦超心知败局已定，带着数百轻骑，逃回兖州。汉军将士人心惶惶，斗志全无，刘承祐根本无法左右局面，只得领着苏逢吉、郭允明等策马出营，向京城狂奔。行至玄化门，守门将领刘铢，看到刘承祐等人慌乱不堪的样子，坚决不开城门，还下令放箭。

刘承祐君臣数人，又惊又惧，无奈中只得拨马回转，仓皇逃命。

刚找到间民房，打算稍作休息，就听到外面人喊马嘶。刘承祐心中害怕，准备上马逃跑，不料，背后突然一剑刺来，就倒地而亡，年仅二十岁。那苏逢吉、郭允明一干人等，都被乱兵斩成肉酱。

慕容彦超率军一走，这边朝廷守军也就星流云散，郭威大军未遇任何阻挡，就进入京城。当他来到自己的府第前，看到满门被杀的惨象时，竟然没有流一滴眼泪，倒是听到刘承祐被杀的消息，却伏地放声恸哭，涕泪俱下，道："皇上蒙难，实微臣之罪也。异日有何面目见高祖于地下！"

邺军将士因为郭威曾许诺在先，早就憋着一股劲，一旦入城，个个如狼似虎，大肆劫掠。

话说李良见城中大乱，惦记着倚香楼绿珠的安危，急忙向那里赶。他在大街上一路疾走，不时看到那些士兵，提着大包小包，从民宅中出来。整个大街上充满了妇孺的哭喊声，惨叫声，士兵的喝骂声，淫笑声……

李良克制着心中的怒火，刚走进一个小胡同，看见两个士兵，将一个女人按在地上，正在撕扯着她的衣衫。那女人一边拼命挣扎，一边声嘶力竭地喊着救命。

那两个士兵，淫笑着撕开她的衣服，露出白花花的胸脯。

李良实在看不下去了，走上前去大喝一声："住手！"

此时，乱兵像脱了缰的野马，狂性大发，哪里还听得进话去？那两个士兵抬起头，用血红的眼睛盯着李良，面露凶光："将爷，郭大帅发下令来，让兄弟们高兴三天。我们兄弟拼死拼活，为的不就是银子和女人?"

李良忍无可忍，拔出剑来喝道："快滚！你们要是再不走，可别怪我不客气了！快滚！"

两人见他动了怒，只好灰溜溜地走了。

李良不敢耽搁，将剑入鞘，赶紧往绿珠的住处跑去。刚转过开封府衙署，就听到一阵凄厉的哭喊声。李良加快脚步，抢进倚香楼大门一看，院子里到处是横七竖八的尸体，鲜红的血流了一地。

李良心中猛地一沉，跑上二楼，一脚踹开绿珠房间的门，只见两个乱兵正将绿珠压在炕上。绿珠拼命挣扎，衣服被撕扯得不成样子，李良一步向前，一手一个，将两个乱兵摔倒在地。

绿珠爬起来，也顾不得整理撕破的衣服，叫了声："李大哥!"扑到李良怀里，抱着李良号啕大哭。李良又是心疼，又是后怕。要是自己来晚一点的话，恐怕绿珠免不了惨遭蹂躏。

听着绿珠撕心裂肺的哭声，李良心中一阵绞痛。自己这样做到底对还是错？难道自己舍生忘死的拼杀，就只为换来这种结局？当年年仅五岁的妹妹，还有爹娘，也是这样死在乱兵刀下啊！他想起了广济大师说的话："大定之日，即刻回山"，可是究竟什么时候才是"大定之日"呢?

他越想越难受，唤来几个亲兵，叫他们看护好楼院，自己匆匆赶往郭威府上。他不知道的是，郭威已遭受灭门之祸。

李良走进郭府大厅，见郭威正坐在椅子上，面色苍白而憔悴。李良也顾不上施礼，冲着郭威激动地质问道："郭将军，你举兵进京，是为了清除奸臣，安定百姓，可是现在京城里到处是乱兵，他们四处杀人放火，奸淫抢劫，这哪里是义师？分明是乱贼!"李良越说越气愤，也顾不得郭威那气得都变形了的脸，"请将军赶快下令，制止将士抢劫扰民!"

"大胆!"郭威在桌子上重重拍了一下，说："我与三军将士已经约定，攻进京城放假三日，岂能轻易更改，失信于人！现在违背约定，以后叫本帅如何服众!"

李良毫不示弱："将军，你自己去城里看一看，整个开封府都快成了屠宰场了！老百姓有什么罪，要遭受这样的祸乱?"

郭威嘴唇直抖，正要发火，赵匡胤匆匆走进来，对郭威报告说："将军，军队现在已失去控制。若再不制止，无须十日，只怕明天开封府就会变成一座空城。这样一来，不仅授人以话柄，而且还会失去民心。还望将军三思啊!"

赵匡胤做事向来沉稳，郭威听他如此说，心里明白了七八分。正好郭崇威和王殷，也前来报告乱兵的情况，建议立即禁止抢掠。

于是，郭威下令，在城中各处张贴告示，严禁抢劫扰民，违令者斩；又派赵匡胤、韩令坤等人，率领亲兵在城中四处巡逻，一旦发现有抢劫扰民的，立即处决。

那些正在兴头上的乱兵，哪里肯轻易罢休？直到亲眼看到数颗人头挂在市集之上，才怏怏归营。

稍作准备，郭威与王峻一起入宫，拜见太后。太后经此巨变，见了郭威，心知已非昔日，只好曲意抚慰，将朝中大事全权托付给他。

郭威首先在文武百官面前，痛斥苏逢吉、聂文进、郭允明等人迷惑君主，妄图诛杀忠良，实为此次兵变的罪魁祸首；接着又立刻着手清除余党，派人追捕在逃的李业等人。

接下来一个最敏感、而且最棘手的问题，就是如何择定嗣君。后汉高祖刘暠共有三个儿子，承训、承祐已逝，只有三子承勋在，按理应该立他为帝。但刘承勋卧病多年，连行走都困难，如何能胜任一国之君？

因为郭威大权在握，不知道他心中做何打算，大臣们都不敢多言，唯恐引来杀身之祸。只有王峻与郭威同领邺州，又共同率兵打进京师，因而无所顾忌，道："殿下多病，看来只好迎立徐州节度使刘赟了。"郭威沉吟良久，未置可否，脸色阴沉。

太师冯道早已料到郭威有何意图，见此情形道："徐州节度使乃高祖亲侄，又是养子，还有谁比他更合适立为嗣君的呢？"冯道在朝中一向德高望重，郭威虽然心中不悦，却也无可奈何。

翰林学士范质立刻撰写诰文，由冯道及枢密直学士王度、秘书监赵上交三人同赴徐州，迎接刘赟入朝。

正当后汉王朝为立嗣君的事情，闹得沸沸扬扬之时，辽主耶律兀突见中原多事，又起了南侵之意，发兵袭击内丘，攻陷饶阳，屠杀当地居民。朝廷接到急报，太后令郭威速率大军北征，政事则委托给窦贞固、王峻，军事委托王殷，授翰林学士范质为枢密副使，参赞军机要务。辽国的侵扰，无疑给了郭威一个绝好的机会。

郭威于十二月朔日，从京城出发，两天后抵达滑州。大军刚驻扎下来，便有使者从徐州来，说是奉新君刘赟诏令，前来慰劳诸将。郭威被冯道等人联合排挤，离开京城本就勉强，现在看到刘赟还未登基，就派人前来慰问，实则是监军，心中大为不满。

军中李筠、曹威等一班宿将，也是心怀不满，纷纷议论道："我等起兵，攻陷京城，致使汉主身亡，已犯了诛夷三族之罪。假如刘氏复立，我们哪还有生路？不如趁大军在外，拥立郭大帅为君，杀回京师，尚可保全性命。"对于这些，郭威当然全部听在耳里，看在眼里，心中暗自高兴，表面上却不动声色。送走刘赟的使者,他立即率军前往澶州。

当晚,郭威派人将赵匡胤召到自己帐中。

“不知将军召末将前来,所为何事?”参拜过后,赵匡胤问道。

郭威说:“匡胤,你一向很有头脑。军中的传言,你必定有所耳闻吧?依你来看,我该如何做才好?”

赵匡胤心中一惊,表面上却丝毫没有表现出来,回答道:“如此大事,末将岂敢妄发言论?”

“帐中无外人,不妨直言。”

“刘赟未登基便遣使劳军,显然是想有所作为。一旦登基,内有冯道等人出谋划策,外有其父刘崇拥兵河东,如果各镇将军见风使舵,倒戈相向的话,那时形势对将军极为不利。俗话说,当断不断,反受其乱。依末将之见,不如……”

“匡胤,”郭威忽然打断了他的话头,“很多事全凭天意,非人力所及。今晚天气不错,不如我们去帐外走走。”

第二天开始,军中各种各样的传言越来越多,越传越玄乎。有的说,郭威熟睡之后,有一条五色小蛇从鼻孔中爬出,在觑鼻间游弋;有的说,大军离开京城之时,一道紫气从东升的旭日边飘来,萦绕着郭威的马首,久久方才散去;还有人说,此次北征是朝廷的阴谋,目的是调开邺军主力,然后要将他们统统消灭掉,此去将士难得生还……

郭威对这些传言,一概置若罔闻,既不制止,也不解释。他明白,现在唯一要做的,只是沉住气,耐心地等待。

整个军营之中,暗潮汹涌,一场风暴就要来临了。

十二月二十日早晨,无数将士鼓噪着蜂拥而至,来到郭威住的澶州节度使衙署,呼喊着要求郭威当皇帝,混乱中有人将一面黄旗披在郭威的身上。顿时,将士们齐呼“万岁”,声音如同山呼海啸,震耳欲聋。

郭威知道,自己等待的时刻终于到了。当天,他率领大军,掉头南还,直取京师。

留在京城的王峻、王殷两人,一接到澶州兵变的消息,知道郭威必定南还。两人商量之后,派郭崇威率兵前往宋州,名义上是保护已经到达那里的刘赟,实际上却是挟天子以令诸侯,为郭威顺理成章称帝铺好道路。

郭威率军抵达京城之外,并不直接进城,而是命大军原地驻扎。王峻等人随即带领一帮文武大臣,前来谒见。见到昔日的同僚,如今黑压压跪倒一片,郭威连忙下马相见:“诸位同僚,何以行此大礼?”

“我等特来恭请郭将军回京!”王峻道。

群臣一看王峻发话,也跟着劝郭威进京。

郭威正色道:“太后尚未下诰敕,郭某焉敢擅自胡为?”

王峻一听,心里暗叫一声:“哎,我怎么没想到这出?”便带领群臣回京,逼太后下诰文去了。

太后一介女流,又经历了丧子之痛,知道郭威这一次回京城,后汉江山怕是保不住了。王峻等人又逼得紧,无奈只得颁下诰文。诰文曰:“枢密使兼侍中郭威,以英武之才,兼内外之任,剪除祸乱,弘济艰难,功业昭著,人望冠冕。军民爱戴,朝野推崇,宜总万机,以允群议,可监国。中外庶事,并由监国处分。”

接到太后的诏书,郭威却仍然驻扎城外原地。于是,文武百官相继上表,劝郭威即帝位,接着又胁迫太后下诰令,正式将汉家天下禅让给了他。

正月初一,郭威拥兵进入京师,在百官的簇拥下,登上崇元殿,正式登基,定国号为“周”,改元“广顺”。郭威当了皇帝,实现了他梦寐以求的宏愿。此时,他最忌惮的就是刘赟,所做的第一件事,就是以太后的名义,废掉刘赟,封他为湘阴公,食邑三千户。刘赟正想进京当皇帝,猛然接到太后的诰命,失望之际,免不了口出怨言,结果被宋州节度使李洪义给毒死了。

刘赟的生父刘崇,时任河东节度使,一开始听到刘承祐直言身亡,本想发兵南向,讨伐郭威,后来听说立自己的儿子刘赟为帝,高兴地说:“我儿为帝,尚复何求!”立刻改变主意,按兵不动了。

听到儿子被废被杀,郭威自立为帝的消息,不禁大怒,声称与周朝势不两立,立即在太原称帝,国号仍为汉,沿用刘承祐的“乾祐”年号,据有并、汾、忻、代、岚、宪、隆、蔚、沁、辽、麟、石十二州,史称北汉。

北汉主刘崇,带着满腔的怨愤,招兵买马,筹措粮草,积极准备南下讨伐郭威。中原大地的格局,从此发生了极大的变化。

历史犹如滔滔东流的河水,以它固有的大度和从容,永无休止地行进。在刀剑与血火、权谋与狡诈、必然与偶然的交织纠结之中,一场惊心动魄的改朝换代的戏剧,在悄无声息中上演,一个新王朝在旧王朝的废墟上建立起来,从而给那些历史的弄潮儿提供了施展身手、挥洒生命的新的背景和机遇。

周太祖郭威除掉刘赟,去了一块心病,于是大肆封赏故旧和有功将士。高行周进位尚书令,仍旧封齐王,符彦卿封为淮阳王,王峻为枢密使兼右神武将军,王殷为邺州留守,其他官员也各有封赏。赵匡胤被任命为东西班行首,负责皇宫的警卫事务,韩令坤封为铁骑散员都虞候,任御林军骑兵首领,慕容延钊升为御林军步兵首领,石守信、王审琦分别为慕容延钊、韩令坤的副手,李良提升为副将,仍和赵匡胤一起担任郭威的侍卫。

郭荣得知王殷为邺州留守,上表请求返回京城,郭威却诏令他不必回京，调授他为澶州节度使兼检校太保，封太原郡侯。郭威这么做，自有他难言的顾虑，郭荣心中虽然不愿意，却也不知其中的另一层奥妙，只好带着妻子符氏前往澶州上任去了。

为了拉拢赵匡胤、韩令坤、李良、石守信等一帮青年将校，郭威特意拿出一批金银财宝赏赐给众人。当他得知绿珠的事后，还特意另外赏赐了李良一千两银子。

李良拿着一千两银子，高兴得跟什么似的，心想，这下终于可以将绿珠从那是非之地赎出来了。这段时间以来，虽然一直跟着赵匡胤东征西讨，可李良的心里，却时刻惦念着绿珠，也不知她如今在倚香楼怎么样了。

李良连休息都顾不上，赶紧去倚香楼。刚走到门口，就听到老鸨在破口大骂："真是个不识好歹的贱丫头！人家杜公子瞧得起你，愿意赎你出去做偏房，穿的是绫罗绸缎，吃的是山珍海味，还有一大群丫鬟伺候着，有什么不好？你还真当自己是千金小姐啊？"接着听到的是绿珠呜呜的哭声。

李良推开门走了进去。只见绿珠正趴在桌子上哭，旁边一个衣着华丽的贵公子，嬉皮笑脸地伸手摸绿珠的脸。他一把抓住那人的手，向旁边一甩。那公子哥儿一个趔趄，倒在地上，揉着手直叫唤。

绿珠见是李良，叫了一声："大哥！"扑到李良怀里放声大哭起来。

"别哭，别哭……"李良一边柔声安抚绿珠，一边直瞪着旁边的老鸨。

"你是谁？敢管我杜某的闲事，你不怕我告官？"那公子哥又羞又气，对着李良骂。

"甭问你大爷我是谁，你赶快给我滚！快滚！要不我打断你的狗腿！"李良恶狠狠地吼道。

老鸨一听可不干了："你凭什么赶我的客人啊？"

李良一声不吭，将胳膊上的包袱解下来，扔到桌子上，"一千两银子，你数数！从现在起，绿珠不再是你倚香楼的人了。你快把绿珠的卖身契拿出来！"

老鸨一愣，随即回过神来："唉哟，这点钱就想把我倚香楼的姑娘赎出去啊，想得美！要走成啊，拿五千两银子来！"

"去年不是说好了一千两嘛，你怎么出尔反尔？"

"去年是去年，现在是现在。你搅了我的生意，我还没跟你算呢！"

李良气得嘴唇直哆嗦，当胸揪住老鸨，牙齿咬得格格响，一字一顿地说："我告诉你，就这一千两，人我一定要带走。你答应就罢了，否则别怪我无情！"

"来人啊，要杀人啦！"

"你以为我不敢啊？今天我一定要带走绿珠，你要是再阻拦，我的那帮兄弟也不会放过你!”

绿珠扑通一声,跪在老鸨面前,“妈妈,我知道你一直都疼我,请你高抬贵手,放我出去吧!妈妈的大恩大德,绿珠永世不忘!如果你执意逼我的话,我就立刻跳下去!”说完,冲到窗边就要往下跳。

李良大惊,冲过去拖住绿珠。那老鸨一看两人的架势,心知绿珠性子烈,闹不好真要出人命,那到手的银子也就飞了,连忙赔笑道:“绿珠,不是妈妈不放你。李大爷一个当兵的,整天打打杀杀,你跟着他,到哪里安身啊?”

第十二章 倚香楼强赎蛾眉 赵府邸迎来娇女

绿珠见到老鸨松了一口气，于是跪下给她磕了三个响头："只要可以脱离倚香楼，即便是再苦我也心甘情愿！"

李良与绿珠一起走出了倚香楼，此时，他们开始发起愁来。这偌大的地方，就没有安身之地。自己连一个家都没有，要如何安置绿珠呢？思来想去，都没有想出一个办法，无奈之下，只好找到赵匡胤。

"赵大哥，绿珠搬出来了，可我到哪里去找房子呢？而且我现在身无分文。愁死人了！"

赵匡胤笑着拍拍他的肩膀道："这有什么好为难的！我这里还有点银子，你先去找间房子，让绿珠安顿下来，其他的事以后再说吧。"

旁边的石守信一拍大腿道："唉，我怎么给忘了！我刚好有一个远房亲戚，姓丁，就在城西开封府衙署后，只有母女二人相依为命。不如让绿珠姑娘先住到那儿去吧。"

"谢谢石大哥！"李良大喜过望。

"多谢石大哥！"绿珠也忙走上前，对着石守信盈盈下拜。

第二天，石守信带着李良和绿珠，来到丁大婶家里。那丁大婶本就是个热心肠的人，见绿珠长得秀丽清纯，又乖巧可爱，心里别提有多喜欢，一个劲拉着绿珠的手，问个不停。

"娘，你别老是拉着绿珠姐的手不放嘛！你瞧，人家绿珠姐都被你看得不好意思了！"旁边一个小姑娘撅着嘴巴道。

"素云，你瞧你，一个姑娘家，没一点姑娘家的样子，风风火火的。你看人家绿珠……"丁婶又爱又怜地冲着女儿笑骂道。

"妈，我知道啦，你又唠叨个不停了。不理你了，我要和绿珠姐说话去了。"说完对着母亲嫣然一笑，露出一对白晶晶的小虎牙，煞是可爱。

李良见绿珠和丁婶、素云一见投缘，也就放心了。此后只要有时间，就常去送些柴米油盐之类的东西。

一天，李良从街市上经过，忽然看到一把古筝，古香古色。李良虽然不懂音乐，可想到绿珠肯定会喜欢，便掏钱买了下来，送到丁婶家里。

"好漂亮的古筝啊！"绿珠看到桌上的古筝，满脸喜色地叫起来，伸出纤手，在琴弦上轻轻一拨，房间里立刻响起了一串动听的音符。

李良从没看到绿珠笑得这样开心，也一阵高兴：“喜欢吗？”

“嗯，”绿珠抿着嘴，轻轻点头。她望着李良，眼泪却流了下来，“大哥，如果不是你的话，我可能早就死了！只是大哥的恩情，绿珠恐怕无以为报了……”

李良伸手抹去她的眼泪道：“不是说以后不哭了吗？怎么还是这么爱哭，跟个长不大的小姑娘似的。以后不许再哭了，好吗？”

“嗯！”绿珠点点头，走到琴前道：“大哥，我弹首曲子给你听吧！”说着坐下来，调了调琴弦，边弹边唱：我所思兮在泰山，欲往从兮梁父艰，侧身东望涕沾翰。美人赠我金错刀，何以报之英琼瑶。路远莫致倚逍遥，何为怀忧心烦劳……

绿珠一边弹唱着，一边抬头斜眄李良，一双美目眼波流动，熠熠生辉。琴曲伴着歌声，时而如幽谷中潺潺流淌的溪水，时而如夜幕秋虫般如泣如诉，时而又似满腔心事的少女，充满柔情蜜意。李良望着绿珠微红的脸颊，轻灵翻飞、修长白嫩的纤指，不禁心神荡漾，如醉如痴。

“大哥，我唱得好听吗？”绿珠红着脸，轻轻问道。

李良霎时回过神来，脸一红，赶紧道：“好听，好听！”一边连忙起身，“天太晚了，我该回去了。”

绿珠倚在门旁，目送李良远去，眼中流露出无限的欣慰。

日子在不知不觉中飞快地过去，再过两天就是李良的生日，赵匡胤老早就想着要帮他好好庆贺一下，让他高兴高兴。这天一早，他去侍卫营找李良，打算中午弟兄几个好好喝一顿。回来的路上，两人顺便买了点酒菜，一路说说笑笑，往丁婶家的院子走去。

两人刚刚穿过院子，绿珠就笑着迎了上来，见到赵匡胤，欠身道了个万福道：“赵大哥，小妹有礼了！”一边转过脸去，有意无意地看了一眼李良。

赵匡胤见绿珠一袭湖绿色长裙，简单素朴中不失雅致，更显得体态婀娜，面若桃花，便笑着打趣道：“这才几个月不见，绿珠就出落得更加水灵啦！李良，你可真是好福气啊，白捡了个这么漂亮的妹子！”

李良在旁只是腼腆地笑。绿珠一听，脸飞红霞，斜看了一眼李良道：“赵大哥，你就别取笑小妹了！”便转身进屋去。

赵匡胤和李良在客厅刚刚坐下，素云端了两杯茶进来，故意板着脸，一本正经地放在两人面前，道：“赵大哥，李寿星，请用茶！”说完，自个儿忍不住咯咯笑了起来，圆圆的脸上，一双大眼睛弯成了月牙，两颗白玉似的小虎牙露出来，显得格外俏皮可爱。

李良装出一副凶狠的样子道：“大胆的小丫头，竟敢在长辈面前胡说八道，还不快跪下认错！”说着起身去抓。素云将身子一扭，一路笑着跑了出去。

“哎呀,”素云只顾往外跑,一头撞在了一个人身上,硬硬的,撞得头生疼,忍不住叫了出来。抬头一看,原来是韩令坤,叫声“韩大哥”,脸红着出了门。

“素云这丫头,总是疯疯癫癫的。”韩令坤大踏步走进客厅,对李良道,“寿星倌,恭喜了!”将手中的几个大红包放在桌子上。

“三弟,”韩令坤一屁股坐在椅子上,对赵匡胤说:“大哥、石头和王审琦都不能过来,正忙着操练呢!日他娘,整天练来练去,人都烦死了。唉,以前那种逍遥自在的日子,是没啦!”

“韩大哥,你们都是带兵打仗的将军,那么威风,自然要辛苦点啦!”李良打趣道。

“威风?哪比得上你们这些皇上侍卫!谁见了也要让三分,那才叫威风呢!三弟,近来军队操练怎么抓得这么紧?”几个男人只要围在一起,不一会就扯到带兵打仗上去了。

“还不是因为北汉刘崇,为了替儿子报仇,勾结辽军,屡次扰我大周边境!现在他又在调兵遣将,准备大规模入侵。皇上正为这事大伤脑筋,准备亲征呢!照此看来,我们可能随时要出兵作战。”赵匡胤面带沉思道。

素云刚端着菜过来,听说要出兵作战,不由紧张起来。

“绿珠姐,李良哥他们好像又要去打仗呢!”回到厨房,素云赶紧对绿珠通风报信。

“是吗?”绿珠嗯了一声,又一声不响地做饭去了,心里却涌上来一股难言的惆怅。

一年一度的春节到了,开封城里,家家户户剪窗花,放鞭炮,包饺子,吃团圆饭。为了表示与民同乐,周主郭威特意令开封府在相国寺前搭了一座戏台,请来几个戏班子,从初一开始唱大戏,一直唱到正月十五。

正月初二这一天,艳阳高照,万里无云,是春节期间少见的好天气。赵家客厅里,赵匡胤怀抱着儿子德昭,教她爹娘爷爷奶奶地叫。德昭鼓着胖乎乎的腮帮,含糊不清地吐出几个似是而非的声音。赵匡胤在他脸上刮了一下,失望地说,:“德昭这么笨,连爹娘都不会叫,莫非是个呆子?”

“他才一岁多,不会叫有什么奇怪的!”母亲杜氏笑着说,“你两岁的时候才会叫爹娘,要说呆,你比德昭更呆!”

“真的?我有那么不中用吗?”赵匡胤听母亲一说,满脸失望地望着她。

杜氏的脸比以前红润了许多,显出一种雍容高贵的仪态。她从椅子上站起来道:“匡胤,你小时候确实是呆头呆脑的,我还真担心你不成器呢!你们兄弟姐妹几个里,就数匡义最聪明,人见人爱!”

杜氏笑吟吟地看着匡义，目光中充满宠爱期待。赵匡胤望着母亲看弟弟的眼光，心里没来由的一酸，心道，母亲从来不曾这么看过我，看我的时候永远是一副恨铁不成钢的样子。再回头看看弟弟匡义，俊眉朗目，儒雅沉稳，虽然才十几岁，神态里就已有一副大人的样子，也许这就是母亲喜欢他的原因吧。赵匡胤的心里，涌起一股落寞又嫉妒的感觉。

匡义埋头读书，很少和自己说话，每次见到他都是一副谦恭有礼的神情，却隐隐地透着一股倔强的反抗。以前他也会练习武艺，可自从和自己比试过几次以后，就再也不在自己面前习武了，而是更加刻苦用功地读书。

赵匡胤心里瞬息万变地想着。杜氏自然无法发觉其中的奥秘，低头在德昭脸上亲了亲，又对赵匡胤说："匡义刚出生那年，洛阳惨遭兵祸，你爹不在家，我挑着两只竹筐，一边放着匡义，一边放着杂物、粮食，你跟在后头，去乡下避难。在路上遇到个疯疯癫癫的老和尚，向我合十行礼，说了句'一母双龙'，就走了。为娘也不奢望你们能成龙成虎，只要能循礼而行，于国于家有益，我也就心满意足了。"

一家人正在说着，绮云腆着个大肚子，蹒跚地走了过来，她已经有五个月的身孕了。赵匡胤赶紧迎了上去，一眼瞥见她身后跟着一个十二三岁的小女孩，问道："她是谁啊？"

"表哥，你不认识我，可我认识你呢！小时候，你还抱过我呢！"那小女孩牙尖嘴利，连珠炮似地说个不停。

赵匡胤仔细一看，只见她一头自然卷的头发，鼻梁挺拔，眼窝微陷，如两泓明澈的秋水，奶白色的皮肤，颇有点西域美女的风情。

赵匡胤在头脑里拼命地想，突然记起，还是好多年前，赵匡胤在洛阳绮云姨妈家，见过一个女孩儿，小名叫细君，脱口而出道："哦，你是细君？"

"哈，你终于记起来啦！我还以为表哥当了大将军，就什么都忘了呢！"细君嘴里不肯放过他，眼中带着几分顽皮与狡黠。

"你那时候，还是个拖着鼻涕虫的黄毛丫头呢，一天到晚，脸上总是脏兮兮的。没想到几年不见，竟出落成了个千娇百媚的小美人！"赵匡胤微笑着戏谑道。

绮云上前对杜氏说："婆婆，姨妈回邠州老家去了，我把细君带回来住几天，也好有个伴！"

杜氏一手抱着德昭，一手拉过细君，眼神里充满怜爱："细君，要来这儿住，也不叫一声伯母？"

"伯母，细君给您老人家拜年啦，祝您老人家添福添寿！"细君夸张地一鞠躬，腮边挂着调皮的笑。

杜氏弯腰扶起细君："好甜的一张小嘴，可真是招人疼！孩子，快起来，可使不得！行这么大礼，莫非是要给我们家做媳妇？依我看啊，你和我们家匡义，可真是天生的一对呢！”

细君一听，脸上飞上一片云霞，拉着杜氏的手只是撒娇。

赵匡胤听了，心里忽然一沉。看看细君，再看看匡义，他脸上竟微微有羞腼之色，心里一阵黯然。

赵匡义少年老成，心思埋得极深，他对活泼开朗的细君极有好感，可表面上不动声色，依旧是一副不苟言笑的样子。细君因为杜氏的打趣，心里有点害羞，只是有一句没一句地闲扯着。

跟德昭玩了一会，听到外面锣鼓喧天，细君玩心大起，拉着赵匡胤的手要出去玩。赵匡胤知道她不好对付，说什么也不肯去。细君跑到杜氏面前撒娇：“伯母，你老人家的话，最管用了。你让表哥陪我去玩玩嘛！”

杜氏笑着说：“匡胤，细君刚来开封，外面这么热闹，你就带她到处逛逛吧。记得赶回来吃饭就行！”

母亲开了口，赵匡胤也没办法，只好带着细君上街去。一到街市上，细君就像个小猴子似的，东窜西跳，专捡人多的地方钻来钻去。一会儿要买拨浪鼓，一会又要去买面具，后来竟要去城北的开宝寺买冰糖葫芦。赵匡胤一个大男人家，还从来没有陪小姑娘买过东西，左哄右骗，说尽了好话，弄得焦头烂额，细君仍嚷着要去买糖葫芦。

两人沿着大街一路往北走。刚走了没多久，细君突然蹲在地上，赵匡胤上前问：“怎么啦，出什么事了？”

细君眉头一皱，道：“表哥，我实在是走不动了！”说完，一双水灵灵的大眼睛，瞪着赵匡胤。赵匡胤知道，这小丫头又在耍滑头，可也只好无可奈何地蹲下来，背着她，继续往前走。

足足走了半个时辰，才到开宝寺。开宝寺前有一个很热闹的集市，各种小东西应有尽有，再加上是正月，更是人山人海，热闹非凡。

赵匡胤给细君买了几串又大又红、晶莹透亮的糖葫芦，刚付完钱，一回头，却不见了细君的影子，连忙四处寻找，可还是不见人影，心里正在着急，忽然听到一声清脆的叫声：“表哥，快来啊，我在这儿呢！”

赵匡胤循声一望，细君正轻盈地往开宝寺跑呢。赵匡胤拔腿就追。

进了大殿，只见殿内雄伟肃穆，香烟缭绕，几个身披袈裟的和尚，手敲木鱼，闭目念经，赵匡胤突然感到一种静穆、悠远，心神一阵恍惚。再回头看时，细君跪在身后的蒲团上，手中拿了一副卦在玩。他走过去，弯腰问道：“你在干什么呀！”

“打卦啊！”细君一本正经地说，“表哥你试试看，据说很灵哦！”

一副卦共有两爿，一面是凸出来的，另一面是平的。打卦者将两爿卦平面合上，向上一扔，待卦掉到地上，两爿皆平面着地为阳卦，皆是凸面着地，则为阴卦，一平一凸则为圣卦，暗合阴阳调和的意思。民间大多以圣卦为好卦。

赵匡胤见细君这样说，觉得有趣，就跪下去道："我以后若能当上牙将，则为圣卦！"说着将卦一扔，是阳卦！赵匡胤笑了笑，又道："我若能当上太守，则为圣卦！"玩得兴起，他又按着军职品级，依次上升，直到防御使、观察使、节度使，结果不是阳卦，就是阴卦。

赵匡胤有点淡淡的怅惘，随口说道："再往上，不就是天子了吗？"接着随意向上一掷，低头一看，这次居然是圣卦！他惊得目瞪口呆。细君连连拍着手道："太好了，表哥将来要做天子，当皇帝喽！"

赵匡胤一把捂住她的嘴，轻声呵斥："乱说，要杀头的！"他一放手，细君说："要我不说也行，可你要背我回去！""好吧！不过，你要答应我，以后这个秘密不可以乱说！""表哥，你就放心吧！我已经是个大人了，不会乱说的！"赵匡胤背着细君一阵疯跑。细君那银铃般的笑声便洒满了大街小巷。

广顺二年初夏的一个傍晚，万岁殿内灯火通明，悠扬婉转的乐曲声，荡漾在回廊庭庑之间。夏日的晚风习习地吹着，将歌声送得很远很远。

周太祖郭威头戴冠冕，身穿黄色衮龙袍，坐在宽大的龙椅上。他脸色憔悴，唯有一双虎目，依然炯炯有神，透出令人畏惧的精明与威严。

登基一年多来，他夙兴夜寐，殚精竭虑地治理国家。对内整顿吏治，改革旧法，提倡廉洁简朴；对外则修治武备，处理好与辽国、南唐的关系。而北汉主刘崇屡屡犯边，慕容彦超在兖州竖起反周大旗，所有这一切耗尽了他的精力，让他感到力不从心。他甚至开始怀疑，当年自己处心积虑谋取天下，甚至不惜以一家老小的性命为代价，是否值得？

郭威靠在椅子上，略带疲倦的目光，扫过殿中一队正在轻歌曼舞的宫女，落到了范质、李谷等文臣学士身上。他忽然想起，史弘肇曾将武将比作长枪利剑，而将文臣比作毛锥的事。眼下殿中坐席上，清一色的文臣，没有一名武将，他所有的主要将领，都在东征北御，实在是让他深感忧虑。更甚的是，眼下他身边没有一个亲人，唯一的义子郭荣远在澶州。也许是把他调回自己身边的时候了。

正在这时，范质走上前来，对郭威轻轻说道："陛下，刚刚接到兖州军报，慕容彦超已经被四面包围，数次突围都被击退，败局已定，他插翅难逃了。"

"好！"郭威挥手示意范质退下，精神一振，心情陡然变得开朗起来。他的目光再一次投向了那些体态婀娜、风情万种的舞女身上，其中一个少女，瓜子脸，柳叶眉，眼波流转，像极了符氏。一想到符氏，他不禁又有些精神恍惚起来。河中城那销魂的一晚，让他毕生难忘，回味无穷。符氏就像一个魅力四射的女巫,使他迷恋,让他丧失理智,沉迷不能自拔。

可现在符氏已经是自己的儿媳,郭威想到这儿,心里就不知是什么滋味。在这样一个夜晚,他的脑袋里忽然闪出一个他从没有想过,或者说一直刻意回避的问题:为什么他会让这个妖娆魅惑的女人嫁给自己的儿子?这到底出于怎样的一种心理?难道只是想把她留在自己身边,留在自己的视线之内?还是另有其他原因?他实在不明白,自己当初是怎么想的了……

还有,一旦郭荣知道了这件事情,心中难道会没有怨恨?自己年过半百,注定命中无子,将来的帝位,恐怕只能传给义子郭荣了。想到这些恼人的事,郭威不禁感到头也微微作痛起来。

郭威徒然地甩甩头,似乎想甩掉这个难题。他突然想起,自己有几个月未亲近女人了。后宫佳丽如云,而他却丝毫没有这种欲望,难道他真的老了吗?这个突起的念头,让他感到一阵恐慌。不,决不!自己费了千辛万苦才得到的皇位,坐了才一年多,北汉还没有平复,决不能认老服输!

想到这儿,他突然激动起来,体内的热血开始奔涌,昔日的雄风,仿佛又重新回到了他那已衰老的肉体之中。他没有老,他要在女人身上证实这一点!

第十三章 郭威再陷温柔乡 臣子狂妄犯龙颜

深夜了,宴会也散了,郭威回到寝宫中。内侍关上门,纷纷退下。薄纱帐轻垂着,但郭威知道,里面躺着一个与符氏极其相似的女人,在等待着他的宠幸。

郭威并没有掀开帐子,而是起身坐在檀木椅上。那个女人的风姿如同杨柳般,娉娉袅袅地走过来,盈盈跪倒在地:"奴婢见过陛下!"

"起来吧!"郭威一伸手,将那舞女拉了起来。那舞女顺势坐在他的大腿上。郭威一手搂着她的腰,一手撩开薄如蝉翼的白色丝袍,在她丰腴的大腿上轻轻滑动。那新浴后的身躯,细腻娇软,给他极好的手感。

"你叫什么名字? 多大了?"

"回陛下,奴婢名叫阿娇,今年十九岁了。"那女子轻启朱唇,笑盈盈答道。

一股幽兰似的香气,混杂着年轻女性肉体的芬芳,扑鼻而来,郭威的身体似乎有了某种反应。他将阿娇从腿上放下,让她面对自己站着,右手伸到她的衣服里,在她丰满的胸前轻轻摩挲着,一路缓缓向下……阿娇的身体开始发热,并随着他手指的动作不断扭动着,呻吟着,但郭威却无法达到极度的亢奋。

郭威抽出手来,一字一顿道:"把衣服一件一件脱掉!"

阿娇犹豫了片刻,酡红着脸,慢慢脱掉原本就可有可无的衣服,一丝不挂地站在郭威面前,如同一颗刚刚剥去壳的鲜荔枝,润泽诱人。

郭威目不转睛地看着眼前光滑的肉体,脑海里浮现出当年在邺州府邸符氏卧室的那一幕。慢慢地,幻觉中鲜花盛开,眼前阿娇玲珑曼妙的躯体,和符氏的身影重叠起来。霎时间,郭威感到一股暖流传遍全身,所有的血液在那一刻都迅速凝聚,剧烈膨胀起来。他低吼一声,扑了过去,把阿娇压倒在地毯上。

粗重的喘息声伴随着神秘的呻吟声,郭威纵横驰骋,奋力拼杀。在他看来,今晚的成功与否,其意义不亚于一场战争的胜败,因为它证明了,自己并没有衰老,而且他作为一个君主,不仅能够征服他的女人,也能够征服世间的一切。

在焦急与期待中,一个月过去了,但兖州依然未能攻克,慕容彦超仍在拼死固守,东征的凯歌没有像预期那样快奏响。其实,让郭威最为忧虑的,还不是慕容彦超。兖州已成强弩之末,不足为患,倒是数十万大军屯在兖州,让他时刻战战兢兢,如履薄冰。

尤其是枢密使王峻,自从周朝创立,居功自傲,越来越张扬跋扈,一旦他联络诸将,就像自己在邺州、澶州之时那样,因利乘便,倒戈相向,那局面就不可收拾了。本就生性多疑的郭威,越想越不安,唯一的办法,就是亲自前去兖州督军,指挥战事。他不顾范质、李谷等人的劝谏,执意来到兖州,亲督三军攻城。

却说慕容彦超逃回兖州后不久,郭威建立后周,他还曾派使者前来,向朝廷纳贡称臣,表示归顺之意。后来听到后主刘赟暴死,不禁惶恐至极,紧接着郭威又收了他管辖下的两座城邑,心中越发不安起来。正在这个时候,北汉、南唐又先后派使者来和兖州通好,约定共同抗周。想到与其一点点被削弱兵权,任人宰割,还不如反抗到底,于是,慕容彦超招募兵士,积聚粮草,还将泗水引入城中,公开与后周对抗。

侍卫步军都指挥曹威,奉诏命去征讨慕容彦超。他率军抵达兖州后,首先击败了南唐的援军,活捉唐将燕敬权,使兖州陷入孤立境地,随后猛攻兖州城,但兖州城防守极为严密,曹威屡战无功,只好修筑围垒,等待援军。

王峻解晋州之围后,也奉诏来到兖州。周军力量大增,将兖州城围得水泄不通。双方对峙了几个月,城内粮食已尽,守军也已疲惫不堪,慕容彦超到了山穷水尽的地步。但王峻想尽量减少士卒伤亡,迟迟不肯发动总攻。

周太祖郭威来到兖州,王峻、曹威等人率领一干将领前来迎接。郭威了解战况后,第二天,亲自督领三军攻城。周军将士见天子亲临,自然士气高涨。兖州城下旌旗飘扬,鼓声震天,满山遍野的周军,抬着云梯,如潮水般涌来,攻上城墙。守军见了这等阵势,惊惶失措,纷纷弃城而逃。

慕容彦超听到周军喊声震天,心知大势已去,仰天长啸,悲愤良久,抱着娇妻,纵身跳进衙署后的井中,顷刻双双溺毙。他的儿子慕容继勋,率领残余的五百士卒向外突围,也被乱箭射死。

兖州平定,郭威龙心大悦,令大军班师回京,途中还特意去孔子的故乡曲阜,亲自拜祭孔圣人,以示对文化的尊重。

一行人来到孔庙,郭威方要跪拜,王峻劝阻道:“孔子乃是陪臣,不当受天子跪拜!”

郭威道:“孔子是百世帝王之师,寡人参拜有何不可?”说罢,恭恭敬敬跪在地上,虔诚地参拜一番。之后,又命令部下,把所有祭祀之器留在孔庙里,以示对孔子的敬意。

为了表示对孔子和儒家文化的推崇,郭威的銮驾在群臣的陪同和御林军的护卫下，又前往孔林拜谒孔子的陵墓。拜祭完毕，诏令孔子四十三世孙孔仁玉为曲阜令，颜渊的后裔颜涉为曲阜主簿，并且令二人即刻赴任。

转眼到了秋天，阴雨连绵。从曲阜回来后，郭威身体一直都不好，这使得他心情抑郁，难得高兴。

这一天，云开日出，天高气爽，郭威心情也陡然好转。郭威坐在几案前，手持酒杯，边饮边欣赏优美动听的音乐和舞姿。自从兖州平定以来，内外无事，朝政清闲，郭威啜了一口酒，微眯着双眼，望着那些进退舒展、长袖飘飞的舞女，手指在几案上和着节奏，轻轻地敲击着。

这时，一个瘦小的内侍，悄悄来到郭威身边，低声说道："启禀陛下，范大人有事求见。"

郭威皱了下眉头，不悦地说："传他进来！"

范质进来，行过大礼，郭威面无表情地问："范爱卿有何要事？"

"启禀陛下，高怀德派使者来送信说，其父高行周，已于前日逝于故所，故臣特来告知陛下。"

郭威一听，将酒杯放在桌子上，没出声。过了好一会，才耳语般说道："知道了。"说完做了个手势，示意范质退下。

高行周骁勇善战，颇有大将之才，后唐、后晋、后周三朝，皆任外镇将领，显赫无比。他与郭威私交甚笃，而且在乾祐事变中，曾给郭威巨大的支持，郭威一直心怀感念。虽说高行周年事已高，身体却一向颇为硬朗，郭威亲征兖州时，高行周还亲自率兵攻打兖州城。如此一个威风八面的将军，怎么不过百日，就撒手人寰了呢？

郭威一仰头，将杯中酒一饮而尽，心中涌起一股无法排遣的悲凉之意。高行周的死，不正预示着自己无法逃脱的命运吗？即使贵为天子，也无法逃脱终归一死的命运。他突然觉得自己很可怜：一生搏命沙场，苦心经营，到头来一家人死尽，香火断绝……自己百年之后，皇位何去何从都还是未知。

想到这里，郭威的脸色又阴沉下来，一言不语回到寝宫去了。

晚上，郭威照例让阿娇侍寝，只有在这个酷似符氏的女人身上，他才能得到片刻的欢娱和慰藉。正当青春年华的阿娇，就像一枚日益饱满成熟的水果，甜美诱人。她自然也怀着自己的打算，只要能赢得郭威的宠爱，她就能由一个卑贱的舞女，摇身一变，飞上枝头做凤凰，因此亦是百般逢迎，倾其所能，讨好郭威。

阿娇的努力总算没有白费，郭威第二天正式下诏，册封她为妃子。而从此以后，寻找壮阳的秘方和妙药，就成了郭威贴身内侍的主要使命。郭威甚至企盼通过自己的辛勤耕耘，能在阿娇这片肥沃的土壤里，播下生命的种子。但是再多再好的药物，也无法使灯油将尽的光亮重新炽旺起来，郭威的精力一天不如一天。

阿娇的肚子始终没有动静，这辛辛苦苦打下来的江山，莫非要落入他人之手？郭荣虽是养子，可毕竟从小跟随自己，视如己出，将天下交给他，总强过让王峻之辈夺取的好。况且郭荣在外两年多来，勤于政事，英明果断，确实有治国之才。

主意一定，郭威立刻下诏，召郭荣进京。

郭荣火速赶到京城，他等待这一天已经等得太久了！

父子俩在万岁殿相见。郭荣扑通一声跪在郭威面前："儿臣在外，时常思念父皇，今天终于在父皇身边，省安问候，以尽孝道，儿臣死亦瞑目了！"

郭威弯腰扶起他："荣儿，这两年委屈你了，此次返京，将家眷带回了吗？"

"启禀父皇，儿臣此次只是来觐见父皇，几日后即回澶州，怎敢私自将家眷带来，作长居京城之计呢？"

"荣儿，朕想好了，准备调你回京，任开封府尹兼功德使，加封晋王。你速速派人去澶州将家眷取来，即刻上任。至于将来如何，全看你的了。"

郭荣一听大喜，连忙跪下说："多谢父皇，儿臣一定尽力而为，不辜负父皇的期望！"

"荣儿，开封是我大周的心脏，关乎我大周的生死存亡。朕将它交给你，责任重大，你还要好自为之啊！"

郭威的话已说到这个份上，郭荣自然明白，心里暗自舒了口气。此次冒险进京，他终于摸清了郭威的想法，而且他准确无误地知道，自己将是大周朝的继承人，余下的就看自己如何把握了。忍辱负重这么多年，等的就是今天！

再说宰相兼枢密使王峻，从河上巡视回来，听到郭荣升为开封府尹，还加封晋王的消息后，恼怒非常，心里那口气怎么也咽不下。

王峻本来和郭威是同僚，乾祐末年的事变，如果没有王峻的支持，郭威不可能如此轻而易举得到天下。他见郭威并无子嗣，心中早有继统之意，如此一来，郭荣就成了他最大的劲敌。因此，他一直视郭荣为眼中钉、肉中刺，多次阻止郭荣入京觐见，谁知郭威竟趁着自己巡视河上的机会，召郭荣入京，还任命郭荣为开封府尹。

王峻回到京城，也不去复命，直接回了私宅，第二天一早就上表辞职，郭威不答应，又请求外调，郭威好言相劝，怎么也不肯答应。王峻见郭威如此忌讳自己，索性连朝也不上，整天在家里听听小曲，侍弄花草，一副怡然自乐的派头。

郭威强压心头的火气，派范质向他传旨，以示慰问，甚至说如果王峻再不上朝，将亲临王府探视，王峻这才勉强出来上朝。谁知，王峻一上朝，竟然跟郭威提出，要罢免范质、李谷二人的宰相之职。

“王爱卿以为，何人可代替二位宰相？”郭威忍住内心的恼怒，问道。

“端明殿学士颜衎、秘书监陈观，学富五车，才高八斗，实为最佳人选！”王峻回答。

郭威心中暗暗冷笑，这两个人都是王峻的心腹，推荐此二人为相，自然是顾及私情，培植党羽罢了，实在太可恶！于是，他敷衍道：“罢免宰相，不可仓促。待朕仔细考虑，与诸位大臣商议之后，再作定夺如何？”

王峻却不依不饶：“颜衎、陈观实为俊才，只要陛下和臣二人认可，诸臣谁敢复有异议？”郭威此时尚未用早膳，又饿又气，便径自离去。王峻也只好怏怏不乐地走了。

郭威来到后宫，越想越恨，那王峻嚣张到如此地步，这个居功自傲、逼凌君主的心腹大患，决计不能留，一定要尽早除去。他立刻派人召来赵匡胤、李良等人，商议对策。

第二天上朝，王峻还是一副趾高气扬的样子，却不知道即将大难临头。他刚要上前询问宰相换人的事，郭威一声令下，李良带领一班侍卫，突然冲了进来，直奔王峻而去。群臣还没弄清怎么回事，王峻就被捆了起来，押到郭威面前。

郭威对惊惶失措的大臣说：“王峻自以为有功，横行无法，朕念他是开国功臣，每每曲意宽容。谁料他不但不思悔过，反而变本加厉，甚至排斥朕之养子郭荣和宰相范质、李谷，结党营私，意欲图谋不轨。如此目无君上，实属罪该万死！”

诸位大臣一听，知道这王峻嚣张跋扈，早晚会是如此下场。事情既然与自己无关，也不上前求情，只是一旁看热闹。只有冯道上前，替王峻说了几句好话。冯道一向德高望重，郭威便顺水推舟，免去王峻死罪，贬为商州司马，勒令即日起离开京城赴任。颜衎、陈观等人与王峻是同党，当然一并遭贬。

王峻保住了性命，心中沮丧怨愤，仓皇离开京城，前往任所。到商州后不久，忧郁成疾，很快就不治而亡了。

却说邺州留守王殷，因为和王峻一同辅佐郭威，立过大功，两人交情向来不错，一看王峻被贬谪，客死他乡，心里亦自不安，可一直找不到机会向郭威表明心迹。适逢郭威大寿，朝廷举行盛大的“永寿节”，王殷乘此机会上奏，请求入朝祝寿。

郭威早已怀疑他有异心，此次要求进京，不过是想借机与旧部下串联勾结，因此坚决不许他入朝。

那王殷却执意面见周主，擅入京城，而且随身带了大批武士，出入拥卫，显赫异常。郭威疑心更重，与郭荣密谋商议。第二天，郭威在滋德殿召见王殷，当场令侍卫擒获，严厉斥责道："你身为朝廷重臣，擅离职守，罪在不赦。姑念旧功，免你死罪，革去所有职务，流放登州，终生不得入京师！"

那王殷真是欲哭无泪，欲辩不能，只好含冤而去。谁知刚刚走到半路，就被石守信、李良两人带着郭威的诏书追上，说他诋毁君上，意图谋反，即令就地正法。此时，王殷心灰意冷，料到自己必死无疑，也不争辩解说，冷笑一声，拔剑自刎而死。

石守信、李良在旁边看着，也不由得一阵怅然。

有道是兔死狗烹，鸟尽弓藏。王峻、王殷辅佐郭威创立基业，不到三年，便双双遇难，同赴黄泉，也着实令人扼腕叹息。周太祖郭威奋其余力，除去王峻、王殷，任命晋王郭荣判内外兵马事，将总制天下兵马的大权交给了他，又调遣符彦卿镇守郓州，控制北疆。

自从登位以来，诸事缠身，加上间或还要在阿娇身上用些力气，郭威的身体越来越衰弱，不时感到头昏耳鸣，胸堵气闷，挨到年底，已卧床不起，全靠汤药调理。

郭荣总掌内外兵权，事务繁多，那些机灵一点的大臣，看到郭威病重，不能临朝，断定继位者非郭荣莫属，纷纷前来请示。开封府衙内，来来往往的官员川流不息，郭荣忙得焦头烂额。

赵匡胤也被调到开封府，任马直军使，主管开封府所辖骑兵，郭荣对他是恩宠有加。宰相范质见郭威病情日益严重，而郭荣又为各种政务所困扰，难得去宫中探望，内心焦急万分，便派人将赵匡胤叫到家中，说有要事相商。

范质一见赵匡胤，颇有忧色道："陛下病笃，殿下却极少陪侍宫中。我观陛下之病，已难痊愈，一旦有何变动，恐怕难免给他人以可乘之机，对殿下怕是大为不利啊。赵将军常在殿下身边，还望相机规劝，以免造成后患。"

赵匡胤觉得很有道理，趁郭荣小憩的时候，屏退左右，对郭荣说："殿下为国家储嗣，天下所望。今陛下病重，殿下不入宫侍奉汤药，却日夜忙于处理政务，何以尽孝养之情，慰苍生之望呢？"

郭荣猛然醒悟，拍着自己的额头说："我确是百密一疏，若非将军提醒，险些铸成大错！"将府中事务交给赵匡胤、韩通、潘美等人，次日一早入宫，侍奉郭威左右，寸步不离。

郭威见他延医用药，悉心侍奉自己，心中既感动，又宽慰，病情似乎略有起色。就这样挨到了新年，也就是广顺四年(954 年)。不久，改元显德元年，大赦天下，奖掖文武百官，希望借此求得君民同心，上苍福庇，周主早日龙体康复。

这天晚上，郭威心情不错，和阿娇在后殿共用晚膳，他已经很久没有和阿娇一起用饭了。阿娇看郭威兴致不错，百般哄他开心。两人正在用餐，突然一阵恶心袭来，阿娇眉头一皱，连忙用手捂住嘴。因为怕扫了郭威的兴致，也不敢声张，只好强行忍住。

用过晚饭，时候尚早，郭威突发奇想，不顾自己大病初愈，也不顾阿娇的劝阻，执意要去看看殿外的月色。阿娇无可奈何，只好扶他坐到靠窗的卧榻上，郭威饶有兴致地看着窗外那月明风清的景色，心情惬意非常。

第十四章 郭荣遂愿掌皇权 延嗣雄言激辽主

忽然看到一颗明亮的流星划过，划过一道亮光，又悄然坠落。郭威的心在这一刻沉寂了，心情骤然暗淡下来，难道是上天的一些什么预兆，自己真的要不久人世了吗？

此时的郭威什么赏月的心情都没有了，神色变得黯淡，阿娇搀扶着他，脚步虚浮地回到寝宫中。他一刻也没有耽搁，立刻将朝廷中的几位重臣召来，没错，他要趁着自己的头脑还算清醒，安排好一切。宰相范质加尚书左仆射，李谷加右仆射，王溥同平章事，樊爱能为侍卫马军都指挥使，何徽为侍卫步军都指挥使。殿前都指挥使李重进是郭威的外甥，加检校太保，统领御林军，负责整个大内的警卫事宜，并特召其入宫，令他向郭荣参拜，确定了君臣的名分。郭威毕竟经验老到，这一番对于朝廷重臣的安排，为接下来皇位的顺利交接做好了充分的准备。

安排好这一切，郭威一挥手，示意大臣都退下，把郭荣叫到榻前，吩咐道："荣儿，朕自知命不久矣，你当速治陵墓，不得久留殿内。陵墓务必简朴，不可大兴土木，劳役百姓，不要守陵官人，也不用石人石兽，只用纸衣为殓、瓦棺为椁即可。陵墓前可立一石碑，刻字云：'大周天子临晏驾，与嗣帝约，缘平生好简朴，只令着瓦棺纸衣葬。'你若有违背，朕在地下也不得安宁！"

郭威见他一脸的迷惑，又说："昔日朕征讨河中府，见唐朝李氏十八帝王陵园，广费财物人力，机关算尽，还是被尽数挖掘毁弃，都是因为多藏金银财宝的缘故。而汉文帝为人简朴，葬在霸陵原，至今仍然完好无损。朕之陵墓，每年寒食节，可差人祭扫；若无人有暇，遥祭亦可。此外，还可在河间府、魏府各葬一副剑甲，澶州可葬通天冠和绛纱袍，京城葬天平冠和衮龙袍。朕的话，你要切记！千万不可违背！"

郭荣眼里噙着泪水说："父皇命福齐天，不久自会康复，万勿轻言死生！"

郭威躺在床上，形容枯槁，面色凄然，微微叹了口气："人生在世，谁复无死？朕所创立的基业，你若能好生维护光大，朕死亦无憾了！范质、王溥，文博冠世；李重进、张永德为国亲，皆可倚重。此外，赵匡胤、韩令坤等一干将校，随朕征战多年，忠心耿耿，可委以宿卫镇边、攻城野战之任。"郭荣连连点头答应。

正在父子俩密谈的时候，一个小太监突然急匆匆地走了进来，一见郭荣也在，顿时愣在那里，神色慌乱。

郭荣心中疑惑，厉声问道："大胆奴才，何事鬼鬼祟祟？"

小太监扑通跪下，颤着声音回答："启禀陛下，阿娇娘娘她，她……"

"她怎么了？"郭威刚才一番话说下来，已累得精疲力竭，头靠在枕头上，闭着眼睛休息。听了太监慌张的口气，缓缓从卧榻上坐起。

郭荣连忙向前扶住，一边对那太监说："阿娇娘娘她到底如何了，你快说！"

"启禀陛下，奴才刚刚得到宫中密报，阿娇娘娘她得了龙胎，所以奴才前来禀告！"

郭荣脸色大变，不过很快就镇定了下来。

郭威一听此话，脸上的表情说不出是忧是喜，整个脸因为剧烈的颤抖而缩成了一团，"确有……此事？"

"陛下，千真万确！"小太监回答。

"天啊，朕真的要有自己的亲生骨肉了？可……可是为什么不早点赐予……"郭威话还没说完，一口浓痰上来，堵在喉咙里，整个人随即倒在床榻上。

郭荣慌忙上前，轻轻在郭威胸前推拿，嘴里唤着："父皇，父皇！"

郭威手脚冰凉，大口大口地喘着粗气，嘴里含糊不清地说着什么。郭荣问："父皇，你说什么？"将耳朵贴近他的嘴。

"朕终于有儿子了……"突然，他一把抓过郭荣的手，那双浑浊的眸子直直地瞪着郭荣："你一定要善待他们母子俩，否则，否则……朕在……地……下必……不……福你！"话还没说完，双手一松，就一动不动了。

郭荣上前轻轻地摇了摇郭威的身体，伸手试了试，已经鼻息全无了。他猛地转身，问前来报信的小太监："阿娇娘娘怀有身孕一事，是否还有他人知道？"

"奴才一接到密报，就来禀告皇上，再无他人知道此事。"那小太监面无人色，一个劲地跪地磕头。

"好了！"郭荣松了一口气，挥挥手："记住，此事万万不可泄露！否则，我要你死无葬身之地，明白了吗？"

"奴才不敢，奴才不敢！打死奴才，奴才也不会跟任何人说的！"

那小太监吓得魂飞魄散，只顾跪地求饶。

"下去吧！"郭荣终于挥了挥手。小太监赶紧退出寝宫。

郭荣密不发丧，数日后将灵柩迁到万岁殿，召集文武百官前来，宣读太祖遗制："晋王荣可于灵柩前即位！"百官一片朝贺。

郭荣就在这一片欢呼声中，登上了皇位，他就是历史上有名的周世宗。

半个月后，阿娇娘娘因病在宫中暴毙，传说是因为悲伤过度所致。新主郭荣亲临哀悼，丧事办得隆重体面。

过了不久，阿娇娘娘身边的几名宫女，莫名其妙地相继失踪；那个报信的小太监，不知得了什么病，变得又聋又哑，痴痴呆呆，不到一年，便告别人世，追随他服侍的故主去了。

广顺元年(951 年)十二月，北汉主刘崇率汉、辽联军，大举进犯晋州。眼看破城在即，却因大雪受阻，既而后周援军赶到，己方死伤过半，只好恨恨北归。从此，北汉元气大伤，无法再对后周发起大规模的军事行动。

刘崇与后周王朝有不共戴天之仇，两年多来，他无日不思报仇雪恨。无奈北汉土瘠民贫，赋税不足以供军队所需，而且郭威深孚众望，周朝兵强马壮，他根本不敢轻举妄动，只能将那满腔的怨愤之气，强压在心中。

当他听到郭威已死，郭荣继位的消息时，不禁喜笑颜开，心想天助我也，报仇的时机终于来临。于是，他在全国范围内调集兵马，招募流亡，召集了马步军五万余人，一面加紧训练，筹措军需，一面派王延嗣为特使，前往燕京向辽国求援兵。

王延嗣是开封人，从小熟读诗书，广涉经史，谈吐不凡，颇有韬略。时任河东节度使的刘崇闻其颇有才略，千方百计将他罗致自己帐下，引为心腹。后来北汉独立，刘崇又拜他为枢密副使，委以重任。王延嗣素怀青云之志，欲借河东之地，一展宏图，所以竭其全力，辅佐刘崇。然而，对于刘崇谄媚辽国，自称侄儿的做法，他却坚决反对。孔孟先圣，以中原为正统的观念，早已深植他心中，怎能以华夏正宗，而屈事北狄之邦呢？

当年石敬瑭将燕云十六州献给契丹，甘当儿皇帝，一直为中原百姓所唾骂，确当引以为鉴！可一直以来，刘崇都面临后周的巨大军事压力，要想求得生存，除了借助辽国的力量外，似无其他办法可想。因此，尽管王延嗣数番苦苦劝谏，也无法改变北汉亲和辽国的基本外交策略。

王延嗣勉为其难地接受了刘崇的使命，带着十余名随从和大量的金银珠宝，昼夜兼程，来到燕京幽州府。这辽国以皇都上京为临潢府，辽阳故城为东京辽阳府，幽州为南京幽州府，南京又称燕京，此时辽穆宗耶律明驻跸燕京别宫，所以王延嗣直奔燕京而来。

燕京经过辽人近二十年的经营扩建，已初具规模，街道繁华，商贾云集，汉、女真、回纥等族的百姓混杂而居，倒也颇具特色。自后晋以来，这里实际上成了辽国向南经略的大本营和指挥中心。

王延嗣在专为外国使节修建的官邸住下，心中却为这次使命发愁。首先，他愁的是辽国君臣的傲慢态度。长期以来，他们一直以太上皇自居，对北汉使者出言不逊，动辄奚落嘲讽，令人无法忍受。其次，他担心辽国不会轻易派援兵，因为，此时辽国的北方不太稳定，南边却有北汉作为一种缓冲力量，顶住后周的压力，如此一来辽主自可高枕无忧。

如何能劝服辽主出兵，确实是个难题，王延嗣想来想去，一个人影在他脑中一闪。王延嗣招来随从，吩咐即刻准备好见面礼，当晚悄悄前往大将杨衮府中。这杨衮与北汉关系一直比较亲密，而且深得辽主的信任，要是通过他对辽主施加影响，事情就好办多了。

第二天一早，耶律明在宫中召见北汉使者。

王延嗣登上殿阶，穿过宽敞的殿堂，叩首行礼，献上一双白璧、一颗硕大的宝珠和一把精致的佩剑。

辽主耶律明高踞虎皮铺就的檀木椅上，左右两边依次坐着耶律齐、杨衮等大臣。那耶律明满脸胡须，右脚架在椅子扶手上，傲慢地瞟了王延嗣一眼，毫无表情地问："皇侄派你来南京，有何要事禀告朕？"

王延嗣强按住内心的不满，呈上刘崇的亲笔信，不卑不亢地说："吾皇特遣臣赴南京，请求大王速派铁骑，与我大汉组成联军，南讨周逆。郭荣新立，百端待举，此乃南下创业之良机。愿大王勿疑虑焉！"

耶律明草草阅过书函，随手扔在几案上，漫不经心地说："郭威虽殁，余威犹在，郭荣大权在握，又熟谙军阵，倒是个有作为的君主，而且周朝兵多将广，粮草充裕。吾皇侄以区区北汉，守成尚觉艰难，岂有余力南进乎？"

"吾国虽狭小，亦方圆数百里；土地虽贫瘠，然亦不乏军需。吾皇已调集五万余人，皆忠勇之士，又聚集了大量辎重粮草。只要大王愿意出兵辅助，壮我兵威，必可克敌制胜，直捣开封！"

大臣耶律齐站起来，揶揄道："口气不小，无奈军力太弱，王兄还记得晋州大败之事否？况且你北汉与周争斗，关我大辽何事？我大辽为何要冒此风险呢？"

王延嗣浓眉一扬，慷慨激昂地说："耶律兄眼光未免太过短浅！汉、辽疆土相连，不可分割。若无我大汉阻隔，周兵早已挥戈北向，直抵南京。试想大汉为周所吞并，你大辽燕云十六州能保无虞吗？"他叹了一口气，接着说，"唇亡齿寒，如此浅显的道理尚且不懂，怎能成大事！唉，像辽太祖那样的英雄豪杰，如今确是难以寻觅了！"

"大胆！"耶律齐指着王延嗣，气得浑身颤抖。耶律明强忍住怒火，冲他摆摆手，示意他坐下，不由自主地将右脚从扶手上放下来，正了正身体，收起那副不可一世的傲慢神情。

近年来，有不少北汉使者前来拜谒，大多卑躬屈膝、唯唯诺诺，像王延嗣这般大胆直言、凛然难犯的却是第一次遇到，这不能不使耶律明另眼相看，由衷佩服。他面色凝重，对王延嗣道："照王先生的意思，朕竟是鼠目寸光，远不及父皇了?"

耶律明是太祖耶律德光的儿子,自从杀了燕王耶律述轧,被辽国各部拥立为帝,便日夜冥想追及太祖当年的伟业,早就想入主中原,因而才有广顺初年的举动。听到王延嗣对父皇的赞叹,不免又激起了他的勃勃雄心。

王延嗣见激将法起了作用,心中暗喜,从容答道:"大王千万不要误会!遥想太祖当年,意气风发,飞渡滹沱,横扫二京,睥睨一世,何其壮哉!大王继其余烈,欲南伐中原,光大先帝伟业,世所共知也!微臣只担心大王听信一面之词,失去良机,如此岂不造成千古遗憾!"

杨衮见火候已到,不失时机地插上一句:"大王,王延嗣所言颇有道理。若能一举攻下开封,我大辽便可统一四海,君临天下了!机不可失,时不再来啊!"

于是,辽主耶律明诏令杨衮率领三万精锐骑兵,立即出发,前往太原,配合刘崇攻打后周。中原的天空,又一次卷起了战争风云,刚刚继位的周主郭荣,面临着一场生死攸关的严峻考验。

潞州节度使李筠,得知刘崇与辽将杨衮合兵南犯的消息,火速派人报知郭荣。郭荣听了虽感意外,却并不惊慌,毕竟他随郭威久经沙场,见多识广,对于继位之初的艰难,早就做好了充分的准备,所以能面临事变而镇定自若。

次日上朝,郭荣在广政殿对文武大臣道:"潞州军报,汉逆刘崇勾结辽军,将大举侵犯我大周疆域。朕打算率军亲征,荡平来寇,扬我国威,诸位爱卿以为如何?"

话音刚落,太师冯道出班奏曰:"启奏陛下,臣以为刘崇自晋州逃遁之后,势弱气夺,国力空虚,绝无迅速复振之理,所谓大举迸犯,只不过虚张声势耳。陛下即位初始,先帝陵墓未成,人心易摇,不宜轻举。不如遣将御寇,则可万全!"

范质、李谷、樊爱能等也纷纷出班,劝谏郭荣,不宜亲征。

郭荣见众臣纷纷阻拦,脸色不悦道:"刘崇趁我大丧,闻朕新立,以为天下可取,此际必来,断无疑耳!朕若不亲征,敌人以为朕软弱可欺,倍加狂妄,此无异助其气焰也!昔唐太宗之创业,无不亲征,朕有何惧哉!"

冯道手捋长须,微微一笑:"陛下未必便可学唐太宗。"

郭荣涨红着脸,又气又怒道:"刘崇所部,皆为乌合之众,若遇王师,必如泰山压卵石!"

冯道一听,微微一笑,脸带轻蔑问郭荣:"陛下扪心自问,果能作泰山否?"

郭荣双眼冒火,瞪着这须发皆白的四朝元老,欲言又止,气冲冲地罢朝而去。

回到内殿，郭荣立即吩咐内侍召来张永德、赵匡胤，余怒未消道：“冯道这老家伙，平日里道貌岸然，倚老卖老，现在竟敢口出狂言，当廷羞辱朕躬，实在可恶！朕若不是念他年老功高，给他面子，今日便对他不客气了！”

赵匡胤见他气愤难耐，连忙上前劝说：“陛下无须生气，冯太师年事已高，自然希望守成，不愿陛下冒险，也是一番好意。至于言语偏激，他一贯如此，陛下千万不要计较，以免伤了君臣和气。”

郭荣决心已定，便说：“也罢，姑且不去管他！朕此番亲征，你们两个认为是否妥当？”

赵匡胤答道：“这次刘崇南犯，乃有备而来，显然是想趁陛下新立，而我军将领又内怀观望之心，故调集所有兵马，孤注一掷！此外，辽将杨衮所率骑兵，亦是精锐之师，不可小觑。面对如此强敌，依末将看来，非陛下亲征，无人可当其锐气！”

张永德摸着下巴，慢吞吞地说：“赵兄所言有理。此役关系我大周的生死存亡，败则局面难以收拾，胜则陛下威名远播，辽汉再不敢存小觑或游移之心。臣亦以为，陛下亲征乃明智之举，只是禁军老弱居多，能征战者不过万余人，兵力不足，实在堪忧！”

“朕召两位来，正为此事。不知你们有何良策？”郭荣忧心忡忡。

沉默了一会儿，赵匡胤说：“情势急迫，不妨破例。陛下可诏令京师附近各州，招募山林亡命之徒、勇力之士，即刻送于阙下。只要本人应募，就赦其原罪，一律编入禁军。此皆矫捷勇猛之辈，胜原禁兵之老弱者远矣！此外，陛下还可诏令符彦卿、郭崇威，自磁州赴潞州，诏令向训、史彦超，领兵先往泽州，以为配合。如此则万无一失了。”

数年来，赵匡胤一有空闲，便埋头钻研广济大师所赠的《舆地与兵法》，对天下地形了如指掌，遣兵应敌亦游刃有余，往往在仓促之间，也能应对自如，有章有法地提出对敌方案。

郭荣听了，心中暗想，赵匡胤确是个不可多得的人才，所言方略，大胆细密，几乎无懈可击，便一一采纳，诏令立即实行。

那些落草为寇的群盗和流亡山林的勇士，多是些曾经杀人越货的钦犯，招募令一出，无不欢欣鼓舞，纷纷应募，不到半个月，招募的士卒已达万人。赵匡胤将他们分散编入禁军，加紧训练。

北汉主刘崇听说王延嗣游说成功，辽将杨衮所率援兵勇壮剽悍，大喜过望，便统率汉、辽联军八万余人，浩浩荡荡，直取潞州。潞州节度使李筠率一万人马，出守太平驿，扼住通往潞州城的必经之道。北汉军先锋将张晖领兵来到太平驿，在周军营前耀武扬威，大声叫阵。李筠大怒，令穆均率三千士卒出寨迎战。

那张晖勇猛异常,使一柄六十斤重的狼牙棒,见穆均出阵,也不搭话,举棒杀过去。穆均舞动大刀拼死抵挡,颇觉吃力,又见张晖额突眼暴,满脸杀气,不觉生了几分怯意。战了不到十个回合,手中一缓,被张晖打得脑浆迸溅,死于马下。

张晖乘势率军冲杀过来,周兵仓皇溃退,李筠一看形势不妙,连忙率大军前来接应,却已损失了千余人马。李筠见敌军骁勇,当晚放弃了太平驿,退回潞州城固守,等待援兵,同时派出数批信使,分几路前往开封,呈报周世宗郭荣,请求救援。

显德元年(954 年)三月十二日,周世宗郭荣不顾许多大臣的劝阻,毅然率领大军北征刘崇。大军出发不久,得到军报,说刘崇已解除对滁州的包围,正向泽州进犯,郭荣立即传令日夜兼程,迎击北汉军。

第十五章　周世宗亲征北汉　顺阳山奉命招降

三月十八日，浩浩荡荡的大军抵达了泽州，在城东北郊举行了盛大的阅兵仪式。只见郭荣身穿戎装，骑着战马，在御林军的护卫下检阅军队。周军将士们见到君主亲自督战，顿时士气大振，“万岁”声连绵不断，此起彼伏，在原野上空盘旋。

三月十九日，周军前锋与刘崇军相遇，双方交战，北汉军败退。郭荣敦促诸军乘胜追击，并遣使督促河阳节度使刘词速来增援。

次日下午，两军主力在高平县南部的巴公原相遇，双方摆开阵势，准备决一死战。郭荣令侍卫马步军都虞候李重进、滑州节度使白重赞率领左军，居阵之西边；侍卫马军都指挥使樊爱能、侍卫步军都指挥使何徽统率右军，居阵之东边；宣徽使向训、郑州防御使彦超统领精锐部队为中军，居主阵；殿前都指挥使张永德和赵匡胤统领御林军护驾。一切已经准备就绪，只有刘词的援军迟迟未到，郭荣又急又气。

却说刘崇知周军因刘词未及时赶到，马步军仅三万余人，不由起了轻视之意，便与众将商议：“朕观周师兵微将寡，行伍不整，辽兵最好不用，以我大汉五万余众，足可克敌！如此一来，不仅可以取胜，更可使辽人心服。此乃用兵之机也！”

张晖等将领一致赞同，唯独王延嗣竭力反对：“周军人数虽少，但周主临阵，士气高昂，且阵中多剽悍骁勇之士，不可小觑，陛下切不可掉以轻心！为稳妥计，还是与辽军共进为宜。”

刘崇哪里肯听，派人前去对杨衮说：“周军劳师远袭，我军以逸待劳，不烦足下余刃，还请勒兵，登高观之。”杨衮正乐得兵不血刃，作壁上观，欣然同意。

王延嗣见刘崇坚持己见，张晖诸将骄横轻敌，不禁怅然，仰头叹息：“北汉败亡，其天意耶？抑人事耶？”

刘崇一副胜券在握的派头，还特意在军中设帐，备好了丝竹美酒，只等击败周军。周世宗郭荣却十分紧张，时刻关注战场的状况，和手下大将商量对敌策略，准备着亲自冲锋陷阵。

时近正午，太阳火辣辣地照射着大地，天空中飘浮着朵朵白云，白云下是一望无际、黄绿相间的原野。在这片古老的原野上，十余万身披铠甲的将士，凝神屏息，在等待着军令，随时准备进行殊死的拼杀。

突然，在临战前令人压抑的寂静中，一阵东北风迅猛而起，双方旗帜飘扬，发出哗哗的响声；扑面而来的劲风，裹起满天的灰尘，吹得周军将士睁不开眼睛。刘崇哈哈大笑，叫了一声："天助我也！"随即下令进攻。

刹那间，北汉军阵内鼓声震天，呐喊声、马嘶声，在北风与尘埃中，显得格外骇人心魄。张晖率领汉兵，像一股突起的狂飙，乘着风势，向周营右军冲去。周将樊爱能、何徽连忙擂鼓应战，两军短兵相接，展开激烈的厮杀。

张晖本十分骁勇，心中正自狂傲，视周军如草芥一般，气势如虹，而樊爱能因为援兵未到，心中早存几分怯意。双方交战不久，周军骑兵就开始溃退，紧接着步兵开始混乱起来。樊爱能、何徽二人见势不妙，赶紧勒转马头，逃命去了。来不及逃跑的士卒见主将离阵，纷纷跪地求饶。

周军右路一旦溃散，北汉军气势更盛，大军如狂潮一般，冲入周之中军和左军。眼见周军就要全军覆没，骑在马上观战的周世宗郭荣，心急如焚，双腿猛力一夹身下战马，向敌阵冲去。

赵匡胤大呼一声："主辱臣亡，弟兄们上啊！"胯下的赤褐马听到喊叫，兴奋不已，仰首长嘶一声，展开四蹄，飞一般窜了上去，很快超过了郭荣。赵匡胤回头喊道："陛下，快回阵中去！"举起浑天棍杀入敌阵。

韩令坤、慕容延钊、李良、石守信、王审琦等人一看，知道关键的时刻到了，也呼喊着，率领御林军数百人冲杀过来。众兄弟个个武艺高强，出手凶狠。赵匡胤的棍犹如一张网，一扫便倒下一大片；韩令坤的一对鬼头刀，就像切西瓜似的，刀锋闪过，人头滚地；慕容延钊的长枪似灵蛇吐信，或刺或挑，枪枪见血；更有李良的双剑、石守信的朴刀、王审琦的铁锏，直如蛟龙闹海，虎入羊群。那数百名御林军健卒，也奋不顾身，跟着冲杀。气焰嚣张的北汉军，突遇如此猛烈的冲击，顿时抛下上千具尸首，向后退却。

张晖舞着狼牙棒，打死几名逃兵，驱赶着后退的士兵继续冲锋。他见赵匡胤英勇善战，深知只有杀了赵匡胤，才能遏制住周军的攻势。他便悄悄取出弓箭，一箭射去，正中赵匡胤左臂，顿时血流如注；赵匡胤一咬牙，将箭矢"啪"的一声折断，双目圆睁，大喝一声，杀开一条血路，只身单骑，直取张晖。李良一见，急忙跟上去策应。

赵匡胤的马快，转瞬间到了张晖面前，宛如神兵天降。张晖心头一惊，慌忙应战。两人二话没说，便战到一处，战了十几个回合，不分胜负。李良暗中对准张晖马头，"嗖"地发出一枚"燕子镖"，正中马眼，那马吃痛，登时狂性大发，猛地将张晖掀翻在地。赵匡胤赶上去，奋力一击，将他的脑袋砸得粉碎。

张晖一死，汉军大乱，周军乘机稳住阵脚，重新占据了主动权。正在这时，天公作美，风向陡变，东南风一阵紧似一阵，郭荣抓住时机，下令全军出击，他亲自擂响战鼓，周军士气大振，争先恐后，呐喊着冲杀过去，人和马踏起的尘土，在头顶上翻滚着，更增添了骇人的气势。

刘崇在大帐中闻得张晖阵亡，又眼见汉军漫山遍野，如潮水般溃退，此时辽将杨衮又不敢增援，心知败局已定，急忙下令撤军。一直过了巴公涧，才收束败军，依涧列营。略一清点，只剩一万余人。刘崇又悔又气又怕，胸口一阵闷痛，吐出几口鲜血，王延嗣赶紧找来御医，为他治疗。

周军大获全胜，赵匡胤等人追到涧边，才勒马返回。

郭荣在张永德等人的护卫下，立在一处土岗眺望，远远见赵匡胤一行飞驰而来，身后所带的御林军，已经所剩无几了，而赵匡胤等人也无不伤痕累累，血迹斑斑，尤其是赵匡胤，几乎成了一个血人。

赵匡胤刚跳下马，还没有站稳，那赤褐马扑通一声倒在地上，口吐白沫。赵匡胤顾不上自己的伤，急忙俯身去看。赤褐马睁着灰色的大眼睛，恋恋不舍地望着眼前跟了八年的主人，挣扎着喘息了几声，头向下一耷拉，闭上了眼睛。

它毕竟已经老了，这场激烈的厮杀，耗尽了它全部的精力。赵匡胤几乎不相信自己的眼睛，一旦意识到这是真的，不禁伏在尚有余温的马身上号啕大哭。那哭声突兀而起，在空旷莽苍的原野中，显得格外凄厉和悲凉，在场诸人也无不下泪。

天色将暮，依然刮着东南风。周军、汉军隔着巴公涧扎营，都已无力再继续厮杀。正在此时，河阳节度使刘词，率领万余精兵赶到，郭荣急令发起新的进攻。

刘词增援来迟，怕郭荣怪罪，正想在新主面前将功赎罪，便身先士卒，率领这支生力军，越过巴公涧，齐声呐喊，杀入敌阵。北汉军饥饿疲劳，根本无力应战。刘崇见士兵死伤殆尽，局面无法控制，心知大势已去，只好与王延嗣带着数百亲兵，直往太原逃遁。

刘词领军追了数十里，见刘崇已经跑远，方才回军。只见巴公原上尸横遍野，血流成河，北汉军丢弃的辎重器械，更是不可胜数。

当天晚上，郭荣在帅帐中，召见诸将，下令将在初战中降敌的樊爱能、何徽的部下，一个不留，全部杀掉，又将北汉降兵数千人，编成"效顺营"，发往淮南，以防御南唐。

第二天，周主郭荣抵达潞州城，李筠亲自出城迎接。郭荣刚在节度使衙署坐下，忽报樊爱能、何徽前来请罪。原来两人逃出战场后，在路上遇到刘词的援军，不但不思戴罪立功，反而力劝他退军。幸亏刘词自有主意，周军才能取得最后的胜利。

郭荣听说樊爱能、何徽竟敢回来见他,心头火起,喝令左右侍卫:“来人啊,速将这两个临阵脱逃的败军之将,给我绑了,听候发落!”拂袖而去。

樊爱能、何徽二人毕竟是先帝旧臣,而且屡建战功,郭荣有心免两人一死,可转念再一想,长期以来,诸将骄横难制,常怀游移之心,此二人不诛,何以整肃军纪?不由得辗转踌躇,难以决断。

适逢张永德入内当值,郭荣面色凝重地问道:“樊爱能和何徽临阵脱逃,太让朕失望了!张爱卿,依你看朕该如何处置?”

张永德道:“樊爱能、何徽畏敌如虎,弃军脱逃,罪不可赦!陛下欲削平四海,建万世之功,不申军法,虽有雄师百万,亦有何用?”

郭荣默默点头,于是出帐升座,吩咐将樊爱能、何徽押上来。二人知道临阵脱逃,大罪难免,膝行而前,向郭荣叩头求饶。郭荣厉声叱道:“你们二人,皆是我朝宿将,久经沙场,这次临阵脱逃,非不能用兵,实欲将朕出卖给刘崇。不杀你们,让朕如何服众!”喝令侍卫将二人拖出,斩首示众。

周主郭荣班师回到京城,论功行赏。高平一役,论功劳首推赵匡胤,破格提拔为殿前都虞候,赐银一万两,御马五匹。封韩令坤为龙捷左厢都虞候,慕容延钊为虎捷左厢都虞候,王审琦为铁骑都虞候,石守信为铁骑左右都校。李良死活不愿为官,赏银一万两,住宅一所,调往赵匡胤幕府,领从五品将军衔。

历来史家,都盛赞郭荣痛斩二将之举,其原因在于自后梁以来,王朝更迭频繁,朝廷为了取得军队的支持,不得不对将领采取纵容拉拢的政策,结果造成诸将骄恣、离心难制的局面。高平之役杀樊爱能、何徽之后,诸将震恐,君主的权威加强了,自唐末以来长期存在的强将凌君的积弊得到初步扭转,这对后来的宋朝具有重要的启示意义。而随着官职的升迁,赵匡胤等人逐渐掌握了兵权,在后来的政治军事舞台上,扮演着越来越重要的角色。

郭荣得胜回朝,正值新郑县周太祖的陵墓竣工,号为嵩陵。他拜谒嵩陵时,好端端的晴天,骤然间狂风骤起,飞沙走石,郭荣心中忽然一阵胆寒,想起郭威临死前的一番话,连忙伏地叩头,心中默默祈祷:“父皇息怒,我就是你的亲生儿子,我一定年年祭拜,让父皇永享供奉!”连连说了数遍,风才慢慢止息。

回到宫中,知道太师冯道因为监修皇陵,劳累成疾,病死家中。郭荣追忆往事,心中一阵怅然,派内侍送去奠礼,以示哀悼。

过了不久,符氏生下一个儿子,白胖可爱。郭荣大喜,正式册封符氏为皇后,进国丈符彦卿为太傅,改封魏王。没想到当年那个术士的一句话,竟然变成了现实,只是李守贞若泉下有知,不知作何感想?

这一天，郭荣坐在内殿，随手拿起桌上一本兵书《尉缭子》，当读到“百万之众不用命，不如万人之斗也；万人之斗不用命，不如百人之奋也”时，心有所动，不禁拍案叫绝。

他放下书本，在殿中来回踱步，脑海里浮现出高平之战那惊心动魄的一幕，愈觉书中所言有理，便差人把正在当值的赵匡胤叫来，让他看书中加了朱笔的那一句，故意问道：“匡胤，你觉得此话怎讲？”

“兵贵在精不在多，军队若能战而又勇敢，则无往而不胜。”

赵匡胤回答。

“正是如此！朕观现在的禁兵，老弱病残，强弱混杂，一旦上阵，怯懦者必畏死，刚强者也会随之气馁，故多败亡。高平之战，右军之所以溃败，正因此耳。若非你我君臣披坚执锐，冲锋陷阵，只怕这大好河山，早就落入北汉之手了！”

“陛下，以臣愚见，目前的兵制非改革不可！一百个农人所纳的赋税，才能养得起一个士兵，可是朝廷花费了这么多钱财，却养了一群羸弱不堪的无用之卒！臣深为陛下担忧！”

郭荣皱着眉头说：“改革兵制，朕早有此意，依你看该如何着手？”

这个问题，赵匡胤已经想过很多次了。见郭荣如此问他，略一沉思道：“第一，对朝廷直属的禁军进行筛选，老弱病残者一律淘汰；第二，令外镇将领挑选一批精锐士卒，并招募各地勇士，补充禁军。此外，臣还希望，将御林军扩大到五千人左右，选择一些武艺高强的勇士充任，再经过特殊的训练，使之既可以充当大内侍卫，又可以作为上阵杀敌的精锐部队。不知陛下以为如何？”

“太好了！”郭荣击掌称善，站起来说：“好！挑选禁军的事，交给张永德负责，你就主持御林军的扩大和训练。”

然而事情并不像他想的那样顺利，各镇将领为了保存自己军队的实力，对于选送精锐兵卒的事情，百般推诿敷衍，加之刚刚征讨北汉，民间也没有多少兵卒可以招募。这样一来，赵匡胤就只能在十分有限的范围内挑选，但他又不愿意降低要求，费了九牛二虎之力，御林军的人数还是不足千人。

李良见赵匡胤为此事每天来回奔波，心里也暗自焦急。有一天，他忽然想起了顺阳山的王仁，对赵匡胤道：“赵大哥，据说顺阳山王仁的势力越来越大，其中必有许多精壮人马。若能说服王仁，挑选一两千精兵带回，既可以扩充兵源，又可以为地方消除一大害，这样不是更好？”

“果然是个好主意！”赵匡胤马上进宫见郭荣，郭荣当即表示同意，还特意从府库中拨出大批金银财物，作为招募的用度。

次日就要随赵匡胤赴顺阳了，李良心里挂念绿珠，在街市上买了一些柴米油盐、针线女红，命两个亲兵挑着，去看望她。当年他将绿珠从倚香楼赎出来，确实是把她当亲妹妹一样疼爱，可随着交往的增多，不知从什么时候起，这种感情却慢慢起了变化。

望着绿珠那完全成熟的少女的身体和娇艳如花的面容，闻着她身上散发出来的那股醉人的奇异芳香，体会着她平日细心的照顾和柔情，李良心中常常荡起一阵阵情感的涟漪，而且越来越频繁，越来越强烈。他拼命地压抑，不让这种感情奔泻出来。这种压抑来自他心灵深处的禁忌，那便是他僧人的经历和对广济大师的承诺。他警告自己：我是一个僧人，我现在喝酒、吃荤、杀人，已触犯了佛门戒律，决不能再犯色戒！我是一个僧人，迟早要回龙兴寺，我不能害了绿珠！就这样，李良在炽热的情爱和冰冷的戒律之间，苦苦地煎熬了好几年。

上个月初，李良因内心痛苦，酒喝得半醉时，把心中所想告知赵匡胤。赵匡胤劝他说："当年广济大师让你随我下山，实际就是准你还俗。既然已经还俗，佛门戒律皆可不顾。至于'天下大定之日，即刻回山'的话，只不过是广济大师的一句戏言，无须当真。绿珠姑娘那么喜欢你，你可不能辜负她呵！"

赵匡胤的一番话，给李良以极大的宽解，他长期以来沉重的心，也变得轻松起来。绿珠敏锐地觉察到了这种变化，她从李良舒展的眉头和炽热的注视中，读懂了他内心奔涌的激情。她企盼这种激情尽快倾泻而出，她愿意为它所淹没，哪怕为此而万劫不复！

李良一路想着心事，不知不觉来到了绿珠的家。绿珠见他来了，炒了几碟拿手的好菜，斟上香醇的糯米酒，让他慢慢享用。

他坐在桌旁，品尝着绿珠为他精心准备的美酒佳肴，沉浸在温馨的家庭生活氛围之中。绿珠将最后一碟菜放在李良面前，笑吟吟地说："大哥，这是你最喜欢的鲜笋。你尝尝，看味道如何。"

李良尝了一口，连声赞叹："不错，不错！绿珠，你的厨艺越来越精了。"见绿珠在桌旁望着他，便说，"别傻站着，来，你也坐下喝一杯！"说着，起身替她解围裙。一不小心，右手触着她那丰满的胸乳，心中不由一荡。绿珠的脸，也倏地红了。

天黑了，绿珠不愿扫他的兴，便点亮油灯，坐在李良旁边，喝了一小口酒。两人有一搭没一搭地聊着天，心里都怀着莫名的期待。几杯酒下去，李良已微有醉意，非要绿珠干杯不可。

万般无奈之下，绿珠硬着头皮喝了一杯。她酒量本来很小，一杯酒喝下去，顿觉脸上发烫，头也昏昏沉沉的，便说要回房休息。李良见她脚步踉跄，连忙放下酒杯，搀扶她向卧室走去。

此时已是深夜，丁婶和素云早已入睡。在寂静与黑暗中，两人开始是依偎着走，不知怎么，走到房门前，却变成了搂抱。进了房门，两人的嘴唇很自然地吻在了一起，他们只是凭着自己的本能，任滚烫的嘴唇，在彼此的额上、眼睛上、脸颊上胡乱亲吻，表达着不成章法的爱抚和渴望。

第十六章 赵匡胤不负众望 周世宗整军待发

李良拥抱着绿珠，怀里的绿珠身躯柔软娇小，还散发着阵阵幽香。李良的血脉贲张，再也没有办法抑制住内心的激情，他像发了疯似的开始胡乱撕扯绿珠的衣服。绿珠平躺在床上，雪白的肌肤发出象牙一般柔和的光泽，玉峰顶端两点鲜红，犹如花蕾绽放，两条修长白皙的腿向上延伸，与平坦柔软的小腹相接，形成一道神秘复杂的曲线，白与黑两色相映，融汇成一种惊心动魄的魅力。

看到自己心爱女人的身体，曼妙妖娆地横陈在面前，李良不禁目眩神迷，热血奔涌。他像一头矫健的猎豹，扑向眼前那具美丽的躯体。绿珠也扭动着身子，向上迎合着。

两人初临此境，免不了手忙脚乱，左冲右突。一番忙乱之后，眼看就要入港，身下的绿珠娇喘吁吁，波动如潮。可就在这时，广济大师那张清瘦严峻的脸，突然出现在他的脑海中。李良顿时如遭雷击般，身体僵硬，沸腾的血液即刻冷却下来。他痛苦地呻吟一声，仰天瘫倒在绿珠身边。

一旁的绿珠，看到李良一脸痛苦的表情，轻轻地侧过身转向他，温柔地抚摸着他宽厚的胸膛，柔声安慰道："没关系的，过一会就好了！"李良将绿珠紧紧抱在怀里，左手在她光洁的躯体上来回摩挲。慢慢地，幻觉消失了，青春的力量开始复苏，雄性的生命又变得昂扬勃发。他翻身而上，发起了另一轮猛烈的冲击，可是一切都无济于事，在最关键的时刻，广济大师那张清瘦威严的脸又出现了！

李良哀嚎一声，颓然倒在绿珠身上。那张年轻而英俊的脸，痛苦地扭曲着，两行清泪悄然流下，淌过绿珠娇艳美丽的脸，沾湿了散发着幽香的大红床褥。

李良觉得无法面对绿珠，趁着扩招禁军的差事，逃难似的，仓皇离开了开封，和赵匡胤带着一队亲兵，以及朝廷特拨的大量财物，一路往邓州、顺阳而去。

一年一度的端午节来到了。开封的端午虽不如南方那样龙舟竞渡，盛大隆重，可每年的这个时候，汴河上却也是画舫游船，文人仕女，往来如云，热闹非凡。

精美的龙舟之上，达官贵人、富商巨贾携带着美妾俊童，歌妓妙姬，或诗侣文友张乐设宴,尽情观赏两岸的秀丽风光。来来往往的彩船,激起一道道水波,伴随着琵琶、琴瑟、笛子清雅悠扬的歌声,引得两岸观船的百姓沸沸扬扬。

素云看到李良走后,绿珠整天闷闷不乐,窝在家里,就死拖硬拽,拉着绿珠去汴河边上看龙舟。汴河两岸游人如潮,素云拉着绿珠的手,专往人多热闹的地方钻,两人在人群里钻来钻去,挤出了一身的汗。毕竟是小女孩,一玩起来,什么不开心的事都抛到一边去了。

“哎呀,不行了,不行了!素云,我实在跑不动啦!”绿珠一边摆手,一边朝素云喊,“这里人太多,我们去那边柳树下,找个地方歇息一下,好不好?”

这些日子以来,素云第一次看到绿珠笑得这么开心,何况自己也热得不行了,便牵着绿珠的手,朝大柳树下走去。可两眼还是不停地东望望,西瞅瞅,一刻不肯停下来。

这时,一条大船顺流而下,素云朝绿珠喊道:“绿珠姐,快看啊,好大好漂亮的龙舟噢!”

绿珠顺着她指的方向望去,那条龙舟果然气派非凡,它足有十丈长、两丈多宽,船首的龙头高达八尺,船舱有两层,雕楹镂窗,彩旗飘飘。

这艘大船顺流而下,在离绿珠二人驻足处约三丈远的地方,一位国字脸、目光灼灼有神的男子,在两名小厮的陪同下,从船舱中信步走上甲板。那男子大约三十几岁,头戴一顶青色细纱帽,身穿黄色锦缎长袍,显得身形峻拔,器宇不凡。

素云还在兴奋地唧唧喳喳说个不停,绿珠一凝眸,却发现那男子一双炯炯发亮的眼睛,直直地盯着自己。她禁不住脸上一红,心里一阵狂跳,拉着素云转身就走。

可只是这一眼,从此改变了绿珠的一生!她做梦都不会想到,船上那个威风凛凛的男人,就是当朝圣上周世宗郭荣。

郭荣无意中一瞥,看到岸边杨柳树下,那一袭紫衣、笑靥如花的女子时,只觉得那张娇美清纯的脸,是如此光彩夺目,仿佛阳光下绽开的花朵一样,那么吸引人,使他再也无法移开目光。

郭荣很快就弄清了绿珠的来历身份。第二天,内侍带着聘礼,来到绿珠家。天子之聘,谁敢不从?她虽然心里一万个不愿意,可还是被宫里的大轿强行抬往了皇宫。

她的眼神空洞而迷茫。当那顶厚厚的红色轿帘终于落下的一刹那,她就清醒地意识到,她已彻底断绝了与过去的一切联系。以后的她,将要在这个完全陌生的世界里,过一种完全不同的生活。

当天晚上，在皇宫那间豪华幽深的寝宫里，在那张宽大舒适的龙床上，兰汤中沐浴过的绿珠，一丝不挂，如同一只等待宰杀的羔羊。

耳边响起了脚步声，绿珠闭上眼睛，一颗晶莹的泪珠，滑过那张年轻而美丽的脸庞。对于郭荣来说，这具新鲜的胴体，比符氏更完美，更具诱惑力。当他看到绿珠腮边的眼泪时，只是稍稍迟疑了一下，就开始从容不迫地欣赏着，以熟练的手法，抚摸着那些敏感的部位，一直到他觉得时机成熟的时候，才扑向眼前的猎物。力量与技巧，自信和经验，使得郭荣所向披靡，无坚不摧。随着一阵尖利的疼痛，绿珠发出一声无法克制的呻吟，这不仅没有阻止郭荣的动作，反而诱发了他继续深入的欲望和决心。一方是坚定有力的行进，另一方则是本能的抵抗，在这一奇妙的过程中，绿珠的抵抗，随着痛楚的减轻而越来越软弱无力，甚至因为某种不期而至的快感，而变为情不自禁的挺身迎合。郭荣感觉到了这种微妙的变化，更加亢奋……

郭荣终于沉沉睡去，绿珠悄悄睁开了双眼。当她看到躺在身边的君王，就是那天在汴河上凝望自己的男子时，内心竟然感到一丝丝庆幸。

绿珠疲惫地合上眼睛，两行清泪缓缓流下。她真的认命了，人确是强不过命的！

再说李良和赵匡胤等人，一路风尘仆仆赶路，数日后来到顺阳地界。赵匡胤骑马走在最前面，李良押着几辆马拉的大车，紧随其后。眼看就要到达山口的开阔地，突然从山崖上窜出一队人马，拦在路中间，大声喊道："留下车马，饶你们不死！"

赵匡胤觉得有趣，这王剑儿还真不简单，八年前抢我的马，现在又要抢我的财物。他催马向前故意道："这是朝廷的车马，你们也敢拦截吗？你们就不怕官府来围剿？"

话还没说完，一个不知死活的小头目，一边挥舞着手里的鬼头刀，一边哈哈大笑道："不瞒你说，俺们兄弟要的，正是朝廷送上门的财物！"其他小盗贼一听，也跟着起哄。

赵匡胤皱了皱眉头，神色一敛，厉声喝道："休得无礼！快去通告你们家寨主王剑儿，就说赵匡胤今日带着金银前来，叫他亲自来取！"

"什么，你就是赵匡胤？无凭无据的，我们怎么会相信你！"小头目嚷嚷着。

赵匡胤从身后拿出当年王剑儿送他的宝刀，说："见了这把宝刀，你们总该相信了吧！"

那头目慌忙下马，跪在地上："小人有眼无珠，冒犯赵大爷，真是该死。小的立刻去通报寨主！"

王仁听说赵匡胤来了，立即赶来，迎接赵匡胤上山。赵匡胤见山上新设了不少险隘关卡，堆积着大量石块、檑木，并新建了许多木结构的房屋，回头笑着对王剑儿说："王寨主，你这山寨可是今非昔比啊！"

"赵大哥见笑了！这年头兵荒马乱的，老百姓活不下去，只能落草为寇。俺这山寨的兄弟已有五千多人，朝廷虽然也清剿过几次，都是损兵折将，无功而返，后来干脆不管了。哈哈，他们忙着南征北战，俺也乐得自在逍遥……哎，赵大哥，你此番前来，有何事指教？莫非赵大哥是来围剿我们的？"

赵匡胤微微一笑："别紧张，我们待会再谈不迟！"

到了大厅，赵匡胤一脸正色说："不瞒你说，我这次是奉朝廷之命，前来招纳御林军的。王寨主，占山为王，毕竟不是长久之计。这些年来，朝廷多事才无暇清剿，一旦局势稳定下来，必然会派遣大军前来围剿，到时只怕山势再险峻，也无法挡住大军攻寨。何不趁早金盆洗手，随我同归朝廷，去战场上拼杀，博取功名，那才是大丈夫的本色！"

王仁用手摩挲着光头，老半天没出声，过了很久，才回答道："赵大哥，俺不是没想过退路，可俺自从占山为王以来，杀人无数，还抢劫了朝廷不少财物，朝廷能放过俺吗？俺是个粗人，却也知道伴君如伴虎的道理，说不定啥时候不高兴了，杀了你全家也说不定。哪比得上俺现在这样逍遥快活？"

"王寨主，你放心，皇上已经下令，在江湖上招募的将士，一律既往不咎。至于官场险恶，自然有道理，但落草为寇的危险岂不是更大？说实话，如果皇上派我领着两万兵马前来围剿，恐怕你王寨主就不会像现在这样逍遥快活了吧。"赵匡胤似笑非笑地说。

王仁听他话里藏针，低头不语，半天才说："好吧，一切就听赵兄的吩咐！"

当天，赵匡胤挑选了两千来名精锐的士卒，其他人每人发二十两银子，遣散各自回家去。然后令人一把大火，将整个山寨烧了。

王仁默默地看着熊熊大火，心里有一种说不出的滋味，他隐隐约约地感觉到，自己命运从此变得更加难以预测了。

回到开封，赵匡胤将顺阳山招募来的兵卒两千多人，与御林军原来的军士相合，共有四千余人，编成捧日、天武、金枪、铁骑、控鹤五班，号为"殿前诸班"。为了笼络王仁等人，还特别任命他们为班头。

为了增强御林军的战斗力，他还在"殿前诸班"中实行联保制度。五人为一伍，十人为一什，五十人为一属，百人为一闾，伍什中有违法犯禁者，若知而不告，全体一律处罚，告之则免；作战时，伍什中有人临阵脱逃者，全体一律处斩。伍、什、属、闾、班的建立，使这支队伍形成了严密的编制系统，牵一发而动全身，完全改变了后梁以来军队纪律涣散的作风。

接着进行一整套的军事训练，主要包括体能、格斗、兵器、阵法四个方面。经过几个月的强化训练和严格管理，御林军的面貌焕然一新，尤其是顺阳山来的那帮军士，一改过去散漫放荡的作风，开始懂得遵守军纪，训练也格外卖力。

训练了三个月，郭荣急于想看看御林军究竟怎么样。

九月重阳节，秋高气爽，风和日丽，正是沙场点兵的好季节。京城开封的东校场上，旌旗飘扬、鼓声震天。新建的阅兵台中央，坐着周主郭荣，他的身边，有丞相范质、李谷，殿前都指挥使李重进、张永德等大臣，数百名侍卫，在阅兵台周围严密警戒。

郭荣一直对新扩的御林军寄以厚望，特意亲临校场，检阅这支由赵匡胤一手扩建、训练的军队。

首先检阅的是队列行进，赵匡胤站在台前，挥旗指挥。四千余名将士，分成五个方阵，在雄壮的战鼓声中，英姿勃勃地走过来。最先走来的是捧日班，捧日班方阵由赤色的班旗引导，赤旗后面是班头荆罕儒和两名斜披绶带的值勤官，八百多名军士，肩扛一式的方天画戟，迈着威武的步伐，走过阅兵台前。从台上看去，整个方阵队列整齐，步伐一致，甚至连扛戟的角度和抬腿的高度也完全一样。

接下来是由黑旗引导、肩扛长戈的天武班，黄旗引导、肩扛长矛的金枪班，白旗引导、肩扛朴刀的铁骑班，绿旗引导、左手持盾、右手持短刀的控鹤班。

诸班方阵队列严整，步调划一。台上郭荣及群臣正在啧啧称赞，赵匡胤令旗一挥，五个方阵迅速汇集成一个更大的方阵，军士们迈着同样矫健整齐的步伐，行进到阅兵台前，停了下来，刷地转身，面向阅兵台，举起手中的兵器齐声高呼："万岁，万岁，万万岁！"

四千多张晒得黑黝黝的年轻的脸庞，显示出一种朝气蓬勃的雄性力量；指向空中的兵器，在阳光下闪烁着钢铁的冷峻光芒；持续不断的呼喊声激越昂扬，犹如山呼海啸，巨大的声浪直冲云霄，传向四面八方。

郭荣没想到，在不到一年的时间里，新扩的御林军，竟能达到如此训练有素的程度，兴奋不已，满脸笑容地站起来，频频向台下将士挥手致意。李重进、张永德身为大将，领兵多年，阅阵无数，却从未见过这样整齐雄壮的精锐之师，心里也不禁暗自佩服赵匡胤的治军能力。

队列行进之后，郭荣又检阅了部队格斗、阵法、兵器、骑术等方面的演练。诸班军士本来就是经过严格挑选的，一个个武艺高强，身手不凡，平时严格的训练早已让他们憋足了劲，现在有机会在主将赵匡胤和皇上面前显示，自然尽力施展，使各种演练精彩纷呈，高潮迭起。郭荣对部队的素质和纪律十分满意,整个检阅过程始终兴致盎然,赞不绝口,直到夕阳西斜,才兴犹未尽地离开校场。

李重进、张永德护送郭荣回到皇宫,郭荣留他俩在内殿用膳。两人都是郭荣的亲戚,关系素来密切,也未客气推辞。用膳时,三人的话题,依然离不开赵匡胤主持的新扩御林军。

郭荣喝了一口鸡汤,抬头问张永德:"赵匡胤的御林军,现在可成了真正的虎贲之师。你手下的那批禁军训练得怎样了?"

"禀奏陛下,微臣驽钝,不如赵将军精明能干。眼下全城禁军经过挑选,约有三万余众,老弱者已全部裁汰,战斗力大为提高,只是严格的训练尚未全面展开,自然无法与御林军相比。"张永德起身回答,脸上似乎有羞愧之色。

"爱卿不必慌张,快坐下!"郭荣向他摆摆手,"你不必自责。禁军中武艺高超的军士皆选入了御林军,御林军的军饷是禁军的两倍,而且他们人数较少,训练较易,岂能同等要求?朕心中明白,你已经尽力了。"

李重进放下玉箸,慢条斯理地说:"久闻赵匡胤智勇双全,是当世罕见的大将之才,今日观兵,方知确非浪得虚名。四千御林军,士卒精悍,弓马娴熟,更兼上下一心,步调一致。以此攻战,何人能敌?以此攻城,何城不克?如此精兵,足可与楚霸王之江东子弟、周亚夫之细柳铁骑相媲美,实在是数百年来所未见,确是可喜可贺!"李重进说完,顿了顿,似乎要说什么,犹豫了一下,又沉默下来。郭荣看他一副欲言又止的样子,微微一笑道:"爱卿,有什么话,不妨直说!"

李重进放下酒杯,面色凝重地说:"然臣亦有忧虑焉。"

"爱卿有何忧虑?"郭荣有点惊讶地问。

听到郭荣追问,李重进沉思了一会儿,回答道:"水能载舟,亦可覆舟。军队精良勇猛,将领出类拔萃,固然是君主之福,然一旦太甚,很容易形成威逼主上、尾大不掉的局面。臣观赵匡胤,乃非常之人,不可不防也。以臣愚见,不如恢复从前的制度,御林军不再独立,依然隶属永德的禁军。这样一来,就可以牵制他了。"

郭荣听了,不以为然地说:"改革后梁以来兵制旧弊,扩建御林军,是朕与赵匡胤共同商量拟定的,并非他的蓄意所为。兵不精良,将不杰出,如何克敌制胜?赵匡胤确是非常之人,却也是忠诚之士。近十年来,他跟随先皇和朕出生入死,屡建奇功,一片丹心可昭日月,朕视之如兄弟。古人云:用人不疑,疑人不用。何况是赵匡胤这样忠勇赤心之士?爱卿万勿疑虑,担此杞人之忧!"

"陛下所言极是。赵将军数次救过先皇的命;而且高平之战曾拼死护驾，扭转败局。他的一班兄弟韩令坤、慕容延钊等人，都是朝廷干将。李兄无须多虑，此话切不可与外人言及！”张永德恳切地说。李重进苦笑道：“但愿是我杞人忧天。不过，臣还是建议陛下，暂且不要扩大御林军的规模，改革兵制亦以禁军为主，如此则较稳妥也。”郭荣若有所思，却也未置可否。

第十七章 红颜真情蒙错爱 群雄仗义斗顽凶

几天后,周主郭荣设宴,赵匡胤、韩令坤、范质、李谷、李重进、张永德、慕容延钊、李良,共八人前来参加宴会。等到众人坐好之后,郭荣站了起来,满面春风地说:“朕今天设下家宴,将各位爱卿召集到这里,就是为了告诉你们一个好消息:大周的西征部队,一路所向披靡,势如破竹,从大散关到秦州,接连攻下三座城池,锐不可当,西蜀军显然已经变成惊弓之鸟,闻风丧胆。此外,匡胤训练御林军很有成效,朕也想要借此机会对其表示嘉奖。”

郭荣是个有雄心大志的君主,一心想早日平定天下。他见北境安宁,便遣王景为招讨使,试探性地攻打西蜀。谁料西蜀主孟昶流连声色,未及防御,竟让周军攻了一个措手不及。众人听郭荣一说,纷纷举杯祝贺。

郭荣做了个手势,一队舞女娉婷走出,翩翩起舞。君臣边观舞,边饮酒,其乐融融。

李重进端着酒杯,走到赵匡胤面前,说:“赵将军治军有方,年轻有为,前程未可限量,老朽敬你一杯!”

赵匡胤慌忙站起来,毕恭毕敬地回答:“李将军过奖,赵某愧不敢当。御林军之所以能略有起色,全靠陛下和张将军的调度、支持,赵某只不过尽些微薄之力而已。在治军方面,还要请李将军多多指教。”

李重进矜持地微笑道:“好说,好说。赵将军确是谦谦君子,难怪陛下和张永德如此信任你!”

赵匡胤早听说李重进心思细密,颇有心计,不知他所言有何深意。宴会之上,也不便深究,便一笑了之。

酒酣耳热之际,郭荣酡红着脸,兴致颇佳地说:“诸位爱卿,朕自登基以来,从未像今日这样畅快过。朕有一爱妃,琴艺绝佳,朕即唤她出来,略弹数曲,以助诸位雅兴,如何?”

范质一听,急忙阻止:“陛下,皇妃乃万金之躯,怎可随意现于人前?万万不可!”

“读书人就是迂腐!在座者,皆为朕之密友,何必拘谨!”郭荣转身,令内侍唤她速来内殿。

过了片刻,一位身着紫色衣裙,戴着一层薄薄面纱的丽人走进殿中,向郭荣行了大礼。郭荣吩咐内侍设置好几案、凳子、琴,然后挥手示意那帮舞女退下。

赵匡胤一眼就认出,眼前这位皇妃就是绿珠,心中暗觉不妙,偷偷瞥了一眼李良。

果然李良脸色都变了,端着酒杯的手直发抖。其实郭荣刚才那么一说,李良便预感到是绿珠,暗自提醒自己,千万不要失态。看到了一年不见的绿珠,仍然不由自主地一阵颤栗。他仰头喝了一大口酒,竭力让自己镇定下来。

绿珠将琴放在几案上,优雅地坐下调琴,随即飞出一串悠扬的音符。李良的心又是一阵突跳。绿珠首先弹唱的是一曲汉武帝的《秋风辞》,歌声婉转,如黄鹂轻啼林间,琴声悠扬,似涧水流溅,众人听得如痴如醉,齐声喝彩。

绿珠奉郭荣诏令出来弹唱,并不知听者是何人。等到一曲弹毕,偶一抬头,透过薄薄的面纱,无意一瞥,竟看到了她日夜思念的李良!她的心猛地一揪,一股又酸楚、又苦涩的感觉横溢胸中,眼泪几乎要夺眶而出。

她咬了一下嘴唇,略一思忖,便弹起了那首《四愁歌》:我所思兮在泰山,欲往从之梁父艰,侧身东望涕沾翰。美人赠我金错刀,何以报之英琼瑶。路远莫致倚逍遥,何为怀成心烦劳?

琴声如泣如诉,李良的耳边响起几年前绿珠那柔情似水的轻语:"大哥,这首张衡的《四愁歌》,我只弹唱给你一个人听!"接着,眼前又幻化出绿珠那顾盼生辉的眼波、如花的笑靥、洁白的胴体。

李良全身一阵痉挛似的颤抖,为了不让外人看出自己的失态,他只好拼命压抑着自己,仰着头,大口大口地喝酒。可是没有用,他满脑子都是绿珠的一颦一笑。最后,他只好痛苦地捂住双耳,闭上眼睛,低下头,听任情感的波涛在内心深处汹涌冲撞。

李良只顾喝酒,他的意识完全麻木了。他根本不知道绿珠是何时离开的,也不知道自己是怎么出了皇宫的,只记得在皇宫外,赵匡胤搀扶着他问:"你喝多了,要不要送你回去?"他没回答,推开赵匡胤,踉踉跄跄地走了。

夜幕已经降临,白天俗世的喧嚣,已经归于寂静,街道两旁鳞次栉比的房屋,在昏暗天空的映衬下,如同一片黑沉沉的鬼域。

李良顺着街道,本能地拖着脚步,鬼使神差地来到了开封府衙署后面——他和绿珠从前的家。李良伸手推开大门,穿过院子,径直走进绿珠过去的卧室,打火点亮蜡烛。

房子里的家具还是一如往昔,只是几案上的琴和弹琴的人已离去,以往那股淡淡的幽香,也为空气里浓重的霉味所代替。

李良环视房内,那窗户上绿珠贴的双鸟窗花,早就被剪去,只留下空白而已。他忽然觉得人生亦是如此,美好的东西终归要失去,剩下的只有残缺和空虚。

他头晕目眩，倒在大红的床褥上，像受伤的野兽一般嚎叫了一声，就昏昏地睡了过去。也不知过了多久，他感觉到有人用热毛巾擦他的脸，一股熟悉的淡香扑面而来。他微睁双目，醉眼蒙眬之中，身着紫色衣裙的绿珠，正脸色微赧地倾身面向自己，不错，她是绿珠！

李良唇干舌燥，火一般灼热的激情弥漫全身，他喊了一声“绿珠”，猛地翻身抱住她，滚烫的双唇在她脸上不停地亲吻。内心的欲望，在烈酒的作用下越来越炽热，身体膨胀得几乎要爆炸。李良什么都顾不得了，粗暴地将她掀翻在床褥上，疯狂地撕去她和自己身上所有的衣服，腾身而上，以一种无坚不摧的力量，猛烈地挺进着。

在彻底失去理智的非正常状态下，广济大师的阴影不复存在，勃发的生命伟力一往无前，他迅速地占领了那处他曾经难以攻克的堡垒，然后喘息着不断攻击，直到最后完成，才又躺下昏睡过去。

睡了片刻，李良似乎听到身边有嘤嘤的哭泣声。他挣扎着坐起来，揉了揉眼睛，就着微弱的烛光，定睛一看，不禁大吃一惊：躺在他身边的不是绿珠，而是素云！

这一看，他的酒立刻醒了一大半，汗水从额上直往下流。他张口结舌地问：“素云，怎么……会……这样？我对你……做了些……什么？”望着赤身裸体的素云和被褥上那一块醒目的鲜红，李良又是内疚又是自责，用手拼命地抽打自己的头和脸，那声音在深夜听来是那么清脆响亮。

素云停止了抽泣，披上衣服，挨近李良，温柔地擦去他脸上的泪水，说：“李大哥，别这样，是我自己愿意的！”

原来，当她看到绿珠房中的烛光，发现醉倒的李良时，便打来热水替他擦洗，既而遭到李良暴风骤雨般的进攻，她原本是可以走开的，然而她没有。看到自己爱恋已久的男人，承受着如此巨大的痛苦，素云心如刀绞，那一刻她脑子里只有一个念头，只要能减轻他的隐痛，哪怕是作为绿珠的替身，也心甘情愿。于是她默默地承受着，听任李良所为。

“李大哥，我知道自己远不如绿珠姐，可我也像她一样敬重你、喜欢你。若大哥不嫌弃，我愿意一辈子伺候你；若大哥不喜欢我，也没有关系。今晚的事不怪你，请大哥千万不要记在心上。”素云见李良眼光呆滞，脸色苍白，柔声细语地宽慰他。

李良似乎什么都没有听到，他的脑子有如一团乱麻：绿珠在的时候为什么自己不行？她进皇宫后为什么自己又行了？为什么偏偏是素云，使自己成了真正的男人？为什么要对素云做出这等事来？……为什么？究竟是为什么？为什么师傅要让自己下山，来承受这尘世间的苦难与煎熬？这些问题在他脑子里盘旋着,纠缠着,撕咬着,他怎么也理不出头绪。

李良匆匆忙忙地穿上衣服,撇下哀哀哭泣的素云,逃走似地跑了出去,一头扎进浓浓的夜色中。

接连数月,李良既不去当值,也不去协助赵匡胤训练军队,每天泡在酒店里,无日不饮酒,饮酒必醉,清醒的时候少,沉醉的时候多。因为只有在神志不清的情况下,他才能够忘记人间的烦恼,得到暂时的安宁和解脱。

赵匡胤见他如此颓废消沉,且双颊浮肿,步履虚飘,往日的风采荡然无存,又急又恨,三番五次劝说,毫无效果,甚至动手揍他,仍然无济于事。韩令坤、慕容延钊等一班朋友看在眼里,急在心上,也无计可施。

转眼中秋已过,天气转凉。这天下午,李良照例在都亭驿附近的一家酒店喝酒。喝到九成醉,又吩咐掌柜的将酒葫芦灌满,出了店门,一边不时将葫芦口凑在嘴边喝上一口,一边歪歪斜斜地横过大街。

俗话说:冤家路窄,真是半点不虚。路上竟然遇到了高怀德!

高怀德此时任果州团练使,中秋前奉周主之诏返京,筹划进攻淮南,事后一直逗留开封。当天,他在朋友家饮酒作乐,直到黄昏才回自己的私宅。平时高德怀就傲慢成性,如今乘着七分醉意,领着十几个随从,在大街上由北向南疾驰,街上的行人纷纷闪避。

一帮人一路狂奔,来到都亭驿街口,却见大街正中,一个军官模样的汉子兀然站立,手举葫芦,醉醺醺地自顾喝酒,众人喝令他让道,亦是不理睬。

本来高怀德等人从旁绕过,亦无不可,但他素来骄横,又喝了几杯酒,越发张狂,非要那汉子让道不可,便令一个随从下马,去看个究竟。那随从走近一看,认得是李良。心中害怕,忙跑回去告知高怀德。

高怀德仗着酒力,恶狠狠地说:“他孤身一人,有何可怕?我正愁没机会报从前受辱之仇,他却自动送上门来了。给我上!”

一帮人下了马,小心翼翼接近李良。李良根本没有发觉,照旧仰头狂饮。高怀德的随从一拥而上,拳打脚踢。李良突遇袭击,又喝得烂醉如泥,哪里还有半点力道,只落得个任人宰割的份儿了。这帮人见李良没有了以往的武功,胆子也大了起来,毫无顾忌地围住他,手脚并施,不留半点情面。不一会,李良便头破血流,皮开肉绽,昏死过去。街上的行人见此情景,慌忙躲避。

丧心病狂的高怀德,还觉不解恨,拔出一把雪亮的匕首,在李良的左脸划了一道两寸长的口子,狞笑着说:“小子,今日毁了你这张俊脸,教你知道大爷的厉害!”

再说韩令坤和石守信两人,见李良迟迟未归,心里着急,便在这一带的酒馆寻找,正好看到高怀德一帮人,在围着李良发疯般地踢打,李良满脸满身是血，躺在地上，嘴里还嘟哝着："我的酒我的酒，还我的酒……"

二人一看李良的样子，眼睛都红了，大吼一声，杀将过去。高怀德等人见势不妙，上马便跑，其中一个动作稍慢，被韩令坤砍断马腿，跌落在地。韩令坤正要举刀结果他的性命，石守信一把拉住他说："留下活口！"

韩令坤骂了一声："日娘贼，暂且留下你这条狗命！"一刀割下那人的耳朵，痛得那随从哇哇直叫。

两人走到李良身边，俯身一看，只见李良满脸血污，遍体鳞伤，尤其是脸上划开的那条刀口，皮肉外翻，鲜血直流，惨不忍睹。

此时天色渐黑，两人强压心中悲愤，将李良抬回军营，当晚请来郎中治疗，脸上施了麻药，并缝合包扎好。直到半夜，李良才醒了过来，而他醒过来的第一件事，就是要酒喝。

韩令坤冲他吼道："你这小子，还喝，早晚把你这条小命给喝没了！"石守信从旁百般安慰，好容易让李良重新躺下。看他睡着了，两个人这才悄悄走了出来。

韩令坤思前想后，实在咽不下这口恶气。天还没亮，就叫人把慕容延钊、王审琦找了过来。两人过来，见李良面目全非，一身是伤，连忙问怎么回事。韩令坤黑着脸道："都是高怀德那厮干的好事！他把李良打成这样，分明是不把我们兄弟放在眼里！此仇不报，枉我们兄弟结拜一场。俺韩令坤豁出命来，也要出这口气。是好兄弟的立马跟我走！"

王审琦早就气昏了头，韩令坤一声吆喝，他跟着就要往外冲。慕容延钊素来沉稳，一看两人的架势，连忙上前劝道："慢着，你们先听大哥一句话。这高怀德是高行周的儿子，而且现在同在军中效命，如果我们鲁莽前去，免不了一场恶斗，到时陛下的面子上，可就过不去了。不如我们先去禀告陛下，请他定夺如何？"

王审琦、韩令坤正在火头上，哪里肯听？当即带着自己的亲兵，共约两百人，赶往高怀德的府邸，将它团团围住。

慕容延钊知道劝不住了，怕他们闹出什么大事，也带着几个亲兵，和石守信随后赶去。

韩令坤把大门敲得震天响，高声喊道："高怀德，你这个畜生，快给我出来，否则我就一把火烧了你的房子！"

高怀德从睡梦中惊醒，听到外面喊声震天，知道大事不妙，让家人、随从用巨木顶住大门，并守住院墙，任凭韩令坤、王审琦如何喊叫，就是不开门。

高宅和开封府衙署仅一墙之隔，这边人喊马嘶，早就惊动了开封府尹王全斌。王全斌也是太原人，性格豪爽，和高怀德、韩令坤都有交情，一看到双方一副火并的架势，赶紧派人去报告郭荣，自己则带着几个亲兵赶来调解。

韩令坤、石守信等人哪里肯听劝解？一声令下，就要攻进去。王全斌急得不行，指挥部下拼命拦住。韩令坤一步上前，双眼通红道："王将军，你再不让开的话，别怪俺韩令坤不讲情面！"

王全斌坚决不让步。双方剑拔弩张，一触即发。

正在这时，只听后面一声："皇上驾到！"郭荣带着赵匡胤等人赶到了。众人见皇上驾临，连忙跪地参拜。

却说郭荣接到通报，知道此事非同小可，马上通知正在当值的赵匡胤，一起来到高府。他传令解散所有军士，令高怀德开了门，君臣数人走进客厅。

郭荣在正中的太师椅上坐下，虎目扫过众人，问道："你们为了何事，竟然要闹到兵戈相向？在京城擅自用兵，可是灭族的大罪，难道你们不知道？"

韩令坤走上前去，将事情的原委陈说一遍，愤激地说："李良为朝廷拼杀这么多年，立下赫赫战功，竟被高怀德这厮打成这样，脸都被毁了！陛下若不惩治高怀德，俺韩令坤便是治了死罪也不服！"说完，跪在郭荣面前，石守信、慕容延钊、王审琦也跟着跪倒在地。

赵匡胤昨晚在大内当值，不知此事详情，听了韩令坤的叙说，悲愤难当，大声说道："启奏陛下，高怀德一贯横行不法，仗势欺人，此番又毒打朝廷良将，实属罪不可赦！愿陛下明察公断，使我们兄弟心服！"

郭荣本想看在高行周的面子上，从轻发落高怀德，可眼下，一帮爱将如此愤怒，自己也不能不表态了，眉头一皱，厉声喝道："高怀德，事已至此，你还有何话可说？"高怀德没想事情闹到这个地步，见皇上动了真怒，扑通跪地："臣知罪，请陛下处罚，但毁李良的脸，是部下所为，臣并不知情！"说罢，垂头不再说话。

郭荣望着眼前的一帮将领，真是左右为难。高怀德手握重兵，为人虽然骄横，可确实打过不少硬仗；赵匡胤等人随自己出生入死，屡建奇功。双方都是骁勇善战的名将，眼下正是用人之际，万万不可因此而伤了君臣的和气！

他思忖良久，方才说道："诸位爱卿，都起来吧！高怀德，你纵容部下殴打朕的爱将，本当严惩，但念你昔日战功卓著，从轻处罚，重打五十军棍，以示惩罚。你速将那行凶的部下交到开封府，斩首示众。高怀德，朕的判决，你服不服气？"高怀德连连称服。

郭荣回到宫中，令御医前去替李良治伤，又遣心腹向高怀德说明不得已的原因。韩、赵等人见郭荣处罚了高怀德，心里的闷气也就消了。只是那高怀德挨了五十军棍，又将两名随从送去开封府做替罪羊，既气且恨，万分懊丧地回到果州。

双方的怨恨从此更深了。

赵匡胤见李良满身伤痕，容貌被毁，心里内疚，觉得自己没有照顾好他，辜负了广济大师当年的嘱托。眼下李良孤零零一个人，也没人照顾，就把他接到自己家里，悉心照料。

不到一个月，李良的伤就好得差不多了，只是脸上留下了一道触目惊心的、暗红色的伤疤。他从此再不喝酒，也很少开口说话，每天在院子里练拳脚，好像什么事情都没发生一样。

李良独自去了素云那里一趟，发现已经人去楼空。跟邻居一打听，说是去南方投奔亲戚去了。

李良变得更加郁郁寡欢，似乎忽然间老了十岁，时常盯着某个地方，久久地看着，目光缥缈悠远，偶尔闪烁出令人生畏的寒光。赵匡胤见他这样，心里无奈，却也没有办法。

第十八章 匡胤归家探妻子 赵普施计破滁州

眼看已经到了年底，天气变得越来越冷，绮云自从七月生下一个女儿，因为在坐月子的时候没有养好，不小心受了凉，便落下了病根，身体总是不好，郎中请了不少，但就是不能根治。一连拖了好几个月，终于卧床不起，丰润的脸庞也变得越来越消瘦，双腿开始出现浮肿，青丝大把大把地往下落。赵匡胤见到自己美丽的妻子如今面容憔悴，日渐消瘦，不免忧心忡忡，还好有细君在一旁细心照顾，这才感到一丝安慰。

过了新年，也就是显德三年(956 年)正月，周主郭荣决定暂缓西蜀战事，集中兵力攻打南唐，并御驾亲征，近日便要出发。赵匡胤得到消息，左右为难，眼下绮云的身体，他实在是放心不下。他满怀心事地回到家里，推开门，细君正在煎药，屋子里弥漫着一股草药的味道。

细君抬头看到赵匡胤，眨着那双微微凹陷、秋水般明亮的眼睛，对他说："表哥，你也舍得回来啦？绮云姐刚才还念叨你呢！"

细君十七岁了，出落得比小时候更加漂亮，浑身散发着青春的气息，特别是她那罕见的奶白色皮肤，细腻润泽，衬着清秀细致的五官，显得聪慧高雅。

细君倒了一碗药，端起药碗，朝绮云走去。赵匡胤说："让我来吧！"伸手去接，一不小心，碗里滚烫的药汁溅了出来，洒在赵匡胤的手背上。细君连忙把药碗放下，抓住赵匡胤的手，一边用手绢轻轻擦拭，一边关切地问："表哥，痛不痛？你没事吧！"

赵匡胤心头突然荡起一种奇异的感觉，赶紧抽回自己的手："不要紧，我粗皮糙肉的，不怕烫！"细君见他神色慌乱，下意识地缩回了手。

赵匡胤端起药碗，走到床边，尝了尝，一勺勺地喂绮云喝下去。绮云脸色蜡黄，眼窝深陷，瘦得只剩下皮包骨头了。

绮云喝了两口，摇了摇头，有气无力地问道："相公，你怎么此时才回来？"

"陛下准备亲征淮南，召集群臣商议。"赵匡胤故作轻松地说。又舀了一勺药汁，送到她的嘴边。

绮云眼中闪过一抹悲伤绝望的神色，轻轻推开勺子，接着问："如此说来，相公又要出征了？"赵匡胤点点头。"何时出发？""就在近日。来，你还是先吃药吧!”绮云的肩膀不自觉地抽搐了一下,长长地叹了一口气:“相公,看来为妻的病是难以好转了。你在战场上拼杀,万万不可分心,要好好保重身体,千万不要逞强好勇……万一我死了,你也不要伤心。细君善良贤惠,有她照顾你,我就放心了!”接着是一阵剧烈的咳嗽。

“绮云,看你都在说什么!”赵匡胤将她抱在怀里,轻声安慰道,“没事的,别胡思乱想了,等我出征回来,你肯定已经好了!”说着,眼泪夺眶而出,连忙偷偷转过头去。

过了许久,绮云才昏昏睡去。赵匡胤替她盖好被子,悄悄掩上门,走了出去。

母亲杜氏正在客厅里纳鞋底。她虽然年近五十,但身体依然硬朗,精力旺盛,而且一贯俭朴,尽管丈夫、儿子皆为朝廷命官,还是常常做些针线活儿。赵匡胤走过去,轻轻对她说:“娘,过几天,孩儿就要跟随圣上出征淮南,可绮云有病在身,我实在放心不下!”

赵匡胤快三十岁的人了,在外面威风八面,可一到母亲面前,却自然而然地生出怯意。在他心目中,母亲永远是神圣的,不可违抗的。每逢大事,他必定会跟母亲商量。

杜氏听了他的话,放下手中的针线活,一脸严肃地说:“皇命不可违!既然食君之禄,就要报君之恩。男子汉大丈夫,岂能因为儿女私情,而废了君臣大义!你放心去吧,家里有娘顶着呢!”

母亲的话,固然没错,出征淮南无法推托,可他又实在牵挂卧病的爱妻。他只能在心里祈祷,愿上苍垂顾,保佑绮云度过危难,早日康复。

北汉主刘崇因高平之败,心中悔恨,忧愤成疾,于954年冬天吐血而亡。其子刘承钧被辽国册封为新汉主,称之为儿皇帝。刘承钧易名为刘钧,为了求得辽国军事上的支持,竟也心甘情愿步石敬瑭的后尘,做了这个屈辱的儿皇帝。

刘钧报仇心切,刚刚继位,便向辽国乞师,进攻潞州,被李筠击败。第二年春天,他又屡屡派兵,骚扰深州、冀州。郭荣遣曹州节度使韩通率兵清剿,大破汉辽联军,并疏通深、冀二州交界处的葫芦河,沿河筑起土墙,使北汉军队无法逾越,这样,北境才稍稍得以安宁。

周主郭荣雄才大略,早就对风光秀丽、物产丰饶的江南起了吞并之心。趁着现在北汉无事,他便决定暂时停止对西蜀的军事行动,而将矛头直指南唐。

郭荣委任宰相李谷为淮南道前军行营都部署,许州节度使王彦超为副,统率韩令坤、慕容延钊等十二员大将,率领八万精锐人马,向南唐进发。

此时,南唐主李璟,却正在自己的后宫御花园里,与宠臣冯延巳一边品尝佳酿，一边作曲填词，数十名娉婷婀娜的宫女，正随着美妙的音乐翩翩起舞。

虽然已是晚秋时节，江南依然芳草青青，绿水淙淙，正如晚唐风流才子杜牧所言："青山隐隐水迢迢，秋尽江南草未凋。二十四桥明月夜，玉人何处教吹箫。"

李璟神清气爽地斜躺在软椅上，神色雍容雅致，左手持杯，右手击节，兴致勃勃地对冯延巳道："冯爱卿，风景如此，你我君臣二人，何不即兴填词一首，也不辜负了这大好秋光！"

李璟令内侍取来纸笔，略加思索，一挥而就，递给冯延巳。原来是一首《摊破浣溪沙》：

菡萏香销翠叶残，西风愁起绿波间。还与韶光共憔悴，不堪看。

细雨梦回鸡塞远，小楼吹彻玉笙寒。多少泪珠无限恨，倚栏杆。

冯延巳连声称赞："好词，好词！"李璟微微一笑道："我记得冯爱卿有一首《谒金门》流传甚广，里面有一句'风乍起，吹皱一池春水'，那是神来之笔啊！只是这吹皱一池春水，干卿何事？"

冯延巳轻步上前，微微躬身，道："未若陛下'小楼吹彻玉笙寒'。"说罢，君臣二人哈哈大笑。冯延巳是李璟少年时代在庐山草堂读书时的伙伴，此人精通音律，善于填词作曲，深得李璟宠爱。李璟即位称帝，冯延巳自然也就是宰相了。

"启奏陛下，寿州节度使刘仁赡求见。"正在这时，内侍悄然走上来，轻声禀报。

"什么事啊？"李璟有点恼怒，皱了皱眉头。

"刘将军说，有紧急军情禀报陛下。"

"传他进来。"李璟极不耐烦地冲乐师、歌女挥一挥手，示意他们退下。

一位身材魁梧、浓眉大眼的将军走进殿中，行过大礼，朗声说：

"陛下，臣接到十万火急军报，周主郭荣遣李谷率领八万大军犯我边境。军情紧急，请陛下速定良策。"

"什么，周兵犯境？"李璟一听，大惊失色，刚才填词作曲的雅致，早就唬到九霄云外去了，脑门子上全是汗。他回想起不久前，冯延巳说天下无事，奏请撤去北防军队"把浅兵"，他当即奏准。因此，此时他简直不相信这消息是真的。

刘仁赡见李璟六神无主、面如死灰的样子，心中不忍，上前说道："陛下无须过虑！我大唐府库丰盈，粮草山积，带甲之士不下五十万，更兼有皇甫晖、姚凤等大将忠心报国。区区八万北寇，何足为患？"

"刘将军可有退敌良策？"李璟急忙问。

"臣以为寿州乃西境门户，京都屏障，不可稍有差池。当今要务，莫若遣微臣返回寿州，坚守城池，如此可保无虞。只是粮草军饷……"

"粮草军饷，刘将军不必担心。你速返寿州，朕另增调一万兵马，助你坚守寿州城！"李璟虽然一向疏于军国大事，但也深知寿州城的重要。他走近刘仁赡，抓住他的双手，恳切地说："刘爱卿，我大唐的江山社稷，可就全托付给你啦！"

刘仁赡深为感动，大声说道："陛下放心，只要微臣在，就有寿州城在！但愿陛下今后不再听信谗言，让佞臣误国！"说完瞟了冯延巳一眼，大步朝殿外走去。

这刘仁赡乃彭城人，熟读兵书，治军严厉，骁勇善战，将士乐为所用。他领兵二十余年，在军队中有很高的威望，但因与冯延巳不合，被调往寿州。半个月前，他亲自来京城催粮草军饷，屡遭刁难，事情毫无进展。正在此时，得知周兵犯境，他心急如焚，直闯后殿，面见李璟，于是有了上述那一幕。

显德三年(956年)正月，郭荣下诏亲征淮南，令李重进率军三万为先锋，自己与赵匡胤、张永德，则统领御林军和禁军，挥师进军南唐。在正阳击败李彦贞，大军直抵寿州，在淝水北岸扎下大营，命军队将城团团围住，日夜不停地攻打。

刘仁赡回到寿州后，已将城墙修整加固，并大量贮藏粮食和武器，早就做好准备。只要周军接近城墙，便命令城头守军发箭投石，鸣炮扬灰。周军人数虽众，士气虽高，面对寿州坚固的城防，无从下手，只好暂且围而不攻。

郭荣见攻城受阻，一时之间无法攻破，心中正暗自焦急，忽然又有军报，说南唐水军统领何延锡，率领水军前来增援寿州。郭荣大惊，涂山水军与寿州军互为犄角，如此一来，己方可能会两面受敌。他令赵匡胤带领一万兵马，想方设法破去南唐水军。

赵匡胤领命，当晚率兵潜行，黎明时分来到涂山，埋伏在山侧。自己和李良登上高处，察看敌情。远远望去，涂山下一座大营，山边水域开阔，停泊着百余艘战舰，煞是威武整齐。赵匡胤心知只能智取，不可强攻，略微一思忖，心生一计。他命令部将埋伏在岸边芦苇之中，派李良带领三百老弱骑兵，前往何延锡大营诱敌。

何延锡正在营帐中悠闲地看书，突然有士兵来报："将军，周军来犯了！"他慌忙丢下书本，披挂上阵。走出营帐才发现，不过是几百个老弱骑兵，不由得一愣，随即冲杀过去。那帮周军并不恋战，掉头就跑。何延锡纵马追了一程，突然一声炮响，岸边的芦苇丛中，杀出无数周军。何延锡明白自己上当了，立刻策马逃奔，被赵匡胤一棍打下马去。

赵匡胤杀了何延锡，夺取南唐战舰五十余艘，解了大军的后顾之忧。于是，郭荣集中兵力攻打寿州城。无奈刘仁赡拼命防守，周军依然劳而无功。

转眼到了二月，南唐主李璟见寿州久困，设法调集了五万兵马，令大将姚凤率领，镇守滁州，以相机支援寿州。

郭荣接到情报，担心南唐两州军队汇合，不禁忧心忡忡。赵匡胤主动请战说："陛下，臣愿领两万人马，拿下滁州城！"郭荣拨给他两万骑兵，并让金枪、铁骑、控鹤三班御林军精锐随他同去，又谆谆告诫道："匡胤，此去以客犯主，以少敌众，尤其是滁州城西的清流关，地势险要，是攻打滁州城的必经之道，唐军必有重兵把手，万万不可掉以轻心！"赵匡胤一一应允。

赵匡胤与石守信率领将士星夜前进，次日来到清流关。但见两山对峙，山上古木参天，怪石嶙峋，两山之间只有一条约五尺来宽的窄道。

赵匡胤令部众停止前进，自己带李良与金枪班二百余人，深入关内察看地形。小心翼翼地走了约一里地，忽然听到一声炮响，山上喊声震天，旌旗遍布，滚石、檑木呼啸而下，赵匡胤急令退兵。可是，已经太迟了，离谷口还有半里的样子，杀出两彪军马，左为皇甫晖，右为姚凤，两人都是南唐骁将，麾兵掩杀，矢如雨下，周军将士伤亡惨重，纷纷落马。李良大腿上连中两箭，血流如注，仍然拼死挡在赵匡胤前面。

赵匡胤见李良受伤，情势危急，大喝一声："兄弟们，跟我冲出去！"双腿在马肚子上用力一夹，战马长嘶一声，撒腿狂奔。李良、王仁及金枪班的将士紧随其后，拼死往外冲，可是唐兵在皇甫晖的率领下，一批一批轮番杀过来，怎么也冲不出去。

眼看部下伤亡大半，赵匡胤焦急万分。忽然，听到一阵喊声，唐军开始后退，原来是石守信率兵赶来接应。皇甫晖、姚凤见周兵援军到来，率领部众撤回滁州城，严令扼守隘道。

再说赵匡胤在清流关遭到伏击，受到重创，李良也受了伤，要不是石守信前来接应，恐怕早已全军覆没了。眼下唯一的通道，有唐军重兵把守，赵匡胤知道，目前最重要的，就是找到另外一条通道，迂回包抄，方可扭转败局。

第二天一早，赵匡胤带着几个亲兵，去山下打探情况。没过多久，来到一个偏僻的小村落，几十户人家，稀稀落落地散布在山畔水滨，炊烟袅袅升起，与山岚融成一片，汇入高远的云天。

赵匡胤向村民询问，是否有路可通滁州城，村民也讲不清，却说村里有个叫“赵学究”的读书人，见多识广，可以去问问他。

赵匡胤等人按照村民的指点，来到村西头的一幢瓦房前。院门未关，推开篱笆门，走进去，只见院里收拾得干干净净；院墙旁一架藤萝，葛蔓披拂，虬枝错结，别有一番韵味。

“谁呀？”听到院子里有人，主人推门而出。赵匡胤一看，台阶上站着一个三十四五岁的中年男子，头戴方巾，身穿长袍，脚下一双青色布鞋，脸色白净，目光深沉睿智，颔下一缕长髯，虽然衣着简朴，却透出一股高雅的书卷气。

荒山僻野之中，忽然看到这样一个儒雅的人物，赵匡胤不禁心中暗暗称奇，上前施礼道：“在下赵匡胤，敢问先生大名？”

“在下赵普。诸位请到寒舍一叙。”

一进门，赵匡胤就看到厅堂的正墙上，挂着一副对联，上联是：“书中皆净土”，下联是“门外即青山”，字体古朴有力，颇有魏晋古风。厅中央摆着一张深红色的八仙桌，桌上一方砚台，数枝毛笔，几本线装书。

主客坐定，赵普的夫人魏氏端上茶来。赵匡胤见那魏氏虽身着粗布衣裙，但容貌端庄，举止有度，因而更加肯定赵普是隐居的高人，忍不住开口询问。

原来，赵普字则平，本为幽州人氏，后唐时随父母迁到洛阳，娶豪族魏氏之女为妻。他从小熟读经史子集，旁涉地舆兵法，颇怀经纬天下、安邦定国之志。谁料时局动荡，胸中才略无法施展，父母兄弟皆死于战乱，自己三十岁时又得了一场大病，几乎撒手人寰。病愈之后，将那功名俗业看得日益淡薄，便携魏氏和两个儿子，来到这里隐居，打算在此安度余生。这一住又是将近四年，不料南北交战，竟在这江南僻壤又闻乡音。

众人听了，皆感叹不已。赵匡胤把攻关失利、军队受阻的情况和盘托出，并诚恳地说：“清流关地势险峻，唐兵防守严密，在下束手无策，还望先生赐教！”

赵普手捋须髯，缓缓问道：“将军兵力与唐军相比如何？”

“彼五万，我两万，非其比也。”赵匡胤回答。

“两军胜败如何？”赵普又问。

“彼方胜，我方败。”

“如此，若唐军扼守清流关，继而出师断尔归路，再乘胜夹击，则将军危矣！幸亏皇甫晖一生谨慎，担心滁州有失，回军守城，否则将军必败无疑。”

“先生以为如何是好？”赵匡胤赶紧追问。

赵普站起身，面露沉思之色，说：“清流山后有一条小道，可直达滁州城西涧，眼下溪水暴涨，皇甫晖必不设防。将军今夜率军潜行，由小径直达西涧，浮水抵城下，出其不意，滁州城自然可破！”

赵匡胤大喜，双手作揖：“多谢先生点拨！”

赵匡胤回到营地，依计而行，果然一举攻克滁州城，活捉皇甫晖和姚凤，接着又派石守信领兵一万，从山后袭取清流关，守住通往寿州、滁州的要道。

赵匡胤占领滁州城，切断寿州后援，使之成为一座孤城。于是加强警戒，日夜巡逻，不敢稍有闪失。此时已是阳春三月，城外草长莺飞，一片大好春光，心想，江南风光如此秀美，难怪赵普要隐居在此荒村之中。

赵匡胤对赵普献计破滁州，心中既钦佩，又感激，若能得到他相助，那真是天从人愿了。可怎样才能让他出山相助呢？赵匡胤冥思苦想了好久，脑子里忽然闪过一个绝妙的主意。

这天吃过早饭，赵普在读唐人李鼎祚的《周易集解》。正看得入神，忽然，门外冲进来几个彪形大汉，二话不说，抬起他和夫人魏氏，还有两个儿子，塞进三顶轿子里，抬腿就跑。

第十九章　清流山喜得高士　六合城大败唐军

赵普显得有些惊慌失措，大声斥责道："各位英雄好汉，我本是一介书生，和你们素无冤仇，不知道为什么要这样呢？"几个大汉默不作声，只管抬着轿子飞跑。赵普觉得形势不对，索性闭上眼睛假装睡觉。

等到他睁开眼睛的时候，向外一看，发现自己已经到了滁州城。这时，他似乎已经知道了要绑架他的人是谁了。轿子在街巷中转来转去，在一个庭院外停了下来。一个大汉掀开轿帘，非常客气地说道："赵先生，请下轿！"

赵普刚一下轿，赵匡胤满脸赔笑迎上来："先生、夫人受惊了，在下多有得罪，还望包涵！"

"赵将军盛情相邀，何罪之有？"赵普没好气地回答。

赵匡胤哈哈一笑："先生乃世外高人，若以世俗之礼相邀，恐怕不肯赏脸，只好出此下策。快屋里请，请！"

赵普扶着妻子魏氏坐下，又招呼两个孩子坐在身边，道："不知赵将军邀草民来此，有何见教？"

赵匡胤拱手道："岂敢，岂敢！在下武力相邀，既是为了感谢先生巧取滁州之妙策，亦想借机请先生出山，助我一臂之力。先生乃博学之士，经国之才，隐居山野，于国家社稷何益？"

赵普沉默片刻道："吾一介草民，屡经丧乱，体弱多病，唯求平安。人生如朝露，转瞬就是百年，功名富贵，如过眼云烟，将军何以定要强人所难，夺人之志呢？"

"先生所言差矣！方今天下纷攘，生灵涂炭，我辈正该奋起，辅佐明主，安定百姓，这才是孔圣人所谓的大义。子房效命于博浪，卧龙振起于隆中，宏图得展，终成大业。先生正当壮年，何不出山，一展平生所学？待异日功成名就，再返山林江渚之上，亦不为迟啊！"

赵匡胤一番话，说得慷慨激昂，见赵普心有所动，心中暗喜，话题一转，笑了笑说："想必先生、夫人还未用饭，在下特备薄酒，一来为二位洗尘，二来向二位赔罪。"待宾客宴罢，已是黄昏。

赵匡胤正和赵普闲聊，忽有守城士兵进来报告，说城外有一支周军，请求入城休息。

赵匡胤起身，对赵普说："先生旅途困乏，还请先回房间休息，在下去去便来！”随即登上城墙，大声问道：“来者何人？我乃殿前都虞候赵匡胤！”

“匡胤，是为父！陛下命我从扬州返回正阳，途经滁州，已经天黑。你速开城门，让将士进去休息！”

赵匡胤听说是父亲赵弘殷，心里一阵为难。按军律规定，夜间禁止开城门，违者重罚；可是父亲至此，却闭门不纳，实在不合情理。赵匡胤沉思了半晌，对父亲喊道：“父亲，请恕我不孝，城门不能开启。请父亲今晚暂宿城外，孩儿明早再来迎候！”

赵弘殷是通情达理之人，也不多说，便露宿城外。第二天清早，赵匡胤亲自迎接父亲进城。那赵弘殷长年在外征战，身体本已亏损，再加上昨晚宿于城外，又染上了风寒。赵匡胤见父亲病得不轻，心中暗自愧疚，连忙请医生诊治。

偏偏在这个时候，扬州战事吃紧，周主郭荣令他火速率兵赶往六合，增援扬州，由石守信接替他驻守滁州。

赵匡胤挂念父亲的病情，可君命在身，不得不走，一时之间，左右为难。赵普见此情景，便道：“君命不可违，将军只管前去，草民愿代将军照顾赵老将军！”

“此事何敢烦劳先生？”赵匡胤大为感动。

“你我一见投缘，而且你我皆姓赵，本是同宗，照顾赵老将军，也是分内之事。将军放心去吧！”

赵匡胤大喜过望，跪地拜谢道：“蒙先生高义，在下愧受，此后当以手足视之，誓不相负！”

人之相交，本就在一个“缘”字。两人相识于清流山野，又因为赵弘殷的病而成为莫逆之交。此后，在赵普的帮助下，赵匡胤一步一步登上霸业的巅峰。

赵匡胤将滁州公务交给石守信和赵普，率领大军直奔六合。周军已攻下扬州，由韩令坤把守。谁料唐主李璟在国内召集了六万精兵，命其弟齐王李景达为元帅，急向江北推进，很快便攻下泰州，接着准备一举收复扬州。

韩令坤见唐军将至，担心寡不敌众，火速向滁州求救。然而，过了几天，援军迟迟未到，韩令坤不由起了弃城的念头。

赵匡胤率军抵达六合，听到韩令坤准备弃城西逃的消息，心里大急。扬州是江北重镇，绝不可失，况且单是这弃城之罪，韩令坤这颗脑袋也怕是保不住了。

赵匡胤派李良、王仁带领金枪、铁骑、控鹤三班精锐，赶去增援扬州，给韩令坤带口信，让他万万不可弃城，同时派兵守住扬州要道，下令道：“如果扬州兵溃退，一律格杀勿论！”

六合离扬州不过百里，李良知道此事关系重大，策马加鞭，当日便赶到了扬州，见韩令坤还在坚守，这才松了一口气。

韩令坤见援军到来，又被李良一激，豪气复生，决计同唐兵决一死战。恰在此时，南唐先锋陆孟俊从泰州杀来，韩令坤急于立功，便一马当先，杀出城去。

那陆孟俊此前轻易夺回泰州，又听说韩令坤有弃城逃跑之意，以为扬州唾手可得，何曾想到对方会主动进攻？眼见周军喊声如潮，霎时间便冲到了阵前，见人便杀，逢马便砍，将唐军阵营冲得七零八落。

陆孟俊正在拼命压阵，突见一位黑脸胡须的将军策马冲来，忙举刀迎战。谁知对方来势凶猛，转眼到了跟前，右手刀一横，将他的刀击落，再用刀背一拍，陆孟俊应声落马。周兵一拥而上，将他绑了。

韩令坤大获全胜，将陆孟俊押回扬州城，准备派人送往郭荣的营帐，不料新纳的小妾杨氏一见陆孟俊，恨得咬牙切齿，跪在地上，悲泣着，请求韩令坤为她报仇。

这杨氏原来是潭州人，当年陆孟俊攻打潭州，将杨家两百余口全部杀光，只有杨氏因为美貌，被楚王马希崇纳为小妾。后来马希崇投降南唐，家眷留在扬州，被韩令坤强纳为妾。

韩令坤此时对杨氏颇为宠爱，自然言听计从，于是将陆孟俊挖心掏肝，活祭杨氏家人。

李景达知陆孟俊兵败被杀，不敢再犯扬州，而倾其全部兵力，转攻六合。六合守军不足一万，幸好扬州大捷，士气高涨，赵匡胤令士兵加强城防，又暗地里派信使潜往扬州、滁州，约定三日后与唐军决战。命韩令坤届时攻敌后路，命石守信领兵埋伏江口，见南唐军后退，迅即杀出，不得有误。

三日后，赵匡胤让全体将士饱餐一顿，出城直扑南唐军，韩令坤也如约从唐军后面进攻。

李景达猝不及防，帅旗被李良一箭射倒，自己也几乎成了王仁的刀下之鬼。他心中一慌，顾不上指挥军队，掉转马头，往江口逃去。唐兵见帅旗已倒，主将惊逃，哪里还有斗志？数万大军霎时溃散，乱哄哄四处奔逃。赵匡胤、韩令坤兵合一处，一鼓作气追杀唐军，唐军大败，死者不计其数。

李景达在一班亲兵的保护下，马不停蹄逃到江口，正暗自庆幸，猛听到一声暴喝："石守信在此，李景达快快受降！"

石守信以逸待劳，领兵追杀过去。那侥幸逃出来的唐军又累又饿，如何抵挡如狼似虎的周军？眨眼间尸横遍野，血流成河，只剩下两千来人，尾随李景达，一路朝上游逃窜。

赵匡胤、韩令坤率领大军赶到，围住残部又是一阵砍杀，南唐好不容易集结起来的六万精锐，就这样被消灭了。李景达不知在哪里找到一条小船，总算侥幸保住了小命。

南唐经此大败，国力大伤，唯有那寿州城，在刘仁赡的坚守下，依然如铁桶一般，难以攻下。

郭荣数月来亲自指挥攻城，心力交瘁，乃将淮南军务交给李重进，自己回驾开封，同时令赵匡胤等人随驾返京，另遣将领驻守滁州、扬州。

赵匡胤奉命护驾返京，一路上为郭荣的安全操心不少。数日后来到宋州，离开封只有一天的路程了。

赵匡胤心中一宽，布置好皇上的警卫之后，回到自己房中，疲惫已极，倒在床上和衣而睡。

睡意朦胧中，突然，房门"吱呀"一声开了，恍惚中妻子绮云身着盛装，款款走了进来，对他道个万福说："相公，贱妾错承恩爱，与你夫妻十年，无奈情长缘浅，如今要离你而去。一男二女，望相公好生相待；细君贤淑，实君之良配。相公乃天下苍生所系，切切珍重！"说完转身就走。

赵匡胤急了，伸手去抓，口中喊道："绮云，你别走！"双手扑了个空。赵匡胤猛然醒过来，再往身上一摸，早已浑身是汗。看看窗外，唯见月光如水，繁星似萤，原来是南柯一梦！赵匡胤隐隐有种不祥的预感，再也睡不着，一直挨到天亮。

次日进了开封城，赵匡胤顾不上与前来迎接的文武官员寒暄，带了几名随从，急匆匆地直奔家中。

正是六月大暑天，赵匡胤顶着烈日，催马急驰，心里不停地念叨着："绮云，你千万不能出事。我回来了！"来到家门口，忐忑不安地推开大门。

当他看到管家老张身上的丧服时，脑袋里"嗡"的响了一声，心如铅坠，双腿发软，几乎站立不稳。老张见他脸色发白，身体摇晃，急忙上前扶住他，带着哭腔说道："大少爷，少夫人她……她……"

梦境果然变成了现实吗？绮云难道真的就这样走了吗？不，决不会的！赵匡胤擦了一把汗，推开老张，急步穿过庭院，走进正房。母亲杜氏、匡义、匡美、妹妹、细君和自己的三个儿女全在房中，全都是一身白得刺眼的丧服。

见他进来，全家人都怔住了。

赵匡胤注视着母亲，眼光里满是惊惧、狐疑与询问。杜氏望着他，过了许久，方才点了点头。赵匡胤心中不禁一阵剧烈的抽搐，在母亲点头的一刹那，他终于承认了这个无法否认的事实。

"绮云，你为何不等等我，让我见上你最后一面？"赵匡胤拼命压抑住内心的悲痛，泪水却不由自主地往下流。他狠狠地在那满是泪水与征尘的脸上抹了一把，道："娘，我想去看看她。"

杜氏掏出手绢，轻轻地擦了擦双眼，说道：“胤儿，绮云过世已有七日。天气太热，不能久停，于四日前收敛下葬。几个月来，绮云重病缠身，痛苦不堪，如今西去，也未尝不是一种解脱。你先休息一下，去她坟头烧炷香吧！”

“不，我现在就去！”

“好吧。细君，你带几个家人，陪他去一趟吧！”杜氏叹了一口气，转头对细君说。

绮云葬在城外西郊的一座山冈上，那里松柏葱郁，青草萋萋，倒也安静。赵匡胤亲手摆好祭品，点燃一把线香，面对那堆起的新坟，恭恭敬敬地鞠了三个躬，心中默默说道：“绮云，我看你来了。为夫君命在身，连你弥留之际也未能守在身边，实在有负于你啊……”

赵匡胤将线香插在坟头的黄土中，伫立坟前，望着那缕缕青烟，脑海里浮现出绮云新婚时的娇美羞涩，别后重逢的激情洋溢，还有生下德昭时的慵倦幸福、病后的瘦弱感伤……绮云的善解人意、温顺体贴，她的音容笑貌，桩桩往事，纷至沓来……

赵匡胤悲伤难禁，在坟冢旁边坐下来，右臂整个搭在新坟上，仿佛在搂抱着绮云的躯体。他保持着这种姿势，一言不发，直到一把线香烧完。

细君在旁边心酸地看着他。见线香熄了，走过去，又点燃一把插在坟头，转过头，柔声对赵匡胤说：“表哥，天色不早了，咱们回去吧。下次再来看绮云姐。”

细君云鬓零乱，美丽的脸庞憔悴不堪。这段日子以来，为了照顾绮云和一帮孩子，还有料理绮云的后事，忙得心力交瘁。

赵匡胤缓缓转过头，看了一眼细君，说：“你们都先走吧，我还想在这里再待会儿。”

细君没说什么，吩咐几个家人先回去，自己仍然站在离坟冢不远的那棵柏树下，默默地望着赵匡胤那如雕塑一般的身影。

线香又燃了两把，夜幕开始降临，树木、坟冢，还有人，皆融入沉沉夜色之中。赵匡胤用手在坟堆上深情地拍了拍，站起身来，转身离去。

细君默默地跟在他身后，慢慢走着。在他们的身后，是无边的黑暗与寂静。那是绮云，也是每一个人的必然归宿。

由于长期的奔波劳累，再加上悲伤过度，赵匡胤当晚病倒了。他发着高烧，嘴唇和舌头上全是燎泡，整个晚上不停地说着胡话：“绮云，你别走！”“二哥，扬州城不能丢啊！”

母亲杜氏急得直掉眼泪。细君守在床边，一会儿摸摸他的额头，一会儿给他喂上一口水，不断地更换冷敷的毛巾，一夜没能合眼。直到天将破晓的时候，见赵匡胤的高烧慢慢地退了，她才搬张椅子，在床边坐下，不知不觉趴在床沿上，迷迷糊糊睡着了。

天亮了，晨曦从窗格中斜射进来，柔柔地洒在细君的身上。赵匡胤醒来，一睁开眼，看到趴在床边熟睡的细君，那张秀美而略显苍白的脸，在阳光的映衬下，显得无比生动。

赵匡胤凝视着细君，胸中忽然涌起一股似水的柔情，情不自禁地伸出右手，将她额前垂下的一绺黑发，轻轻地拢上去，并顺势握住她那白嫩的手。睡梦中的细君，脸突然红了，柔嫩秀气的小手轻轻颤抖了一下，但并未抽回，而是听任赵匡胤款款地握着。

房间里一片安详静谧，两人默默无语，就这样握着彼此的手，一切尽在不言之中。也不知过了多久，门外传来母亲杜氏的脚步声，两人的手才“刷”地松开，相视一笑。

杜氏见赵匡胤的病情有了明显好转，不由长长地吁了一口气。

“匡胤，你昨晚的样子，真是吓死人！全身烫得像火炭，还一个劲地说胡话。菩萨保佑，你总算退烧了！多亏了细君，又是喂水，又是擦洗，照顾了你一夜……”说完，用手在赵匡胤的额头上抚摸了一下。

为了让细君更方便照顾赵匡胤，杜氏叫细君搬到他隔壁的房中住下，两房之间仅有一扇小门相通，这样细君可以随时过来送茶端药。

在细君的悉心照料下，赵匡胤很快恢复了健康，唇舌上的燎泡也都褪了，黑瘦的脸重又变得红润丰满起来。

赵匡胤生病期间，周主郭荣曾多次派人来赵府慰问，还诏令宫中御医把脉问诊，关怀备至。这一天，赵匡胤开始上朝，行礼之后，郭荣仔细询问了他的病情，说道：“朕亲征淮南，历数诸将，功劳无出爱卿之右。朕当重赏，以为诸臣立像。”

赵匡胤叩首道：“此陛下指挥有方，诸将同心协力所致。臣蒙皇恩，愿肝脑涂地以为报效，实不敢邀功也。”

“有功则赏，有过则罚，此国家大典，爱卿无须过谦。”郭荣站起来，郑重地当廷宣诏，令赵匡胤为定国军节度使，兼殿前都指挥使。一身而兼殿前统领和重镇节度使，这在当时是极为罕见的，而郭荣对赵匡胤的信任和器重，也就可想而知了。

殿中诸臣对此任命虽感意外，却也没有什么异议，只有高怀德、李筠、韩通等人，或心中不满，或忧虑赵匡胤权重难制。但君无戏言，定局已成，也无法反对。

赵匡胤拜谢之后，又说：“臣尚有两件事须奏明陛下，望陛下明察。”

“爱卿只管道来。”

“今有幽州赵普，饱学之士，俊彦之才，堪当重任，可否任其为定国军节度推官，此其一也；日前淮南之役，殿前诸班御林军，浴血奋战，功勋卓著，却也伤亡惨重，金枪班所余无几，恳请陛下批准，对其加以补充，并将每班人数扩为一千人，此其二也。”

郭荣摸着下巴，沉吟未决，高怀德出列反对道：“陛下，臣以为不可。赵普一介草民，破格提拔，于吏法不合；殿前诸班或可照旧制补全，但无须扩充。其兵员足以担当皇宫宿卫，对外征伐，自有禁军和各镇军队。”

第二十章 赵匡胤喜得良将 周世宗检阅大军

赵匡胤面带笑容，大声反驳道："高将军的话，我有一点不解。赵普颇有才智，而且在滁城一战中因为献计立下汗马功劳。只要对国家的利益有益，破格提拔又有什么不可以的呢？现在，寿州还没有攻下，淮南战役也没有平息，更是有北汉的残兵，不断地侵犯我朝边境。将来陛下南征北战，护驾攻战，怎可缺少这样的精锐军队呢！"

高怀德还想争辩，郭荣挥了挥手说："无须再争！赵爱卿之言有理，朕准其奏。赵普任定国军节度推官，襄赞军务；殿前诸班每班扩充至一千人，其兵源既可招募，亦可在各军中挑选，诸将要大力支持，不得推诿敷衍！"

自从郭荣在高平痛斩大将樊爱能、何徽，尔后又整顿禁军，加强对军队的控制，诸军将领再也不敢存骄矜轻慢之心。此时见郭荣说得斩钉截铁，无可移易，心中虽有些不悦，也唯有凛遵而已。

有了郭荣的诏令，赵匡胤与赵普便大张旗鼓，进行御林军的扩编整顿，事情进展极为顺利，仅用了一个多月的时间，殿前诸班不仅人数已满，而且新补的军士大多选自各军精锐，素质极佳，战斗力大大提高，郭荣自是十分满意。

赵匡胤为了禁军的事，整天在外面忙碌奔波着，李良便从中协助他。这天下午，李良从校场回家，路过开封府衙时，只见衙署前挤满了人，闹哄哄的。

李良也不知发生了什么事，便忍着人群中那股难闻的汗臭味，挤了进去。只见衙门前的旗杆上，绑着一个赤着上身的年轻人。他走过去仔细打量。那人与自己年龄差不多，方脸大眼，眉宇间流露出剽悍之气；尤其让他惊讶不已的是，那人的左脸上，也有一道伤疤，只不过因时日已久，不那么明显罢了。李良不由对这人有了几分好感，便拉住旁边一位熟悉的军官，打听是怎么回事。

原来此人叫张琼，晋出帝开运三年(946 年)，契丹入侵，天下大乱，群盗蜂起，张琼全族一百余口，被大盗孙道英杀害。张琼当时才十几岁，侥幸一个人逃了出去。为报血海深仇，他四处投师学艺，因为报仇心切，刚学有所成，便下山去找孙道英。两人一交手，便满身是伤，脸上也被划了一刀，只得落荒而逃。从此便专心习武，来往于燕、蓟之间，结交江湖豪杰，练得一身好武艺,尤精射技,每发必中,人称“小由基”。

可是等他功夫学成,却再也找不到仇人了。原来那孙道英明知道不是他的对手,早已隐姓埋名,远走他乡。张琼就在父母坟前发誓,即使走遍天涯海角,也要找到杀死全家的仇人。他四处苦苦寻找,一直找了三年,才终于打听到,原来孙道英已避居开封。张琼立刻来到京城,潜入孙道英的住宅,杀了他全家,然后将孙道英带到郊外,设置父母灵位,摆上酒菜,把孙道英绑在前面,一边哭,一边用鞭子狠狠抽打,割其肉、挖其心以祭。报完仇后,张琼立刻来开封府衙署自首,唯求速死。

那军官一边讲,一边感叹道:“这张琼确实是条汉子,如果他仅杀孙道英一个人的话,也就不至于治死罪了。实在可惜!”

李良本对他有好感,听了那军官的话,忍不住向张琼望去,正巧张琼也抬起头来,四目相对,张琼向他微微一笑,那微笑带着一种饱经沧桑、洞察人生的沉静与豁达,与他的年龄极不相称。李良心中一阵莫名的冲动,拔腿向衙署内走去。

李良来到衙署大堂,府尹王全斌知他是赵匡胤的亲信,不敢怠慢,连忙起身离座,问道:“李将军来此有何贵干?”

李良拱手作礼说:“不敢。请问王将军,门外的张琼将治何罪?”

王全斌回答道:“张琼纯孝,杀人乃为报仇,确有苦衷,但他杀了孙家八口,按大周律条,当凌迟处死。”

“莫非就无法可想了?如此大忠大孝之人,杀了未免可惜,王将军能忍心吗?”

王全斌是个老谋深算的人,略一思忖道:“张琼乃义士,又是主动自首,老夫亦怀不忍之心,然国家法典,焉可废弃?不过当下用人之际,淮南战事,正急需此等人才,若赵将军认为此人可用,或可破例也。”说完,向李良使了个别有含义的眼神。

李良心领神会,大喜过望道:“王将军,请你驱散衙署外的百姓,将张琼带进来,我这就去请赵大哥!”他故意将“赵大哥”三个字说得很重。

赵匡胤听了李良的一番话,亦对张琼心怀同情,况且如能将他救下,必能让他甘心效力,何乐而不为呢?于是,他带上几个亲兵,与李良一起急赴开封府衙。刚进大门,王全斌领着一班官员急忙迎了上来。赵匡胤跳下马,将缰绳递给旁边的亲兵,吩咐把张琼带上来。

五花大绑的张琼被推到赵匡胤面前。王全斌大声喝道:“张琼,见了赵将军,还不快快跪下!”

听说眼前这位赤脸大耳的汉子,就是当今权倾朝野、大名鼎鼎的赵匡胤,张琼心中不禁一惊,但他本江湖中人,一身傲气,且抱必死之心,虽因犯法而被囚于官府，却不愿下拜权贵。听了王全斌的话，不仅不跪，反而昂头向上，一声不吭。

王全斌正要斥骂，赵匡胤向他做了个制止的手势。他见此人身姿挺拔，威风凛凛，更有一副铮铮傲骨，心中已有几分喜欢。他令李良替张琼解去绳索，说："张琼，听说你十八般武艺无所不精，我现在给你一个机会，若果真如此，则免你杀人之罪，准你戴罪投军。你可要好生把握！"

赵匡胤命人在墙下设了一个箭靶，叫张琼站在距箭靶六十步以外的地方，交给他一张弓、三支箭。只见张琼活动了一下手脚，将箭横咬口中，左手持弓，右手拉弦，猛一用力，那弓"啪"的一声，从中断裂。旁观者不禁张大了嘴，赵匡胤也微微点了点头。

王全斌吩咐军士找了一张大黄强弓，张琼接过去，在手里掂了掂，又拉了拉弦，便站了个弓步，右手将一支箭扣在弦上，瞄准靶心，随即发力。那箭矢带着轻微的啸声，快如闪电，直奔靶心，锋利的箭镞穿过木质的靶，只剩下三寸箭羽留在外面。

众人尚未来得及喝彩，张琼将余下的两支箭同时扣在弦上，身子微侧，改为右手持弓，左手拉弦，那两支箭同时射出，挟着破空之力，一一钉在第一支箭的左右两侧，把那淡黄色的箭羽紧紧地夹住。

衙署内所有的人都惊呆了，过了一会儿才清醒过来，叫好声响成一片。

赵匡胤心中暗自赞叹，不过脸上却没有流露出来。接着，他又让张琼演练刀法、棍法和剑法，也无不技巧娴熟气势骇人。当张琼奉命表演拳法，打出一套威力无比的虎拳时，那熟悉的招式，令他和李良大吃一惊。赵匡胤离开座椅，走过去大声问道："张琼，你这虎拳是从何处学来的？"

张琼正在兴头上，听赵匡胤这么一问，收了招式，一言不发，面对赵匡胤站着。赵匡胤又问了一遍，见他仍不答话，惹得性起，厉声喝道："张琼，休得狂妄！你敢不敢与我交手比试？"说着脱了外衣，走近张琼。

按常理说，与当朝名将过招，一般人都没有这个胆量，更何况是个在押的犯人？可张琼就是不信这个邪。他久闻赵匡胤武艺超群，心想你棍法虽然厉害，拳法未必能占便宜，输了不丢面子，赢了充其量是杀头。反正是个死！心一横，便亮开了架势。

张琼万万没想到，赵匡胤使的竟是同一套拳法，而且力道与熟悉程度，还在自己之上。只见他时拳时爪，威猛凌厉，舒展自如。两人斗到三十余合，张琼已觉难以招架，又支撑了二十来招，气力不济，手忙脚乱，眼看就要落败，赵匡胤却倏地收住了攻势，然后转身穿好衣服，重新在椅子上坐下，招手叫张琼过去，对他说："你年纪轻轻，功夫能练到如此地步，也实属不易。你是否愿意当我的亲兵？"

张琼对赵匡胤的武功由衷佩服，便点了点头。李良高兴地走过来，用胳膊肘碰碰他的腰："还不快谢赵将军！"

张琼望了李良一眼，倒地向赵匡胤跪下，叩了三个头，一字一顿地说："谢将军不杀、收留之恩！"

赵匡胤哈哈一笑，弯腰扶起他："不必如此多礼，不过你那犟脾气，倒正合我的心意！"

"你那套虎拳是何人传授？"赵匡胤不经意似地问道。

"为了报仇，三年前，我去了襄阳，听说岘山龙兴寺的弘忍师父精通虎拳，便跑去求师。弘忍师父本来不传俗人武功，我在寺中挑水砍柴，软磨硬泡了几个月，才破例授了我这套虎拳。因为我要寻找仇人，不久就离开了襄阳。"

赵匡胤与李良自从那年告别龙兴寺，就再也未听到有关广济大师的消息，现在知道张琼曾去过那里，自然百般询问。当得知广济大师身体欠安，实际上已由弘忍管理寺务，而因香火冷清，寺中资财不足，甚至僧众连衣食亦感困窘时，两人的心情变得沉重起来。

过了几天，两人筹集了一万两白银和一批珍贵药材，专门派人送往龙兴寺。李良的一颗心，不由自主地飞向了千里之外的岘山。他怀念从前那些温馨宁静的岁月，牵系着广济大师、弘忍和其他师兄弟。

尘世的苦乐悲欢，在他心头刻下了无数印记，李良心中的那块明镜，逐渐抖去俗世的尘垢。重返佛门净土的念头，变得日益清晰强烈起来。

周主郭荣是个心思周全的人。早在征伐淮南之前，他就考虑过训练水军的事，并将其付诸实施。

那是显德二年(955 年)的春夏之交，郭荣和皇后符氏，在京城西郊的金明池泛舟。金明池当时面积约十亩，却水清似镜，加上池畔杨柳成行，绿草如茵，郭荣即位后，将其作为皇家池苑，修筑亭台水榭，建造彩舫游船，时或来此休息散心。

那日，他与符氏登上彩舫，船驶至池中心，只见微波荡漾，轻风入怀，不觉有飘然欲仙之感，随口叹道："金明池风光绝佳，可惜气度局促，终乏恢弘之象也！"

旁边的符氏接口说："陛下身为天子，无事不能，既嫌水面太狭，何不加以开凿，引来汴河水？如此既可扩大水域，又可训练水军。"

符氏的话，无意中给了他很大的启发。不久，郭荣任命王审琦为总管，负责开凿扩建工程；同时从江南招来能工巧匠，建造大小战船，只可惜开始南征时，工程仍未结束，战船也未造好。

等到郭荣从寿州归来，他对水军的重要性有了更深刻的认识。此时金明池的扩建已经完成，水域周回二十余里，南有临水殿，北有仙桥，一条宽约五丈的运河直通汴水，可容战船往来；而一年来工匠们日夜劳作，百艘战船已经泊在河岸池中。郭荣视察之后大喜，诏令对王审琦等人予以嘉奖，并拨给他三千军士，命王环为副手，组建了后周的第一支水军。

王环本江南人氏，生长于水乡，深谙行舟水战之道。有了他的帮助，王审琦训练水军如鱼得水，很快就上了轨道。半年不到，这支水军就成了驭舟自如、熟悉水阵的精锐之师。

郭荣听说水军已具规模，龙心大悦，传下诏令，定于十一月中旬，圣驾御临金明池，检阅水军。王审琦、王环等人有意取悦皇上，自然加紧准备。

这一天，天公作美，天空万里无云。郭荣在赵匡胤、张永德、韩令坤等人的簇拥下，来到金明池。王审琦恭迎圣驾，将一班君臣引至临水殿前坐下。赵匡胤见王审琦满面春风，那刀削般的两颊泛着亮光，身边的两名亲兵粉雕玉琢，清秀可人，便打趣道："王兄，士别三日，刮目相看。现在你由陆地跑到水上，翻江倒海，杀蛟擒龙。将来淮南战事，就全靠王兄的水师了。"

"区区三千水军，岂能与殿前诸班虎贲之师相比？在下不懂水战，滥竽充数而已；水军调度，全赖王环。南征战罢，我愿回旧营，届时还望赵兄成全。"王审琦由衷地说。

韩令坤走过来，在王审琦肩上重重地拍了一掌，调侃道："王兄，你真舍得离开水军？马步军中哪有如此俊美的贴身亲兵？大哥，三弟，我没说错罢？"

慕容延钊习惯性地摸了摸下巴，慢条斯理地说："二弟无须操心。携亲兵回旧营，则鱼与熊掌兼而得之，岂不两全其美哉！"三人一齐大笑起来。王审琦也无所谓，随他们去说。李良则面无表情地站在一边。

郭荣听到说笑声，吩咐众人坐下道："你们兄弟戎马倥偬，难得相聚，今日总算是重逢了。"

"陛下，石头还在守滁州城，也不知现在情况如何？"赵匡胤说。大家顿时沉默无语，气氛显得有些凝重。

检阅开始了，随着王环手中红、黄两面小旗的挥舞，一百余艘战船，分五队驶入池中。霎时战鼓喧天，旌旗飘扬，万楫齐举，玉珠飞溅。舰群在王环的调度下穿梭往来，进退自如，组合成各种各样的队列和阵势。整个湖面上，船只游弋，激起重重波浪，拍击着池壁，发出巨大的响声，与池中演练的庞大舰群，以及士兵的呐喊声、战鼓声汇合在一起，景象极为壮观。

郭荣、赵匡胤等人看得心潮激荡，大声叫好，郭荣兴奋地说："谁敢言北人不习水战？我大周有了此等水上雄师，寿州可下，江南可平矣！"君臣兴致勃勃地观看，直到天色黄昏，才意犹未尽地离开。

护送郭荣回宫后，赵匡胤、韩令坤等一班兄弟，同往倚香楼，约定要一醉方休。倚香楼依旧朱门雕栏，流光溢彩，前来寻欢作乐的人，依然如过江之鲫，川流不息。无论战乱还是太平年代，酒肉和女色对男人们来说，永远有着不可抗拒的魅力。

倚香楼的新楼主，是位妖娆美艳的少妇。她一眼就看出，来者都是些不同寻常的客人，赶紧将他们迎进最豪华的房间，端上最好的酒菜，挑选最漂亮的姑娘作陪。

久别重逢，大家兴致盎然，边饮酒，边叙旧，杯箸齐举，觥筹交错，气氛颇为热烈。韩令坤端起酒杯，一饮而尽，抹了抹嘴唇说："好酒！日他娘，这倚香楼的酒还是那么香醇！大哥，那次在这里与高怀德打架，是哪一年，你还记得吗？"

"怎能不记得？那年，三弟、王兄和李良从襄阳来，我们在此相聚。哎，弹指间已经过了十一年。在座各位，固然仍旧意气风发，而兄弟我却垂垂老矣！"慕容延钊感慨地说。

"大哥，岂可轻易言老！你才四十五岁，差廉颇、李广远矣！"赵匡胤见慕容延钊伤感，连忙插了一句。

王审琦喝得满脸通红，鹰钩鼻子油光直冒，边啃鸡腿边说："人这一辈子，他娘的就那么回事！不过，我们这帮人，这么多年来效命沙场，从一介军校，升到现在的领兵大将，也算是风光无限了。"说罢，端起酒杯，仰头喝了下去，"尤其是赵兄，领禁军而兼节度，位高权重，实在是少年英俊！说实话，不是兄弟我吹牛，当年在襄阳初次相见，我就知赵兄绝非凡人！"

"岂敢，岂敢，王兄言重了！"赵匡胤摇着手说。

慕容延钊端起酒杯，抿了一口，微笑着望了望赵匡胤说："三弟天庭饱满，方脸大耳，隆鼻虎目，确是富贵之相，将来前程不可限量！"

韩令坤道："三弟位极人臣，还要上升，那不是成了皇帝？"

"二哥，别胡说！"赵匡胤心中一震，急忙制止他。

韩令坤意识到失言，伸了一下舌头。慕容延钊与王审琦对视了一眼，沉默不语，似乎在想着什么。

整个筵席上，只有李良自始至终没说一句话。十一年前，他在这里认识了绿珠，尔后经历了几多悲欢、几多沧桑。如今，绿珠已经贵为皇妃，深居大内，而自己也不再是那个不谙世事的翩翩少年了！人生真有如一杯无法推辞的苦酒啊！

喝到很晚，一帮人才离开倚香楼。赵匡胤回到家里，进了卧室，想着韩令坤无意中说出的话，思绪纷乱，怎么也睡不着。

酒喝多了，心情一烦躁，觉得有些口渴，他便点上油灯，在房里到处找水喝,却连一口水也找不到。他轻轻地敲了敲细君的门,压低声音唤道:“细君,细君,你房中有茶水吗?”

细君应了一声,趿着绣花鞋给他开了门,递过一杯茶,微嗔道:“你怎么才回来?都快三更了!”

赵匡胤喝完茶水,怔怔地望着细君。

因为起得匆忙,细君只穿着贴身的内衣,胸脯挺凸,鬓发微乱,脸颊白里透红,身上散发着温热芬芳的气息。细君察觉到他异样的神态,柔声问道:“你老瞧着我干吗?”说着用手轻轻一推。

第二十一章 周世宗再征南唐 刘仁赡死守寿州

今天，赵匡胤忍不住多喝了几杯，睡眼惺忪，此时眼前的细君，甚为美丽。那曲线玲珑的俏丽模样，只感觉欲火焚身，呼吸顿时变得急促起来。他猛地抓住细君的手，顺势一带，将她拥抱在怀里。细君伸出双手搂住他的腰，身子不由自主地贴过去，双眼紧闭着，头向后仰。赵匡胤伸嘴一凑，吻住细君那两片颤抖的红唇，久久地，久久地不愿放开……

一个月以后，赵匡胤与细君举行了隆重的婚礼。赵府规模太小，已住了十多年，他本想另建一处府第，但母亲杜氏生性恋旧，又不喜铺张，坚持仍住老宅。于是，赵匡胤在他与绮云生活了十年的卧室里，娶了他的第二个新娘。

新婚之夜，一番缱绻之后，细君安静地躺在赵匡胤身边，抚摸着他结实的肩膀，问道："表哥，你可还记得那年从开宝寺背我回家的事？"

"怎么会不记得？你那时何其刁蛮，竟敢要挟我！"赵匡胤转过身来，面对细君，双手捧着她娇美红润的脸，说，"细君，你说实话，开宝寺卜卦的秘密，你是否泄露过？"

"苍天在上，我守口如瓶，对绮云姐也未提过半句！"细君认真地说，"不过，我一直相信。你呢？"

"傻丫头，你要记住，相信也罢，不相信也罢，总之，这是个秘密，不能随便跟人讲！"赵匡胤在她的脸上亲昵地拍拍。

"我知道！但总有一天，这个秘密，天下人都会知道的！"细君脸上充满了憧憬，两只美丽的大眼睛，一眨也不眨地望着他。

赵匡胤不再说话，心头荡起一阵阵幸福的涟漪。屋外飘起了雪花，听得见雪花触地时那种瑟瑟的响声。新的一年很快就要到来了。

周主郭荣自回开封，除了处理政事，便日日与绿珠、符氏盘桓。符氏的妖娆，绿珠的温婉，各有千秋，令郭荣宠爱迷恋不已，而其他的后宫佳丽，也就几乎无暇顾及了。

过了春节，便是元宵。元宵之夜，宫中张灯结彩，舞龙唱戏，自有一番热闹景象。郭荣携符、陈两后妃，遍赏彩灯，回到内殿。刚刚端起宫女新泡的香茗，便有内侍禀告，说李重进遣特使求见。郭荣毕竟不同于李璟，听说寿州前线来人，立即令两后妃及其他人回避，召见来使。来使呈上李重进的亲笔信,郭荣急忙拆开,细阅之后,不禁大惊失色,那寻欢作乐之心,霎时消散无遗。

原来信中说,自去年十二月以来,南唐大将朱元赟统兵渡江,勇不可当,接连克复舒、和、蕲、滁、扬等州,并溯淮河而上,会同边镐、许文缜诸军,占据紫金山,建了十余座营寨,各寨互相联络,彼此支援。又南筑甬道,绵亘数十里,直达寿州,将粮食辎重运送城内。目前寿州难克,淮南战事已陷僵局,是否撤兵,请陛下速定良策。

郭荣看完信,气得脸上肌肉直抽搐,倏地站起来,将信撕得粉碎,往地上一丢,虎着脸大声喊道:"岂有此理!失我城池,还要朕撤军。莫非我大周耗费巨亿,无功而返不成?真是岂有此理!你速回寿州,告知李重进,抓紧整顿军队,做好攻打寿州的准备,朕不久再度亲征淮南。若复言撤军,朕定严惩不贷!"

那信使吓得浑身发抖,面如死灰,急急出了内殿,回寿州复命去了。

郭荣忧虑淮南战事,第二天派韩令坤、慕容延钊各率两万人马,火速增援寿州。与此同时,又调集军队粮草,做好亲征的准备。开封城顿时如开锅的沸水,整日里人喊马嘶,尘土飞扬。

显德四年(957年)二月,周军第二次誓师南征。郭荣令张永德领禁军由陆路出发,自己与赵匡胤,亲率殿前诸班精锐五千人,外加水军三千,督战船经颍水入淮,直捣紫金山。此时,赵匡胤正是新婚燕尔,与细君夫妻恩爱,难舍难分,但君命不可违,只好暂别温柔乡,随君出征。

周主亲征的消息传到南唐军营,朱元赟等人不胜惊骇,飞快报告唐主李璟,请求派兵增援。李璟焦头烂额,已无良将可遣,左挑右选,无奈之下,只得又令败将李景达,率领好不容易拼凑起来的五万人马,前往紫金山。

过了几天,周军水师从淮河抵达寿州城下。朱元赟登上山顶眺望,只见数百艘大小战船,逶迤而来,旌旗蔽空,舳舻横江,井然有序,不禁大感意外:"古来南人使船,北人乘马,天经地义。谁料周军水师竟如此雄壮严整,真是费解,看来此役难有胜算矣!"

这时,两艘大船一前一后驶过,前一艘大船正中,坐着一位衮衣龙袍的首领,天庭宽阔,两颊饱满,料知是周主郭荣。朱元赟心中正在赞叹,却见后面船上,一位身着戎装的大将迎风站立,赤脸竖眉,威风凛凛,那气度风神竟还似超出郭荣几分,而他左右的两名青年将领,腰悬宝剑,英气逼人,亦是超凡脱俗。

朱元赟暗自钦佩,便问身边的将校:"他是何人?"

将校回答:"那人就是赵匡胤,站在他左边的叫李良,右边的人不知是谁。"

朱元赟沉默半晌，黯然道："我闻赵匡胤智勇双全，屡败我军，今日见他仪表风采，果然名不虚传！"怅然良久，回到营寨，将郭荣、赵匡胤等人与南唐君臣一一对比，觉得相差不啻天壤，而且边镐、许文缜忌贤妒才，与自己貌合神离。思前想后，终于决定弃南唐归周。

当天晚上，他便派心腹，携密信前往周营，暗通款曲，约周军于次日五更，攻打紫金山连珠寨，表示愿做内应。此时，张永德的陆路大军亦已抵达，三路兵马汇合，郭荣与诸将正在商量破寨事宜，接到朱元赟的信，莫不欢喜异常。于是连夜部署，志在必得。

第二天拂晓，周军集中兵力，突然间向紫金山展开了猛烈攻击。赵匡胤亲率殿前诸班担任先锋，以极快的速度，扑向边镐的大寨。边镐等人一边仓皇应敌，一边派人急告朱元赟。谁知朱元赟不仅不来救援，反而领兵横击南唐军。边镐、许文缜两面受敌，惊慌失措，三十六计走为上计，竟卸甲改装，丢下部众，从紫金山潜逃回金陵去了。不到一天，周军攻克紫金山十余座"连珠寨"，歼灭、俘虏南唐军三万余人。

李景达率援军，乘船赶到紫金山下，得知边镐、许文缜失利的消息，起初还想冒死收复紫金山，可一看到山上那面绣着"赵"字的大旗，再也不敢登陆，下令船队返回南岸。王审琦见有机可乘，与王环指挥水军追杀过去。李景达又损失了不少战船。

攻占紫金山、击退李景达后，郭荣令大军把寿州城包围起来。寿州城被围十七个月，依然屹立如山，郭荣发誓要攻取它。

三月，正是江南多雨的季节。漫天的雨丝，将一切都罗致其间。远处的群山、房屋、田地，在这霏霏淫雨的笼罩下，显得迷蒙而淡雅，仿佛是一首令人伤感惆怅的唐人七绝。

寿州城内的节度使府中，刘仁赡独自站在大堂上，一动不动，凝望着窗外暮色中的春雨。他已经站了一个时辰。十七个月来，他以一种超人的毅力和决心，率领全城军民，击退了周军的无数次进攻，同时也顶住了来自内部投降派的压力。

当他接到朱元赟降周、紫金山失守的战报时，急得呕血不止。他心里明白，陛下怯懦，朝中无人，外援又绝，寿州城危在旦夕。眼下城中粮食将尽，箭矢不多，军心不稳，监军周廷构等人，早就存着投降的心思，而且周军十万雄师兵临城下，重重围困。大厦将倾，独木难支啊！未来的战事，与其说是守城，毋宁说是为荣誉而战。即使死，也要死得壮烈，让冯延巳等鼠辈汗颜！

"相公！"一声轻唤，打断了刘仁赡的沉思，夫人李氏端着一杯热茶，送到他手里。见丈夫这几天为战事发愁，而自己一个妇道人家，也帮不上什么忙，心里暗自焦急。刘仁赡刚要接过茶水，突然觉得一阵天旋地转，两眼发黑，眼看就要倒下。李氏心中一慌，手中的青花细瓷茶杯，失手掉在地上，一声脆响，摔得粉碎。她连忙上前一步，扶住丈夫，搀他在椅子上坐下，“相公，你这是怎么啦？”

“不碍事，只是站久了而已。”刘仁赡轻描淡写地说。

望着丈夫布满血丝的双眼，苍白消瘦的面容，只剩下一副骨架的身子，再想到他为了守城，殚精竭虑，日夜操劳，每天吃的和士兵一样，只是两块巴掌大的面馍，李氏不禁一阵心酸，眼泪直往下掉。

刘仁赡见妻子流泪，正想宽慰几句，门外传来一阵喧闹声。他抬头一看，监军使周廷构，带着一群军士，簇拥着他的独生子刘崇辉走了进来。

“发生了什么事？”刘仁赡见儿子浑身湿透，众人面色凝重肃然，就知道事情非同寻常。

沉默片刻，周廷构对一个胖胖的军吏使了个眼色，那军吏走到刘仁赡跟前，单腿跪下道：“禀告将军，方才小子与弟兄们在淮水沿岸巡逻，发现一条小船向对岸驶去，截住一看，原来是少将军。我们只好将他带来，听凭将军处置。”

刘仁赡听了，一股血气直冲脑门，几乎昏厥过去。他深吸一口气，努力使自己镇定下来，厉声喝道：“崇辉，你说，刚才他所言可是实情？”

刘崇辉瞟了父亲一眼，一副豁出去的样子道：“是又怎么样？现在城中矢尽粮绝，军心浮动，败局已定。不如投降周朝，还可以保住全家的性命。父亲，朝廷待我们寡恩薄义，你何苦为那个混蛋皇帝如此卖命？”

“大胆逆贼，一派胡言！我刘仁赡生为唐臣，死是唐鬼，决不会背君叛国，辱没祖宗，让后人唾骂！来人啊，将叛贼推出去斩首，以儆效尤！”

“不，相公，你不能这样！他可是你唯一的儿子啊！”李氏大声哭喊，跪在刘仁赡面前，苦苦哀求着。

周廷构将刘崇辉送来刘府，本想给他出个难题，并借机劝说他放弃守城，根本没想到，他竟会处死自己的独子。见此光景，也连忙上前相劝。

刘仁赡摇晃着身躯站起来，推开周廷构，绕过李氏，大声说道：“临阵投敌，国法不容；速斩叛贼，不得迟疑。否则我要亲自动手了！”

刘崇辉自知难逃一死，跪在地上，磕了三个响头：“父亲，娘，孩儿不孝，只好来世再报答你们的养育之恩了！”说完，起身向门外走去。几名亲兵含泪提刀，紧随其后。

这时，雷声大作，一道强烈的闪电划过夜空，照在刘仁赡那张惨白的脸上。他眼中的泪水缓缓溢出，流进那浓密的胡须之中。

刘仁赡痛斩独子的消息，立刻传遍了大街小巷。寿州军民无不感泣奋发，决心同仇敌忾，誓与寿州共存亡。城外的周军将士闻知，也都感慨不已，有些将领甚至萌生了归意。但周主郭荣攻城志坚，亲自督战，攻城势头日益猛烈。

又坚守了十几天，刘仁赡早已心力交瘁，痛失爱子，又染上了风寒，终于卧倒病榻，整日高烧不止，神志不清。周廷构见他病情仍未好转，周军攻势又越来越猛烈，便与都指挥使张全约商议道："主帅病重，无法理事，城中兵疲粮竭，敌军人数众多。与其城陷，让无辜百姓惨遭屠戮，还不如相机投降，尚可瓦全！"

张全约早就有此心，满口赞成。

于是，两人写了降表，第二天，用担架抬着不省人事的刘仁赡，打开城门，迎接郭荣入城。郭荣见刘仁赡病重，令人将他送回城中，延请名医诊治。次日清晨，刘仁赡从昏迷中醒来，得知周廷构已弃城投降，双目圆瞪，连呼三声"无耻叛贼"，悲愤死去，终年五十八岁。夫人李氏见此，二话未说，一头撞死在丈夫身边。

郭荣得闻此事，唏嘘再三，亲笔御书"尽忠所事，抗节无亏；前代名臣，几人堪比"赠之，并下令厚葬。不久，又改寿州降军为"忠义军"，以表彰刘仁赡的高尚气节。

寿州已下，周军士气大振。郭荣本想乘胜进军，无奈江南已经入夏，酷热难当，将士多不适应，只好令大军在寿州一带休整待命。

唐主李璟得此喘息的机会，在全国范围内募得兵丁五万，再加上李景达原来的部众，稍加训练，由李景达率领，开赴濠州，在濠河十八里滩南岸扎下大营，试图遏制周军的攻势。

周军休整了三个月，将士们纷纷摩拳擦掌，主动请战。郭荣见军心可用，决定挥师南下，进取濠州，任命赵匡胤为先锋，领兵三万，并殿前诸班的金枪、铁骑、控鹤三班精锐，先行出发，自己亲督大军随后而来。

赵匡胤率军抵达十八里滩，只见濠河水流湍急。浑浊的河水，犹如一匹脱缰的野马，咆哮着奔涌而前，从上游冲下来的树木杂物，在激流中沉浮。隔着将近十丈宽的河面，对面数十座营垒，森然罗列，旌旗遍野，水面上停泊着数百艘战舰。

赵匡胤跳下马，望了望波涛翻滚的河面，拾起岸边一截碗口粗的木头，奋力扔进水里，那木头在水面上闪了两闪，眨眼就不见了。

对岸的南唐兵自恃濠河天险，站在河边大声鼓噪。一艘大船的船头上，聚集着十几名南唐兵，为首一个身材魁梧的精壮汉子，扯着嗓子喊道："北方胯子，快过来啊，大爷等着你们来咬我的球呢！"边说边将两手放在大腿之间，做了个极下流的动作，惹得南唐兵哈哈大笑。

赵匡胤阴沉着脸，叫过张琼，吩咐了几句。张琼从马背上取过大弓，掂一支箭，扣在弦上，一箭射去，那汉子应声而倒。船上的唐兵一看，立刻缩回船舱，再也不敢出来叫嚷了。

赵匡胤传令将士就地歇息，点火做饭，整装待命，然后走进大帐，和赵普商量："河宽水急，敌军把守甚严，你看如何是好？"

赵普似乎早有对策，从容答道："将军无须着急，寿州大营中有骆驼军千人，速派人禀告陛下，将其调来，渡河破敌，无足虑矣！"

赵匡胤闻言，沉吟道："调骆驼军固然是良策，但是一去一回，要数天时间。不如乘敌不备，即刻骑马渡河，摧毁敌营。然后夺取敌船，直取泗州。这样的话，反而事半功倍！"

"濠河湍急，南唐军三倍于我，此计虽妙，但是太过冒险，将军还是慎重为好！"赵普心存疑虑。

"你放心！李景达是我手下败将，南唐军虽众，皆为乌合。我部多为马军，且骁勇善战。只要过了濠河，大局就定了！"赵匡胤显得胸有成竹。

吃过晚饭，赵匡胤令赵普率步兵留在北岸，自己带领两万多精锐骑兵，左臂扎白色汗巾为记，驱马跃入河中，拼命朝对岸游去。霎时间，整个濠河万马竞渡，浪花飞溅，不断有人马被无情的河水冲走。周军将士明白已无退路，只有拼命渡河。

防守的南唐军虽有所警惕，但事出突然，待发现时，周军已过了中流。密集的箭雨射死了不少周兵，却仍然阻挡不住那汹涌而来的周军。赵匡胤、李良、张琼率先登上南岸，冲杀过去。紧随其后的金枪、控鹤、铁骑三班精兵，则在王仁的带领下，一路呐喊着，突入南唐军的兵营。镇守十八里滩的军队，本是临时拼凑，初经战事，加上夜黑浪高，也弄不清宋军到底有多少人马，个个惊惶失措，乱作一团。李景达想控制住局势，却无从下手，急得在大营中直跳。眼见周军横冲直撞，南唐军溃不成军，无奈之下，只得在数十名亲兵的护卫下，独自逃命去了。

到天亮时，十八里滩几十座南唐营寨，被周军全部占领，满山遍野，都是南唐兵的尸首和丢弃的盔甲辎重。赵匡胤传令过河的将士，立即登上南唐军遗留的战船，其他人马由陆路进发，火速奔袭泗州。

正午时分，周军水陆两路人马，同时抵达泗州城下。南唐守军听闻李景达兵败，正在心惊胆战，看到周军来势凶猛，哪还敢冒死抵抗？只好打开城门投降。

赵匡胤率军进入泗州城，严禁将士烧杀掳掠。泗州一定，郭荣立刻率大军移师濠州，数日克之。

郭荣诏令赵匡胤等人驻守泗州，严密防守。

这日下午，赵匡胤和赵普、李良检查完城防，返回府中。赵普见墙上挂着一幅“刘玄德白帝托孤”的画像,沉吟良久道:“蜀主托孤之前,曾将天下让与诸葛,虽虚情假意,但若诸葛果有废阿斗自立之心,蜀汉何致亡于晋?实在是可悲可叹!”

张琼接口道:“先生此言差矣!孔明若代蜀汉自立,其忠何在,其义何在?岂不是留下千载骂名?”

赵普哈哈一笑:“禅代之制,古已有之,三代是也。魏代汉,晋代魏,更何况近世?贤者而有天下,此万民之福,岂非大忠大义乎?”说完,颇有深意地望了望赵匡胤。赵匡胤盯着墙上那幅画,未置一词。

第二十二章 徐铉犯颜逞唇舌 张琼请缨战姚彪

就在这时，一个亲兵匆匆跑过来，在赵匡胤的耳边说了几句话。只见赵匡胤此时的脸色大变，沉思了片刻，果断地："传他进来！"

赵普问他究竟发生了什么事，赵匡胤说："南唐主派密使，送来了一封信函，并白金三千两。"

赵普阻拦道："很显然，这时对方的离间计。陛下听说后，一定心生疑惑。君臣异心，对我朝极其不利。万万不可贪图钱财，而毁了自己的前程。"

"南唐主一片盛情，却之不恭，为何不受？"赵匡胤见赵普一脸焦急，笑了笑说。

正说话间，亲兵领着一个文士模样的人，从门外走了进来。随后跟着三个挑箱子的壮汉。

那文士身形纤弱，打扮儒雅，一双眼睛黑白分明，闪着机敏睿智的光芒。他走近赵匡胤，施礼道："想来这位是赵将军了。在下徐铉，奉大唐天子之命，特来泗州，赠与将军白金三千两，还望笑纳。另有吾主一封亲笔信，要交与赵将军。请将军过目。"

赵匡胤既不接信，也不让坐，淡淡道："我与唐主非亲非故，且两国正在交战，他为何要送我如此厚礼？"

"两国交战，并不妨碍私人间的来往，故当年孔明与鲁肃，虽处敌国而交情甚笃，此乃惺惺相惜也。吾主知将军神勇非凡，是当世豪杰，有心结交。将军不必多虑！"

赵匡胤仰天大笑："好一个有心结交，只怕是另有所图吧！"他走了几步，倏地转过身，指着徐铉厉声道，"回去告诉唐主，送来的礼物我收下了，只是异日疆场厮杀，我赵匡胤决不会手下留情！"

徐铉不动声色地看着赵匡胤，一字一顿地说："在下远途跋涉而来，赵将军既不让座，又不上茶，反而厉声相向，岂不是有违待客之道？你我各为其主，尽心为之，将军何必咄咄逼人！世人皆言赵将军志向高远，胸襟开阔，却原来只是徒有虚名罢了！"说完，面露鄙夷之色，拂袖欲走。

"你给我站住！"赵匡胤双眉直竖，大喊道。

"莫非赵将军要取徐某项上人头？汝为刀俎，我为鱼肉。唯君处之！"徐铉回过头来，依旧是一副不卑不亢的神态。

“你，你……”赵匡胤气得嘴唇直哆嗦，不知说什么好，一甩手，撇下客人自顾走了。

赵普见此光景，连忙出来打圆场。招呼徐铉入座，吩咐下人端上香茗、点心，又设宴款待，直到一行人离开泗州。

徐铉虽然面折赵匡胤，但赵匡胤根本不为金银所动，此番出使，无功而返，心里也十分沮丧。又见周军士气高昂，进止有度，不禁为南唐国运深感担忧。

原来，李景达见赵匡胤连克三城，勇不可当，便向李璟献上离间计，想让后周君臣心生间隙。李璟也是病急乱投医，还真的命徐铉携带信函礼物，前来泗州。徐铉乃扬州金陵人氏，文名冠江南，还精通朴学、金石，为人耿直，任朝廷知制诰。他本来不屑为此屈辱卑劣之事，但君主有令，只好勉强成行。

当天晚上，赵匡胤怒气未消地对赵普道：“那徐铉真是太可恶了，当时我真想杀了他！”

赵普连连摆手：“万万不可！徐铉是江南第一才子，名满天下，岂可轻易杀之？将军乃天下百姓所望，以后当节制性情，善待文士，以免伤了士大夫之心。打天下固然要靠武将，治理天下却少不了文士啊！”

赵匡胤沉默了一会，说：“先生所言有理。当时我确是气愤！过后一想，那徐铉耿直傲慢，毕竟难得。想不到南唐如此积弱，竟然还有刘仁赡、皇甫晖、徐铉这样的良臣！”

“眼下，这些白金当如何处置？”赵匡胤问。

“南唐派人来行贿赂，不过是要离间君臣之间的感情。依我看，不如立刻派人将白金，还有唐主的书信，一并送往濠州。再附上信函一封，说明事情原委，这样方可消除陛下的疑虑。”

“就照你说的办吧！”

果然，郭荣收到后，见装白金的六个朱漆木箱皆未启封，唐主的信函亦原封未动，表面上虽然不说什么，但心里对赵匡胤更加信任。

此后几个月，周军攻势更盛，相继攻下天长、扬州、泰州、海州，江北的大部分土地，已落入周军手中。郭荣又征发民夫，开凿水上通道，率领数百艘战船驶入长江，准备攻打金陵。

自从寿州城破，南唐主李璟便惶惶不可终日，得知周军动静，更是惊惶失措，派人向郭荣献上大量金银宝物，并修书一封，请求罢兵修好。

郭荣此时正雄心勃勃，意欲一举夺取江南之地，阅过求和信后，对使者道：“回去转告汝主，若确有诚意，赶快献上江南江北全部土地，否则我大军渡江南下，直捣金陵，到那时丧师亡国，悔之晚矣！”

南唐君臣见周主态度强硬，议和不成，无不忧心忡忡。

又到了阳春三月，杨柳新绿，百花盛开，暖日融融，古都金陵春色盎然，如诗如画。然而，南唐主李璟已没有了赏花游春、填词作曲的雅兴，周军的凌厉攻势让他寝食难安。或战或降，他必须尽快抉择。

这天上朝，文武大臣一个个垂头丧气地来到殿中。战败的耻辱，亡国的危机，如挥之不去的巨大阴影，笼罩在南唐君臣心头。

御座上的李璟，脸色阴郁，望着殿中罗列而立的文武大臣，说："诸位爱卿，前线的军报，想必各位有所耳闻。周军将于近日大举进犯金陵，究竟是战是和，还请各位爱卿商量个对策！"

殿中一片沉默，没有一个人出来说话。

"诸位倒是说话啊！平日里高谈阔论，人人都似乎韬略满腹，怎么到了关乎国家生死存亡之际，却缄默不语呢？"李璟心急如焚，几乎要从御座上跳下来。

又过了一会儿，冯延巳手持笏板，出班奏道："启禀陛下，江北大半已经沦陷，敌方水陆大军，又集结在长江北岸。周主亲自督战，士气旺盛，而我大唐国力空虚，兵员匮乏，百姓也多有怨言。臣以为战则国亡，唯有求和一途。还望陛下明鉴。"

"冯丞相，你也太懦弱了吧！莫非我大唐自烈祖以来苦心经营的大好河山，就如此拱手让人不成？我军虽败，可是倾全国之力，还有二十余万兵马，岂可轻易言败求和！"李景达愤愤地反驳道。

"齐王之忠勇固然可嘉，却不能不量力而行。若不是六合、紫金山、十八里滩三战皆败，我大唐还不至于到今天这般境地！"冯延巳语带嘲讽。

李景达脸一阵红，一阵白，指着冯延巳大骂道："冯延巳，你这个奸佞小人，你未曾立下寸功，徒凭口舌！你……"

李璟"刷"地从座位上站起来，厉声斥道："住嘴！事已至此，你们还在这儿互相指责，有何益处？"

"徐爱卿，你有什么想法？"李璟转向徐铉。

徐铉见唐主询问，理了理衣襟，缓缓出班奏道："敌强我弱，此乃实情。周主率领十万之众逼我金陵，更有赵匡胤、韩令坤等骁将拼死辅翼，确实不可轻敌。然长江天险，并非濠泗可比，周军若渡江进攻，水军尚显单薄。郭荣驻军江北数月，却始终按兵不动，正为此也。"

"那徐爱卿以为如何是好？"李璟仿佛抓住救命稻草一般。

"以臣之见，对策有二：一是招募乡勇，训练新军，以长江天险为屏障，全力抗击周军，此乃上策；一则将江北已陷之地，割让周朝，郭荣其意正在此，一旦得地，必定退兵，此乃下策。如何取舍，请陛下定夺！"

李璟心想，如果出兵对抗，一旦打不过周军，岂不是连江南一隅也保不住了吗？况且即使采用上策，江北各州依然收不回来，还不如献出江北之地，以换取眼下的安宁，不管怎样，总比亡国好啊！

第二天，李璟派大臣陈觉为特使，前往江北求和，表示愿意将江北之地，尽数献给郭荣。

于是，江北十六州，尽数划入后周版图。

郭荣见唐主软弱可欺，索性要他自去帝号，以后按藩国礼制，称为“国主”，并使用周朝的年号和历法，李璟也一一遵从。

从此以后，南唐日益削弱，逐渐失去了与后周对抗的实力。

周世宗显德五年（958 年），赵弘殷因劳累过度，旧病复发，虽经太医多方治疗，终因回天乏术，溘然长逝。周主闻此噩耗，亲往赵府致哀，厚赐奠仪。又追赠赵弘殷太尉、武清节度使官衔，并封杜氏为南阳郡太夫人。如此恩宠，在当世可谓无以复加了。

赵匡胤居丧在家将近一年，这段日子里，他不问政事，每天读读兵书，逗逗孩子，和细君朝夕相伴，日子倒也过得悠闲。匡义已经二十岁了，在开封府任供奉官都知，见哥哥走进来，连忙叫声“哥！”放下手中的书卷站起来。

赵匡胤拿起桌上的书一看，原来是《李太白集》。他望着脸色白净，颇有儒雅之气的弟弟，眉头微微一皱，道：“匡义，我们赵家世代为武将，你怎么总爱看这些浮华无用之物？”

“孔子云：文质彬彬，然后君子。文武兼备，岂不更好？况且，诗词文赋，并非浮华无用之物，亦关乎治民施政的大局，故魏文帝曰：盖文章，经国之大业，不朽之盛事。”赵匡义理直气壮地答道。

“好一个夫子门徒，满口之乎者也！”赵匡胤一听，心中有气，可知道劝说也是无用，再说父母亲都赞同匡义勤习文章，父亲征淮南的时候，还特意搜罗古书，给他带回的书籍多达几十箱。

正在这时，管家说潘美求见。赵匡胤快步走向客厅，不知道他突然到访，所为何事。

潘美是大名府人，字仲询，为人机智，风流倜傥，比赵匡胤年长两岁。当年郭荣任开封府尹时，他和赵匡胤同为幕僚，后来赵匡胤出典禁军，潘美却一直跟随郭荣，帮他处理文书，深得郭荣信任。职务虽不高，朝中大臣都敬他三分。

“潘兄前来所为何事？”

“回禀太尉，陛下令卑职前来，请太尉进宫，有要事相商。”

“潘兄，不知陛下为何召我进宫？”

“北汉主刘钧，与辽人联成一气，屡次骚扰我大周边境，皇上深以为患。

今日召太尉进宫，必定与此事有关。”

赵匡胤与潘美一起出去，在院子里突然问道：“陛下最近身体如何？”

“皇上身体一向很硬朗，但近半年以来，似不如前，屡染小恙，不过尚无大碍。”潘美见赵匡胤如此问，有点意外，却也没说什么。

两人来到大殿，李重进、张永德已在殿中。郭荣对众人道：“想必北汉犯边之事，诸位有所耳闻。朕早就想平定北汉，只因淮南战事未平，无暇顾及。现在南患已息，国家强盛，军队休整了将近一年。朕以为北征的时机基本成熟，不知诸位有何意见？”

张永德道：“北汉扰边，皆是小规模行动，不足为患，可增派援军，加强北防。臣以为江南刚定，百姓思安，大举北征为时过早！”

李重进嘿嘿一笑道：“永德未免过于谨慎。北汉割据，与我大周分庭抗礼，至今已有十余年，实为心腹之患。眼下国家新得江北十六州，国力雄厚，兵强马壮，正当一举荡平北汉，完成先帝的遗愿！”

郭荣见赵匡胤低头不语，问道：“赵爱卿意下如何？”

“两位所言，都有道理，臣窃以为尚未及根本也！北汉国势日弱，其所倚仗者，辽人之增援也！欲肃清北境，必须釜底抽薪，先伐辽国。况且辽人长期占据我燕云十六州，若能挟平淮南之威，北伐幽云，收复失地，则陛下之功业，可彪炳史册矣！”

郭荣赞赏地点点头：“还是赵爱卿想得周全，甚得我心。事不宜迟，马上着手准备，调集人马，一个月后，朕要亲征辽国！赵爱卿，你丧期将满，北征重任，要与朕一起分担才是！”

显德六年(959年)四月，郭荣率兵北伐。各军在沧州集结，令赵匡胤为水军都部署，殿前都虞候韩通为陆军都部署，水陆并进，征讨辽国。郭荣亲乘龙舟，随后开进。赵匡胤、王审琦率领数百艘战船，顺流急进，几天便到达了宁州。

辽人从石敬瑭手中所得州县，久未经战事，骤然听到周军攻打的消息，将士望风而逃。宁州的老百姓，本就心向中原，见了周师，一个个欢呼雀跃，争相犒师，如过节一般。

船队直接前往攻打宁州城。宁州刺史王洪，手下不到两千人马，老弱病残就占了十之六七，见周军水陆俱进，来势凶猛，心知无法抵抗，便打开城门投降了。

赵匡胤派兵驻守宁州城，令王洪为向导，攻打孟津关。王洪立功心切，对赵匡胤道：“孟津关的守将张廷辉，是末将的妹丈。若太尉不疑，末将愿单骑前往，说服他开关出降。”

赵匡胤大喜：“王将军若能立此大功，兵不血刃而取孟津关，则是我大周之福，百姓之福！”

却说张廷辉得知周军大举进攻，赶紧派人报告辽穆宗耶律明，同时在关外加深壕沟，设置屏障，准备死守，却忽然接到通报，说是宁州刺史王洪单骑而来，连忙吩咐士兵打开城门。

“周军入侵，你不在宁州防守，跑来此地做甚？莫非有什么变故吗？”

王洪压低声音道：“这里不是说话的地方，到府上再详谈！”

两人来到张廷辉府中。王洪将周军如何强大、自己如何无奈投降的情形，细叙一番，劝张廷辉道：“敌强我弱，无谓抵抗，徒遭杀戮罢了。即使不为自己考虑，也要替家人和关内的百姓着想啊！”

张廷辉还在狐疑，一个士兵匆匆跑来报告：“将军，大事不好了，周军水师已兵临城下了！”张廷辉登上城墙一看，周军战船林立，旌旗招展，吓得脸色都白了。王洪又乘机劝导：“关内不足一万人马，如何与周军相抗？况且你我皆为汉人，今日周师至此，我辈正好回归中原，岂非义举！”张廷辉早已斗志全无，于是开关投降。

此时，韩通的陆路大军尚未到达。按事先约定，两路兵马应该在此汇合，再攻打瓦桥关。王审琦建议道：“瓦桥关守将听说孟津关不战而降，必定加强防备，不如趁消息尚未扩散，火速进击，攻其不备！”

赵匡胤于是下令全军将士，立刻起锚出发。瓦桥关地势险峻，是通往幽州的必经之路。守将姚内斌骁勇善战，而且关内多精兵良将，远非宁州、孟津关可比，赵匡胤率军登陆，令将士在关外严阵以待。

姚内斌是莫州人，身长七尺，武艺超群，得知周军已达关外，登上城墙观察。他见周军多是步军，觉得有机可乘，率领八千骑兵，气势汹汹杀了出来。

赵匡胤见敌将来势凶猛，急令弓箭手放箭。密集的箭雨遏止了敌人的进攻，双方形成了对阵的局势。

突然，敌营中冲出一员骑着白马、身穿白袍的小将，手持大刀，威风凛凛，大声喊道：“周贼休得猖狂，谁敢出来与我一战？”

赵匡胤听他口出狂言，提起浑天棍，就要上马迎战。赵普拦住道：“太尉身为大军主帅，岂可随意出战，逞那匹夫之勇？”

张琼上前请战：“太尉，让卑职来对付他吧！”不等赵匡胤发话，如闪电般冲向敌阵。李良担心他有失，策马跟了上去。

那白袍小将名叫姚彪，是姚内斌的公子，练得一手家传的好刀法。姚彪年轻气盛，自视甚高，两军对阵的机会，他当然不会放过。

他正在阵前耀武扬威，忽见周军阵营中冲出一员大将，手提大刀，策马而来，转瞬间便到了眼前，也不答话，挥刀便砍。姚彪举刀一挡，震得双臂发麻，大刀几乎脱手，不觉暗自心惊。两人各持大刀，你来我往，战了七八十个回合。姚彪刀法虽精，毕竟年纪尚幼，怎抵得住张琼的神力？穷于应付之间，被张琼瞅准机会，策马斜抄，猿臂轻舒，一把将他提了过去，横按在马背上。

姚内斌见爱子被敌将活捉，心急如焚，纵马提刀，追了过来。李良见了，舞动双剑，催马迎上去。姚内斌号称"燕南第一刀"，此刻救子心切，便施展出浑身解数，恨不得一刀杀了李良，招数狠辣凌厉。李良见他拼命，丝毫不敢懈怠，沉着应战。

眼见张琼活捉姚彪，回到周军阵中，姚内斌一腔怒火全撒在李良身上，刀锋挟着呼呼的风声，不离李良要害之处。李良知他刀法纯熟，劲道威猛，不敢硬拼，仗着自己身形轻巧，剑法灵活，避实就虚，与他周旋。

两人战到三百余合，犹自不分胜负。姚内斌知道遇上了劲敌，料难取胜，又担心周军乘机夺关，便奋力隔开李良的双剑，把马一带，跳出圈子，抱拳对李良道："阁下好剑法，老夫异日再向你讨教！"率领部下撤回瓦桥关。

此次出征，殿前诸班皆随御驾。赵匡胤手中没有了这帮精锐，犹如失掉左右臂膀，心中忌惮，也不敢轻易攻城，只是命令将士逼近关隘，扎营待命。

第二十三章　将军计夺瓦桥关　世宗误上病龙台

等到一切安排妥当之后，赵匡胤亲自率领数十骑兵，带着姚彪一起来到瓦桥关前，对城头的守军大喊道："我是周军的主将赵匡胤，我有话要与姚将军说，请速通报！"

姚内斌很快来到城头，见到赵匡胤带着姚彪前来，横刀立马，忍不住心头一震，问道："赵将军想要说什么呀？"

赵匡胤说："姚将军，此番我大周天子御驾亲征，意在收复幽云失地！王师所到之处，守军披靡，百姓欢欣。将军据此关隘，岂可抗我百万雄师？不如见机投顺，尚不失富贵。否则玉石俱焚，悔之晚矣！还望将军三思！"

姚内斌细细思量，周世宗收复幽云心意已决，关卡怕是守不住了，何况如今儿子还在他手上，沉默良久，朝赵匡胤喊道："赵将军，容我好好考虑，明日再作答复！"

赵匡胤也不逼迫，令人放了姚彪，道："令郎完璧奉还，还望将军能早图良规，万勿迟疑！"

第二天，韩通的大军在攻克莫州、瀛州之后，顺利抵达瓦桥关。郭荣在李重进、张永德所率禁军的护卫下，也来到了关前。三路兵马会合一处，旌旗林立，人喊马嘶，瓦桥关前顿时沸腾起来。

姚内斌见此情景，明白再战无益，便开了城门，向周军投降。赵匡胤引他拜见郭荣。郭荣知他骁勇善战，乃百般抚慰，当即授为汝州刺史。姚内斌叩首谢恩，引大军进入瓦桥关。郭荣在瓦桥关设盛筵，大会群臣，与诸臣商议进取幽州，张永德道："王师北伐，仅四十余日，连克宁、莫、瀛三州和益津、瓦桥两关，此全赖陛下之神威也。然辽主耶律明闻失燕南各州，必调集重兵防守幽州，我军劳师袭远，虏有备而待，还望陛下深思熟虑，切勿轻进！"

郭荣此时正欲一展宏图，创万世基业，听了张永德一席话，不禁心头火起："你三番五次阻朕北进，是何道理？朕意已决，三日后大军出发，直抵幽州，不捣辽都，决不回师！"诸将见皇上态度坚决，唯有遵命而已。

宴罢，回到临时驻扎之处，郭荣想起张永德的话，甚感烦躁，便跨上马背，带着几个贴身侍卫，出城散心。初夏时候，燕南的原野上遍地青绿，生气勃勃。郭荣纵马驰骋，越过平旷的草地，登上一座平缓的小山丘，举目四望，周围景物尽收眼底，清风徐来，不禁心旷神怡。

不远处，一个老农在割草。郭荣叫侍卫将他唤来，问道：“此地何名？”

那老农垂手答道：“历代相传，谓之病龙台。”

郭荣半晌没吭声，默默下了山丘，回到城内。

晚上，郭荣睡到后半夜，恍惚中，梦见自己和一个身穿红肚兜的少年相搏，浑身的力气怎么也使不出来，结果被那少年压在地上，用嘴吮吸他的脑汁。郭荣觉得自己正在被一点一点地吸空，恐怖至极，不由得大叫一声，猝然惊醒，方知是南柯一梦。

早上醒来，觉得头晕目眩，精神萎靡，只得卧床休息。过了几天，郭荣的病仍然没有痊愈，数十万大军驻扎在瓦桥关，诸将都暗自担忧，但郭荣无论如何都不肯退兵。因此，谁也不敢贸然相劝。

这天晚上，李重进、张永德来到赵匡胤帐中。赵匡胤见两人前来，料知是为了大军滞留瓦桥关一事，表面上却不动声色，把二人让进帐中。

果然不出他所料，张永德开口说：“赵将军，陛下身体有恙，如今数十万大军滞留在瓦桥关，实在是令人担忧！唯一的办法，就是劝陛下早日班师回朝。只是陛下执意北伐，赵将军的劝告，他或许肯听。”

赵匡胤默默不语。本来他是力主进攻幽州的，但没料到郭荣突然病重，根本无法继续北征。再加上李重进、张永德等一班重臣，都主张班师，自己如果一味坚持，反而会招致猜忌。

第二天一早，赵匡胤拜见周主。郭荣正躺在病榻上，几日之间，形容大变，骤然间似乎老了二十岁。赵匡胤心头一凛，上前劝道：“陛下龙体欠安，幽州路途遥远，不如先回京城。若大军长期驻扎此地，引发事变，反为不美。不知陛下以为如何？”

本来群臣苦劝之下，郭荣已有回军之心，现在见赵匡胤也如此劝他，脸色凄然，无可奈何地说：“赵将军，就依你，明日启驾回京城！”

“大军回京，燕南之地不可又落入辽人之手。臣以为，陛下当留一员大将，率领五万兵马，在此镇守瓦桥关，总领燕南各州各关事务。”赵匡胤试探着说。

“此言正合朕意，只是不知谁可担当此重任？”

“韩令坤乃忠勇之士，可任燕南留守！”

“一切就依你说的办吧。朕累了，你出去吧！”郭荣无力地一摆手，示意赵匡胤退下。

次日，郭荣率领大军班师回朝。大军出发之前，赵普独自一人，悄悄来到韩令坤帐中，屏退亲兵，问道：“韩将军，你明白太尉要你留在燕南的深意吗？”

“是何深意？”韩令坤一脸迷惑。

"据我观察,陛下的病非同小可,而天下大局也难以预测。万一京城有何变故,韩将军领兵北疆,则可随机应变。故太尉之意,是要韩将军立足燕南,密切注意朝廷动向,切勿轻举妄动。至于其他的事情,太尉自有安排。"

"你的意思是说……?"韩令坤睁大了眼睛,恍然大悟,"那好,俺便在这里按兵不动,等待三弟的吩咐!"

"正是如此。韩将军,此事万万不可为外人道也!"赵普郑重地叮咛。说完,看了看四周,悄悄地溜了出去。

大军途经澶州,郭荣暂住城中。

这天晚上,精神略有起色,便从随身携带的皮囊中,取出文书披阅。郭荣年轻时,曾在一位异僧手里,得到一只罴皮囊,呈青灰色,柔韧结实,他极为爱惜,一直带在身边。登基以后,他就用此皮囊装机要文件,平时仅潘美等几个心腹大臣和贴身侍卫有机会接触。

郭荣把手伸进皮囊里,似乎碰到了一个硬硬的东西,掏出来一看,是一根长条形的红木,长约两尺,宽约两寸,坚硬润泽,古朴典雅。郭荣心里暗自奇怪,拿在手里,仔细地端详,突然发现木条一面的中央,隐约有五个凹进去的阴文,字很小,又是古篆,他认真看了好一会儿,才认出是"点检做天子"!

郭荣心头不由一震。殿前都点检一职,是郭荣不久前特意设置的,主要是指挥殿前诸班御林军和京城禁军,负责皇宫大内的警卫和皇帝外出时的安全。此职务极为重要,地位也在殿前都指挥使之上,唯其如此,他才会选择自己的妹夫张永德担任。

这红木上的五个阴文,使他想起后唐时代,唐废帝李从珂被其妹夫石敬瑭夺取皇位的故事,再由此联想到张永德数次反对自己北征,他越想越感到心惊肉跳,一夜未能成寐。

回到京城仅仅几天,郭荣便册封长子宗训为梁王,次子宗让为燕国公,命范质、王溥两相参知枢密院事,又拜赵匡胤为殿前都点检、检校太尉兼宋州节度使,韩通为检校太傅兼忠武军节度使。文武大臣见皇上无端夺了张永德都点检一职,均不明就里,顿时议论纷纷。

郭荣的病情时好时坏,不知不觉到了六月。这一天,绿珠来到万岁殿后的寝宫探视,郭荣一摆手,示意身边的宫女退下,让绿珠坐在自己的卧榻前,握着她的手说:"弹指之间,爱妃入宫已经六年。那年端午节,朕在龙舟上,初识爱妃。那时爱妃一身紫色衣裳,真是天姿国色。不知爱妃是否还记得当日的情形?"

"臣妾自然记得!"

"唉,天有不测风云。朕正当壮年,却忽染此恶疾……爱妃伴朕六年,又为朕生下爱子宗让。若朕此病不愈,你们孤儿寡母如何是好?"

“陛下只不过是偶染小恙,乃是鞍马劳顿所致,依太医的嘱咐,定时服药,好生调理,不久自可痊愈。”绿珠柔声安慰道。

郭荣脸色蜡黄,虎目也失去了往日的神采,黯然道:“爱妃有所不知。朕少时得到一异僧所赠鼍皮囊,此后便福至心灵,举措无不合宜,事事顺心,遂得天下。前日梦中,那异僧前来索取,朕不许,他竟然强行夺去。囊去人去,此乃天意也!”

绿珠强忍住泪水,劝解道:“陛下春秋鼎盛,福寿正长,梦中之事,不足为凭。皮囊仍在,陛下何必耿耿于怀!”

郭荣微微摇了摇头,不再言语。

当晚,郭荣趁着神智稍微清醒,令范质、王溥、赵匡胤、李重进、韩通等人入宫受命,立梁王为太子。一切交代完毕,这位神武过人、南征北伐的君主,极不甘心地合上了双眼。

随着皇宫大内一片举哀之声,争夺皇权的政治角逐,悄然拉开了帷幕。中国历史上一个重大转折,正在酝酿之中。

显德六年(959 年)七月初四,是周世宗郭荣驾崩后,文武大臣第一次上朝。身居要职的官员们,陆续齐集于万岁殿。

也许是因为天气过于炎热,也许是因为新皇上迟迟没有到来,殿中的大臣们似乎有些躁动不安,不时有人来回走动,气氛显得沉重而压抑。

“皇上驾到——”随着内侍一声尖声尖气的吆喝,年仅七岁的新主郭宗训(史称周恭帝),在李重进和张永德的搀扶下,来到殿中,登上御座。文武大臣见新皇就位,一起跪下,行三叩九拜之礼。

宗训身穿宽大的黄色衮龙袍,头戴皇冠,一脸稚气,面对黑压压跪在地上的众多朝臣,不知如何是好。他惶惑地望了一眼身边的姑父张永德,张永德急忙走上前去,附在他耳边说了一句,他才如梦初醒似地、用那清脆的童声说道:“平身!”如此凝重的话语,出自一个七龄幼童之口,听上去非常滑稽。

大臣们站了起来。李重进对殿中官员说:“先皇晏驾,新主登极。然陛下年幼,须有一位德高望重的大臣协助,代理朝政,仿周公故事,此当前之急务也。不知诸位有何高见?”

新任殿前都虞候、义成军节度使石守信出班奏道:“殿前都点检、宋州节度使赵匡胤,跟随太祖、世宗二位先皇十几年,出生入死,百战百胜,深得先皇器重。臣以为相主持政,非他莫属!”

话音刚落,韩通立即表示反对:“幼主嗣位,内外未服,百端待举,摄政者当在有威望的皇亲中挑选。检校太保李重进,皇上至亲,更兼领兵多年,名震天下。臣以为由他担此重任,方可震慑四边,总领群臣。”

潞州节度使李筠附议道："辅国者当选年长德厚者为宜。李太保是我朝宿将，德高望重，实乃最佳人选也！"

慕容延钊此时新任殿前副都点检，见此情景，走出班列说："方今形势，南有唐、吴越、西蜀、南汉诸国并立，北有契丹、北汉相逼。辅助幼主，光大先皇伟业，须有智勇兼备之人，而无须计较年龄资望，故甘罗、周瑜皆以少年而任重职也。臣谓都点检赵匡胤，战功卓著，才略过人，堪当此任！"

潘美、王审琦等人，也纷纷表示赞同。韩通心中一急，脱口喊道："谁不知道你们依仗先皇偏爱，沆瀣一气，张扬跋扈！"

此言一出，群臣惊惧，万岁殿中顿时一片死寂。结党向来是最为朝廷所忌讳的，而韩通却在这样的场合，当着满朝君臣的面，将这个罪名，加在赵匡胤等人头上，群臣焉得不惊？

恭帝宗训望着面面相觑的大臣，不知发生了何事，害怕得几乎要哭出声来。

赵匡胤慢慢走到殿中，先对恭帝行了大礼，温和地说："陛下不必惊慌。"然后转过身来，直视韩通，"依韩将军所言，我们兄弟数人，是在先皇纵容下结党跋扈。先皇若泉下有知，想必也会不瞑目吧？我们兄弟同心协力，效命沙场，莫非便是韩将军所说的'沆瀣一气，张扬跋扈'？"

他又侧过身子，面向群臣道："我赵某十余年来蒙先皇提拔，方有今日，常思肝脑涂地，以求报效。且赵某资历尚浅，功勋不著，难当摄政重任，亦从未有此想法。殷殷此情，苍天可鉴！"

张永德本忠厚之人，见群臣相争，心中焦灼，唯恐矛盾加剧，便极力劝解道："太保、点检皆忠勇之士，乃朝廷股肱之臣，此人所共知也。然依历朝惯例，辅君之臣皆为宰相。愚意以为，莫若暂以宰相范质襄助幼主，处理朝中政事，亦不称摄政。不知诸位认为可行否？"

殿中大臣一听，纷纷赞同，立刻形成决议，于是老实恭谨的范质，被推举到这一极为重要的位置上。李重进虽未能如愿，但由于韩通、李筠等人的廷争，毕竟阻止了赵匡胤对更大权力的染指，心中虽然不满，也只好作罢。

日子一天天过去，眼看将近年底，开封城又处于风雪笼罩之中。虽然天气寒冷，大街上却依然有很多乞丐，还有堆雪人、打雪仗，四处玩耍的孩童。

韩通坐在轿子里，由家丁抬着，经过开封府前的大街，忽然听到耳边传来一阵清脆的童音："开口张弓左右边，子子孙孙万万年……噢噢……开口张弓左右边，子子孙孙万万年……"

韩通听了颇觉不解，再凝神一想，这"开口张弓"不就是"弘"字吗？难道指的是赵匡胤的父亲、已故太尉赵弘殷？这句童谣，莫非是说赵弘殷的子孙将得到天下？这些童谣到底是怎么回事？

韩通满腹狐疑，又想起最近京城中各种各样韵传言，满大街的乞丐，都在疯传“点检做天子”之类的话，还有人乘机附会，说什么赵匡胤本是定光佛转世，是来拯救天下苍生的。总之，传得沸沸扬扬。

本来韩通还将信将疑，如今亲耳听到这些传言，又联想到最近慕容延钊、石守信、潘美等人，经常在赵普家里聚会，行踪诡秘。这一切都令他焦虑不安。可是没有确凿的证据，碍于赵匡胤兵权在手，又不敢贸然行动。

他想来想去，觉得首先必须抓到赵匡胤他们谋反的证据才行。于是，他不惜重金，买通了赵普府中一个名叫阿三的家人，叫他有什么消息，及时通报。

再过两天就是小年。这天，韩通正在指挥家人整理院子，阿三急匆匆跑了进来，轻声对他说：“韩将军，赵普派李良和张琼，前往燕南瓦桥关，送信给韩令坤。小人赶紧来报告，一刻也没耽搁。”阿三那双绿豆般的小眼睛望着韩通，脸上现出谄媚的笑容。

“你说的可是实情？”韩通惊得张大嘴，手中的茶杯“啪”地掉在地上。韩令坤手握重兵，若是与赵匡胤联手，后果不堪设想！

“小人亲眼所见，亲耳所闻！”

“他们何时动身？”

“就在今晚。李良和张琼都是江湖人打扮，小人打听得清清楚楚。”

“好，你走吧！”韩通见阿三还待在那里，这才想起未给赏钱，吩咐管家给他二百两银子。阿三谢过韩通，捧着银子乐呵呵走了。

今晚动身，这真是十万火急！该怎么办呢？韩通一时之间难以决断。他思索了一会儿，决定先与李重进、张永德商量一下。

韩通急忙赶到皇宫，将李良、张琼二人奉命给韩令坤送信的事，一五一十告诉李重进、张永德。二人一听，也感到大事不妙。

毕竟还是李重进老谋深算，略一沉思说：“我看不如这样：韩将军亲自率领五百禁兵，今晚在京城北郊通往燕南的必经之道，设下埋伏，擒获李良和张琼。只要拿到那封密信，铁证如山，赵匡胤就无法抵赖了！”韩通早就有这个意思，当即出去部署准备。

韩通一走，李重进捻着胡须，冷笑道：“赵匡胤一贯谨慎，这次可是百密一疏。一旦我有了证据，定教他死无葬身之地！永德，你可不要替他求情啊！”

“若他真欲谋反，我岂会为叛贼开脱？”张永德嘴里如此说，心里却早已犯开了嘀咕：我与赵匡胤素来亲如手足，焉能见死不救，坐视他落入圈套？况且李重进为人阴险狡诈，与我一直貌合神离，若他得势，朝中哪有我的位置？而且赵匡胤智勇双全，将士归心，亲信遍布军中，手下能人无数，这天下迟早是他的。我何不乘此机会，给自己留一条后路呢？

主意一定，他便寻思着，怎样才能将这个消息，尽快通知赵匡胤他们。眼看天色将晚，他心里焦急，面上却装得跟没事人似的，和李重进亲亲热热地寒暄着。看看天色将晚，张永德心中着急，便借故小解，出了房门。

说来也巧，刚下台阶，拐进廊下，迎面碰上了正在宫中当值的王仁。他见四周无人，急忙把王仁拉到一个僻静之处，简单说明事情始末，对王仁说："你快去赵普家，叫李良、张琼他们改走他道。快去，千万不要耽搁！"

王仁知此事非同小可，拔腿就走，心急火燎地赶往赵普家。一进大门，看到李良和张琼一副江湖浪人打扮，头戴箬笠，身披斗篷，正要往外走。他一把拉住二人，气喘吁吁地说："二位不要走，情况有变！"赵普见他神色紧张的样子，心知有异，叫李良、张琼两人回到房里。

第二十四章　赵匡胤奉旨北上　陈桥驿黄袍加身

经过王仁的一番介绍之后，赵普不禁倒吸一口凉气："真是好险啊！若不是张永德好言相告，此时恐怕已经大祸临头！"立刻让李良与张琼二人换了装束，从城东绕道而行。

第二天早晨，就有人在河边发现了阿三的死尸。但是，一个仆人的死，真是微不足道，更何况是一个醉汉失足死于河中，在京城早已经习以为常了。只有韩通，因为昨天晚上扑了一个空，接着又接到了阿三被杀的消息，不禁陷入了沉思当中。

李重进、韩通的如意算盘落空了，这样一来，尽管他们明知赵匡胤心存异图，但缺乏证据，也只能干着急。同时，春节即将来临，文武大臣皆无心理政，他俩只好暂且将此事搁在一边，打算春节之后再认真处理。

谁料大年三十，皇宫里的团圆饭还没吃完，却接到韩令坤派人送来的紧急军报，说北汉主刘钧与辽人组成联军，向燕南大举进攻，情况万分危急，请朝廷速派大军增援。

其实，辽主耶律明此时正沉湎于酒色，根本就没有南下入侵的念头。据史书记载，当燕南各州失守时，他曾对左右说："燕南本中国地，今乃还中国，有何可惜！"至于北汉主刘钧，与周室抗衡屡遭败绩，唯求自保，根本无暇滋事。这边境急报，显然是赵普等人的精心安排，目的为赵匡胤出京提供机会。

幼主宗训是个七岁的小孩，只知在宫里玩耍嬉戏，倒是太后符氏，因为生于宿将世家，又长年跟随郭荣征战，也还算粗明军务。她接到军报后，立即召来范质、张永德两人商议。

范质本是个书呆子，何曾细想其中的奥秘？便说："太后无须忧虑。殿前都点检赵匡胤，忠勇绝伦，战无不胜，可令他为主帅，慕容延钊为副，调集各路兵马，即刻进军，北寇必望风披靡矣！"

张永德虽知军报一事大有蹊跷，却也故意不加点破，表示赞同。

太后符氏准奏，于是诏令赵匡胤为北征统帅，调集诸军，准备出师。等到韩通得知消息，跑来想要劝阻，却木已成舟。

临行之前，赵匡胤对母亲杜氏说："娘，孩儿此番北去，非同寻常，后果难以预测。匡义随军前往，匡美尚不懂事，家中事务全靠母亲安排。李重进、韩通等人，对儿素怀猜忌之心，京城若有风吹草动，全家可去开宝寺暂行躲避。娘，为儿是箭在弦上，不得不发，只是让你老人家担惊受怕，实在于心不忍。孩儿不孝，还望娘能体察儿的苦衷！”他跪在母亲面前，涕泪纵横，泣不成声。

杜氏却出奇地镇定，她双手将赵匡胤扶起来，一字一顿地说：“胤儿，大丈夫心怀高远，处事果决。欲成大事，岂能优柔寡断，做儿女脂粉之态？你尽管放心前去，家中之事，为娘自有办法。”

赵匡胤与妻子作别：“细君，没办法，又要离开你了。你现在已有身孕，自己要好好保重身体，等我回来！”

细君已怀孕数月，听到赵匡胤语调中颇含伤感，宽慰道：“相公何出此言？当年开宝寺所卜之卦，贱妾至今未忘。你不是说‘吉人自有天佑’吗？”她拼命忍住几乎要夺眶而出的泪水，略显苍白的脸上，却流露出无限的依恋和牵挂。

赵匡胤辞别母亲和妻子，率领大军离京出发，范质、张永德、石守信等留京大臣，一直送到城外。赵普把石守信叫到自己房间里，单独谈了很久，也不知说了些什么。

大军行进的速度很慢，一点儿也不像赶往边境增援的样子。刚来到京城东北三十里的陈桥驿，天色已近黄昏，赵匡胤传令各军在此宿营，翌晨再进。

陈桥驿是朝廷沿官道所建的一个驿站，主要是为来往的使者提供食宿。陈桥驿有几幢官府的平房和数十户居民，以及百余名戍守的军吏。赵匡胤的帅营，就设在那几幢平房之中，其他各军在野外搭起帐篷。

一间狭窄的房子里，赵普正与一位个子矮小、面目黧黑的文士悄言密谈。赵普脸色十分憔悴，眼中布满血丝，但精神极为亢奋，目光中透出一种精明老练和从容自信。

跟赵普密谈的这位文士名叫陶谷，是邠州新平人，虽比赵普年长十几岁，两人却甚为相知。陶谷不但博闻强记，通经史，善辞章，而且精于天文、历法，后晋出帝开运年间，辽主北归，他曾对人说：“西南五星连珠，汉地当有王者出，辽主必不得归国。”后来果然刘知远称帝，建国后汉，耶律德光确也暴死于沙胡林。闻知者莫不称奇，其言更加为世人所看重。赵普知他是个难得的人才，将他荐入赵匡胤幕府。

两人正在密谈，亲兵忽然领了两个人进来，皆是平民打扮，脸上污秽不堪。赵普心生奇怪，走上前仔细看了来人几眼，不由得激动地喊了起来：“李良，张琼！”拉住二人的手，连声说，“辛苦了，辛苦了！我一听说韩将军派人送来紧急军报，就知道你俩已安全抵达。韩将军那边情况如何？”

李良答道:“他已做好一切准备,随时听候调遣。”

赵普在桌子上击了一掌,说:“好,万事俱备,只欠东风了!你们速去洗浴更衣,守在点检身边,不要离开他半步!”待他俩走后,赵普对陶谷点点头说,“陶兄去吧,你可以一显身手了!”

这时已是落日西坠,西边的天空一片血红。正月的落日似乎格外绚烂,而广袤的原野,给它提供了一种含蕴丰富的背景,使其尤显磅礴壮观。

在一座巨大的营帐前,王审琦、张令铎、张光翰、罗彦环、赵彦徽等将领,都在饶有兴致地观看这动人心魄的瑰丽夕景。不知什么时候,陶谷一袭白衣,来到诸将中间。他表情严肃,双眼微眯,久久地凝视那轮即将沉入大地的落日。

武信军节度使张令铎,见他看得那么专注,忍不住问道:“陶先生,这落日莫非有什么玄机吗?”

“天机不可泄露。”陶谷依然保持凝望的姿势,一副高深莫测的样子。

王审琦走过来说:“陶先生,你是高人,能据天象推人事,不妨就此略加解说,让我们也长长见识,如何?”

陶谷微微颔首,不慌不忙地说:“也罢。诸位请看,那红日之下,紧靠地平线之处,不是有一轮红日吗?此谓重日也,只有在正月晴朗之日才会出现。双日同在,互相摩荡,彼此消长,强弱将分……诸位再看,那下面之日,光线渐淡,终于沉没,唯余一日,依然灿烂夺目,四周复有紫云环绕,灵光映衬。嗟乎新日,何其盛哉!天下苍生,何其幸哉!”

王审琦、张令铎都是一介武夫,哪里懂什么天文气象?听陶谷这么神乎其神地一说,二人赶紧盯着落日,还感觉真有那么回事。

张令铎又问:“陶先生,什么新日、旧日、上面的太阳、下面的太阳。此天象预兆何事?跟天下苍生又有什么关系?你就跟我们直说了吧,何必绕这么大的圈子?我们这帮粗人又听不懂。”

陶谷笑笑说:“新年新月,生生不已,故曰新日。至于所兆之事,则陶某不敢明言也。”

“不过是戏言罢了,说出来又有什么关系?”张令铎的好奇心越来越强烈,催得更急。诸将也围过来,七嘴八舌地劝他说个明白。

陶谷无可奈何地叹了一口气:“唉,你们总想探根究底,可我还要保住这颗脑袋呢!诸位,陶某今日所言,万万不可泄与外人,否则会惹来杀身之祸。切记切记!”

众人一一点头允诺,陶谷压低声音神秘地说:“旧日沉沦,新日丽天,此预兆改朝换代,新主将出;新日绚烂异常,又有紫云、祥光为辅,此兆示新主德泽深厚,广得人心。岂不是天下苍生之大幸吗?”

"那么,这新主又是谁呢?"诸将完全被陶谷的如簧巧说吸引住了。

"《易》曰'飞龙在天,利见大人',新主即将出现。只是人君乃天帝之子,为昊天所定,陶某一介俗士,如何能知?不过上天似乎对此已有垂示,不知诸位注意到没有?"

"上天有什么示意啊?"大家更加迫不及待了。

"此不便明说,诸位只管在日前京城所传之谶言中推寻细究了。"陶谷说完,眨了眨眼睛,撇下众人,背着双手,迈着方步悠悠离去。

诸将谁也没说话,彼此心照不宣。呆了半晌,王审琦说:"各位将军,天色已晚,我们不妨去帐中仔细商议一番。"

来到营帐中,亲兵点上蜡烛,大家随意坐下。依然无人开口,飘忽闪动的烛光,照着一张张神情严峻的面孔,使房中平添了几分紧张凝重的气氛。

还是张令铎打破了这令人窒息的沉默:"据陶先生所言,即将登位的新君,便是点检赵匡胤,我在京城也听到了不少传言,看来这真是天意。不知各位对此有何打算?"

王审琦接口道:"这还用说吗?点检当然就是新君了,此乃天定,非人力所能改变。况且那幼主、寡妇无知,将政事一概交给他人,我们兄弟披坚执锐,出生入死,他们有谁体恤了?当前大军驻于郊野,实千载难逢的良机。要我说,各位不如顺天应人,拥立点检做天子,这样我们还能立个头功,哪朝哪代的将军,还不是一样的做?"

赵彦徽嗫嚅道:"此事……恐须从长计议。一旦事败,那可是……诛灭三族的大罪啊!而且,也不知点检本人是否愿意。"

王审琦"腾"地站起来,眼露凶光,阴阴地说:"鸟球,什么从长计议!所谓机不可失,时不再来,拥立点检,便在此时。谁若三心二意,徘徊观望,我王审琦即刻宰了他!"

张令铎连忙附和:"王将军所言有理,当断不断,反受其乱。点检之弟赵匡义就在军中,不如邀他来此商量,由他通报点检,则大事可成也!"

这个主意不错,大家一致同意,便派人去大营邀请赵匡义,告知诸将心志。

赵匡义一身戎装,隆鼻虎目,显得英武儒雅,神采非凡,思索片刻,说:"此事非同小可,诸位不妨请赵普前来,再行定夺。此人雄才大略,满腹经纶,有他决断安排,则可万无一失。"

赵普来到营帐,听了诸将的话语,心中暗喜,故作郑重道:"嗣主年幼,周室气数已尽。点检威望素著,内外归心,诸位诚心拥戴,确系英明之举。然而点检乃大忠大义之人,久蒙先帝恩德,必然拒绝诸位之请。以赵某愚见,唯有兵谏,造成既成事实,逼他应允,方可成事也!"

赵普这一番话,真可谓滴水不漏,既隐瞒了赵匡胤篡夺皇位的野心,又让军中将领心服口服。于是,大家连夜分头去做准备,一切都按计划有条不紊地进行。

拂晓时分,主帅赵匡胤的下榻之处,李良、张琼和十几名亲兵在房外警戒。尽管通宵未眠,他们仍然睁大双眼,注意着周围的动静。

突然,远处传来一阵喧哗。李良和张琼心中一惊,急忙令亲兵守住栅栏,拔出剑来,严阵以待。接着,只见成千上万名将士,洪流般朝这边涌来,脚步声、呼喊声、兵器的撞击声响成一片。

李良不知道这么多士兵前来,到底要做什么;情急之下,扯开嗓子大喊:"站住,站住!再往前者格杀勿论!"领头的数位将领也转过身去,喝令士兵站在原地,不得喧闹。

李良正在拼命护卫,忽然看到赵匡义、王审琦、张令铎等将领随后走来。张琼向李良使了个眼色,领着诸将走进赵匡胤的大帐。

赵普悄悄将李良叫到一边,面色凝重道:"李良,事不宜迟,你立即启程回京,带着我的秘信,去见石守信!"

帐内的赵匡胤,早已被外面的吵闹声惊醒,也许他压根就没有睡。一见诸将进来,满脸怒容,气冲冲地质问:"深更半夜,你们为何聚众喧嚣?"

赵匡义走上前去,把众将的意思转告他,劝道:"天意所定,众望所归,兄长还是顺天应人,做万民之主吧!"

赵匡胤浓眉一皱,大声说道:"我们父子兄弟,皆受先帝大恩,岂能妄自尊大,做此不仁不义之事?万万不可,万万不可!"

张令铎上前劝道:"周室式微,已成定局,点检今日不取,则他人明日取之。若天下落入奸恶之手,岂不是荼毒苍生?末将等皆愿追随点检,回师京城,拥护点检登位安民。即使赴汤蹈火,亦在所不辞!"

赵匡胤挥手斥道:"一派胡言!你们这不是要陷我于不义吗?"

正在此时,赵普与慕容延钊推门而入。赵普对赵匡胤拱手道:"点检息怒。所谓天命难违,人心难悖,点检如再推辞,反而不妥。试想点检若不答应,将士失去约束,擅自杀回开封,岂不是一场劫难?况且点检登位之后,只要优待太后、幼主,亦可称无负周室了。周太祖当年取后汉,何曾有如此胸襟?"

赵匡胤似有所动,在房子里徘徊良久,问慕容延钊:"大哥,此事可为否?"

"别无选择!"慕容延钊只回答了四个字。

赵匡胤走到窗前,只见外面到处是士兵,群情亢奋,有人在拼命叫喊——

“奉点检为天子!”

“杀回京城去!”

赵匡胤一动不动地站在那里,帐篷里寂然无声。

过了许久,赵匡胤方才转过身。帐内十几位将领,除慕容延钊以外,齐刷刷跪地恳求道:“请点检早作决断!”

赵匡胤故意长长地叹了一口气,显出一副被逼无奈的样子,对诸将说:“罢了,罢了,你们起来吧! 不过,我有三条禁令,将士必须遵守,否则我宁死不从!”

“即使一百条也无妨!”诸将纷纷表态。

赵匡胤面对诸将,神情严肃地说:“既然如此,各位可要听清楚:太后主上,我当北面事之,尔等不得冒犯,此其一也;朝廷旧臣,与我比肩,尔等不得欺凌,此其二也;朝廷府库,京城百姓,尔等不得侵扰,此其三也。将士如从我命,日后必有重赏;若有违反,自当严惩不贷!”众将闻之,无不允诺。张令铎将早已准备好的黄袍,披在赵匡胤身上,簇拥他出了房门,数万将士齐声高呼:“万岁,万岁,万万岁!”震耳欲聋的欢呼声,在陈桥驿清晨的原野上,久久地回荡。赵匡胤裹着黄袍,向将士们重申三条禁令,然后率军返回京城,而令潘美为使者,先赴朝廷通报。

却说周廷得到此报,正值早朝,满朝文武大臣突闻巨变,无不惊慌失措,胆战心惊。幼主宗训见大臣惊惶,吓得哇哇大哭。太后符氏虽稍镇定,但面对如此局势,心知无力回天,也忍不住落下泪来。

韩通对此早有预料,此时见太后、幼主哭泣,心如刀割,大怒道:“赵匡胤叛贼,我与你势不两立!”双脚一顿,出殿召集禁兵,试图领军控制住城门,阻止叛军入城。可禁军由石守信掌握,而且殿前诸班,是赵匡胤一手训练而成,全是铁杆的“赵家军”,岂会听命于他?

韩通四处碰壁,急得捶胸顿足,悲愤已极,不禁仰天叹道:“我韩通世蒙国恩,无力匡救社稷,唯有一死以报先帝!”他回到府上,将所有亲兵、家丁召集起来,带着他们向城北冲去。

刚出门不远,正巧碰上王仁与空明、清风,领着金枪、铁骑、控鹤三班御林军,遵照石守信的命令,去城外迎接赵匡胤。王仁见到韩通,大声道:“韩将军,快去迎接新天子!”

韩通看到王仁趾高气扬的嘴脸,不由怒火中烧,厉声斥道:“闭嘴,何来新天子! 只不过是背主弃义的叛贼罢了。尔等贪图富贵,助纣为虐,难逃神灵之殛也!”

王仁本是强盗,生性残忍,且知韩通是赵匡胤的夙敌,一听此言,心头火起,拔出剑来,直刺韩通。韩通早将生死置之度外,也就迎上前去,奋力拼杀。可他哪是王仁的对手？不到五个回合，就已浑身是血，满身是伤。王仁将韩通的腰刀斫于地上，用剑尖指着他的咽喉威胁道：“韩将军，大家都是旧相识，只要你肯回心转意，我便放你一条生路！”

韩通依然大骂不止：“呸，只有你们这些无耻的强盗，才会背主求荣。我韩通身受先王大恩，决不会跟你们同流合污。我韩通誓死不做二臣，要杀便杀！”

王仁气极，利剑一挥，将韩通的头砍了下来。奇怪的是，那颗人头在地上骨碌碌滚了几滚，停下来，竟还是一副两眼圆瞪、悲愤难抑的神态。

韩通一死，那百余亲兵、家丁皆作鸟兽散。王仁意犹未尽，索性带人闯进韩通家中，将他的妻妾、儿女悉数杀掉。

第二十五章 匡胤夺权定国号 绿珠含泪诉衷肠

石守信在之前就已经接到了李良的口信，早有部署，赵匡胤率领大军进城的时候，没有受到丝毫的抵抗。进城之后，又遇到了王仁率领的御林军，两支军队合为一体。过了明德门，赵匡胤下令各部将领速回营帐，严禁骚扰百姓，自己也退居到都点检衙署，令王仁率殿前三班担任警卫。

一会儿，王审琦、张令铎等人，拥着范质、王溥诸大臣来到署中。赵匡胤一见范质，连忙起身，呜咽流涕道："我受先帝厚恩，却被将士胁迫，违负天地。今至于此，为之奈何！"

范质还没来得及开口说话，王仁拔出利剑，厉声喝道："我辈无主，今日须得天子！"

范质、王溥吓得面无人色，只得降阶下拜。

赵匡胤呵斥王仁道："不得无礼，退下！"快步走过来，双手扶起范质、王溥，温和地说："二位无须惊慌。我已与三军约定，太后、幼主及各位大臣，一律不得侵扰。"两人这才稍稍安心。

第二天，范质、王溥等文武百官，齐集朝门，左右分立，赵普、慕容延钊、石守信、王审琦、李良诸人簇拥着赵匡胤，穿过由百官组成的班列，登上崇元殿。赵匡胤身穿衮龙袍，脚蹬朝靴，头戴通天冠，方脸丰颐，竖眉虎目，从容就座。百官依次来到殿中，殿内一时鸦雀无声。接着，赵普将陶谷拟就的诰书交给范质，范质代周主宗训宣读道：

天生烝民，树之司牧。二帝推公而禅位，三王乘时而革命，其揆一也。唯予小子，遭家不造，人心已去，天命有归。咨尔宋州节度使、殿前都点检、检校太尉赵匡胤，禀天纵之姿，有神武之略。佐我高祖，格于皇天；逮事世宗，功存纳麓；东征西讨，厥绩隆焉。天地鬼神，享于有德，讴歌讼狱，归于至仁；应天顺人，法尧禅舜；如释重负，予其作宾。於戏钦哉，畏天之命！读毕，范质又向赵匡胤呈上国玺。文武百官匍伏地上，三叩九拜。浑厚悠扬的钟声中，"万岁，万岁，万万岁"的呼喊声，响彻殿庑，震撼着神州大地。

群臣商议国号，赵普一向自恃博通古今，首先出列奏道："吾皇代周，上顺天，下顺地，中顺人，事事皆顺，宜定为'顺'也。"此言一出，有人赞成，有人反对，特别是那班喜欢卖弄的文臣，纷纷引经据典，陈述己见，以致意见纷纭，难以决定。

赵匡胤高踞御座之上，浓眉微蹙，朗声道："何必弄得如此复杂！朕以宋州节度使代周，便以'宋'为国号如何？"群臣一听，无不拍手称好。

于是，定国号为"宋"，改显德七年为建隆元年(960年)。

宋主赵匡胤传下诏令，取消周主宗训尊号，改封郑王；尊符氏为周太后。令王仁始料不及的是，赵匡胤特意追赠韩通为中书令，且以厚礼收葬。韩通对赵匡胤恨之入骨，又因抗拒宋兵而亡，若他泉下有知，是否会接受赵匡胤的礼遇呢？

赵匡胤又大封佐命元勋。封慕容延钊为殿前都点检；弟弟赵匡义为殿前都虞候，改名光义，以避讳。范质、王溥仍为宰相，赵普为枢密使，陶谷为翰林学士，韩令坤为天平军节度使，石守信为归德军节度使，王审琦为泰宁军节度使，张令铎为镇安军节度使，赵彦徽为武信军节度使，张琼为殿前副都虞候兼捧日班班头。唯有王仁，因杀韩通及其全家，仍领旧职，不得提拔，王仁虽然心里极为不满，可是今非昔比，也不敢生事，只得忍气吞声。

赵匡胤本来想授李良为殿前副都指挥使之职，李良坚辞不就，淡淡说道："功名富贵，皆是过眼烟云，我本无意于此。陛下若行恩宠，不如赐给龙兴寺一笔银款，作为扩建之资，一来示陛下皇恩浩荡，二来也成全我的夙愿。"赵匡胤忆起往事，感慨万端，于是从府库中特拨白银五万两，差人押往襄阳。

在赵普的周密安排和诸军将领的支持下，赵匡胤轻而易举，从后周那孤儿寡母手中夺得天下，开创了宋朝三百余年的基业。从此，这位雄才大略的宋代开国皇帝，内固皇权，外拓疆域，在中国历史上写下了辉煌灿烂的一页。

赵匡胤得了天下，坐了龙庭，自然要将周世宗的后妃、儿女，悉数逐出宫去。于是，在开封城东，找了一座宽敞豪华的庄园，限令符氏等数十人尽快搬迁，不得延误。符氏知此事终不可免，只要能保宗训、宗让二子平安，为世宗留得一线血脉，其余也就不必计较了。

为了更稳妥，心思细密的符氏又上奏赵匡胤，请求恢复世宗及其二子的本来姓氏。赵匡胤觉得这样一来，多少可以冲淡自己篡周的罪孽，立即下诏，复世宗、宗训、宗让为"柴"姓。真可谓世事难料，也不知那周太祖郭威，在九泉之下是否安心。

后周家眷被迫离宫那天，符氏带着郭荣的数十名妃嫔，还有子嗣，在石守信所率侍卫的严密监视下，悲悲戚戚地鱼贯而出。每个人的脸上，都流露出深深的忧惧和恐慌，那种凄惨的情景，连石守信见了，也不由得心酸。

忽然，从嫔妃中，走出一位身着紫色衣裙的丽人，跪在石守信面前，抽泣着说："石头大哥，我……我要见赵大哥，不……要见陛下！"

石守信低头一看，竟然是绿珠！连忙将她搀扶起来，问道："你见陛下有什么事吗?”

“贱妾……有重要的事情面禀陛下。”绿珠用宽大的衣袖擦去眼泪,对石守信说:“石头大哥,请看在故人的情分上,领我去见陛下一面吧!”

石守信见她脸色苍白,鬓发凌乱,怜惜之情油然而起,说道:“好吧,我带你去见她。”两人刚走了几步,一个四五岁的男孩,哭喊着冲了过来,拽着绿珠的衣服说:“娘,你要去哪儿啊?”

绿珠蹲下身子,将他搂在怀里,使劲地亲着他的脸蛋,泪流满面地说:“宗让,好孩子,你先跟着大娘,娘亲马上就回来!”说着说着,忍不住放声痛哭。

宗让还是一个小孩子,什么事情都不懂,可是看到大娘和母亲愁云惨淡的样子,也知道事情不妙,死命地拽着绿珠,不肯松手。

正在这时,符氏快步走来,从绿珠手里把宗让硬拉了回去,鼻子里哼了一声,恨恨地道:“宗让,跟大娘回去,你娘不要你啦!”宗让拼命挣扎,嘴里喊着:“不,我要我娘,我要跟娘在一起!”符氏不管三七二十一,抱起宗让就往宫外走。

绿珠眼睁睁看着符氏抱走宗让,猛地站起身,就要追过去,可是走了两步,却又硬生生收住脚,含泪一咬嘴唇,转身跟石守信走了。

两人来到万岁殿外,石守信转头对绿珠道:“你先在这里等着,我进去通报一声!”

庄严肃穆的万岁殿,是绿珠最熟悉的地方,而现在已物是人非了。此时赵匡胤一身龙袍,端坐在周世宗曾经坐了多年的御座上。方脸阔耳的他,神采奕奕,威严无比,与这里的一切是那么协调,仿佛他天生就是这豪华宫殿的主人似的。

人情如纸张张薄,世事如棋局局新,一点都不错,绿珠心里涌上一阵悲凉。如果当年没有遇到李良,就不会被周世宗看到,更不会来到这深宫大内……

正当绿珠思如潮涌的时候,石守信出来道:“陛下在里面,你跟我来!”

绿珠见了赵匡胤,缓缓走上前去,跪在地上:“陛下,贱妾……”心中一阵悲伤,哽咽着再也说不下去了。

赵匡胤离开龙椅,走到绿珠面前,弯腰将她扶起:“绿珠,快起来。你我都是故人,有何为难之处,尽管说出。朕一定为你做主!”

绿珠强忍住悲痛道:“陛下,贱妾从十三岁开始,不知经历了几多磨难。如今终于大梦初醒,看破红尘,愿在城外觅得一处草庵,从此皈依佛门。绿珠绝非一时冲动,望陛下成全!”

“这如何使得?”赵匡胤一怔,“如果朕没有记错的话,你才二十七岁,岂能将大好年华，付与那青灯佛影？不可，万万不可！”

绿珠心意已定，神情决绝，道：“尘世留给人的，只是无穷的苦难，唯有佛门可慰我残生。妾意已决，若陛下不恩准的话，贱妾唯有一死，以求解脱！”说完就要朝廊柱上撞。

“绿珠，万万不可如此鲁莽，朕答应你便是！”赵匡胤连忙上前拦住，“假如你一定要出家，朕也不愿多加阻拦，只是希望你能够去见一个人……”

赵匡胤话还没说完，绿珠立刻跪下拜谢：“谢陛下成全！”

赵匡胤叹口气，冲石守信道：“石头，你带她去吧！”

绿珠跟着石守信，来到万岁殿旁的一间小房内，里面一位身着戎装的人，正背着门，一动不动地站着。当他转过身来，看到绿珠时，整个人就像遭到雷击一样，泥塑似地呆在那里，嘴唇微微颤抖着，脸上的肌肉不断抽搐。

绿珠早就猜到这是李良，可是她没有想到，李良会发生这么大的变化。

原来那张年轻英俊的脸，现在已是满面胡须、一脸沧桑，尤其是左脸颊上那道明显的疤痕，几乎无法让人相信，他原来竟是一个唇红齿白的英俊少年！

岁月无情，它残酷地吞噬着珍贵的青春年华，在丰润的容颜上刻下风雨剥蚀的痕迹，可它能中断思念的延伸吗？分别已经整整七年，绿珠本以为再也没有机会看到李良了，此时意外相逢，心中不由一阵剧烈的抽搐，眼睛里却不再有泪水。她本以为自己会扑到李良怀里大哭一场，可是她什么都没有做，只是站在那里，叫了声“大哥”，便再也说不出话来。

两个人就这样默默地，你看着我，我看着你，一句话都不说。

石守信走到李良身边，附在他耳旁轻声说了几句，就匆匆走了出去。李良脸色陡地一变，开口说道：“绿珠，这辈子能有你这么个妹妹，是大哥的福气，可是这么多年来，大哥没有好好照顾你，让你吃了那么多苦，实在是有负于你！听说你要出家？你年纪轻轻的，怎么会有这种念头呢？”

“大哥，你不用再劝我了。尘世犹如苦海，无边无涯，佛门是度我超越苦海的救命之舟。这些年来，我想明白了很多道理，也读了一些佛经，如果我早些皈依佛门，那可以免去多少苦难啊！”绿珠的情绪逐渐平静下来，眼睛里流露出一种梦幻般的神色。

“不，绿珠，你听我说……”李良还想劝说，绿珠打断了他：“大哥，再劝无益。我已跟陛下说过，不进佛门就进鬼门。小妹的决心是不会动摇的！”停了一会儿，她又说，“大哥，小妹尘缘已了，无所牵挂，唯有大哥的大恩大德，只能来世再报答了。小妹自会在佛祖面前，为你诚心祈求，保佑你一生平安。此外，小妹还有一件事，要托付大哥。小儿宗让年纪尚幼，我担心陛下不会放过他。如果有什么事，还请大哥多加关照。小妹在此谢过了！”

“不可能！赵大哥不是那样的人，你放心吧！”李良的目光有些呆滞。刚才绿珠说的一番话，给了他极大的震动。“苦海无边，回头是岸”，这句平常的话里，确实蕴涵着丰富的人生体验和深奥的玄机，广济大师的音容笑貌，又浮现在他的面前。绿珠尚能挥剑斩尘缘，自己本是佛门中人，为什么反不能参透这浮世的虚幻，而要继续深陷其中，不能自拔呢？

几天以后，绿珠在开封城西，离金明池不远的明月庵出家，做了一名普通的尼姑。

再说赵匡胤初登皇位，忠于周室的一班旧臣，本来就心怀不满，李重进、李筠、高怀德等人，更是多方联络，似有所图，他对此深感忧虑。在赵普、陶谷的一再游说之下，为了拉拢高怀德，安定怀观望之心的旧将，赵匡胤经过反复的思考斟酌，决定将新寡的妹妹燕国公主许配给他，并授予殿前副都点检一职。

李良听说此事，赶去宫中质问，赵匡胤神情尴尬，承认确有其事，并说明自己的苦衷，希望他体谅。

李良指着脸上的伤疤说：“陛下现在考虑的是军国大事，自然不会计较过去的恩怨，可我辈草民，无法忘记过去的一切。只要这道伤疤还在，高怀德就是我的仇人。时机一到，我必报此仇！”说完抬脚就走，赵匡胤只是无可奈何地摇了摇头。

高怀德当了驸马，一大批周室旧臣，见与赵匡胤素有尖锐矛盾的人，都能得到信任亲近，果然都消去了猜疑忧惧之心，不再与李重进、李筠往来。一场潜在的危机轻易地消除了。

这步棋确实很巧妙。不过，李良心中的愤懑，却始终无法平息。

高怀德与燕国公主的婚礼非常隆重，但李良、慕容延钊、石守信、王审琦都未参加，这令赵匡胤隐隐不安。于是，他特意在偏殿设了一个小型宴会，请了一些在京的故旧参加，欲借机抚慰一下李良等人。

君臣边饮酒边叙旧，倒也融洽。赵匡胤见李良一言不发，只是低头喝酒，知他仍在生气，端起一杯酒来到他面前：“李良，你的气还没消？——你要是原谅赵大哥，就喝了这杯酒！”

李良只好站起来，嗫嚅道：“陛下……”

赵匡胤打断他：“不！现在没有陛下，只有赵大哥。李良，我们是兄弟啊！”

李良心头一热，只好接过酒杯，一饮而尽。

赵匡胤又分别向其他人敬了酒。酒过数巡，赵普感慨说：“想那周世宗，雄才大略，也称得上一代雄主，却因后嗣孱弱，断了气数，天下终归我大宋所有，实乃天意也。”

陶谷接口道："赵兄不可一概而论。我观郑王宗训，确是庸才，然世宗次子宗让，隆额虎目，颇类世宗，有王者之相，乃我大宋之隐患也。陛下，臣以为不可养虎遗患，宜及早除之！"

李良猛地站起来，气冲冲地说："陶先生一派胡言！宗让只不过是个五岁的孩子，孤苦伶仃，怎么就成了大宋的隐患？亏你还是个读书人，连黄毛稚子也不放过，真不知是何居心！"

赵匡胤想起，宗让是绿珠之子，心中不忍，况且一介孺子，能兴起多大风浪？便摇摇头说："陶先生过虑了。"陶谷还想争辩，赵匡胤摆手制止他，赵普也在旁边朝他使了个眼色，他才闭口不言了。

宴会结束，李良回到自己的住处时，已经是深夜了。

这是赵匡胤赏赐给他的一座府邸，雕梁画栋，飞檐碧瓦，回廊曲折，台榭林立，大小房间数十，亲兵家仆近百，即使朝中显贵、外镇将领，也不过如此。李良的地位确实比较特殊。他虽未任职，但与皇上关系非同寻常，且功勋卓著，无人比肩。因此，满朝文武大臣，无不惧他几分，就连陶谷被他当众辱骂，也只好自认晦气，而不敢稍加反驳。

李良走进大厅，立刻有丫鬟送上茶来。他想起刚才陶谷的一番话，心里不禁有些后怕，若皇上听信陶谷的话，派人杀了宗让，自己怎么跟绿珠交代？一想到这些，不由暗自发起呆来。

突然，一道黄色的身影闪过廊柱，立刻又不见了。李良一把抓起桌上的剑，冲了出去，大喝一声："是谁？快出来？"'"阿弥陀佛。"一位身披黄色袈裟的僧人飘然而至，双手合十，微微颔首，"多年不见，施主难道认不出贫僧了？"

"你是何人？如何进得府中？"李良依然不敢松懈。

"贫僧法号弘忍，师弟别来无恙否？"那僧人微微抬头，看着李良。

弘忍？弘忍师兄！真的是你吗？李良浑身一阵战栗，仔细打量眼前的僧人：五短身材，浓眉大眼，嘴唇左下角有一颗黑痣。不错，正是师兄弘忍！

李良猛地扑过去，叫了一声："师兄！"便紧紧地抱住弘忍，眼泪刷刷地流了下来。自从离开龙兴寺，已经整整十五年了！十五年来，自己虽然身在尘世，内心深处，却无时无刻不挂念着师傅，还有众多的师兄弟。

弘忍毕竟是出家之人，这么多年来参悟修行，早就将生离死别看得淡了，轻轻推开李良："师弟，可还记得师傅的话吗？"

李良一怔："师兄，师傅他老人家可好？"

弘忍双手合十："阿弥陀佛，师傅他老人家已于今年正月初一圆寂了。"

李良一听，犹如五雷轰顶。自从八岁那年，被广济大师救上山去，领进寺里，教他习字练武，将他培养成人，那真是师恩如海啊！可当年自己心浮气躁，执意随赵匡胤下山，离开了他老人家，未能尽半点孝心，如今连见他一面的机会都没有了！

李良用手捶着自己的脑袋，趴在桌子上号啕大哭。

第二十六章 李良决定归师门 李筠抗宋定决心

弘忍在一边安静地看着他哭泣，双手合十，嘴里念念有词，一直到李良哭得差不多了，才走上前去说："师弟，没有必要太过悲伤。况且师父已经修成正果，成佛去了西方净土。像师父这样的得道高僧，又怎么是生死所能限制的呢？"

见李良稍微平静，弘忍又说："师弟，当年你下山时，师父曾嘱咐，天下大定之日，即刻回山。如今大宋建国，天下已然大定，师弟为何迟迟不肯归山，莫非贪恋这世俗的繁华不成？这是师父圆寂之时留给你的信，你好好看看吧！"李良接过信来，打开一看，果然是广济大师的手迹：觉慧吾徒：十五年前为师送汝下山，曾有天下大定之日，即归本寺之约。吾观天象，推测此期不远矣。汝两度捐金，赞助功德，足见礼佛之心未曾衰减，诚为幸事。为师尘缘已尽，即将归西，望你速返岘山，继任主持，弘我佛法，普度众生。为师预测数年后，禅林将蒙劫难，唯汝或可解也。勉之，勉之！来时空索索，去也赤条条。更要问端的，天台有石桥。

读完信，他好久没有说话，不明白师父信中所说的"禅林劫难"，到底是什么意思；而且自己资质低下，如何能当住持重任？他抬头对弘忍说："师兄，自从下山以来，我所受的苦难折磨，远远超过了所谓的荣华富贵，对于俗世，我早无依恋。只是这十五年来，我饮酒食荤，杀人无数，触犯戒律之处太多，如何能胜任这主持之职？"

"师弟无须自责。当年师父让你下山，自有他的道理。若你能解得佛门劫难，便是无限功德，又何必计较那区区小过？师弟，既然你对世俗已无眷恋，我们明日便启程回寺，你看如何？寺中数百僧众，都等着你回去主持寺中事务呢！"

李良双眉紧锁，在大厅中来来回回走了很久，仍然没有开口。弘忍说："师弟，你还有什么不能割舍？莫非你定要抛弃那佛门净土，在这鬼窟里讨活计吗？"

李良未理睬他，沉思了一会儿，坚定地道："师兄，我尚有一事未了。明日你先回寺，等我办完事，立刻赶回岘山。决不食言！"弘忍心知无法改变他的决定，只好依从。

早朝之后，赵匡胤慢慢向书房走去。几乎每隔一天，他都要去那里读读书，有时也会处理一些政务。在赵光义、赵普等人的影响下，他越来越喜欢读书，大凡历代史书、诸子、方志，甚至以前他斥为浮华之辞的儒家经典和文人集子，也常常看得津津有味。

这几天一直未看到李良，他心里总觉不安，但李良并无明确的职责，数日不来宫中乃常有的事，也就不再多想。

进了书房，在一张巨大的檀木书桌前坐下，伸手取了那本尚未读完的《史记》，猛然看到书的旁边，摆着一块红色丝绳系着的绿色玉佩。他心中一惊，拿过来仔细端详。这块玉佩是赵家祖传之物，昔日随周世宗讨伐淮南前夕，他亲手挂在李良颈上。李良为何要退还给我，难道……

赵匡胤不禁紧张起来，宽阔的额头上沁出细细的汗珠。他再向书桌上搜寻，发现一张白纸，打开一看，上面写着二十四个大字：

俗名李良，实乃觉慧。天下大定，师命难违。物归原主，君其善为。

赵匡胤忆起当年广济大师叮嘱李良的话，不禁喟然长叹。他知道李良这一去，恐怕是再也不会回来了，于是对着那张纸，发了一阵呆，心乱如麻，与李良相处的日子，在脑海中一一浮现。他再也无心看书，起身朝书房外走去。

刚走出书房，迎面碰到一个小太监，说驸马高怀德求见。赵匡胤心情正烦，随口问道："他有何事？"

"回禀陛下，高怀德打算带着燕国公主，回真定老家，拜祭亡父高行周，请陛下恩准。"

"朕心情不好，不愿见任何人！你告诉他，想去便去，关朕何事？"赵匡胤黑着脸，冷冷答道。说完，转身又进了书房。

时近清明，天气晴朗，碧空如洗，微风拂面。高怀德骑着一匹雪白的骏马，身后是一辆六匹马拉的车子，再后面是一大帮护卫。米黄色的车盖，红绒的车幔，显得气派非凡。

高怀德这次以驸马都尉的身份，携着当今皇妹回乡扫墓，自然倍感风光。只是昨日进宫，皇上未予接见，不知是何原因，未免使人忐忑不安。他正在胡思乱想，忽见一匹黑马从岗上疾冲下来，转眼到了车前。马上的蒙面人一身劲装，手持利剑，动作奇快，只见他忽左忽右，剑光起处，卫士倒下一片，或伤胳膊或伤腿，一个个疼得直打滚。

高怀德正在暗自惊讶，那蒙面人马头一带，挥剑朝他直冲过来。高怀德虽然身高力大，久经沙场，在对方轻灵狠辣的剑法面前，也不由得手忙脚乱，心惊胆战。勉强支撑片刻，手中的腰刀，被蒙面人挑落在地，那锋利的剑尖带着一股寒气，紧紧地抵在他的脖子上。

高怀德心里叹道："此番休矣！"脸上却显得十分镇定，双目直视那蒙面人道："在下驸马都尉高怀德，车中乃是当朝天子的妹妹燕国公主。你若杀了在下，便是诛灭三族的大罪，还请壮士三思！"

"少废话，杀的就是你高怀德！"蒙面人恨恨地说，手中的利剑顺势往前一送，高怀德感到脖子上一阵剧痛，鲜血汩汩流出。

他强忍着疼痛，问道："壮士究竟和我有何深仇大恨，为何一定要置高某于死地？"

蒙面人眼中射出一股令人不寒而栗的光芒，牙齿咬得格格直响："好，今天我让你死个明白！"一把扯掉面罩，喝道，"睁大你的狗眼，看看我是谁！"

高怀德见是李良，知道难逃一死，把头一偏："要杀便杀，高某无话可说了！"

正在这时，燕国公主已从车上下来，也顾不得盛装丽服和皇妹的身份，一头跪在地上："李兄弟，看在小妹的分上，请饶他一命吧！"

燕国公主未出嫁以前，在开封府的旧宅里常见到李良，一直称呼他为"李兄弟"，她嫁给前夫米德福时，李良还去喝过喜酒。

李良见公主一副悲痛欲绝的样子，心中也觉不忍，犹豫了一会儿，指着高怀德道："你给我听着，今天看在公主的面上，姑且饶你一命。我只在你脸上划一剑，以消我心头之恨！"举起那柄削铁如泥的利剑，就要向高怀德脸上划去。

这时，他的耳边忽然响起弘忍那略带沙哑、却颇具穿透力的声音："满口牙是骨，耳朵两片皮。冤仇本非仇，皆因念心起。阿弥陀佛！"

李良听此偈语，顿觉浑身颤抖，双目呆滞。恍惚中似见师父驾着祥云，端坐莲花，在云端对自己微笑。随即又如春风拂过心田，四肢无不舒坦；又似乎身处琉璃宝月之间，神清气爽，如同一尘不染的明镜。霎时间，李良感觉自己身心脱空，尘滓顿失，那俗世的恩怨，顷刻间归于无形，满含仇恨的目光，也变得柔和起来。

李良本来就心存慧根，只因入世太深，被世俗的欲念迷住了本性，如今由弘忍的偈语激发，瞬间顿悟，障翳全消，恢复了固有的灵性，重皈佛门，终于在后来成为名震天下的一代高僧。

李良将宝剑入鞘，跳下马，走到弘忍面前，双手合十，道："师兄，浮云蔽日，清月满天。阿弥陀佛，善哉善哉！"两人同时爆发出一阵爽朗的大笑，然后并肩离去。

数日之后，在京城去襄阳的路上，人们看到两位僧人策马向南飞驰。其中那位脸颊上有一道伤疤的僧人，还带着一个五岁左右的小男孩。那男孩隆鼻虎目，见识广的人都说像极了周世宗柴荣。

建隆元年(960 年)五月的一天，文武百官前来上朝，赵匡胤高踞广政殿，微笑着接受群臣的朝拜。叩拜完毕，大臣们像往常一样，刚要按班列品级，去寻找各自的座位，却发现那些精美鼓状座凳，已消失得无影无踪，不觉暗自纳闷。

原来，晚唐五代，百官上朝都备有座凳，君臣皆坐而议事，此后形成定制。赵匡胤登上皇位之后，觉得如此制度乱了尊卑，有失君主的威严，心里极为不满，但又不知如何改变，而又不招群臣非议。

一次无意中跟王皇后说起此事，王皇后随口道："将殿中的座凳撤掉，他们又坐往何处？"赵匡胤一想，果然是个好法子，于是依此而行。

赵匡胤见大臣们在殿中面面相觑，笑道："诸位爱卿不必奇怪，座凳乃朕下令撤去。百官上朝，坐而议事，有违礼制，且无形中拖延了议事时间，影响效率，实乃旧弊，应当革除。诸位爱卿以为如何？"说着特意瞄了赵普、陶谷一眼，顿了顿，又接着说道，"今后上朝，诸臣一律站立，有事上奏，无事退朝，不得拖沓敷衍，徒耗时间！"

群臣听了，无人敢有异议，纷纷称其英明。正在赵匡胤暗自陶醉的时候，宰相范质出班奏道："陛下，近日闻报，潞州节度使李筠，与北汉来往频繁，异心渐显，不可不防也。"

石守信接着说："宰相所言不错。李筠乃周室重臣，为人执拗，又据有潞州，兵强马壮，一旦作乱，局面难以收拾。陛下，臣以为不如趁其羽翼未丰，兴兵伐之！"

赵匡胤连连挥手道："不可！李筠目前并未公开反叛，岂能轻率出兵而令将领寒心？为君者当以诚心待人，不得妄用武力，否则何以服天下人？"又扭头对范质说，"范爱卿，明日你启程前往潞州，代朕慰问李筠，并加封他为中书令；希望他能明白朕的苦心。"

范质领命，带着宋主赵匡胤的亲笔诏册、大批御赐的物品，浩浩荡荡来到潞州。李筠明白范质前来的用意，对儿子李守节说："赵匡胤想笼络人心，我偏不接受他的诏册，看他能奈我何？"

李守节一听，跪倒在地，劝道："父亲向来对周主忠心耿耿，天人可表。孩儿只是担心，如果父亲执意不肯接受朝廷的诏册，就是公然和朝廷相抗！如此一来，宋主必定兴师来伐，导致祸患。孩儿以为，父亲还是暂且忍耐，积蓄力量，以图大事。请父亲三思！"

李筠一想，儿子的话确实有理，也就暂时改变了主意。

李筠在府中设宴招待范质。酒过数巡，李筠乘着酒兴，语带嘲讽地对范质道："范大人昔日为相于周室，而今又为相于新朝，真可谓官运亨通啊！来，我敬范大人一杯。不知范大人是否还记得周太祖和世宗的恩宠呢？"

范质既羞且骇，满脸通红地说："李兄……切莫妄言。当今陛下神武盖世，德泽广大，受禅而得天下，乃顺天应人也。君子见机而行，李兄万勿拘泥固执！”

李筠哈哈一笑，将杯中酒一饮而尽：“《诗》曰：‘尸鸠在桑，其子七兮。淑人君子，其仪一兮。’君子当专一诚信，岂可朝秦暮楚，自毁德行？李某虽一介莽夫，却也不敢忘故主之恩——来人哪，给我悬挂太祖画像！”

亲兵听命，将周太祖郭威的画像，悬挂在大厅正中的墙上。望着方脸大耳、威风凛凛的周太祖，忆及当年两人并肩作战、情同父子的往事，李筠不禁悲从中来，脚步踉跄地走到画像前，跪在地上，泣不成声。在场的将士见了，也无不黯然伤神。

范质见此情景，既不好阻止，又不便退席，正自左右为难，李筠双眼红肿，朝自己走了过来，不由分说，拉住他的手往画像前推，嘴里直说：“范大人，见了故主，焉得不拜？”

范质惶恐不已，欲加拒绝，又撑不住李筠的强力，只好敷衍行了个礼。谁知那李筠虎着个脸，非要他磕头不可，幸亏旁边的李守节出面调解，劝住李筠，这才把尴尬万分的范质解救出来。

范质害怕再次受辱，罢席之后，便动身返京。李守节亲自送他出了潞州城，拜伏于地说：“范大人，家父性情粗犷，饮酒过量，致失常度。今日之事，请范大人不要记在心上，万望不要禀告陛下。我李氏一门，全靠范大人垂怜！”言至动情之处，忍不住呜咽失声。

范质回到京城，唯恐祸及已身，哪里还顾得上李守节的求情？只管把李筠的言行，一一告知赵匡胤。

赵匡胤听了，双眉微蹙，半晌无语，缓缓道：“李筠不忘故主，乃是人之常情。朕与他共事多年，知他性情，不必计较。”

却说李筠乘着酒兴，哭周祖，戏范质，尔后又开怀畅饮，醉成一摊烂泥，至于宴会何时散，范质何时离开，他一概不知。直到第二天中午，他才醒来，喝了一杯浓茶，胡乱吃过早点，来到议事厅。

刚刚坐下，就见亲兵领进来一个陌生人。这人就是北汉主刘钧派来的特使王延嗣。李筠见来使修眉朗目，气度儒雅，不由生出几分敬意，连忙让座，并询问他来此何事。

王延嗣从贴身的口袋里取出一枚蜡丸，递给李筠：“此乃吾主的亲笔信，请将军过目。”李筠击破蜡丸，展开密信，仔细读了一遍，对王延嗣道：“汉主约我起兵抗宋。此事关乎我李氏之生死存亡，还须从长计议。”

王延嗣来潞州之前，已将李筠的为人、想法摸了个清清楚楚，见李筠故作含糊，不慌不忙地说：“李将军乃周室宿将，与赵匡胤一贯不和，而又手握重兵，屯驻北境。以赵匡胤这等精明强悍之君，焉能容你？况且李将军乃大忠大义的英雄，声名传遍四海，想必不会让赵匡胤轻取周鼎，安稳地享有天下！”

李筠本性刚烈，听得此言，抗宋之心又坚定了几分。然而此事毕竟不同寻常，不可轻易允诺，于是强压住愤激之情说：“王先生所言甚是，然宋室甫立，无暇北顾，短期内尚不至于兵戈相加。”

王延嗣笑道：“听说李将军昨日悬挂周祖遗像，戏辱范质，豪气干云，颇令在下钦佩。只怕赵匡胤一旦得知，猜疑之心必定更甚。李将军不可不防啊！”

李筠心中一怔，也觉得昨日之举太过分，沉吟良久，试探着说：“赵匡胤兵多将广，更兼习阵善战，堪称劲敌；我若起兵，恐难与之相抗。不知汉主能以多少兵力助我？”

王延嗣毫不犹豫地回答：“只要李将军竖起义旗，我大汉一定倾全力支援，决不少于精兵五万。将军大可放心！”

李筠心想，若得北汉增援，形势将大为改观；且自己与宋室已势同水火，与其束手待毙，不如铤而走险，或许还有一线生机；即使兵败身亡，也算是尽了周臣的本分，不至于在黄泉下愧对周太祖和世宗。于是，他答应联合起兵抗宋，并嘱咐王延嗣回去禀告汉主刘钧，务必及时派来援兵，以便同心协力，攻打开封。王延嗣满口应承。

王延嗣走后，李筠将此事告知儿子李守节。李守节责怪父亲，不该轻率联合北汉，说：“潞州一隅，不足以抗宋；而北汉援兵，亦不过是画上之饼，难以充饥。还望父亲慎重，万勿轻发！”

李筠拍着桌子，恼怒地吼道：“孺子何知！那赵匡胤勾结韩令坤，诈称北敌犯境。率军出京后，又与慕容延钊、石守信等人串通一气，发动兵变，欺骗幼寡，篡夺周室天下。如此大逆不道之人，人人得而诛之，何况我蒙周室厚恩，应当伸张正义，为周室讨个公道。万一天不助我，大事不成，留得千古美名，我死亦足矣！”

李守节知父亲心意已决，再劝无益，建议道：“即令起兵，亦应计划周全。以儿愚见，不如将北汉主书信送往京城，剖明心迹。宋主见我忠心，消了疑忌，我则可赢得时间做准备。不知父亲以为如何？”

李筠说：“此计甚好。你明日赴京，除呈送书信外，另有两件重要事情须留意：一则打探宋廷动静，及时通报；二则联络故旧将领，以为内应。此去责任重大，风险重重，千万要小心谨慎！”

第二天，李守节告别父亲，带领十余名随从，前往京城。李筠只有这么一个独子，若非不得已，决不会让他去冒险，因而亲自送至郊野，千叮咛，万嘱咐，直到爱子的身影完全从视野中消失，才怅怅回去。

李守节抵达京城，将北汉主的密信亲手面呈赵匡胤，并说明父亲拒绝北汉、忠于朝廷的立场。赵匡胤阅信后大加褒奖："你们父子忠心耿耿，朕深感欣慰。朕封你为皇城使，在京中任职。你看如何？"李守节无法拒绝，只好俯伏谢恩。赵匡胤又遣使去潞州，对李筠表示赞赏和慰问。

第二十七章 宋主大屠泽州城 赵普私告皇太后

李守节刚刚退下，赵普就说道："陛下，难道你真的相信李筠说的吗？"

赵匡胤微微一笑，说道："你未免太小看朕了。朕之所以将李守节留在京师，就是为了让李筠心存顾忌，希望他可以悬崖勒马。"

李守节留守在京师，见到赵匡胤很有君主之风，颇能服众，外镇将领也都忠心耿耿，并无异心；再看朝廷中的禁军，操练巡逻，制度严明，特别是殿前将领，均是忠勇强健的虎贲之士，令人望而生畏。他深知与朝廷相抗，毫无胜算，赶紧写了一封言辞恳切的信函，力劝父亲放弃抗宋之心，派人火速送回潞州。

谁知李筠接到信函，不仅不为所动，反而以宋主羁留儿子为由，将朝廷派去的使者强行扣押起来，声称李守节不归，决不释放使者。赵匡胤闻知此情，召来李守节道："你父亲受人挑拨，扣留使者，与朝廷为敌，本当拘你在京抵罪，现放你回去，以示朕的一片诚心。望你转告李将军，谨守臣子之节，万勿听信谗言，自食恶果！"李守节见赵匡胤语虽诚恳，却暗含杀机，与前番口气大不相同，不由得心头凛然。

回到潞州，李守节将赵匡胤所言，详细转告父亲，说："陛下乃一代英主，心胸阔大，不计前嫌，愚儿故能平安归来。父亲唯有释放朝廷使者，并向陛下谢罪，或可免除灭门之祸也！"

李筠不听，更把儿子的归来，看成是朝廷软弱的表现，于是命令幕府，草定檄文，历数赵匡胤不忠不义的罪状，布告天下，又把宋主任命的监军周光逊抓起来，连同使者一起，押送北汉，以乞援师。

有一位名叫丘仲卿的隐士，满腹经纶，听说李筠起兵，前来献策道："公兴义师，扬公道，固豪杰之士也。然以孤军举事，其势甚危，虽倚北汉之援，亦恐不得其力。宋室甲兵精锐，难与争锋，不如西下太行，直抵怀、孟，塞虎牢，据洛邑，东向而争天下，计之上也。"

李筠颇不以为然，自负地说："我乃宿将，与世宗义同兄弟，禁卫皆旧人，闻吾之来，必倒戈归我；北汉与我有约，若得精兵五万为援，则军力大增；何况我还有儋圭枪、拨汗马。天下岂足忧哉！"

那儋圭是李筠的爱将，擅长枪法，有万夫不当之勇；拨汗马，指的是李筠的骏马，得自西域，日行八百里。丘仲卿见李筠固执难劝，出得门来，喟然叹道："嗟乎，竖子不足与谋！不用心智，徒凭血气，焉得不败哉！"

李筠一旦公开与朝廷决裂，立刻遣儋圭率兵往取泽州。此时泽州刺史张福，尚不知潞州已叛，见儋圭到来，亲自迎接，未及开口，被儋圭一枪刺个透心凉，糊里糊涂丢了性命。儋圭麾兵入城，占据泽州，将城中五千余士兵收编帐下。李筠得到捷报，心中大喜。

次日，北汉援兵抵达潞州城下，李筠率兵去郊外迎接，见来兵不过五千余众，大失所望，愤然对领军的宣徽使卢赞说："汉主和王延嗣，皆许诺以五万精兵为援，何以来者仅十分之一？难道汉主自食其言不成！"

"将军或许听错了。我主所言实为五千也！"卢赞回答。

李筠悲愤至极，仰天呼道："汉主欺我，汉主欺我！"顿觉气血翻涌，眼冒金花，连咳几声，张嘴喷出一口浓血。左右亲兵大惊失色，连忙将他搀扶上车，回到府中。

赵匡胤闻报，勃然大怒道："朕给李筠数次机会，他却如此执迷不悟，真是自寻死路！"诏令石守信为统帅、高怀德为副，率领禁军五万精锐之师，即日北征；又令慕容延钊与王审琦，领兵三万出东道，分两路讨伐李筠。

宋军与叛军相遇于长平。两军对阵，李筠全副披挂，手执狼牙棒，座跨拨汗马，高声喊道："高将军，世宗对你不薄，你为何甘心附逆？不如与我联手，杀进开封，诛除赵贼，犹可保你忠义之节也！"

高怀德听他独点自己之名，担心引起宋主猜忌，怒喝道："叛贼一派胡言，看我取你狗命！"抡起双刀杀了过去。李筠也不示弱，催马上前，用狼牙棒接住对方兵器。两人战了多时，不分胜负。石守信求胜心切，拍马便去助阵，李筠手下骁将儋圭见了，大吼一声，挺枪直奔石守信。

四人分成两对厮杀，双方阵中金鼓齐鸣，声震原野。李筠与高怀德旗鼓相当，互相占不了什么便宜，可那儋圭豹身猿臂，枪法炉火纯青，石守信奋力抵挡，渐渐处于下风。儋圭见石守信刀法已乱，奋起神威，倏起一枪刺去，正扎在石守信的大腿上。石守信一阵剧痛，调转马头往回跑。儋圭右手一招，麾兵直扑宋军。

宋军眼看就要落败。正在这危急关头，叛军的左侧，爆发出惊天动地的喊杀声，一位须髯飘飘的将军，骑着白马，手舞红缨枪，率领数万铁骑，杀进敌阵。原来是慕容延钊的东路军赶到了。只见他一马当先，左边是王审琦，右边是王全斌，催马冲杀，如入无人之境。敌方阵势大乱，已经出击的前军，也不得不退回。

儋圭见功亏一篑，恼羞成怒，圆瞪双眼，挥枪冲向慕容延钊。试想慕容延钊以一杆红缨枪，纵横天下数十年，战无不胜，那儋圭臂力再强，枪法再精，又如何是他的对手？战了不到十个回合，手忙脚乱，破绽百出，一个不留神，手中的铁枪被慕容延钊挑至半空，呼啸着倒插而下，入地七寸，砰然有声。

儋圭心知遇上了克星，不敢恋战，回马便朝泽州逃跑。李筠见大势不妙，也随之而去。宋军将士乘胜追杀，一直追到泽州城外，方才收军扎营。

长平一役，宋军大获全胜，斩首万余级，俘虏敌军近两万，缴获各种辎重不计其数。可以说，李筠的主力受到重创，失败已成定局。

慕容延钊、石守信两军会合，他们指挥将士立起木栅，把泽州城包围起来，同时派使者迅速回京告捷。赵匡胤得知此消息，不禁豪情顿起，也顾不上赵普的反复劝阻，下诏亲征，带领殿前诸班虎贲之师，浩浩荡荡奔往泽州前线。

宋主亲临军中，三军将士情绪亢奋，而泽州守将闻之，莫不胆寒，暗思退路。当天晚上，李筠的部将范守图、王全德、王廷鲁三人夜缒出城，向宋军投降。城中越发惶恐不安。

李筠的爱妾刘氏，年方二十，蕙质兰心，玉貌绛唇，跟随他同来泽州，见城破就在旦夕之间，问道："将军，城中健马还有多少？"

李筠答道："不下千匹。夫人安得问此？"

刘氏说："孤城危蹙，破在俄顷，将军若得健马数百，与心腹将校突围，守住潞州，再向北汉、南唐求援，犹有一线生机。"说罢怃然。

儋圭也劝说道："将军，城中精卒尚有万余，夫人所言有理。末将愿舍却性命，保护将军突出重围！"

李筠双眼血红，两颊消瘦，嘴唇颤抖着说："我起兵数日。即遭败亡，此乃天数，非人力所能改变也。即使退保潞州，亦无补于事，徒使潞州父老蒙受荼毒，其心何忍哉！儋将军武艺绝伦，倘能携夫人突出城去，则李某感激不尽矣！"言毕双膝跪下，涕泪长流。

儋圭心头一震，也跪在李筠面前，哽咽着说："将军于末将有再造之恩，既然将军心意已决，末将愿追随将军左右，生死与共！"两人相拥而泣。刘氏见此，也不由得珠泪纵横。

过了几天，赵匡胤诏令发起总攻。宋军八万余名将士，争先恐后，奋勇登上城墙。守城部将马全义见大势已去，打开城门投降。宋军如滚滚洪流，涌进泽州城，呐喊声响成一片。

李筠满脸悲愤，站在早已准备好的柴堆前，耳闻那如震如怒的呐喊声，心知大限临近，令亲兵点燃干柴。火苗腾起，转瞬间融成一片炽红。

刘氏哭喊着扑过来，抱住李筠："相公，你执意一死，贱妾何以偷生？要死我们一起死！"

李筠用手抚摸着她娇好的脸颊，流泪道："夫人，万万不可！你已有身孕，那是我的骨血啊！若上苍垂怜，生得男儿，将来或可报此血海深仇也。你快逃命去吧！”刘氏回顾再三，号泣而去。李筠整衣敛容，仰望苍穹，凝神片刻，纵身跳进熊熊大火，霎时化为灰烬。烈焰腾上半空，青烟纠结不散，仿佛是悲怨凝就的幽魂。儋圭目睹李筠赴火而死，也不再作苟活之计，率领余下的数百亲兵，迎着宋军冲杀过去。先行入城的宋军，猛然遭到这支哀兵的攻击，一时之间竟也抵挡不住，被冲得七零八落。儋圭怀着必死之心，舞动长枪左挑右捌，转眼便有数十名宋兵死在他枪下。他全身是血，依然龇牙咧嘴地厮杀，哪里人多他就杀向哪里。

这时，慕容延钊、石守信护卫着赵匡胤赶了过来。见此情景，赵匡胤眉头一皱，喝令王仁，带领金枪班士兵猛扑过去，一阵砍杀之后，那数百亲兵全被杀死，残缺不全的尸首堆满了街头。儋圭也终因精疲力竭，被王仁等人生擒。

儋圭五花大绑，被带到赵匡胤跟前。赵匡胤见他浑身是伤，几乎成了一个血人，却仍然高昂头颅，横眉怒目，一副宁死不屈的样子，不由得起了惜才之心，说：“儋将军乃英雄豪杰，若能弃暗投明，归顺大宋，朕不仅饶你不死，而且加你官爵，保你终身富贵！”

儋圭愤然答道：“你敢负周，吾不背主。要杀便杀，无须多言！死不负主，得其所哉！”

赵匡胤气得浑身发抖。王仁举起铁锤，对着儋圭的头一阵猛击。儋圭倒地而亡，脑袋被打成一团血浆，惨不忍睹。

赵匡胤余怒未消，咬牙切齿下令道：“传令三军，凡城中李筠余部，一概格杀勿论！”

宋军得此圣旨，涌入大街小巷，开始了血腥的洗劫。可怜泽州近万名剩余的将士，已失去抵抗能力，几乎无一幸免；更有那些杀红了眼的宋兵，连无辜的百姓也不放过，因而有数万平民，也成了乱兵的刀下之鬼。街巷中到处是狼藉不堪的尸首，护城河的水染成了红色。

这场惨绝人寰的大屠杀，持续了整整两天，那种可怕的情景，在泽州百姓的心中留下了极为深刻的印象，以至几十年后提起，仍然心有余悸。

第二天，赵匡胤率领大军进逼潞州。李守节面对气势汹汹的宋军，心知无法抵御，只好出城迎降，匍伏乞死。赵匡胤极恨李筠，本来想杀了李守节，屠戮潞州城，以泄心头之恨，但见李守节主动投降，加上慕容延钊的规劝，这才赦免其死罪，授予团练副使之职。李守节千恩万谢，将府库金银全部献给赵匡胤，唯恐不能得其欢心。

赵匡胤在潞州大宴诸将，留高怀德镇守潞州，启驾回京。待宋军主力离开之后，李守节才有暇为父亲罹难而悲伤。他又派人四处查访刘氏的下落，终于在泽州城外的一座破庙中找到。后来刘氏果然生了一个男儿，因李守节终身无子，刘氏所生之子，乃李筠唯一血脉传人。民间纷纷传说，是李筠的一片孤忠，感动了上苍，昊天有意垂顾，方使李筠保此传嗣，不致绝后。

赵匡胤回到京城的次日，太后派人传他火速前往慈宁宫。赵匡胤虽是一国之君，但他生性纯孝，对母亲极为敬畏，听说母亲唤他，急忙问是何事。那前来传唤的宫女亦不知情，只说太后似乎不太高兴。赵匡胤心中一沉，忐忑不安地来到慈宁宫。

杜太后端坐殿中，表情严肃，银白的头发梳得整整齐齐，一丝不乱，脖子上挂着一串精美的佛珠。赵匡胤望着母亲严峻的面容，越发惶恐，连忙跪下说："母亲唤儿前来，不知有何吩咐？"

太后手捻佛珠，轻声说："起来吧！"见赵匡胤满脸疑惧地坐在旁边，缓缓问道："胤儿，你知道夏桀、商纣亡国丧家的原因吗？"

赵匡胤觉得有些唐突，但还是很认真地回答："回母后的话，乃因其暴虐无道也。"太后脸色一变，厉声喝道："既然明白，那你在泽州为何滥杀无辜？"赵匡胤眉头一跳，张口结舌，说不出话来，心想一定是赵普饶舌，这么快就告诉了太后。他深知辩解无益，那只会让母亲更加生气，便站了起来，低首敛容道："母后，为儿确实不该如此。""岂止不该，简直是罪过！"太后的语气愈加愤激，"数万生灵，惨遭涂炭，岂是仁君所为？若如此残暴，天下寒心，大宋江山能坐几天？"因为过于激动，她的脸色变得苍白，泪水也不知不觉流了下来。

赵匡胤急了，跪在她面前："母后息怒，为儿罪该万死！"太后见赵匡胤真心认错，神色稍稍缓解："皇天无私，唯佑有德之君。周失天下，乃屠戮开封的报应。故为娘在你登位伊始，即告诫你要持国以道，否则欲为一匹夫而不可得也。唉，为臣易，为君难，为君之母亦难哪！"赵匡胤连连磕头："谨记母后教训。为儿不孝，让母后担忧，还望母后原宥。"

太后叹了一口气，让赵匡胤起来，说："胤儿，为了大宋江山、赵氏安危，你须依娘两件事：一则在开宝寺做一场七七四十九天的大法事，以超度泽州死难者的亡灵；二则你当着娘的面发誓，从今往后，再不滥杀无辜，或诛戮已降之人！"赵匡胤唯唯受教，一一凛遵，立过誓后，才离开慈宁宫。

出了慈宁宫，赵匡胤立即召赵普于简贤殿见驾。赵普不知何事，匆匆赶来。赵匡胤一看到他，怒气冲冲地说道："好你个赵则平，竟敢在母后面前告朕的御状。你居心何在？"

赵普一愣，随即平静地说："原来如此，我以为是何紧急军情呢！"

赵匡胤大声说："果然是你！你就不怕朕将你革职、流放，甚至下狱处死吗？"

赵普并不惊慌："君要臣死，臣不得不死，陛下自然有生杀予夺之权。然臣本一介草民，渔樵江渚之上，因感陛下知遇之恩，宣祖与太后亲善之意，故不揣鄙陋，重蹈尘世，为陛下效犬马之劳，早已将生死置之度外。今陛下逞一时之忿，诛戮泽州数万生灵，天下震怒，人怀疑惧之心。长此以往，国家危矣。臣焉能坐视不理？陛下若以臣有罪，从而治之，则臣虽九死亦无憾也！"

赵匡胤双眼圆睁，走到赵普面前，指着他说："你……你……你为何不直接与我说，却要告知母后，既惹她生气，又令朕受斥？"赵普的话无法反驳，赵匡胤内心受到很大震动，外表虽凶，语气却平缓下来。

"陛下平心而论，倘微臣面谏，陛下能接受吗？"

赵普意味深长地反问。

赵匡胤略一思忖，顾左右而言他："曹孟德挟天子以令诸侯，你这是挟太后以令天子。赵爱卿，你可比曹孟德更胜一筹啊！"

赵普见赵匡胤神色趋于平和，不失时机劝道："当今天下，陛下惟听命于太后。太后安康永寿，固社稷之福也；若太后千秋万岁之后，陛下一意孤行，诸臣无人敢谏，后果不堪设想啊！"

赵匡胤沉思了一会儿，说道："赵爱卿不要旁敲侧击，朕亦不是那等专横之君。今后大臣进谏，朕定会认真听取，择善而从之。至于滥杀之事，断然不会再次发生！"

赵普大喜道："陛下知错能改，圣明仁慈，实乃群臣之幸、万民之福也！"

赵匡胤望着赵普鬓边的白发，忆起他为创立大宋所付出的大量心血，心中一热，动情地说："则平兄，朕有你这等忠直之臣，甚感欣慰。若不是当年在清流山逼你出来，岂不让朕遗恨终身！"

赵普听他称自己为"则平兄"，慌忙跪下道："礼者，国之纲纪也。君臣有别，陛下万万不可如此称呼！"

"现在只有你我二人，兄弟相称有何不可！你们读书人就是迂腐拘谨。快快起来！"

赵普站起来，仍然固执道："虽无外人，亦不可欺心。陛下与慕容延钊、韩令坤曾义结金兰，私下以兄弟称之，乃陛下不忘本，义之所出也。至如他人，则于礼有违。"

赵匡胤见他那一本正经的样子，心里暗自好笑，索性由他去。

自平李筠三个月以来，内外无事。赵匡胤见群臣悦服，政局稳定，北方又有韩令坤率重兵把守，边境安宁，正想乘此机会，进一步整顿加强禁军，石守信却呈上了李重进欲与南唐勾结、兴兵反宋的密信。

原来，李重进以淮南节度使身份镇守扬州，一直与宋朝保持距离，李筠兵败赴火而死，他心中亦不自安。八月中旬，赵匡胤诏封他为中书令，但同时调任他为平卢节度使。李重进思前想后，觉得自己是周室至亲，从前与赵匡胤关系恶劣，赵匡胤决不会轻易放过他，一旦离开扬州，失掉兵权，唯有死路一条，于是决定拼死相抗。

第二十八章 猛将速克扬州府 陶谷出使逞风流

李重进一边抓紧修葺城池，招募乡勇，囤积粮草，一边派人持密信，快马加鞭，前往南唐求助，希望双方可以联手，一并夺取开封，还许下承诺，事成之后，将江北十六州故地，全部归还南唐。南唐主李璟深知如今的宋朝其实力远在后周之上，而江南实力如此薄弱，攻打开封，无异于以卵击石，还不如现在偏守一隅，苟活于世。为了取悦宋室，李璟不但拒绝出兵，而且将密信连同扬州来使，一并送往开封。

赵匡胤阅过密信，拍案而起："李重进匹夫，朕不计前嫌，容你领兵镇守一方，你不知感恩，反而欲行叛乱，真是岂有此理！朕要亲自讨伐这狼子野心的家伙！"

赵普劝阻道："扬州兵弱，实力远逊李筠，且南唐附我，愿以兵相助。区区李重进，遣一大将讨之即可，不劳陛下亲征也。"赵匡胤思之有理，便令王审琦为主将，率禁军五万，南征李重进，并在临行前特意告诫他，不可伤及无辜。

李重进预计自己以江北土地为饵，南唐定会答应出兵，谁料事与愿违，援兵未得到，抗宋之心却暴露无遗，极感沮丧。然而箭在弦上，不得不发，当得知朝廷已派兵南讨时，也只好硬着头皮，加紧部署，以做困兽之斗。他令侄儿李云领兵一万，驻守扬州城北三十里的枫坪寨，扼住宋军南进的必经之道，自己亲自督将士死守扬州城。

王审琦初任三军主帅，格外卖力，率军一路急进，很快来到了枫坪寨，指挥部队猛攻。那李云年纪尚轻，何曾见过这等场面？拼死守了三天，山寨失守，士卒一半死伤，一半投降，只有数十人侥幸逃回扬州城，李云本人也被活捉。

李重进得知兵败的消息，脸色陡变。他匆匆登上城墙，举目望去，只见宋军逶迤而来，旌旗林立，鼓角震天，不但人马甚众，而且气势颇盛，心里暗暗叫苦。他把牙齿咬得格格响，心一横，命令将士，把早已准备好的檑木、石块搬进墙头，防备宋军攻城。

依五代惯例，攻城多以高垒包围，断其外援为主要方法，因而攻克一座城池，往往需要耗费相当久的时间，甚至长达数年。但一来事出仓促，李重进尚未加固城墙，扬州的城防并不十分完备；二来王审琦立功心切，不愿打旷日持久的包围战。因此，王审琦既不建垒，也不立栅，一到城下，便令将士造云梯，于三日后，会同前来增援的南唐军队，开始攻城。

由于李重进已无路可退，拼命督战，攻城的宋军遭到了顽强的抵抗。无数的檑木、石块呼啸而下，砸得宋军血肉横飞；箭矢犹如飞蝗密雨，令宋兵防不胜防。战斗十分惨烈，宋军十余次进攻均被击退，城墙下尸体堆积如山。

王审琦冒着矢石，在城下指挥，左肩被飞石削去了一大片肉，鲜血染红了半边身子，仍然挥舞铁锏，声嘶力竭地督促将士攻城。

到了黄昏时候，城内的箭矢、檑木、石块都已用完，守军的战斗力骤然减弱，王审琦乘机发起又一轮猛攻，终于登上城墙，守军纷纷溃散。李重进山穷水尽，挥剑自刎。

主将一死，城内的将士无心再战，全部投降。王审琦本是凶暴之人，宋军攻城死伤无数，他本人也为飞石所伤，心中极是恼怒，若依其本性，只怕会大屠扬州。多亏赵匡胤临行前的一番叮嘱，他才咽下这口恶气，进城之后，收编降兵，安定百姓，除了将李重进一家杀个精光外，确未殃及无辜之人。

王审琦此番征伐扬州，从出兵到克城，前后仅十日，堪称速战之最。赵匡胤龙心大悦，封王审琦为武成军节度使，加中书令。此外，还特意在京城挑选了四名十五六岁的俊美少年，赐予他以充侍从。

宋主赵匡胤依仗其精兵良将，毫不留情地北平泽、潞，南伐扬州，诛除对朝廷怀有敌意的李筠、李重进，消弭了威胁宋室政权的两大隐患，并慑服各镇将领，使他们不敢稍有异心。赵匡胤的这些措施，在维护政权的稳定方面，取得了重大的胜利。

宋人所撰史书，多称李筠、李重进为叛臣，其实并非如此简单。宋之叛逆，岂非周之忠臣？故元人脱脱等人所撰《宋史》，专立《周三臣传》，载韩通、李筠、李重进三人事迹，以彰其气节。

南唐后主李璟得知李重进战败的消息，不由心中一阵后怕，又有一丝庆幸。如果当时耳根子稍软一点，答应李重进出兵的话，只怕现在这江南一隅，也就保不住了。庆幸之余，赶紧派徐铉为使者，带着贵重的礼物和自己的亲笔书信，前往开封，以示庆贺。

赵匡胤在崇元殿接见南朝使者徐铉，范质、赵普、陶谷作陪。徐铉来到殿中，行过叩拜之礼，道："臣徐铉奉唐主之令，前来向陛下致贺。祝陛下荡平叛贼，安定天下，永福万民！并献上白璧一双，明珠一颗。请陛下笑纳。"

赵匡胤令范质接过礼物，道："唐主揭露李重进叛乱阴谋，又遣兵助大宋平定扬州，其心可鉴，其功可嘉。徐学士远道而来，鞍马劳顿，朕特在偏殿设宴，既为卿洗尘，亦以叙故人之情也。"

筵席上，徐铉言语不多，脸色蜡黄，一副心事重重的样子。赵匡胤心里很欣赏他的才气和人品，又想故意为难他一下，便略带调侃地说："当年在泗州，徐学士大义凌云，铁骨铮铮，令朕好生佩服。为何今日却如此恭谨？"

"彼时陛下潜龙在渊，乃以臣礼相待；今日陛下飞龙在天，微臣焉敢再示傲慢？此其一也；我南唐目前国势日衰，偏居江南一隅；大宋国力方盛，如日中天。微臣前来以示亲和，愿陛下广施恩泽，存我江南一隅，自当恭谨待之，此其二也；在泗州时，陛下年轻气盛，语多伤人，今陛下持重稳健，使臣如沐春风，此其三也。"徐铉正襟危坐，不慌不忙答道。

"哦，这么说，若朕不以礼相待的话，莫非徐学士也要像在泗州一样，出言不逊，顶撞于朕吗？"赵匡胤脸色一变，紧紧逼问。

范质、赵普等人听了，都紧张地注视着徐铉，唯恐他言语不妥，惹赵匡胤生气。

徐铉将酒杯放在桌上，缓缓站起，对赵匡胤一揖道："回禀陛下，微臣生性如此，不敢虚言。倘若陛下视臣如草芥，则臣只能视陛下为寇仇，决不会甘心受辱，虽蒙斧钺汤镬，亦在所不惜！"

赵匡胤一愣，继而哈哈大笑："徐学士果然是名士风范！诸位爱卿，来，喝酒，喝酒！"

赵普手持酒杯，来到徐铉面前："徐兄乃江南名士，天下文豪。以此大才，屈居南唐弱邦，韬略无所可用，实在可惜！我大宋正是用人之际，陛下求才若渴，徐兄何不与我辈共同辅佐陛下，则必能大展宏图，遂平生之志也。"

"赵兄好意，徐某感激不尽。屈子云'鸟飞反故乡兮，狐死必首丘'。徐某虽不及先贤，却也不敢轻去父母之邦。南唐虽然积弱，亦唯有尽力匡救之，岂能弃之不顾？"

赵普见其语气黯然中透着几许悲壮。不忍再劝下去，黯然归座。

宴罢，送走徐铉，赵匡胤感慨地对赵普等人说："南唐有此直臣贤士，却仍国势委顿，实唐主之罪也！"

为了表示对李璟的安抚，赵匡胤令陶谷为特使，南下金陵。此时宋室强大，南唐地位近于藩国，以朝廷特使身份前往金陵，必定备受尊崇，风光无限；而且江南胜地，自古繁华，名山大川，江山秀丽，佳丽如云。乘出使之便，而尽游览之兴，岂不快哉！陶谷得了这个美差，乐滋滋地备好行装，即日启程。

从开封出发，经宋州、徐州，不过短短十天，就到了南唐地界。正是十月初，江南大地，丝毫没有初冬的萧索之气，青山绿水，蓝天白云，清风徐来，温润如玉，宛如阳春三月。陶谷兴致盎然，一路饱览江南山水。

陶谷一行，来到金陵郊外，早就有兵部尚书韩熙载、翰林学士徐铉等大臣恭迎。韩熙载本北海人，后唐明宗时，父亲被杀，只身逃奔江南。他擅长书法,工于诗赋,冯延巳病死后,即被李璟倚为臂膀,深受信任。李璟知陶谷是赵匡胤的心腹,不敢怠慢,乃令韩熙载亲率大臣迎于郊外,以示隆重之意。

韩熙载还特意为陶谷准备了一顶华丽的大轿,无奈陶谷执意不乘,说:“韩兄不必客气,陶某久闻金陵乃六朝古都,人物繁华,今日得此机缘,岂能放过!”韩熙载见陶谷有如此雅兴,只好作罢。

金陵城街道纵横曲折,民舍鳞次栉比,路面全由石板铺成,马蹄踏上去响声格外清晰。由于时代久远,有些繁华地段的石板光滑如镜,甚至被磨成了凹形,令人生出许多对历史的遐想。

陶谷骑着马,沿着街道慢慢走,不时停下来观看。那街道上来往的行人,男子多文雅清俊,女人则水灵妩媚。他注意到,金陵女子与北方女子相比,别有一番乖巧可人的韵味,尤其是眼睛灵动娇媚,犹如皓月下的秋水,巧笑倩兮,美目盼兮;再者,就是腰肢特别细,走起路来娉娉袅袅,婀娜多姿。

陶谷随韩熙载进了南唐皇宫,拜谒唐主,呈上宋主赵匡胤的亲笔御书,转达了宋主的嘉勉问候。李璟也对宋主的优宠表示感谢。无非都是一些客套和外交辞令,无须赘述。

拜见完毕,韩熙载领陶谷来到下榻的馆舍。这里濒临长江,环境幽雅。进得门来,只见客厅与卧室铺着红地毯,一色的檀木家具,装饰极为豪华。陶谷在客厅的太师椅上坐下,问道:“韩兄,不知唐主是否立了太子?”

“太子已立,他便是我主的第六位皇子李重光(即李煜)。太子今年二十四岁,英俊倜傥,文采冠世,精通音律,尤善填词……”韩熙载眉飞色舞,赞赏之情溢于言表。

陶谷听了,心中暗想,又是一个文弱无用的书生,南唐不足为患矣!便将话题一转:“韩兄,金陵乃烟柳繁华之地,今日一见,果然佳丽如云。听说韩兄府中美妾成群,韩兄可真是艳福不浅啊。哈哈……”

“陶兄不要取笑。在下亦闻陶兄颇有怜香惜玉的雅趣,常在花丛流连,莫非有意领略江南粉黛吗?”韩熙载富甲一方,权倾江南,家中歌妓多达百人,其沉溺女色之事,天下无人不知。而且,他知道陶谷亦好此道,故谈起女色,脸上毫无羞赧之意。

第二天一早,韩府的管家送来一位名叫荷香的丽人,说是给陶先生服洒扫铺席之劳。这荷香年方二九,妩媚妖娆,乖巧可人。陶谷虽然是此中老手,却从没有见过这等妩媚惑人的女子,早就心旌摇荡,难以自持。好不容易挨到天黑,迫不及待地将她拥入帷帐,欲成好事。谁料宽衣解带之后,才知荷香刚来了月事,好梦难圆,只得摸摸索索,聊解燃眉之急。

陶谷大为扫兴,次日起床,叫人把荷香送回韩府,还捎了一封信给韩熙载。韩熙载拆开一看,总共只有两句话:“巫山之丽质初来,霞飞鸟道;洛浦之妖姬自至,月满鸿沟。"他反复揣摩,百思不得其解,只好派人去将翰林学士徐铉请来。

徐铉接过信,一看那两句话,忍不住哈哈大笑起来。韩熙载见一向不苟言笑的徐铉,笑得如此厉害,心里更加纳闷。

"徐兄,这究竟是什么意思,为何如此发笑?"

"韩兄,陶谷那厮说的是女人的月事。他在怨你所送家妓,扫了他的兴致呢!"徐铉竭力忍住笑道。

韩熙载将信将疑,把荷香唤来一问,果然如此。他从徐铉手中拿过信笺,重新读了一遍,也忍俊不禁:"霞飞鸟道,月满鸿沟。这个老狐狸,也亏他想得出来!"

"陶谷文思敏捷,为人极其刁钻狡猾,连宋主都说他是一双鬼眼。这次他来金陵,还不知道打的什么鬼主意呢!韩兄,此公心机极多,以不得罪为宜。他几天后就要离开金陵,那'霞飞'、'月满'之憾,你还得设法弥补才好啊!""多亏徐兄提醒。陶谷那里,我自会让他满意。"韩熙载立刻派人,将府中一个叫红莲的歌妓,送到陶谷的馆舍。那红莲姿色妖娆,比荷香更胜几分,尤其是弹得一手好琵琶,令人倾倒。陶谷当晚夙愿得偿,极尽缱绻。那红莲浑身柔若无骨,两人颠鸾倒凤,陶谷更是如痴如醉。可惜长夜恨短,彩云易散,转眼就要别离,心中好生惆怅,于是填了一首《春光好》,让红莲弹唱:

好姻缘,恶姻缘,戏红莲,只得馆舍一夜眠,别神仙。

琵琶拨尽相思调,知音少,待得鸾胶续断弦,是何年?

后来,这支《春光好》的曲子,在金陵的教坊妓院风行一时。陶谷的风流韵事,也随之流传开来。

陶谷回到开封,将此番出使的情况,以及对南唐君主的看法,一一禀告赵匡胤。赵匡胤听了他的介绍和分析,便决定暂时撇下南唐,集中全部兵力和财力,对付北汉和西蜀。

没想到的是,陶谷的江南之行,竟然使南唐又苟延残喘了十余年。历史的偶然性和戏剧性,真是让人啼笑皆非。

赵匡胤暂时放弃了对南唐的军事行动,却对陶谷带回来的四名江南美女产生了浓厚的兴趣。其实,他并不是个贪图女色的人,可他毕竟是一国之君,而且才三十六岁,血气方刚,面对如此千娇百媚的美人,不由得怦然心动。于是将其带入后宫,只是瞒着太后和王皇后两人。

当晚,赵匡胤挑了一名少女前来侍寝。当他将那柔滑细腻的身躯搂在怀中的时候，突然感到一种前所未有的生理上的快感。更重要的是，他实实在在地体会到了作为君主的权威和惬意。

假如他没有当皇帝，以他的本性，也许会和自己的妻子相濡以沫，度过一生。然而现在他是君临万民的天子，拥有天下的一切，包括山川与土地、男人与女人……至高无上的权力，使“皇上”这一称谓有了特殊的内涵，似乎没有三宫六院和成群的妻妾，便不足以显示皇上的尊严。

此刻，他拥着那江南女子的身体，惊讶于那肤色的细腻洁白，它几乎没有纹理，如凝脂，如象牙，如软玉温香，在他那双惯于舞刀弄枪的大手的抚摸下，流动着乐曲一般美妙的节奏和韵律，这是他在绮云和细君身上，所无法体会到的。他以一种猎豹般的矫健和君主的自信从容，完成了一系列的动作，直到巅峰状态来临。其间，没有丝毫情感的牵绊，他感受到了一种前所未有的畅快。

赵匡胤尝到了甜头，从这以后，便仗着他年轻强壮的身体，日日与那几个江南女子盘桓，乐此不疲。

转眼将近年底，这天，赵匡胤又来到后宫，正和那几个女子尽情作乐，忽然听到门外的小太监急急喊道：“太后驾到！”他脸色“刷”地白了，连忙吩咐几个女子，赶快躲避。但已经来不及了，太后在皇后细君的陪同下，径直走进房中。

太后也不吭声，在凳子上坐下，脸色极为难看。赵匡胤情知不妙，赶紧跪下道：“儿皇不知母亲驾临，还望母亲恕罪！”那几个女子，也赶紧跟着跪下，身子筛糠似地抖动。

太后望着地上那几个衣衫不整、酥胸半露的女子，嘴唇微颤，铁青着脸道：“大白天在宫中狎妓，成何体统！——来人哪！给我把这几个小妖精拖出去，凌迟处死！”

那几个少女一听，连连在地上叩头，哭着说：“太后饶命，奴婢知罪了！太后饶命啊！”

赵匡胤心中恻然，上前求情道：“母后，你老人家息怒。千错万错，都为儿的错，请娘网开一面，放过她们吧。为儿保证，以后再也不敢放肆了！”

太后瞪了赵匡胤一眼：“你也知道这是错，是放肆？你乃当今皇上，犯了错也不能惩治，唯有处死这几个小妖精，或可使你悬崖勒马——你们为何还不动手？”

那些侍卫都清楚太后厉害，说一不二，只好遵命。

眼看那几个如花似玉的少女就要殒命，细君跪下道：“母后息怒。这几个女子虽然迷惑君主，罪在不赦，可救人一命，胜造七级浮屠。望母后慈悲为怀，免其一死！”

赵匡胤满怀歉意地看了细君一眼。细君心中一酸，偏过头去。

太后沉思片刻，说："好吧，看在皇后的分上，饶你们一命！来人啊，把这几个小妖精带出去，每人重打五十大板，发配西北军中，充当官婢，终身不得返回京城！"

几个少女谢过太后，哭哭啼啼地被侍卫带走了。

第二十九章　太后忠言劝宋主　太后临终立储君

太后让众人退下，用平和的语气对赵匡胤说道："胤儿，你或许认为母亲太过严苛，但是你知道我的良苦用心吗？"

赵匡胤看着他的爱妾被押走，感觉这个皇帝实在太窝囊，闷声答道："自古以来，哪一个帝王不是妃嫔成群？一直以来，儿皇都对母后的话言听计从，不敢违背。这次南唐献来美女，偶尔亲昵，好像并没有错！"

"胤儿，你实在糊涂！为娘并不反对你充实后宫，但现在国家根基未稳，北方失地尚未收复，南有列国虎视眈眈，哪里容得你依红偎翠？况且，即使以后形势稳定，亦须挑选那些贤淑端庄、知书达理的女子，切不可唯色是求，乱了宫中的纲纪！"

"为儿虽然有些放肆，但并未因此荒废政事！"赵匡胤心里不服，嗫嚅着说。

太后眉头一皱，提高声音道："岂有此理！胤儿，你扪心自问，这一个多月来，你除了照例临朝，还做了些什么？你以为南唐进献美女是一片好心吗？他们是希望你沉迷声色，意志消磨，以削弱大宋对他们的威胁罢了！我从前说你尚未更事，你还不服。现在身为帝王，依然如此，如何令娘不担忧！"

赵匡胤张口结舌，说不出话来。他不得不承认，这一个多月，许多公文未能批阅，整顿禁军的计划亦未制定，北汉的动态半点不了解，外镇将领的情况心中无数。长此以往，后果不堪设想！他擦了擦额上的冷汗，偷偷瞧了母亲一眼，那张熟悉的脸上布满了皱纹。岁月无情啊，她真的老了，然而，她还要为自己、为国家操心。在对母亲的教训心悦诚服的同时，赵匡胤心头还涌上一种巨大的负疚感，他诚挚地轻声说："娘，为儿知错了。"

太后长长吁了口气："知错就改，善莫大焉。你登基未及一年，先屠泽州，后迷女色，也不知将来还有何事发生。为娘身体一天不如一天，娘一旦撒手西去，当今天下，还有谁能约束你呢！"

太后顿了顿，接着说："胤儿，则平贤侄忠心耿耿，老练持重，可以相国；细君生性善良贤惠，知书达理，可以助你主持后宫。凡内外大事，当多跟他们商量。又忠言逆耳，良药苦口，诸臣进谏，当择善而从。为臣易，为君难啊！"说完，发出一阵剧烈的咳嗽。

赵匡胤和细君不约而同地起身,在太后的背上轻轻地捶拍。两人相视,默然无语。

新年一过,赵匡胤开始处理那些积累下来的公文。在众多的奏折中,潘美关于改革兵制,加强禁军的建议,引起了他的重视。

潘美认为,要想提高对外作战、对内宿卫的能力,就必须有一支由朝廷直接控制的强大禁军。为了达到这一目的,可建立“拣选淘汰”的制度,即从各州选拔精壮士卒,升入禁军,将禁军中的老弱淘汰,遣回各州,仍旧给予俸禄。其实这一做法,早在周世宗时就采用过,只不过多为临时性的权宜之计,而没有形成固定的制度而已。

自从平定李筠、李重进之后,赵匡胤考虑最多的,一是南征北伐,统一天下,二是如何削弱诸将兵权,杜绝兵变的可能。依潘美的计划,既可削弱诸将兵权,又可加强朝廷之力,可谓一举两得。

赵匡胤兴奋起来,手持奏折,在殿中来回踱步。这个计划一旦施行,对朝廷有百利而无一害,问题在于各镇将领是否接受。如果因此引发诸将的不满,联兵抗命,反而会弄巧成拙。

为稳妥起见,赵匡胤把赵普、慕容延钊、石守信、潘美等人召进宫来商议。赵普说:“目前朝廷的禁军实力,已自不弱,而且外有韩令坤、王审琦等心腹将领为支撑,诸将决计不敢抗命。依臣看来,此计应当尽快实行!”

“以你看来,该如何实施呢?”

赵普思索了一会道:“外镇将军中,以符彦卿兵权最大,陛下只要能派人说服符彦卿,请他带头支持朝廷,其他外镇诸将,断然不敢拒绝!”

赵匡胤想,这符彦卿,历晋汉周三朝,累为外镇大将,他的几个女儿,皆长得天姿国色,一个嫁给周世宗柴荣,一个嫁给自己的弟弟赵光义,尊荣无比。只要能啃下这块骨头,兵制改革就可以大刀阔斧地进行了。赵匡胤左思右想,决定让弟弟光义以探亲之名,去探探虚实。

正是阳春三月的时节,赵光义带着妻子符氏,来到天雄节度使符彦卿所在的永济。翁婿相见甚欢,赵光义趁谈话融洽之机,将朝廷之意和盘托出。

符彦卿为人极其精明圆滑。他深知赵匡胤扩大禁军,乘机削弱藩镇势力的决心已定,赵光义此番前来,只是探他的口风而已,不管他同意与否,选兵制度实施是一定的!与其徒劳相抗,还不如顺其心意,尚能保住现有的地位。因此,赵光义一说,他马上表示同意。赵匡胤听了光义的报告,大喜过望。他原以为符彦卿作为周氏的姻亲和旧将,不会积极与朝廷配合,至少也要费一番周折,没想到事情会如此顺利。

赵匡胤立即签署了拣选淘汰禁军的敕令,火速发往各镇。诏令除边境地区外,其余部队都要做好挑选兵员的准备。同时,又派石守信在京城禁军中，挑出一千多名精壮士兵，作为选兵的“兵样”，分送各地，强调各镇将领必须按兵样选送，切不可敷衍了事或降格以求。

四月，各镇将领得到朝廷敕令，起初尚自徘徊观望，后来知道符彦卿带头选兵，这才开始行动。五月，符彦卿选送的三千名禁军新兵抵达京城。接着，安远军节度使武行德、护国军节度使郭从义，也陆续将精心挑选的劲兵送往开封。

从四月份开始，赵匡胤就以一种紧张的心情，密切注意诸将的态度。现在见各镇选兵源源不断地送来京城，进展得非常顺利，心中十分高兴，久蹙的眉头舒展开来，脸上堆满了笑容。

六月初，各路的选兵基本到齐，累计六万余人，加上原有的禁军，总共达到十二万人众。朝廷直接掌握如此众多精锐的部队，这在晚唐五代，是从未有过的事。这意味着朝廷不但有足够的力量剿灭任何形式的外镇兵变，也可以不借助外镇的军队，单独征讨南方诸国和北汉。

这一天，赵匡胤和赵普、慕容延钊等人，在讲武殿研究禁军编制、训练、军饷等一系列迫切的问题。赵匡胤没穿龙袍，而是身着便服，精明干练，显得格外兴奋。正在这时，宫中一个内侍匆匆来到殿中，对赵匡胤道：“陛下，不好了，太后病重！”

赵匡胤脸色大变，厉声喝道：“大胆奴才，太后病重，为何不早告诉朕？”

内侍跪在地上，战战兢兢回答：“启禀陛下，太后前天晚上开始发病，她知道陛下忙于政事，不准宫中人告知陛下。皇后娘娘见太后病情加重，才让奴才前来禀告。”

赵匡胤也顾不得骂那小太监，也顾不得满殿的大臣，急急忙忙赶往慈宁宫。到了慈宁官，见细君和儿子德昭，正坐在床前侍奉。太后杜氏双目紧闭，气息奄奄，躺在宽大的檀木床上。

赵匡胤蹑手蹑脚地走到床前，将细君拉到一边，轻声询问母亲的病情。细君压低声音说：“这几天，母后老觉得气闷胸堵，前天晚上剧烈咳嗽不止，召来太医诊治，说是长年劳累，体内寒热不调所致。服了几剂药，稍有好转。谁料今日又突然复发，我心里害怕，就派内侍前去禀告你。刚才给她喂了一点银耳羹，呼吸均匀了些，现已睡去。母后若病情加重，我……我真不知该怎么办！”说着，不禁低泣起来。

赵匡胤右手扶住细君的肩膀，左手拭去她脸颊的泪水，说：“你别急，母后一生信佛，佛祖会保佑她的！”

正说着，太后又开始咳嗽。细君赶紧走过去，用手轻轻在她胸口推拿。赵匡胤站在床前，望着母亲那干瘪如核桃一般的脸、深陷的眼窝和稀疏枯涩的白发，回想起母亲为了维持家庭、抚育儿女，含辛茹苦的一生，心里一阵酸楚，眼泪几乎夺眶而出。

一会儿，太后缓过神来，睁开眼睛道："胤儿，怎么你也……来了？"

"娘……为儿不知道母后生病了……"赵匡胤的话语里充满了歉疚。

太后喘息着说："娘知道你最近一直在忙着整顿禁军，那是国家大事，你……去吧，这里有……细君在……"

"不，我一定要留在母后身边……那些事已经商议好了。"

太后叹了口气，疲惫地合上眼睛。

赵匡胤伸手抹了把眼泪，轻轻走到房外，将几个御医召来，脸色阴沉道："太后的病情到底如何？能否治好？你们倒是说啊！"

几个御医你看我，我看你，谁也不愿意开口。

一位胖胖的御医犹豫地说："陛下，实不相瞒，太后的病乃起于积劳体衰，非药物所能及也。即使华佗再世，亦无法可想。臣等无能，请陛下治罪！"

御医们一齐跪在地上。

赵匡胤半晌无语，骂声："一帮庸医！"拂袖走进内室。

他凝视母亲，心中默默祈祷："朕平生不信佛教，今日为母后之病，祈愿于佛祖。若能保佑母后康复，朕定修建寺庙百座，并在开宝寺做一场三百六十五天的大法事。"

佛祖似乎并未因为赵匡胤的虔诚与许诺而格外垂顾，太后的病依然时好时坏。他白天黑夜守在太后床边，须臾未曾离开，整整熬了三天。太后见他满脸倦意，两眼布满血丝，多次要他去休息，他执意不肯。

这天下午，太后感觉好了些，喝了几口红米粥，靠在床头，对赵匡胤吩咐道："去把光义和赵普召进宫来，我有话要说！"

两人来后，太后问道："匡胤，你登基已一年有余，可曾想过何以能得天下？"

赵匡胤答道："皆是天命所归，祖宗庇佑，将士拥戴之故。"

太后微微摇头说："非也！周世宗以幼子继承大统，孤儿寡母当政，我赵氏方能得到天下。前车之覆，后车之鉴，为使我大宋享祀万代，你百岁之后，当将帝位传给光义，光义传光美，光美再传汝子德昭。如此，则国无虞矣！"

赵匡胤觉得难以接受，默不作声。赵光义内心自然高兴，但因过于突兀，表情似乎有点慌乱。太后见他面有难色，提高了声音说："胤儿，莫非你不愿意？"说完，忍不住又咳了几声。

赵匡胤见母亲生气，而且心想自己年纪尚轻，传位之事实在太过遥远，便轻语道："一切听从母后安排。"

"那就好！"太后又转头对赵普道："则平贤侄，今日之言，烦你用笔记下来，日后好作凭据。”

赵普心中作难，抬头看了看赵匡胤，见他点了头，只得取过一方白绢，记下太后遗命，立下誓书，又署上日期和自己的姓名，让太后过目。太后仔细看过，令人将绢书收藏于金匮之中，好生保管。

也许是太后病中智短，也许是她太偏爱赵光义了，总之，她的这一遗命，给宋室皇位的承袭，带来了很大的麻烦。后来赵光义即位，千方百计迫害弟弟光美和侄子德昭，几乎酿成同室操戈的惨剧。而且，赵光义最终也没有将皇位传给弟弟光美，而是传给了自己的儿子，太后的遗命终归未能遵从。当然，反过来说，如果没有杜太后这一遗命，就没有了赵光义（宋太宗）二十余年的太平天子，也没有了宋代文化事业的一度辉煌。

交代完毕，太后又爆发出一阵剧烈的咳嗽，双眼翻白，接着不省人事。赵匡胤令人速召太医，细君急得直抹眼泪。

赵匡胤默然来到寝宫外，再一次祈求佛祖保佑："母后笃信佛祖几十年，佛祖定要保佑她老人家逢凶化吉，转危为安。若佛祖无情，丧朕母后，朕将效法唐武宗，禁毁佛教，以示惩处！"此时的赵匡胤，悲伤难抑，几乎丧失了理智。

然而，无论是太医的良药，还是赵匡胤的祈求威胁，都不能挽救太后的生命。次日凌晨，太后崩于慈宁宫，终年六十岁。

太后过世，赵匡胤悲伤过度，几乎大病一场。调养数日，稍有起色，但仍然精神抑郁，既不上朝，也不理政，整整三个月未出宫门半步。幸亏范质、赵普、慕容延钊、石守信等文武大臣各司其职，将内外事务处理得井井有条，才没有出什么乱子。

十月，太后葬于宣祖皇帝陵墓旁，谥为昭宪皇后。赵匡胤在双亲墓前大放悲声，尽恸而归，回到京城后还是打不起精神，经光义和赵普反复劝说，才勉强打理朝政。

却说王仁自从下了顺阳山，随赵匡胤来到京城，一直任殿前金枪班班头。赵匡胤身登皇位后，故旧亲信都得到提拔，唯独他因为一怒之下，杀了韩通全家老小，引起公愤，不便提拔，故仍任旧职。赵匡胤私下许诺，过一段时间，再另行重用。

王仁喜滋滋地信以为真。不久，赵光义调任开封府尹，殿前都虞候一职空缺，他认为此职非己莫属，不料，赵匡胤却将这一职位授予张琼，只是将自己调为京城巡检而已。

王仁心中失望，由失望而生怨恨。上任之后，终日与空明、清风等昔日顺阳山的兄弟们，酗酒赌钱，嫖妓狎童，甚至向大户人家和店主勒索钱物，搅得京城一片恐慌。

朝中大臣虽然有所耳闻，但知道他是宋主旧部，而且时值太后新丧，赵匡胤沉浸于悲痛之中，根本无暇管理此事。王仁一时得以飞扬跋扈，竟如强盗一般。

禁军中赵匡胤的旧部，也仗着往日的功劳，嚣张跋扈，无视军纪，骚扰平民，京城里奸淫妇女、抢劫店铺的事情，时有发生。

一天深夜，王仁、空明等十来人，从倚香楼喝花酒出来，一个个面红耳赤，酒气熏天，走路摇摇晃晃。空明打了个响亮的饱嗝，醉醺醺地对王仁说："大哥，这些年在朝廷当兵，受尽了鸟气，哪里比得上顺阳山那逍遥快活的日子！这样下去，也不过是给人卖命，还不如使法子弄些金银，回去做我们的山大王来得痛快！"其他人也七嘴八舌地附和。

王仁脸上油汗直冒，用衣袖擦了一下，边走边说："兄弟，如今可不比从前。陛下英武，哪容得你立寨为寇！若能天天如今日一般逍遥快活，倒也不逊于当山大王。不过，哪来那么多银钱，供你我弟兄享用？"

"这还不容易！大哥身为京城巡检，向那些富商要几两银子，谁敢不从？"空明大大咧咧地说。

"那般零敲碎打，未免麻烦，总归要找一条更大的财路才好。"

这时，众人已走到大相国寺附近，空明停下脚步，似笑非笑地对王仁道："大哥，这里便有大财路，看你有没有胆量了！"见王仁一脸迷惑，空明指着胡同尽头那盏写着"王"字的大灯笼说："宰相王溥的府第，就在这胡同里！据说王溥这个老狐狸，敛财无数，大哥何不向他借点儿银子用用？"说完笑了一声，继续向前走。

走了几步，却发现王仁依然呆在那里，空明转身道："大哥，走吧！我不过说着玩儿罢了。那王溥乃当朝宰相，谁敢去惹他？"

"鸟球！王溥一介书生，又能成得何事？打天下还不是要靠我们！"王仁酒气直往上冲，瞪着发红的两眼叫道："走，跟我进去坐坐，看他能咬掉我王仁的球！"

一行人走进胡同，王府大门前十分安静。王仁走上台阶，抓起门上的铁环使劲地敲打。王府的家丁以为是朝廷有事，连忙开门。王仁一伙，不管三七二十一，一齐拥了进去。家丁大惊失色，大声喊道："这里是宰相府，你……你们要干什么？"急忙上前阻止。王仁眼都不抬，劈手一巴掌，家丁扑通一声跌倒在地，手里的灯笼在地上滚了几滚，熄灭了。

王溥听到动静，急忙穿衣起床，带几个家丁过来察看，正好碰到王仁一伙往里面走。王溥暗自皱眉，拱手作礼道："不知王将军深夜光临寒舍，有何见教？"

王仁一时语塞，敷衍道："末将等夜巡，路经贵府，又饥又渴，来讨杯茶喝。不知宰相可否赏脸啊?”

王溥素闻王仁凶悍,又见他满口酒气,唯恐他闹事,只得带他们到客厅,令人好生伺候着。空明见端茶的一个丫环,模样标致,心痒难耐,仗着酒劲,在她的屁股上捏了一把。那丫环痛得尖叫一声,跑出去再也不敢进去。

第三十章 王仁深夜戏周后 宋主微服朱雀门

王溥被气得脸色泛白，厉声质问道："王将军，你身为巡检，应该以身作则，但是现在你不但不去维护京城的治安，反而夜入相府，挑衅滋事，难道就不怕圣上怪罪吗？"

"哈哈，宰相大人，你要去尽管去吧，当今圣上就是我大哥，能把我怎样啊？"

"王将军，你今晚来到相府究竟是什么意图？"

王仁抬起油乎乎的手，在油光发亮的头上摸了摸："明人不说暗话，兄弟我最近手头有些紧，想来贵府借五千两银子，以解燃眉之急。你我同姓王，三百年前是一家，互相接济原本是分内之事。哈哈！"

王溥心中冒火，拍着桌子高声呵斥："大胆！朗朗乾坤，堂堂相府，岂容你在这里撒野！"

王仁倏地站立起来，抽出腰刀，用力一劈，只见刀光闪处，那张朱漆梨木八仙桌被削去一角。王仁满脸杀气，面露凶光，恶狠狠地说："今天你借也得借，不借也得借，否则老子将你这王府上下，杀个天翻地覆！"

空明等人也纷纷拔出兵器，围了过来。王溥见势不妙，只好咽一口气，乖乖地献上五千两银子。王仁笑嘻嘻地接过银子，大摇大摆地走了出去，留下王溥一家人又怒又怕，自叹倒霉。

第二天一早，王溥坐着轿子急急进宫，向赵匡胤禀明此事。

赵匡胤一听，龙颜大怒，急召王仁进宫，责令他将银子悉数归还王溥，并亲自去宰相府，向宰相谢罪。王仁心中虽然一万个不愿意，见赵匡胤动了真怒，也不敢违背旨意，只好向王溥认错。然而江山易改，秉性难移，事情一过，他照样喝酒赌博，胡作非为，并没有因此而有半点收敛。

十月底的一天，王仁在城东的一家酒店喝酒出来，醉意陶然间，忽然看到一个雍容美丽的少妇，前往开宝寺上香。那少妇体态丰满，明眸皓齿，一举一动透出无穷的韵致。王仁如猫儿闻到了腥味，双眼发亮，紧紧地盯着她那窈窕的身段，唾沫直往肚里咽。

他暗暗守候在寺外，直到那少妇烧完香，登上八人大轿，他便一路悄悄尾随而去。

跟着那轿子出了东门，走了约两里地，来到一座树林掩映的豪华庄园。

王仁眼睁睁地看着大轿进了庄子，心中好生惆怅，向附近的住户打听，才知道这是前朝君王周世宗的后妃、儿女所居之处，人唤“柴家庄”。

王仁恍然大悟，推想那上香的少妇，一定是周世宗的皇后符氏。早听说符氏国色天香，有闭月羞花之貌，今日一见，果然名不虚传。若能与此丽人、昔日国母尽一夕之欢，牡丹花下死，做鬼也风流啊！

俗话说，色胆大如天。王仁一生不知玩过多少女人，却没有见过像符氏这般妖娆多姿的，如今情迷意乱，如走火入魔一般，也不考虑后果，便起了劫色之心。

王仁回到巡检府，挨到天黑，换了一身黑色的紧身衣裤，裹着黑色头巾，只留一双眼睛露出来，趁着夜色，飞快地出了东门奔柴家庄而去。

柴家庄尽管有高大的围墙，又有数十名庄丁防守，在惯盗王仁眼中却形同虚设。他如一道黑色的闪电，纵身上了墙头，跳入庄内，施展夜行的功夫，四处逡巡观察。

王仁窜过几排房舍，走到一幢建筑华美的平房前，便悄无声息地溜到窗下，用手指沾着唾沫，轻轻捅破窗纸，眼睛凑过去一看——只见房内烛光下，符氏身着小衣，胸前的红肚兜，将那张瓜子脸映衬得格外娇媚；一双嫩藕似的手臂露在外面，发出象牙一般的光泽。王仁淫心突跳，却也不敢轻易下手，深吸了一口气，隐在廊柱的阴影里。

过了一会儿，房中的灯熄了。他压住心中的欲火，静静地等待，直到估摸着房里人睡着了，才悄悄跃近房门，掏出匕首，熟练地拨开门闩，迅速溜了进去，反身闩上房门，便迫不及待地朝床上扑去。

王仁是个采花高手。他掀开帷帐，立刻将一块手绢塞到符氏嘴中，以防她叫喊。符氏猛然间被他塞住嘴巴，又惊又怕，哪里还喊得出来？王仁一招得手，色胆大振，一把扯去符氏的肚兜和内衣，双手在那两只柔软温热的乳房上粗暴地抓捏，随即又撕去她的内裤，大手伸向她两腿之间。可怜符氏也是一代皇后，却只能眼睁睁地被他轻薄。

王仁将符氏全身摸了个遍，那滑腻的肌肤令他热血奔涌，欲火如焚，他心急火燎地开始脱自己的裤子；一不小心，符氏挣脱了一只手，飞快地扯出口中的手绢，拼命高喊：“来人啊，有强盗！”

王仁一怔，知道今晚好事难成，连忙系上裤带，骂了一声“臭婊子”，撒腿向外跑去。临走时，还不忘在符氏的乳头上使劲拧了一把，痛得她发出一声凄厉的尖叫。

符氏的喊叫声惊动了巡夜的庄丁，众人提着灯笼，从四面八方赶了过来。王仁刚出房门不远，迎面碰上三名庄丁，他担心被人认出，回头就要跑。情急之中，头上的黑头巾，被一根斜逸的树枝挂了下来。王仁又急又怒，也顾不上拾头巾，手脚并施，将冲过来的几名庄丁击倒在地，几个纵跳，消失在黑暗之中。

符氏受了这番羞辱，又气又恨，可想不出何人这么大胆，敢来柴家庄撒野。要告官，都没有个证据。次日一早，就向巡夜的庄丁仔细打听询问。

庄丁中有的人是从宫中跟来的旧仆，认识王仁，而且王仁的脑袋比一般人大得多，光头麻脸，特征十分明显，一口咬定昨晚的强徒就是他；又有人呈上一条黑头巾，那是殿前诸班统一发放的军用品，可为物证。

符氏是个心思细密的女人，听了众人的话，考虑了一会儿，吩咐此事暂不得外传，当天写了三封信函，令人火速分头送交宋主赵匡胤、父亲符彦卿和妹夫赵光义。

赵匡胤看了信函，气得两眼直冒火星：这王仁太不像话了，刚刚勒索完宰相，紧接着又企图强暴周后，若不惩治，如何向周室旧臣交代？

正在踌躇间，赵光义怒气冲冲地来到宫内，愤然道："陛下，王仁夜入柴家庄，欲对周后图谋不轨。不杀不足以谢天下！"说着，将一条标着记号的黑头巾递给赵匡胤。

赵匡胤皱着眉头想了想，恐怕符彦卿也早就知道了，决定先把王仁抓起来，弄清实情再说，便令殿前都虞候张琼速领三百军士，随赵光义往巡检府逮捕王仁，审理事宜由开封府全权负责。

王仁在柴家庄失手，担心赵匡胤怪罪，本来想要逃跑，可是转念一想，或许不致被人认出，再说自己好歹也曾有大功于宋室，无论如何，皇上都会顾念旧情，网开一面的。于是依然回到巡检府，仿佛没事人一样。等到赵光义、张琼率兵来到他的府里，才知道大事不妙，悔之晚矣，只好束手就擒。

赵光义将王仁带往开封府衙署，摆出人证物证，大刑一施，王仁当堂招认了私闯柴家庄、侮辱周后的事。

赵光义将他下在大牢中，立即进宫面见赵匡胤。

赵匡胤听说王仁已经招认，不觉左右为难。此事若发生在其他人身上，自当杀无赦，可王仁是从顺阳山带出来的人，多年来跟着自己南征北战，出生入死。清流关一役，若非他和李良拼死相护，自己能否保全，实难预料；而且陈桥兵变，他诛韩通、逼范质，虽然过于残暴，对宋室倒也是一片忠心。

赵匡胤沉思良久，说："光义，王仁确实罪大恶极，但他有恩于朕，有功于朝廷，杀之则令将士心寒，以降职或贬出京城为宜。你觉得如何？"

赵光义斩钉截铁地说："陛下，王仁肆意妄为，竟欲强暴周后，实属罪不可赦，不杀不足以平人心；况且眼下京城驻军纪律松弛，百姓不堪其扰，若不断然整治，只恐局面难以收拾！"

两人意见相左，赵匡胤召范质、王溥、慕容延钊进宫商议。

范质、王溥对王仁恨之入骨，只因平日有所忌惮，不敢多言，此时见有机可乘，岂能放过？于是将王仁不循职守、横行无忌的种种劣迹，一一揭出，力主严惩。赵普、慕容延钊等人，因长年与王仁同处军中，感情甚笃，皆尽力为之开脱死罪。

正在双方各执一端，争得面红耳赤的时候，内侍禀报，符彦卿求见。赵匡胤、赵普听了，都不由得脸色一变。符彦卿位高权重，轻易不出永济，此番进京，必为女儿受辱一事。他若坚持处死，王仁焉得有救？

符彦卿满头银发，一身戎装，来到殿中，跪拜叩首道："臣符彦卿，恭祝陛下万岁、万岁、万万岁！王仁不法一事，想必陛下已经知情。小女无端受辱，老夫深感痛心。若陛下顾念旧情，不杀王仁，则老夫唯有死于陛下面前！"

赵匡胤连忙安抚道："有事慢慢商量，老将军快请起来。"

"陛下不杀恶贼，老夫决不起来！"

范质、王溥也一齐跪下，敦请赵匡胤痛下决心。

赵匡胤见二人帮着符彦卿胁迫自己，心中不快，狠狠地瞪了他们一眼。他站起来，望着跪在殿前的符彦卿，不知怎么办才好。

这时，赵光义走上前去，轻声说道："陛下请仔细考虑，国法与王仁之间，究竟孰轻孰重？况且杀了王仁，亦可给那些恃宠横行的旧部一个警告，未尝不是一件好事啊！"

赵匡胤紧抿双唇，铁青着脸，在御座前走来走去，众人的眼光，也紧紧地追随着他，殿中一片死寂。过了好一阵，赵匡胤终于停了下来，右手一挥，大声喊道："罢了，罢了。你们硬要陷朕于不义，就杀了他吧！"说罢，轰然跌坐在御座上。

王仁本来还抱着一丝侥幸，希望能保住一条命，一听赵匡胤真的要杀他，几乎不敢相信，在监牢里大吵大闹，嚷嚷着要面见皇上。赵匡胤不忍见他，只是令人送去一桌丰盛的酒菜，算是临终饯行。

临死之前，王仁在大牢中自斟自酌，喝得酩酊大醉，对狱卒说："我本强盗，人一个，卵一条，死不足惜！烦你转告陛下赵大哥，就说我王仁悔不该不听空明、清风的劝告，轻易地离开了顺阳山！"

王仁被杀之事，在禁军中产生了极大的震动，从前那些居功跋扈的将士心中忌惮，有所收敛，京城的治安也好了许多。

空明、清风满怀怨恨，埋葬了王仁的尸首，突然带着三百多名顺阳山的老弟兄不辞而别，去向不明。

连日来，赵匡胤一直闷闷不乐。这天吃过晚饭，正在书房中翻阅兵书，无意中，又看到了李良留下的那块绿色玉佩，往事历历浮上心头。他心事重重地走出书房，在外面的走廊上呆呆地站了片刻，令人召来张琼道："张琼，你速备好马车,朕要出宫一行。"

张琼吃了一惊:"陛下初登君位,人心未安,现在天色将晚,陛下乘舆出宫,倘有不测,末将如何担当得起?"

赵匡胤眉头一皱道:"你怎么也变得如此啰嗦起来了?生死有命,富贵在天;况且朕微服出行,谁人知晓?朕心中憋闷,欲出去散散心,你快去准备吧!"

"陛下打算去哪里?"

"去赵普家!"

赵普的府邸在朱雀门东边的街上。赵匡胤身披大氅,坐在车内,听着车外呼呼的风声,思绪纷繁如一团乱麻。他喝令侍卫催马急行,清脆急促的马蹄声,踏破了夜晚的寂静。

车舆出了朱雀门,车速慢了下来,然后向左一拐,驶进一条幽静的街道,又走了二十余丈,缓缓停住。张琼打开车门,赵匡胤大步跨出,径直登上赵府的台阶,侍卫们迅速围在他的四周。张琼举手叩门通报。

赵普此时正在与陶谷闲聊,听说皇上微服来访,慌忙出去,将赵匡胤迎至客厅,叩首行礼,又喊出妻子魏氏和儿子承宗、承旭,拜见皇上。

赵匡胤见魏氏下拜,连忙挥手道:"嫂子不必多礼!"魏氏坚持要拜,他只好欠身受之。

赵匡胤四处环视,这客厅虽不大,但家具都是贵重的紫色檀木,透出古朴高雅之气;地上铺着华贵的羊毛地毯,显然来自西域。再看来往忙碌的丫环,竟然也一个个身着鲜艳的锦缎。他不由想道,赵普这老狐狸,装得满袖清风,倒还真会享受。

赵匡胤正要调侃几句,赵普问道:"陛下夜晚亲临敝舍,莫非有何要事?"

"非也。朕偶尔见到李良临走所遗之物,不禁黯然伤神,又思及王仁被戮,空明、清风离去,故旧云散,心中郁闷,便出宫随便走走。若非来此,又怎会知道一向清廉的赵则平,竟然有如此高雅华丽的客厅呢?"

"陛下见笑了。穷闾俗物,只恐污了陛下之眼!"赵普一阵心慌,连忙转移话题:"臣以为李良本性淳厚,心存慧根,确系佛门中人,其脱离尘俗,未尝不是一件好事!至于王仁,其咎皆由自取,实在怨不得他人。陛下万勿思虑太多,为小事所牵。"

陶谷插嘴道:"区区一个王仁,存之不足喜,失之不足忧,何劳陛下思虑?倒是眼下有一件关乎社稷兴亡的大事,陛下不可不慎重对待啊!"

"学士所言何事,如此重要?"赵匡胤问道。

陶谷欲言又止,侧身望了望赵普:"臣未便言,还是则平兄说罢。"

赵匡胤转向赵普,见他忧虑重重的样子,催他道:"爱卿何必故作高深?

只管道来,无须顾虑!”

赵普脸色凝重,缓缓说道:“此事非同小可,稍有不慎便是一场大灾难,还望陛下切莫将我二人所言,道与外人!”

“你也未免太轻看朕了!”

赵普说:“陛下,从唐末以来,数十年间,八姓十二君,篡窃相继,战乱不休,圣上以为是何原因?”

“皆因大将手握兵权,藩镇拥兵自强也。然现在朝廷禁军强大,各镇节度使兵势日渐削弱,已非昔日可比,尚复何忧?”

赵普稍稍迟疑,又说:“臣以为可忧者,正在禁军也!目前禁军已多达十二万余人,且皆精锐。以此兵力,足可睥睨天下。陛下虽圣明,广得人心,却也不可高枕无忧。那典兵诸将中,万一有不臣之心,乘间窃发,祸起萧墙,则社稷危矣!”

赵匡胤不以为然:“禁军诸将,都是朕的故旧亲信,想必不会有此野心。你也太过虑了!”

“臣亦并非疑其不忠,然遍观诸人,皆无统驭之才。若出征在外,将士胁令生变,吾恐其身不由己,祸乱即生。故为陛下计,还是慎重为好。”

赵匡胤默然颔首,若有所思。君臣聊得兴起,赵匡胤至深夜方才起驾回宫。

赵匡胤回到宫中,反复思量赵普、陶谷的话,辗转反侧,难以成寐。此二人的话,决不是危言耸听。禁军控制在他人手中,终归是个隐患。可禁军里,都是自己的兄弟故旧、创立宋室的功臣,怎样才能去之而又不引起群愤?

他躺在床上左思右想,好不容易才入睡。迷迷糊糊之中,仿佛听到宫外人声鼎沸,喧嚣不已,他心中一惊:不好,是禁军兵变!刚要起身,又见王仁手持利剑,红着眼,直奔过来,逼他交出皇位。赵匡胤大怒,举起浑天棍奋力劈去,却忽然被人用兵器挡住,定睛一看,竟然是李良!他连声喊道:“李良,李良!”伸手去抓李良的胳膊,一把抓在又硬又冷的床板上,猛然醒了过来。

细细思量刚才的梦境,他无心再睡,披衣靠在床头,呆呆地一直坐到天明。

几天以后,赵匡胤在御书房单独召见慕容延钊,向他询问禁军整编和训练方面的情况。慕容延钊非常详细地一一介绍,兴奋地说:“陛下,这十余万禁兵皆为精壮,乃唐末以来所未曾有。若将此制度坚持下去,并适当加大各镇选兵的配额,数年之内,禁军可达二十万。如此,则陛下统一天下的宏愿可成矣!”

赵匡胤望着慕容延钊那张略显苍老的脸和斑白的头发,感慨地说:“大哥,当年我们兄弟三人,在洛阳大闹枣树林,结义白龙潭,后来又投身军伍,效命沙场,那种痛快淋漓的日子,实在令人留恋啊!"

"陛下现在君临天下,治理万民,将来还要统一南北,建立万世不朽之业,岂不是更好吗?"慕容延钊隐隐感到赵匡胤似乎有什么话说不出口。

"大哥有所不知。母后生前曾告诫朕说:'为臣易,为君难。'为君者须小心谨慎,万事要考虑周全,稍有疏忽,就可能招致国亡家破的祸患,故有时便连兄弟情谊也无法顾及,哪里比得上为臣的洒脱自在呢?"

慕容延钊更加惊诧:"陛下莫非有何为难之处?只要能替陛下分忧,微臣定当效力。陛下不妨明言。"

赵匡胤眼光闪烁,不敢直视慕容延钊:"昨晚母后托梦,嘱朕废除殿前都点检一职,言朕以此职得天下,不可再设。大哥,你我乃同生死、共患难的兄弟,宋室江山是你我一起打下来的,朕岂能一朝为君,就忘了兄弟的情谊?可母后她……"

第三十一章　太祖杯酒释兵权　赵普为相定国策

慕容延钊是一个非常聪明的人，经过赵匡胤一番点说，他心中早就已经明白，说道："陛下请不要过于忧虑，臣会立刻辞去殿前都点检的职务。"

"那怎么行呢？这叫朕怎能心安呢！"

慕容延钊起身离开座位，跪在赵匡胤的面前，诚挚地说："陛下，臣统领禁军十多万人，军务繁忙，经常感觉力不从心；更何况臣现在已经老了，精力也大不如前，所以想要提前递交辞呈，只是因为整编训练事急，不敢有一丝怠慢，所以才一拖再拖直到今日。陛下请放心，若是以后有差遣，臣依旧竭尽全力，决不会袖手旁观！"赵匡胤慌忙双手将他扶起，激动地叫了一声："大哥！"再也说不出话来。慕容延钊的坦诚、忠心和善解人意，使他感受到一种心心相印的兄弟之情，在这种坦荡无私的真情面前，他甚至生出一丝愧疚和自卑。

次日上朝，慕容延钊递上辞呈，赵匡胤立即准允，调任慕容延钊为山南东道节度使，进封太师、中书令。殿前都点检一职，从此不再设置。再过几天就是春节，赵匡胤在讲武殿设宴，专门宴请禁军诸将。石守信、王审琦、高怀德、张令铎、赵彦徽等将领，都兴高采烈地来到讲武殿。殿中布置一新，桌上摆满了美酒佳肴、点心鲜果，还安排了歌舞音乐，看得出皇上为今天的宴会，颇费了一番苦心。

酒至半酣，赵匡胤撤去歌舞，屏退闲杂人员，端起玉杯，朗声对众将说："诸位爱卿，朕之有今日，全靠各位鼎力相助。春节在即，故特请各位前来一聚，畅叙友情。来，干了这一杯，祝各位来年康乐吉祥！"

众人肃立，一齐举杯："祝愿陛下圣体安康！"

赵匡胤一挥手，示意众人坐下："各位不必拘谨！朕虽然贵为天子，却时常怀念从前那种逍遥自在的生活。自受禅以来，将近两年，何曾有一夕安枕？今日与各位开怀畅饮，一醉方休！"

石守信站起来道："陛下，现在李筠、李重进已经平定，南唐慑服，北境安宁，陛下还有何忧虑？"

赵匡胤微笑道："朕与各位都是故交，不妨直言。这皇帝的宝座，要保住它可真不容易呢！唐末至今，几十年间，政权更迭。先是朱全忠得了唐王朝的江山，建立后梁。传到儿子朱友贞手里，就被李存勖夺去，建立后唐。后来李存勖的皇位,又被养子李嗣源篡夺。李嗣源死后,传给儿子李从厚,可只四个月,就被养子李从珂夺去,最后石敬瑭夺得王位,建立后晋。后晋传到石重贵手里,不久当了契丹的俘虏。刘知远拥兵占领中原自立,建立后汉,又被郭威夺取,建立后周。一代一代,父子兄弟,亲信爱将,反目成仇,同室操戈,不都是为了这宝座吗?"

石守信诧异道:"陛下何出此言?方今天下已定,谁还敢生异心?"

赵匡胤的脸色陡然严峻起来,锐利的目光扫过众将,神色肃然道:"各位爱卿当然不会起异心,但麾下的将士贪图富贵,暗中怂恿,一旦兴起兵变,将黄袍加到诸位身上,即使你本无此心,到时恐怕也骑虎难下了!"

殿中诸将听了皇上这番话,无不暗自心惊,先前的酒兴荡然无存,慌忙离开座位,忐忑不安地俯伏地上,将头磕得砰砰直响,说:"臣等愚不及此,还望陛下哀怜,指明一条生路。"

"诸位爱卿,快快请起!"赵匡胤的脸色渐趋缓和。

"人生犹如白驹过隙,忽然而已。古诗有云:'生年不满百,常怀千岁忧。昼短苦夜长,何不秉烛游。'人生在世,无非图个快活安逸,各位疆场搏杀,辛苦了大半辈子,不如释去手中的兵权,出为节度使,广置良田,多积金银,白日弋钓山渚,夜夕怀抱美姬,悠哉游哉,以终天年!如此,则上下相安,君臣无忌,岂不是上上之策吗?"

诸将中张令铎、赵彦徽素惮赵匡胤的神威,早有离京之意;石守信、王审琦、高怀德等人,虽然和赵匡胤的关系非同寻常,未曾有离开禁军的准备,但皇上之命谁敢不从?况且连慕容延钊已经外放为节度使,遑论他人?于是,众将纷纷上前,拜谢皇恩,只是殿中再没有起初的那种气氛了。

第二天,诸将呈上奏章,请求罢典兵之职。赵匡胤命石守信为忠正节度使,高怀德为归德节度使,张令铎为武信节度使,赵彦徽为镇宁节度使,又各自赏赐白银万两,御马五匹。众将先后向赵匡胤辞行,离京赴任去了。

赵匡胤经过周密的安排,杯酒释兵权,一举将禁军的指挥权收归朝廷,由自己一手掌控,从而杜绝了禁军哗变的危机,消除了自五代以来,兵权外落,边将造反的可能。可以说,这一措施对于赵氏王朝的巩固,具有关键性的意义。

然而管理禁军,事务繁多而琐碎,几个月下来,赵匡胤不堪其烦,想任命一位德高望重的人代自己管理,他首先想到的,是在禁军挑选中出了大力的符彦卿。可赵普坚决反对,说:"符彦卿位极人臣,岂可让他再掌禁军?与其如此,还不如让慕容将军留任!"

赵匡胤暗想,符彦卿是光义的岳父,而且年事已高,断然不会有谋反之心,便执意下诏,调符彦卿来京赴任。诏令一下,不到两个时辰,赵普匆匆来到宫中。

赵匡胤见他便问:“爱卿是为了符彦卿一事而来吗?”

赵普答道:“正是!”从怀中掏出诏令,双手递给赵匡胤。

赵匡胤一看,竟然是自己的诏书,惊怒交加:“你……你竟敢私自拦下朕的诏令!”

赵普从容答道:“凡是臣认为不妥的诏令,臣皆留之,请陛下重新考虑,深思利害,以免后悔!”

赵匡胤叹了一口气说:“你怀疑符彦卿,究竟是何原因?朕素来待他甚为优厚,他岂能负朕?”

赵普倔强地反问道:“陛下何以能负周室?”

赵匡胤被戳到痛处,哑然无语,只好收回成命,转而任命赵光义襄助禁军事务。

却说自从赵匡胤登基以来,张永德虽为有功之臣,但毕竟与周室是至亲,处于一种极为尴尬的地位,心中颇不自安。此时,听得赵匡胤废黜诸将,心中愈发恐惧,反复思量之后,向赵匡胤提出,辞去殿前都指挥使一职。从此回到家乡,过了几年寂寞但也算是平安的日子,一直到因病而逝,也算是得其所终了。

韩令坤当时领兵驻守北边,得知慕容延钊、石守信等人被解除兵权,未置一词,只是酒喝得更多了,话也更少了。赵匡胤几次召他来京相聚,他都借故推托,赵匡胤丝毫也不怀疑他的忠诚,但心常耿耿,却也无可奈何。

残冬一过,春天来临。接连几场春雨,洗去了冬日积下的尘埃,天地间显得格外明净清爽。清明过后,赵匡胤雅兴大发,带着朝中一帮大臣,前往京西的金明池春游。

此时正是汴河水涨的季节,金明池的水漫过了堤岸,水面更为浩渺开阔。君臣数十人分乘十余艘豪华的游船,泛舟碧波荡漾的池水之间,谈笑声、喧闹声,顷刻打破了林间水畔的宁静。一群群白鹭受到惊吓,引颈鸣叫,竞相飞向高空,在蓝天白云间盘旋翱翔。

宰相王溥、范质和翰林学士陶谷同乘一舟,三人倚在船头,兴致勃勃地观赏眼前的美景。范质指着池南临水殿一带的绿树碧瓦,啧啧赞道:“此乃金明池精华所萃,异日致仕,若能在临水殿旁的树林深处,建一草庵,安度余生,岂不乐哉!”

王溥也情不自禁地附和赞同。

陶谷收回远眺的目光,侧身望着范质、王溥悠悠道:“山水隐逸之乐,人皆向往。当年范蠡功成身退,逍遥江海之上,故能免祸善终;文种不识时务,难舍富贵,终为勾践所害。进退祸福,皆在一念之间,思之令人扼腕。不知两位愿学范蠡，抑或文种？”

王溥捋了捋胡须，哈哈一笑：“恐怕两人皆难学也。我辈凡夫俗子，焉能与古圣贤相提并论？”

还是范质稍有心机，似觉陶谷话中寓有深意，怔得一怔，说道：“陶学士这话深藏玄机，还望细说一二。”

陶谷双眸在眼眶中转了几圈，面无表情地说：“在下随口言之，哪有什么玄机？其实急流勇退，保得身家平安，乃无上明智之举，古今皆然。尤其是若有把柄为人所乘，更当速谋退路，否则大祸降临，则悔之晚矣！”

范质听了，心中一惊，王溥也意识到陶谷所言，必有所指，两人面面相觑，神色极不自然。原来，从去年下半年开始，皇城扩建，范质利用工程总管的职权，私吞数万两银子的款项；今年春节过后，唐主李璟派人来开封，暗地里给范质、王溥、赵普三人各送了一份厚礼，除赵普外，二人贪于财利，一一笑纳。他们虽然得了金银，但毕竟违反了大宋律条，特别是私受南唐金帛，弄不好落个通敌谋反的罪名，那可是诛夷三族的大罪！

更可怕的是，范质、王溥与赵普一贯貌合神离，近来冲突益剧，而赵普与皇上亲如兄弟，且心思细密，熟谙权诈，在京城广布眼线，更兼有赵光义、陶谷、张琼等人为其辅助。万一赵普知其底细，奏明皇上，那就不堪设想了！

范、王二人越想越怕，再也无心赏游山水，满脸堆笑，邀陶谷进船舱细谈。陶谷知道旁敲侧击已见成效，暗暗高兴。三人进舱中谈了片刻，陶谷干脆将话挑明：“其实，二位宰相的事，早已有人报告赵枢密使，只不过他为人仁厚，又念及共事的情分，不忍心眼睁睁看诸位陷入危难，故一直未奏明皇上。枢密使乃皇上患难之交，其关系不亚于慕容与韩将军；且自从二位宰相逼皇上痛斩王仁，皇上对二位已心存芥蒂。若枢密使将事揭出，再稍作渲染，则两位危矣！”

“那可如何是好？还望陶学士指教！”范质、王溥面临危境，也顾不上宰相的身份，朝陶谷连连作揖。

陶谷脸露沉思之状，在舱中走了几步，说：“以在下之见，欲求万全，唯有向皇上提出辞呈，并举枢密使为相。如此，则既可遂皇上之心，又可顺枢密使之意，从此诸位脱离俗务，优游山水，可得高枕而乐矣！”

范质、王溥听了，心中恨道：“赵普匹夫，你好歹毒！欲借机逼我们退位，便与陶谷设了这个圈套，让我们钻！”心中虽这样想，脸上却不敢表露出来。确实没有别的办法可想，即使明知是圈套，也只好往里面钻了。

几天以后，范质、王溥二人正式向宋主提交了辞呈，并一致推举赵普为宰相。赵匡胤早有起用赵普、罢免两相的打算，也就顺水推舟，说了几句挽留嘉勉的客套话，批准了二人的辞呈。

赵匡胤又与赵光义等人商议，认为多相制度，容易造成相互推诿、各不负责的弊病，不利于政令的施行，因而赵匡胤只任赵普一人为相，总领朝政。从此，赵普独居相位，真正成了一人之下、万人之上的大臣，而曾经显赫一时的范质、王溥，则彻底地退出了政治舞台。

赵匡胤罢两相，用赵普，革除积弊，整顿财政，可谓如鱼得水，朝政大为改观；与此同时，他又和赵光义一起，进一步加强禁军的建设，削弱藩镇将领的军事力量。不到半年，朝廷府库充盈，政局稳定，禁军人数扩大到十六万。

收复北方失地，是赵匡胤少年时候的一个梦想，而要驱除鞑子，收复燕云十六州，首先必须荡平北汉。登位两年多来，他一刻也未忘记这一夙愿，只是稳定内政的迫切性，使他暂时无暇顾及而已。现在政权稳固，军力强盛，讨伐北汉的条件已经具备，他的眼光自然由内而外，投向了北中国那片让他梦魂萦绕的土地。

赵匡胤召来赵普、赵光义、陶谷、潘美等人，向他们谈了亲征北汉的打算，激动地说："北汉割据十余年，不仅威胁我大宋，更是收复燕云十六州的最大障碍。以我大宋兵力，足以除此心腹大患，为平辽奠定基础。不知诸位有何看法?"潘美最善揣摩迎合，赵匡胤话音刚落，便接口说："陛下雄才伟略，眼光远大，亲率精锐禁军，北伐汉逆，上合天意，下顺民心，必能克乱致胜，扬我国威!"

赵光义年少气盛，也极力赞成出兵北伐。

赵匡胤颔首微笑，见赵普缄默不语，似有所思，问道："则平爱卿，你意下如何?"

赵普从椅子上缓缓站起，躬身说道："启奏陛下，微臣尚未考虑成熟，故不敢妄言。"

赵匡胤大手一挥："你何必故弄玄虚？尽管将心中所想说出!"

赵普略作思忖，开口说道："当今天下，大宋居中，北有北汉、辽国，南有南唐、南平、楚、吴越、南汉、西蜀诸国，陛下平心而论，若大宋出兵，取北方易还是南方易?"

"辽乃虎狼之国，地域广大，将士剽悍；南方民性孱弱，且各国割据孤立，可分而击之。当然取南方较为容易。"赵匡胤回答。

赵普又问："陛下再想一想，就我大宋眼下的实力而言，攻取北汉固然绰绰有余，但对付辽国，能有几成胜算?"

赵匡胤沉思了一会儿，说："就目前的国力而论，恐怕还无法与辽国抗衡，但是……"

"陛下请不要说'但是'，"赵普打断赵匡胤的话，接着说："我们若攻下北汉，必然面临辽国强大的军事压力，甚至引发持久之战，耗费国力而无一所获。若南方诸国乘势北犯，就会造成两面受敌、疲于应付的局面。故现在攻打北汉，实非明智之举也！”

“那你意下如何？”赵匡胤身子前倾，急切地问。

赵普向前走了两步，双眼炯炯发亮，斩钉截铁地说：“八个字：防北攻南，先南后北。唯有如此，方能使我大宋立于不败之地，并进而成就统一海内的大业！”

“依你所言，莫非就听任北汉猖獗，让那幽云之地，长期陷于鞑子之手不成？”赵匡胤忿忿地说。

赵普正要进一步说明，一直未曾开口的陶谷抢先说：“陛下，宰相并非说不攻打北汉收复失地，而是说先取南方诸国，既扩大疆域，充实力量，消除后顾之忧，然后再转而全力北伐，岂不是万无一失？”接着，又侧身问赵普，“宰相可是此意？”赵普笑道：“知我者，陶兄也！”从感情上说，赵匡胤恨不得即刻领兵亲征，尽快击败北汉，收复幽云失地，但他毕竟不是一名普通将领，而是一国之君，他必须站在君主的立场上，理智地分析全局，做出有利于国家的正确决策。反复思考之后，他不能不承认，赵普的意见是对的。虽然有些不甘心，他最终还是放弃了自己的主张，接受了赵普“防北攻南，先南后北”的八字方针。后来的事实也证明，正是这一方针，使宋朝广开疆土，一步步繁荣昌盛起来。

赵匡胤是雷厉风行的人，一旦确定了对北方采取防守的策略，便进行了一系列的军事部署：令赵赞守延州、董遵海守环州、姚内斌守庆州、王彦升守原州，以防西夏；令李汉超守关南、马仁禹守瀛州、韩令坤守常山、贺惟忠守易州，以备辽人；令李谦溥守隰州、武具琪守晋州、郭进守西山、李继勋守昭义，以拒北汉。十二员戍边大将的家属，一律留在京师，扶养甚厚；同时，允许镇边将领通过贸易筹措军饷，有权独自处理军政事务；每当诸将回京，赵匡胤必亲自接见，赐宴赏物，以示恩宠。因此，镇边将领都竭尽全力，忠于职守。北境戍守的稳固，有力地支持了朝廷向南方扩张。

正当赵匡胤急于向南寻找一个突破口的时候，意料之外的契机出现了。建隆三年(962 年)十二月，楚王周保权、南平王高继冲先后向宋朝告急，请求派大军讨伐叛将张文表，以解两国危难。

唐末大乱之时，杨行密击败孙儒，孙儒的部将马殷率军转入荆湖。后梁建立，封马殷为楚王，马殷死后，诸子为了争王位互相残杀，南唐趁机出兵灭了楚国。不久，楚之旧将周行逢起兵，赶走南唐军，控制了潭、朗、衡、永数州，恢复了楚国。

宋太祖初定中原，无暇南顾，封周行逢为朗州大都督，仍袭楚王，多次遣使慰问。周行逢在这个狭小的独立王国里发号施令，自行其政，倒也其乐融融。谁料好景不长，建隆三年(962 年)，周行逢偶染小恙，病情加重，到十一月，已是卧床不起。他知痊愈无望，大限将临，便召集部将叮嘱道："朕子保权，年仅十一岁，全赖各位辅佐保护。朕之部将，其凶狠难驭者，朕已诛之殆尽，唯衡州刺史张文表，素凶悍，不愿居于人下。朕死后，他必为乱，望诸公善佐吾儿，无失土宇。迫不得已，当举族归宋，勿令陷于虎口。切记切记！"

周行逢死后，其子周保权继位。张文表闻之，果然不胜其忿，怒气冲冲地说："我与行逢俱起微贱，同立功名，今日他殁，何以不将王位授我？我安能北面事行逢小儿！"随即兴兵，杀气腾腾直扑潭州，夺其城，诛杀潭州刺史廖简。又放出风去，扬言周保权若不以王位相让，将大举进攻朗州，尽诛周氏。

楚王周保权一介孺子，闻得此讯，吓得眼泪直流，手下部将，也大多畏惧张文表，不敢出战。无奈之下，只好遣使速往开封，向宋朝乞师求援。

再说唐末朱温建立后梁政权，派大将高季兴任荆南节度使，高季兴到荆州后，又向外扩张，占据了归、峡二州。后唐初年，高季兴受封南平王。季兴传其子从诲，从诲传其子保融，保融传其弟保勖，保勖又传其侄继冲，世代镇守江陵。南平仅有荆、归、峡三州，在南方诸国中力量最弱，其地与潭州毗邻。高继冲听说张文表作乱，担心乱军侵入南平，引来祸患，所以也遣使向宋朝告急，以求保护。

第三十二章 慕容力战殒潭州 宋主心急赴颍昌

赵匡胤接到报告，异常兴奋，急忙召来慕容延钊、王审琦，任命二人为荆南路行营都部署、行营都监，立刻率领五万禁军以及十万各州地方军，火速歼灭叛将张文表。

在出征之前，赵匡胤在讲武殿前为两位将军送行。期间，慕容延钊向赵匡胤请示征战方略，赵匡胤从容地说道："江陵南接潭州，东连建康，西迫巴蜀，北近开封，实在是一个险要的地方。大哥此次前往，可以借着讨伐张文表的名义，绕过其边境，乘势将其收归朝廷；等到南平事成之后，再挥师南下，直捣潭州、朗州，这样一来，既可以平定张文表，也可以让周军的损伤达到最小。这样一来，南平与楚就都是我大宋的疆土了！"

慕容延钊击案称妙："陛下英明，好一个假虞灭虢之计！末将此去，心中有数了。"

赵匡胤离了御座，手持酒杯，走近慕容延钊："大哥，此番南征，乃大宋向南经略的首役，其成败直接影响到将来的战略部署，事关重大，故朕特请大哥挂帅，非大哥不能当此重任也。来，干了这杯酒，祝大哥建立奇功，早日凯旋！"

君臣举杯，一饮而尽。赵匡胤见慕容延钊脸色不好，关切地问："大哥，你的胸口还痛吗？南方潮湿多雨，一定要注意保养，一般事务，让王审琦代劳即可。"又诏令两名宫中太医，携带珍贵药材，随军服侍，特意交代说："慕容将军若有意外，唯你们俩是问！"

慕容延钊见赵匡胤考虑得如此周到，感激地说："多谢陛下关心。我慕容延钊只要一息尚存，就一定拿下南平、楚国，决不辜负陛下的厚望！"

慕容延钊、王审琦率大军向南进发，十余日后抵达襄阳。慕容延钊按照赵匡胤的策略，首先派人前往江陵，向高继冲借道，自己则督军继续前进，在荆门驻扎。

南平王召集群臣，商议宋军借道之事。部将孙光宪进言道："宋军乃应我之请而来，若不应允，于理不合；且宋主神武过人，宋朝国势强大，南平弹丸之地，决难与之争锋，不如答应借道，勿忤宋主之意，或许于我有利焉。"

高继冲踌躇未决，又征求叔父高保寅的意见。高保寅思考良久，并无万全之策，便说："宋军远来，是为客人，我们备牛酒，借犒师之名，往观动静，再作打算罢。”

高继冲亦觉有理，与高保寅携肥牛百头，美酒百瓮，前往荆门犒师。

叔侄俩来到荆门，见宋军营寨相连，逶迤数里，宋军将士个个年轻力壮，威风凛凛，不禁心生怯意。慕容延钊与王审琦等一批大将，将他们俩迎进大营，设宴款待，好言慰勉。高继冲觉得慕容延钊态度温和，并无他意，心中一宽，便开怀畅饮，当晚在宋军大营歇息。

却说慕容延钊稳住高继冲，趁他酒兴正酣，暗地里令王审琦带领五万禁军，火速进驻江陵。返回营中后，继续陪高家叔侄喝酒。

第二天早上，高继冲回到江陵一看，城内到处都是宋军，所有要害之处，全部被其占领；孙光宪等部将，也忙着协助宋军布防。高继冲又惊又惧，这才知道中了慕容延钊的圈套，但以南平的军力，无法与宋军抗衡，他思前想后，唯有屈服方可保全，于是强压住心头的怨恨，迎接慕容延钊进城，交出南平全境的地图版籍，将三州十六县，尽数献给宋廷。

赵匡胤得到军报，龙心大悦，遣潘美为特使，前往江陵，厚赐故南平王高继冲，并授予他为马步军都指挥使，任荆南节度使，仍领故地。南平自高季兴割据始，传四世五主，凡四十余年，至此纳土归宋。高继冲后来调任武宁节度使，至开宝六年(973 年)病殁。

慕容延钊依赵匡胤之计，轻易取了南平，接着在江陵休整部队，筹集军需，准备攻打潭州。半个月以后，一切就绪，十五万宋军浩浩荡荡向潭州进发，讨伐张文表。

再说这叛将张文表，乃湘中人氏，性情极为火爆倔强，从不服输，人称“雷公”。自从占了潭州，他就一直在筹划进攻朗州，后来听说宋朝出兵，南平归服，这才紧张起来。他将衡州之兵悉数调来潭州，约六万人马，欲与宋军决一死战，扬言道：“自古楚军善战，宋人若敢来犯，必令其葬身楚国，无一北还！”

慕容延钊率军经岳州、汨罗南下，在距潭州四十里的平津渡扎下营寨。此时正是春季，绵绵细雨下个不停，天气又湿又闷，让人连呼吸都感到困难。宋军将士，因不适应南方的水土和恶劣的天气，不断有人病倒，而且情况还在进一步恶化。慕容延钊担心战斗力受到影响，将病号和体弱的士兵约五万人，全部送回江陵。然而，余下的十万将士，仍然面临危机，假如天气再不晴，只怕未及交锋，就已经溃不成军了！

深夜，慕容延钊怎么也睡不着，胸口好像堵着一块石头，憋得人直发慌。他从临时搭起的睡榻上爬起来，披上衣服，走到大帐边，掀开帐帘，仰望黑沉沉的天幕，耳闻淅淅沥沥的雨声，想起赵匡胤的郑重托付，不由得一阵焦躁。他双目微闭，心中默默祈祷：“上苍请垂顾我大宋，但愿明日雨止天晴，保我大军进展顺利!”连祷数遍,复上睡榻,一夜未眠,到凌晨才迷迷糊糊地睡去。

次日清早,王审琦匆匆跑进大帐,惊喜地高声喊道:“天晴了!慕容兄,快起来看,天晴啦!”

慕容延钊翻身起床,也顾不上穿衣服,疾步冲出帐外,举头一看,果然雨停了,一轮红日升在天边,空中一碧如洗。

慕容延钊激动地喃喃自语:“苍天垂顾,苍天垂顾!”突然感到一阵眩晕,站立不稳,不由自主地踉跄了两步。王审琦抢上去扶住他,见他脸色苍白,双眼血红,憔悴不堪,焦急地问:“慕容兄,你怎么啦?”便搀着他进营帐休息。

这一段时间,慕容延钊作为大军主帅,事必躬亲,日夜操劳,唯恐有什么疏漏,误了朝廷的大事。他本来就有胸疾,几个月的操心劳力,再加上水土不服,无异于雪上加霜,身子更加虚弱。慕容延钊在营帐中坐了一会儿,方才缓过神来,对王审琦说:“王兄,天气突然转晴,此乃天助我大宋也。赶快集合部队,攻取潭州!”

王审琦忧虑地说:“慕容兄,你这样的身体,怎能进兵?”

慕容延钊猛地站起来,沙哑着嗓子说:“攻打潭州,以速战为宜,否则无功而返,有何脸面见陛下?”言罢,便要出帐去集结部队。王审琦连忙拦住他,自己出帐张罗去了。

当日,宋军抵达潭州城下,慕容延钊派人向张文表下战书。本来,张文表完全可以紧闭城门,拖垮宋军,但一来他生性好斗,自视甚高,二来忧虑朗州的周保权乘机进军,造成腹背受敌的局面,所以决定应战,试图一举击溃宋军,以便下一步集中力量对付朗州。

张文表心高气傲,视十万宋军如无物,见宋军来到城下,即令打开城门,率领五万楚军向城外杀去。

这张文表本无赖出身,不懂阵法战术,只管领着将士向前冲。楚兵头裹着黄色头巾,嘴里呀呀喊叫,不顾死活朝前涌,如同咆哮激荡的海潮,眨眼到了宋军阵前,一窝蜂扑过去,见人便杀,逢马即砍,凶悍异常。宋军将士虽多经战阵,但从未见过这般撒野似的战法,一时之间,竟抵挡不住,死伤上千人,纷纷向后退却。

慕容延钊见势不妙,急令王审琦率精锐禁军顶上去,遏制楚军的攻势。然而,楚军得势不饶人,呐喊着掩杀过来,前面的人倒下了,后面的士兵熟视无睹,依然疯了似地冲杀,宋军仍明显处于劣势。

慕容延钊身跨白马,须髯飘飘,长枪横在胸前,布满血丝的双眼注视着战况的发展。他的身边,环列着数百名强悍的亲兵。他一言不发地看了半个时辰,脸色越来越严峻。突然,他咬了一下嘴唇,两只丹凤眼射出骇人的光芒,接着大喝一声:“让开!”双腿狠命一夹,胯下那匹雪白的骏马撒开四蹄，向楚军疾驰而去。骏马跑得如此之快，以至正在纠缠相斗的双方士兵，有些来不及躲闪，被冲翻在地。铁蹄践踏之处，腾起一片血光，惨叫声不绝于耳。

这时，满脸络腮胡须的张文表正挥舞双刀，龇牙咧嘴地呼喊着，催促楚兵向前冲。猛一抬头，发现一匹白马有如闪电，飞奔而来，马上的将军，提着一杆红缨枪，银盔黑髯，宛如天神。他心头一凛，下意识地扬起双刀，正要抵挡，说时迟，那时快，他的双手刚刚举起，白骏马已到了跟前，只见长枪飙出，张文表手腕一麻，双刀脱手，“当当”掉到地上。张文表尚未回过神来，那长枪挟着万钧之力，直奔心窝，只听得“飕”的一声，锋利的枪头穿透后背。张文表狂号一声，倒地而亡。可怜如此强悍的张文表，未及交手，转瞬间就惨死在慕容延钊枪下。

张文表一死，凶蛮的楚军发出阵阵惊呼，攻势顿缓。王审琦乘机率领禁军反扑，楚军开始溃退。慕容延钊右手举起长枪，大声喊道：“弟兄们，张文表已死，攻进潭州去，跟我冲啊！”便一马当先，杀人敌群。宋军士气大振，喊杀声震天动地；楚兵斗志全失，拼命向城内逃跑。宋军一路追杀，冲入城中。

眼见楚兵死伤无数，潭州城已成宋军囊中之物，慕容延钊心中一宽，这才感到胸口绞痛，犹如刀割。他勒住坐骑，手捂前胸，咬紧牙关，试图挺过去。然而，他的身子太虚弱，刚才的恶斗又耗尽了体力。慕容延钊只觉得虚汗直冒，紧接着，两眼一黑，摇晃着从马上掉了下来，便什么也不知道了。

等到慕容延钊醒来，已是三天之后。他一睁眼，发现自己躺在床上，翻身欲起，但身体根本不听使唤，四肢瘫软。他还想挣扎，床边的两位御医连忙制止道：“将军已昏迷三日，粒米未进，万勿躁动！”

这时，王审琦匆匆走进来，见慕容延钊已经清醒，扑过来喊了一声：“慕容兄……”哽咽着再也说不下去，鹰钩鼻子一上一下地翕动着，那张马脸露出罕见的温情。

慕容延钊直直地盯着王审琦，嗫嚅道：“王兄，战况……如……何？”

王审琦将慕容延钊扶起，让他靠在床头：“大哥一枪刺死张文表，大军一鼓作气，攻克了潭州城，城中守敌全部投降。大军随即进军朗州，楚王周保权心知无力抗拒，遣使送来降表，诚心归服，将楚国全境十四个州、六十六个县，悉数献上。大哥，你现在什么都不用担心，好好保重身体要紧！”

慕容延钊听罢，长长地吁了一口气，双眼一合，轻轻说道：“辛苦王兄了，总算没有辜负陛下的厚望！”

楚国既平，赵匡胤传令嘉奖，命宋军立即班师回朝。慕容延钊身体稍有起色，便卧床料理军务，令大将李处耘率州兵五万，镇守朗州、潭州，自己与王审琦领大军北还。王审琦弄来一辆有厢马车，铺好床褥，将慕容延钊安置其上,一路悉心照料,无微不至。

建隆四年(963年)五月初五,大军抵达颍昌,慕容延钊歇息于当地官员特意为他准备的官邸内。晚餐,喝了一小碗黑米粥,躺在床上睡了一个时辰,觉得精神不错。入夜,王审琦与值班的太医将他扶起,喂他服了汤药,坐在床前陪他闲聊。慕容延钊说:"王兄,今天是端阳节,可惜未能泛舟汴河。烦你扶我去庭院中坐坐吧。"

王审琦见他脸色不错,叫人在外面的院子里设了一张太师椅,椅子上铺一床柔软的丝绒被,扶他坐在上面,自己站在旁边。

慕容延钊望了望王审琦,说:"王兄,这一个多月来,你既主持军务,又要照顾在下,真是难为你了。"

王审琦说:"只要慕容兄能早日康复,小弟做什么也愿意!"

慕容延钊仰起头,凝视那弯形似蛾眉的新月,感叹道:"人生代代无穷已,江月年年只相似。月色依旧,人非昔时。当年与王兄相识于开封,你我兄弟正是意气风发之时,弹指间十八年过去,今日竟已老病俱至,思之怃然!"

"俗话说,人到五十五,好比出山虎。慕容兄才五十二岁,岂能轻易言老?返京后好生服药调理,根除胸疾,慕容兄你还是硬朗朗的一条好汉!"

"王兄的心意我自然明白!在下有一种预感,此关难过矣!其实,人生如梦,终有醒时。十八年来,我等兄弟纵横天下,并未虚度此生。所憾者,恐难再见陛下一面,而众位兄弟,更是无缘聚首言欢了。"慕容延钊颇为伤感。

王审琦正要张口劝解,突然眼前一亮。只见正北方向,一颗硕大的流星划过夜幕,留下一道璀璨耀眼的光亮,斜斜地坠向地面,随即光道消失,一切又归于黑暗,仿佛什么也不曾发生。两人心头均是一怔,谁也没有开口说话。

片刻,慕容延钊耳语般地说:"一切都过去了,该回去了。"

王审琦默默地将他扶回房中。

第二天,慕容延钊的病情急剧恶化,胸口的剧痛煎熬着他。他时而清醒,时而昏迷,嘴唇上布满燎泡。见此情景,王审琦令大军暂缓出发,派人火速回京,禀告赵匡胤。

赵匡胤得知慕容延钊病倒潭州的消息,心中一直放心不下,后来听说有所好转,才稍感宽慰。此时,他正在大殿之上,和赵普、陶谷等人议事,忽然一个内侍匆匆跑来报告:"启禀陛下,刚刚接到王将军的通报,说是慕容将军病情危急!"

赵匡胤心急如焚,立即吩咐张琼做好准备,要亲赴颍昌。

陶谷认为,皇上此举于国家礼制不合,欲行劝阻。赵普说:"君臣数年,陶兄还不了解陛下的性情？陛下与慕容将军乃生死之交，即使太后在世，也无法阻止他亲往颍昌。你何必多此一举？"

颍昌距开封约二百里，赵匡胤嫌车舆太慢，和张琼等二十余名侍卫改骑快马，沿途驿站换马，吃喝全在马上。就这样，马不停蹄地奔驰了一整天，终于在次日中午赶到了颍昌。

赵匡胤一行，风尘仆仆进了城门，早有许多官员列队恭候。赵匡胤翻身下马，将马和马鞭交给张琼，叫人领路，径直往慕容延钊的房间走去。他边走边挥手抹去脸上的汗珠，心里念道："大哥，你千万要挺住啊！只要能保得你平安，朕宁愿舍弃南平和楚国！"

赵匡胤忐忑不安地走到卧室外面，王审琦双眼通红迎了出来，正要行礼，赵匡胤一把拉住他，轻声问："大哥怎样了？"

"从昨晚开始，他一直昏迷不醒，发高烧，说胡话，药也灌不进去。看来……"

赵匡胤使个眼色，打断了王审琦的话，蹑手蹑脚地走近床头。

躺在床上的慕容延钊，脸色蜡黄，瘦得皮包骨头。赵匡胤怎么也不敢相信，这就是他那位风度翩翩，叱咤风云，使敌人闻风丧胆的大哥！赵匡胤强忍住内心的悲痛，轻轻在床沿坐下，俯身凝视慕容延钊，脑海中闪过当年大闹枣树林、结义白龙潭、勇战慕容彦超、浴血高平、大败儋圭等往事，泪水不禁夺眶而出，顺着脸颊流下来，滴落在慕容延钊的额头上。

慕容延钊似乎知道赵匡胤来到了身边，缓缓睁开双眼，望着赵匡胤，眼中分明闪出一道惊喜的光芒，嘴唇嚅动着。

赵匡胤紧紧抓住他的双手，将耳朵附在他嘴边，听到他断断续续地说："三弟，你……终于……来了。你……你要……善待……过去的……老兄弟，也不要……为难……两位……太医。"说完，两眼定定地看着赵匡胤，脸上露出笑意，随即头歪向一边，一动不动了，脸色显得安宁柔和，仿佛睡过去一般。

赵匡胤愣了片刻，叫了一声："大哥！"伏在慕容延钊身上，发出一阵压抑的低泣。站在旁边的王审琦，竟像孩子般地放声大哭起来。守候在门外的宋军将士，知道主帅已逝，无不悲泣失声。

骤起的哭声，惊动了栖息在官邸屋顶上的一群鹳鸟，它们拍打着翅膀，聒噪着飞向苍茫的天宇，慢慢地变成一个个小黑点，最后消失在深邃渺远的空间。

慕容延钊病殁，赵匡胤悲伤不已。回到京城后，选用最好的楠木棺椁装殓，停柩大相国寺。又召集僧尼千名，举办一场六六三十六日的大法事，超度亡魂。赵匡胤要用最隆重的葬礼，作为与慕容延钊最后的诀别。

大相国寺的知客殿前,搭起了一座巨大的灵堂。宽阔的广场上,一千多个僧尼端坐蒲团,左掌竖起,右手敲木鱼,低首念着经文。诵经声与木鱼的敲击声,融汇成一种肃穆而厚重的和音,仿佛是发自大地深处的叹息与呻吟;上百只炉鼎燃起的香烟,袅袅升起,一束束,一缕缕,在半空中缭绕缠结,随即被微风吹往四面八方。

法事持续了十日。这一天下午,三匹快马从城南飞驰而来,骑马者是三位僧人,领头的那位身着黄色僧衣,三十余岁,浓眉俊目,左脸颊有一道暗红色的伤疤。一来到相国寺,黄衣僧人跳下马背,令两名侍从在外面等候,便急急登上台阶,进了寺门。

第三十三章　御笔朱圈戏赵普　三千宠爱系宋妃

他闯过围观的人群，大步迈进灵堂，来到灵柩前，点燃一把线香，肃立灵前，轻声念道："阿弥陀佛。慕容大哥，贫僧来看你来了！"脸上的肌肉不断地抽搐着，两行清亮的泪水缓缓流下。

那个僧人在慕容延钊的灵柩前，伫立着，足有半个时辰，一直到手中的线香燃烧完，才转身离去。

那僧人出了灵堂，无意间瞥见广场右侧诵经的尼姑中，闪过一张熟悉的面孔。他的心一阵狂跳，仔细一辨认，果然是绿珠！不由得放慢了脚步。也许是冥冥中有所感应，绿珠此时也抬起了头，一眼瞅见了身穿僧衣的李良。

四目相对，犹如突遭雷击，两人的身体，同时剧烈地颤抖起来。那僧人默念"阿弥陀佛"，镇定心神，赶紧收回目光，大步朝寺外走去。

刚出寺门，迎面遇见一位身着戎装的将军，后面跟着一大群挑着祭品的亲兵。他一低头，想绕开他们，却听到有人喊："李良，李良！"

抬头一看，原来是韩令坤。黄衣僧人一愣，缓缓走过去，合掌施礼："贫僧觉慧，见过韩将军。"

韩令坤风尘仆仆，黝黑的脸上满含悲伤，嘶哑着嗓门说："李良兄弟，没想到大哥……"便哽咽着说不下去了。觉慧心里又是一阵辛酸。沉默了一会儿，韩令坤抓住觉慧的双手道："不管你是李良还是觉慧，总归是俺韩令坤的好兄弟。俺听到大哥的凶讯后，专程从常山赶来吊唁。俺先去祭拜大哥，明日再找上石头和王审琦，咱们兄弟好好聚聚！"

"不了，韩将军。贫僧即刻启程回襄阳，敝寺还有许多事务必须料理。就此别过。"说完，就要离开。

韩令坤抢前一步拦住他："难道你连陛下也不见上一面吗？听说你返寺后，他可是伤心透了！"

觉慧微微合十道："既入佛门，便离俗世。见有何益？不见亦有何伤？韩将军，请多保重，后会有期。"接过随从僧人递过来的马缰，翩然上马，双腿一夹，绝尘而去。

第二天，赵匡胤在讲武殿召见韩令坤。赵匡胤对慕容延钊的病殁追悔莫及："彼时朕若知大哥的胸疾如此严重，决不会让他领兵南征，他也就不会过早谢世了。唉！"

“陛下不必过于自责。生死有命，富贵在天。未来之事，谁也无法预料。陛下有此情意，大哥若泉下有知，亦可瞑目了！”

“二哥，边地苦寒，实难久居，朕欲调你回京，掌管禁军。这样一来，二哥可与家人团聚，我们兄弟也能经常见面了。你看如何？”

自从赵匡胤削夺诸将兵权，两人的关系日渐疏远，赵匡胤心里常感不安；他见韩令坤皮肤粗糙，须发蓬乱，比从前苍老了许多，同时又想到慕容延钊临终“善待老兄弟”的叮嘱，心有所感，便再次劝韩令坤留在京城。

“多谢陛下关爱！常山虽僻远，却颇多自由，比在京城动辄招人非议，胜过万倍。俺韩令坤一生行事，不图别的，就图个痛快。只要心里痛快，再苦再难又何足道哉！”说到这里，韩令坤停顿了一下，转而问道：“陛下，李良昨天来京城祭拜大哥，你知道吗？”

“你说什么？他真来过京城？他为什么不来看看朕？”赵匡胤情不自禁地从御座上站了起来，连连发问。

“他说寺中事务繁多，必须赶回去。”

“哪有这样的事！他分明是不愿意来！”赵匡胤一脸的惆怅。

韩令坤走后，赵匡胤仍然心神不定，在讲武殿独自徘徊。慕容延钊的死，李良的避而不见，让他忽然觉得，自己真的成了孤家寡人。他感觉到一种心灵的重压，一种无法排遣的孤寂。

八月十五，是一年一度的中秋佳节。按照惯例，每到这天，皇上都要邀请京城的亲信大臣，在偏殿晚宴，宴后君臣一同前往迎春苑赏月。凡是参加的大臣，都将其视为无上荣幸的事。

受到邀请的大臣，陆续集中于偏殿，等待赵匡胤的到来。赵普坐在宰相的位置上，满脸笑容，温和的目光掠过众臣。突然，他的笑容凝固了，眉头皱了起来，心里直犯嘀咕：“怎么卢多逊也来了，他凭什么享受这份荣耀？”

这卢多逊三十八岁，怀州人氏，出身于儒商世家，周世宗显德初年进士，几经升迁，现任右拾遗、集贤殿修撰。此人身材修长，风度翩翩，而且博闻强记，熟悉历朝掌故，也称得上是个俊彦。然而另一方面，卢多逊为人颇富心机，惯于炫耀才学，取悦君上，所以赵普一直不愿与他结交，对他多有提防。以卢多逊现在的职位，本来是不配享此殊荣的，但皇上为什么邀请他呢？

赵普正在暗自揣测，皇上来了。赵匡胤头戴通天冠，身穿衮龙袍，脚着朝天靴，在一帮内侍宫女的簇拥下，登上御座，双手一伸，道：“众位爱卿平身！”

“谢皇上！”众臣叩谢后站起身来，重新坐在各自的座位上。

赵匡胤满脸和悦之色道：“今天是中秋佳节，朕与诸位爱卿，相聚于此，开怀畅饮，以示庆祝。大家尽管随意，不必拘于礼节！”

殿中的气氛顿时活跃起来。大家敬过皇上，便开始互相敬酒，把盏欢笑。饮到酣处，赵匡胤对众臣道："朕于八月初颁下诏令，决定改建隆四年为乾德元年，大赦天下。不知各位意下如何？"

改元乾德，是赵匡胤亲自提出，经过赵普等人讨论才决定的，众臣自然称美。

赵普站起来，面向群臣说："乾德年号，意蕴深厚，亘古未有。陛下文韬武略，即使汉武、唐太宗亦不可及也！"大殿中又响起一片颂扬之声。

赵匡胤虎目含笑，将酒杯端起，抿了一口，突然瞥见坐在角落里的卢多逊，随口问道："卢爱卿，你熟知掌故，以为如何？"

卢多逊听到皇上点自己的名字，慌忙站起来，端立垂首道："微臣不敢乱言！"

"不必顾虑，尽管说来！"

卢多逊犹豫片刻，说："乾德二字，确是意蕴深厚，典雅大气，但古代蜀国曾以之为年号，并非亘古未有也！臣不敢欺瞒皇上，故以实相对，昧死以闻！"

赵匡胤半信半疑，下令史官去藏书阁查证。一会儿，史官急急回报："启禀陛下，古蜀国确实有'乾德'年号！"

赵匡胤脸色一沉，双眉倒立，直直地瞪着赵普，语带嘲讽道："则平爱卿，你不是说亘古未有吗？这如何解释？

"微臣一时疏忽，没有仔细核对史书。微臣该死，微臣该死！"

赵匡胤平时老是听赵普引经据典、喋喋不休的告诫，难得有个机会治治他，顺势拿起案上的一支朱笔，在赵普的额头上，画了一个圆圈，愤愤地说："无须狡辩，你哪里比得上卢多逊！朕就罚你顶此朱圈三日，以示惩戒！"

赵普当众受辱，对卢多逊的成见更深，以致后来发展到水火不容的地步。

第二天上朝，赵匡胤见赵普额头上的朱圈还在，又是好气，又是好笑，故意问道："赵爱卿何以额头上有此朱圈？"

赵普没好气地回答："乃皇上所赐也！"

赵匡胤哈哈大笑："昨日朕酒后与你戏言，无须当真。赵爱卿，快将朱圈洗掉，免伤大雅！"

赵普固执地说："君无戏言。陛下赐臣顶此朱圈三日，便是少半日，也属违君之旨！而且既是皇上所赐，乃是微臣的荣幸，何伤大雅！"

赵匡胤知道他的牛脾气上来了，摇头一笑，也不再管他。

那个朱圈，果真在赵普的额头上留了三天。

退朝后，赵匡胤将此事当作笑话，讲给细君听，意在博她一笑。谁知细君听后，脸孔一板道："赵普是开国元勋、朝廷宰相，与陛下有兄弟之谊，陛下应当尊重他，岂能如此轻侮戏弄？"

赵匡胤心中不悦，沉着脸道："细君，你以前那么活泼可爱，从来不会板着脸教训朕，怎么现在性情如此古板，比母后生前更甚几分？朕为了国事日夜操劳，回到后宫，还要听你的教训，哪里还有片刻的轻松？"说完，闷闷不乐地脱了衣服，一声不吭地躺下。

细君坐在椅子上，咬着嘴唇，也不理睬他，僵持了一会儿，细君斜视赵匡胤，见他依然仰天躺在那里，便缓缓去掉裙钗，轻轻躺在赵匡胤身边。赵匡胤夸张地打了一个翻身，侧了过去，背朝着她；细君亦如法炮制，而且侧身的声音更大。

赵匡胤在一边装睡，耳朵里却时刻听着细君的动静，希望她有某种暗示，然而过了好久，还不见细君有什么动静。心里正焦急，一股熟悉的香气，悠悠地飘了过来，刺激着他的嗅觉，让他心旌摇荡，难以自持。他猛地转过身子，将细君搂在怀里，细君假意抗拒挣扎了几下，力量却越来越弱，最后温柔地贴伏在他宽阔的胸膛上。

赵匡胤迫不及待地脱去她的小衣。细君的胴体略显丰腴，但依然腰肢纤细，腹部平坦，奶白色的皮肤温润细腻，在若明若暗、摇曳飘荡的烛光中，传递出无尽的诱惑。赵匡胤不禁意乱情迷，忍不住俯下身去，在那具完美无瑕的躯体上频频亲吻……

不知过了多久，一切风平浪静之后，细君双手抱着赵匡胤的脖子，贴着他的耳朵低语："你年过四十，何以仍有如此蛮力？"

"朕乃习武之人，自然健壮。朕还盼你多生几个儿子呢！"

细君眼中流露出一丝忧虑。与赵匡胤成亲之后，她共生过三个孩子，都是死婴，而最近两年，根本没有怀孕的迹象，这几乎成了她的一块心病。她一边轻抚赵匡胤结实的肩背，一边不无伤感地说："看来，为妻是无法为陛下生儿育女了。身为皇后，却不能为你留下一男半女，实在有负陛下的错爱！"细君越说越黯然神伤。

赵匡胤在她脸上亲了一下，安慰道："何必自寻烦恼！且不说你还年轻，来日方长，即使你真不能生育了，也无须伤心，朕现有一儿二女，不愁无后！"

细君想了想说："陛下，为长远计，还是再选几名妃子，充实后宫，一来可以照顾陛下，二来兴许可以怀上龙胎，为宋室多添人丁。"

"细君，你说的可是真话吗？"

赵匡胤早有此意，卢多逊也多次上奏，认为后宫空虚，不合古制，只因担心细君反对，才一直搁置。没想到她会主动提出，不禁有些意外。

"陛下不是早就想广纳嫔妃了吗？如今可遂你的意了！"细君觉察到他

的兴奋，心里涩涩的，强忍着说，“若不是为了皇家的后嗣，才不会让你遂心呢！陛下不要高兴得太早，果要选妃子，也要依我约法三章！”

“哪三条？”

“第一，人数不宜太多，以五人为限；第二，只能在京城附近各州官宦人家、书香门第中挑选，决不能选那江南的妖姬媚女，以免祸乱后宫……”

“第三呢？”

“这第三吗……是约束陛下的。”细君一伸纤手，在他那又大又厚的耳朵上捏了一下，“不准你过于沉溺女色，每隔五日，方可去妃嫔宫中留宿一晚，若有违反，我便行使皇后之权，将妃嫔尽数逐出宫去，教你白欢喜一场！”

“此虽过于苛刻，但还是依皇后娘娘的旨意办吧！”赵匡胤半开玩笑地说，“其他时间，朕便与你朝夕相伴，如何？”

次日，赵匡胤按皇后的意思，颁下选妃的诏令，顿时在京畿一带引起极大反响。那些大户人家，凡是有待字闺中的女儿，又自思有点地位的人，无不蠢蠢欲动，千方百计地想要攀龙附凤。

赵匡胤指定卢多逊负责选妃之事。卢多逊也不负君望，尽心尽力地操持。经过两个月、十来次的筛选，卢多逊在数百名入选的佳丽中，挑选出十名，供皇上和皇后最后过目。

十个少女都是千里挑一，个个体态窈窕，貌若天仙，春兰秋菊，各擅胜场。赵匡胤挑花了眼，舍不得去掉任何一个，还是细君做主，拣那些长相端庄和善的，挑出来五个，她们是宋妃、杨妃、谢妃、袁妃和苗妃，其中又以宋妃最为突出。

宋妃名叫宋丽华，是左卫上将军宋渥的长女，高挑个子，鹅蛋脸。论相貌，她并不是五妃中最出色的，但身段眉眼之间，自有一种别致的风韵和味道。更兼下棋踢毽，诗词书画，无一不精，性情又温婉，心灵手巧。因此，几个月下来，她就获得了皇上和皇后的喜爱，从五妃中脱颖而出，受封为贵妃，独住瑶津宫。

这一天，赵匡胤忙完正事，回到后宫，想起自己好几天没见宋妃了，便信步往瑶津宫走去。

来到宫门前，两个小宫女正在踢毽子，见了皇上，慌忙跪下请安，然后领他走进宫去，直奔宋贵妃的居室。

宋贵妃听到“皇上驾到”的通报，来不及梳洗打扮，急匆匆地出来迎候，微启朱唇道：“臣妾不知皇上来此，故未及准备，衣着不整，请皇上宽恕！”

赵匡胤注目细看，宋贵妃长发披肩，修颈微露，脸颊白里透红，反而增添了一种清新自然的妩媚。

赵匡胤微微含笑，戏谑道：“爱妃真是清水出芙蓉，比那盛装时，不知胜出多少!”

宋贵妃的居室布置得十分典雅,透出一股浓浓的书卷气。墙上挂着几幅名人的山水画和书法作品,靠墙有一张宽大的书案,上面放着一个精致的笔架和一只外形古朴的砚台。书案对面是一张雕花大床,洁白的床褥,杏黄的锦被,米色的床帷,显得淡雅温馨。墙的另一边,设有一个巨大的箱式梳妆台,一面铮亮的椭圆形铜镜,镶嵌在黑漆的梨木立板上。整个房间一尘不染,散发出一股淡淡的,沁人心脾的馨香。

赵匡胤在繁忙之余,总是喜欢到这里,让绷紧的神经得到松弛。久而久之,也就成为一种习惯,王皇后从前所定的“约法三章”,自然没有了束缚力。

赵匡胤四处看了看,发现书案上有一张尚未画完的头像,拿起来一瞧,知道画的是自己,却故意问道:“爱卿所画是何方神圣?”

宋贵妃掩口笑道:“非天界神仙,乃人间帝王也。不知臣妾画得像不像?”

赵匡胤连声说:“像,像!爱卿乃丹青高手,焉得不像?不过爱卿尽管吩咐宫中画师绘就即可,何必亲自动手?”

宋贵妃将那画像拿过来,端详着说:“自己画的毕竟不同。以后我每年都要给皇上画一幅,一直画到六十岁、七十岁……”说着,向赵匡胤飞了个眼波,转身走到梳妆台前。

赵匡胤心中涌起一股温情,跟了过去,从后面搂住她那柔软的腰肢,随即低下头去,轻轻地吻她的耳际。铜镜里映出两张脸,挨擦着、厮磨着,不久便相对重叠起来……

当晚,赵匡胤宿在瑶津宫。在尔后的半个月里,除了上朝会见朝臣,其他时间,几乎全在这里度过。并不宽敞豪华的瑶津宫,似乎有着不可抗拒的魔力,令他流连而不忍离去。

细君接连十几天未见皇上,心中纳闷,叫身边的宫女去打听,才知道他这半个月来,一直宿在瑶津宫。想到赵匡胤对宋贵妃的宠爱,细细一思量,便趁着赵匡胤上朝的空隙,来到瑶津宫。

宋贵妃忐忑不安地将皇后迎进房中坐下,唤宫女献上茶,恭敬地站在皇后面前。沉默了一会儿,见皇后不开口,宋贵妃怯生生地问道:“不知皇后来此,有何吩咐?”

细君看了宋贵妃一眼,冷冷地说:“我还算是皇后吗?你才是真正的皇后呢!皇上不是日日夜夜都泡在瑶津宫吗?”

“臣妾知道这样不好,也曾数次劝皇上回延福宫,可皇上不听,坚持留在这里。臣妾着实为难啊!”宋贵妃轻声道。

“你有什么为难?皇上守在瑶津宫,不正遂了你的心意吗?”细君无意中一瞥，见自己亲手为赵匡胤缝制的内衣，正折得整整齐齐地摆在床上，不禁火气直往上冲，口气也随之尖刻起来：“你这狐媚子，仗着年轻漂亮，迷惑君上，扰乱宫中制度。长此以往，掏空了皇上的身子，荒废了国家的朝政，我大宋江山，岂非要毁在你的手上？你快给我跪下！”

宋贵妃不敢顶嘴，跪在地上嘤嘤低泣。

过了好一阵，赵匡胤退朝回来，见了这阵势，心知大事不妙，便赔着小心，对细君说：“皇后千万不要生气，都是朕的错。朕违犯了约定，听凭皇后发落！”

细君一言不发。赵匡胤望了望跪在地上的宋贵妃，心中不忍，将她扶起说：“细君，这一向住在瑶津宫，是朕自己的主意，与她无涉。你不要为难她！”

细君本想就此罢手，可赵匡胤的举动又刺激了她，她板着脸孔大声说：“皇上这么痛惜她，何不干脆将她立为皇后？还要我这黄脸婆干什么？早知如此，当初我就不该让你选这个妖媚的女人进宫！”接着，又对宋贵妃喝道，“跪下！”

宋贵妃不敢违拗，只好又跪了下去。

第三十四章 孟昶沉迷红罗帐 匡胤挥兵征西川

赵匡胤见到细君完全不给自己留一点颜面，立刻火冒三丈，气得浑身发抖，心一横，指着细君说道："你简直蛮不讲理！朕贵为天子，想要选妃就要选妃，想住在哪里就住在哪里，难道朕连这一点权力都没有吗？宋爱妃，你快起来，看她能把你怎么样？"

与赵匡胤成亲这么多年，细君什么时候受到过这样的辱骂？她不敢相信眼前的这个男人就是自己的丈夫，脸色霎时变得像纸一样白，眼泪夺眶而出，哭着跑了出去。

赵匡胤心头一震，正想拔腿去追，宋贵妃从后面一把抱住他，软绵绵的身子偎在他背上，他的腿就再也迈不动了。

这一段时间，赵匡胤无暇他顾，他的精力主要放在西征后蜀的准备上。首先，他诏准赵普的推荐，派得力大将张晖任凤州防御使，命他搜集后蜀的各种情报，了解后蜀境内险要地势。其次，他责成赵普全权负责改革赋税制度，增大对各州郡征收赋税的力度，既充实中央财政，又削弱了各镇节度使的经济实力，为西征奠定坚实的物质基础。此外，他还与赵光义、张琼、王全斌等人一起，对现有的十六万禁军进行整顿，更换了一批年龄老化的将校，战斗力大为提高。

赵匡胤为西征所做的准备和调整，持续了整整一年。至乾德二年(964年)九月，一切基本就绪，所缺少的，只是一个出兵的堂皇理由罢了。

就在宋朝君臣全力准备西征的时候，远在西南的蜀主孟昶，却依然在流连声色，朝夕欢娱。

说起孟昶的后蜀，要追溯到唐代末年。当时，大将王建在成都割据立国，是为前蜀。后唐时，朝廷出兵征讨，前蜀灭亡。但后唐派去的将领孟知祥，见巴蜀乃天府之地，又与中原相距遥远，不由起了占蜀为王的野心，于是，他渐渐摆脱了后唐朝廷的控制，僭称蜀帝，是为后蜀。孟知祥称帝不久，因病而亡，其子孟昶继位，年方十六岁。

本来朝廷若那时讨伐，自可一举克复蜀境，但那时中原纷乱，自顾不暇，哪里有余力西图？因此，后蜀得以延续，并以十余年的时间，向外扩张，占有四十六州、二百四十多个县，进而窥伺关中地区。

孟昶自继位以来，已有三十一年。前面十几年，他尚能虚心纳谏，勤于政事，但自从重用王昭远等奸佞小人，加上蜀中长期安定，壮志逐渐消磨，他在成都广建宫苑台榭，四处搜集奇珍异宝，后宫佳丽如云，歌舞通宵达旦。

宋朝代周而兴，令西蜀眼光敏锐的大臣倍感压力。宰相李昊曾上书孟昶，建议派使节前往开封，与宋室通好。孟昶觉得有理，便与枢密使王昭远商量。那王昭远是成都人，本为侍从，后因孟昶的喜爱，平步青云，成了执掌军政大权的枢密使。王昭远一贯以方略自许，颇为狂妄，坚决反对向宋朝纳贡称藩。

孟昶对王昭远从来言听计从，于是不用李昊之策，将国事全部委托给王昭远，自己仍旧日日笙箫，夜夜歌舞，过着那倚红偎翠、醉生梦死的生活。

孟昶有一个妃子，叫花蕊夫人，不但长得美艳绝伦，而且精通诗词歌赋，深得孟昶的宠爱。花蕊夫人本姓费，母亲是成都一代名妓，后从良嫁给一位姓费的商人。花蕊夫人从小就长得美貌无双，聪慧乖巧，因为身份卑微，费氏立志要将女儿培养成一个才貌双全的女人，将来攀上一门好亲事。皇天不负苦心人，十七岁那年，果然被孟昶选进宫里，并且凭着她的美貌、技艺、才情和花样百出的床上功夫，迷得孟昶神魂颠倒，恨不得朝夕陪在她身边，什么国事朝政、六宫粉黛，早已弃之脑后。

十月的成都，风和日丽，气候宜人，红色的芙蓉花开得缤纷绚烂。蜀主的后花园里，孟昶一身宽松的衣服，躺在椅子上。身边环绕着四五个宫女，有的捶背，有的捏腿。

不远处的一棵榕树下，花蕊夫人正在吹箫，一袭绛色衣裙，双眉如黛，眼波顾盼生辉，纤纤玉指，指法娴熟，一阵阵悠扬悦耳的箫声从玄色的竹箫中飞出。

孟昶正听得入神，王昭远在一名内侍的陪同下，走进御花园。他站在旁边静候，直到一曲终了，才走过去，向孟昶和花蕊夫人请安行礼。

“有什么事情吗?”孟昶兴致正浓。

“陛下，我大蜀兵多将广，当然不惧宋兵，但若得外援，则形势更为有利。臣近日反复思考，窃以为可遣使者前往太原，和北汉结成同盟，相约起兵，对宋朝实行南北夹击。不知陛下以为然否?”

孟昶此时雅兴正浓，哪里顾得上其他?随口敷衍道：“一切由爱卿定夺。”接着向花蕊夫人招招手，示意她继续吹奏。

王昭远回到家中，写了一封密信，用蜡封好，令部将赵彦韬秘密送往太原。

赵彦韬与数名随从，打扮成商人模样，十余天后来到凤州地界。他本是北方人，常思故土，又看到驻扎在凤州的宋军阵容整齐，纪律严明，城墙防卫极为牢固，不禁起了背蜀投宋的心思。于是，他找到凤州防御使张晖，说明自己的身份，将封着密信的蜡丸献出。张晖知此事十分重要，即刻派出一队骑兵，护送蜡丸前往京城，并对赵彦韬大加慰勉。

赵匡胤接到蜡丸，读了密信，哈哈大笑，对身边的赵普、赵光义说："天助我也。后蜀试图勾结北汉，对抗我大宋，这下朕西征有名了！"

赵匡胤深知，后蜀地广物饶，已割据数十年，实力远非南平、荆楚等小国可比；尤其是蜀地偏远，民风剽悍，素称难治。倘若选将不当，引起民变，或者入蜀以后，自行其是，如同孟知祥一样，起了称王一方的野心，岂不是造成无穷的后患？

担此重任，以慕容延钊最合适，可惜他已病殁；韩令坤、石守信虽不如慕容延钊心思缜密，但毕竟是故人，忠实可靠，无奈两人都执意推脱；王审琦和张琼虽忠心不二，却缺乏调度千军万马的才能。

赵匡胤因选择西征军主帅，反复推敲比较，而出师已势在必行，刻不容缓。万般无奈之下，只好退而求其次，任命忠武军节度使王全斌为西川行营都部署，率领禁军五万，地方军五万，由凤州进军，又派都指挥使曹彬，领禁军五万，从归州入蜀。

临行之前，赵匡胤在讲武殿宴飨诸将，叮嘱王全斌、曹彬等人说："此番征讨西川，责任重大，一路上攻城破府所得的财物，尽可赏赐给将士，唯不可滥杀无辜。若有违背，朕必严惩不贷！后蜀久不习兵，必难敌我大宋雄师。平蜀之后，主力速速回京，切不可长期滞留！"

实际上，赵匡胤并不担心此役能否取胜，他最担心的是取胜后军队滞留不归，甚至在蜀中独立。他的意思，诸将也很清楚，自然一一应允。

次日，大军誓师西征。十五万人马，怀着必胜的信心，浩浩荡荡地出了开封，向西挺进。

乾德二年(964 年)十一月，赵匡胤遣大军西征。蜀主孟昶得到军报，大为惊慌，急召群臣商议对策。蜀地数十年不闻战事，文武大臣过惯了平静安乐的生活，填词作赋、斗鸡狎妓的本事，远胜于排兵布阵、攻城野战的谋略。此时事变突发，国临危亡，君臣一个个面面相觑，手足无措，不知如何应付。

唯有王昭远，分析敌我形势，罗列山川地理，引经据典，侃侃而谈，颇有一种洞察全局、胸怀韬略的大将风度。于是，孟昶任命王昭远为都统、赵崇韬为都监、韩保正为招讨使、李进为招讨副使，领兵十万，以拒宋师。

太后李氏听到这个消息，苦苦劝告道："吾观历代统兵之将，皆积有战功、士卒畏服之人。昭远乃给事左右之辈，未经战阵，徒凭口舌，岂能任三军主将？"孟昶心中其实也没有底，但满朝文武无一将才，他能有什么办法呢？

宰相李昊代表蜀主，在成都郊外为王昭远饯行。酒席间，王昭远谈笑风生，豪气干云，视宋军如草芥。席罢，王昭远登上车舆，李昊拱手作别道："将军此去,关乎我大蜀生死存亡。祝将军旗开得胜,早日凯旋!”

王昭远哈哈大笑道:“宰相放心,我此去不仅要击败宋军,凭这十万雄师,便是进取中原也易如反掌啊!”说完,翩然上车而去。一路上手持铁如意,从容指挥军事,自比诸葛亮。李昊听说后感叹道:“昭远无实战经验,又如此骄恣轻率,吾恐其丧师辱国,误我大蜀也!”

王全斌率宋军由凤州西进,所向披靡,连克万仞、燕子二寨,夺取兴州城,又乘胜前进。后蜀守军闻风丧胆,纷纷溃退。

王昭远接到军报,大怒道:“王全斌真可谓不知死活!”急令韩保正、李进率三万兵马,前往阻击宋军。

韩保正、李进二人领兵行至三泉寨,迎面遇上宋军先锋将史延德的先头部队。史延德是涿州人,曾任殿前诸班班头,使一杆四十斤重的铁枪,臂力极大,脾气火爆,打起仗来不要命,故赵匡胤特意调他任先锋之职。

史延德见大队蜀军,也不答话,催马挺抢冲去。李进年轻气盛,生怕韩保正抢了头功,舞起方天画戟迎了上来。枪戟相交,不及五个回合,史延德大喝一声,将李进刺于马下。

韩保正又气又怒,红着眼抡刀杀出。史延德跟着赵匡胤经历了无数战阵,何曾把蜀将放在眼里?一声冷笑,举着滴血的铁枪杀将过去。两人你来我往,战了十几个回合,韩保正气喘吁吁,越斗越怕,拼命格开对方铁枪,回马便跑。史延德双腿一夹,胯下的战马如飞一般赶了上去。眼看两马将近,史延德左手提着铁枪,右手轻舒,将韩保正活生生提离马背,掷在地上,令人用绳索捆缚,押回主营。主将一死一擒,蜀军大乱。史延德驱兵猛扑过去,刀枪并施,杀得蜀军鬼哭狼嚎,溃不成军。

王昭远得到败讯,方知宋军并非如自己所预料的那样不堪一击,慌忙约束部队,收集韩保正、李进的残兵,重新列好阵势,以待宋军。

史延德初战告捷,并未莽撞进军,一直等到大军到来,才麾兵继续前进。行至罗川,远远望去,蜀军依江列营,江面的浮桥尚未焚毁。史延德见有机可乘,迅即挑选三千健卒,组成敢死队,与崔彦进、张万友一起,率先冲上浮桥,高声呼道:“活捉王昭远,冲啊!”

宋军将士齐声呐喊,向对岸涌去。蜀兵急来阻拦,被史延德等人左冲右突,杀了个人仰马翻,宋军很快夺取了浮桥。

王昭远目睹宋军如此骁勇,急令退兵,回守漫天寨。慌乱之中,那只从不离手的铁如意,也不知丢到哪里去了。

几天以后,王全斌率大军猛攻漫天寨。宋军士气极盛,攻势如潮,蜀军守了一天,全线溃退,王昭远只好弃寨西奔,渡过桔柏江,焚毁桥梁,退守剑门。

宋军在三泉寨、罗川、漫天寨三战全胜，歼敌四万余人，这一消息很快由驿道传至京城。赵匡胤得此喜讯时，正与宋贵妃在迎春苑赏雪。西征军出发仅一个月，就取得了如此重大的战绩，这超出了他的预想。然而，赵匡胤知道，攻克剑门才是最艰难、最关键的战役——只要拿下剑门，成都失去了最后的屏障，蜀中便指日可下了。

这时，雪越下越大，一片片铺天盖地飘洒下来，整个迎春苑，成了一个银装素裹的冰雪世界。赵匡胤望着屋檐垂下的冰凌，沉思了一会儿，对左右的人说："朕身着裘衣，头戴貂帽，尚觉寒冷。想那西征将士，顶霜冒雪，行军作战，何以堪之！"随即解下裘衣、貂帽，令内侍张总管火速送往前线，并叮嘱道："代朕谕告全军将士，不可遍及，乃聊表心意也。"

数十名经过挑选的骑兵，跟随总管，专程护送皇上钦赐的寒衣，日夜兼程，赶往剑门。

剑门山又名梁山，共有七十二峰，峭壁从中断开，两崖相嵌，形似剑门，地势极为险峻。其中在大剑山与小剑山之间，唯有一条狭窄难行的栈道可通。相传此栈道乃诸葛亮所修筑，"连山绝险，飞阁通衢"，故谓之剑阁。李太白《蜀道难》所言"剑阁峥嵘而崔嵬，一夫当关，万夫莫开"者，即指此也。

王昭远连遭败绩、损兵折降之后，深知能倚仗的，只有这易守难攻的剑门了。于是，他令部下守住各处要塞，沿桔柏江布置重兵，设立木栅；又派人回成都，请求蜀主增派援兵，准备死守。

王全斌见剑门险峻，急切之间无法攻破，便在江东安营扎寨，并派出数批斥候，打听东路军曹彬的进展情况，侦查渡江的路线。

两天以后，有细作回来报告，说曹彬所率领东路军，经过苦战，攻破夔州以后，势如破竹，连克万、施、天、忠四州，正向西北进兵。

王全斌听了又喜又忧，喜的是东路军进展顺利，分担了蜀军阻击的压力，解除了自己的旁顾之忧；忧的是自己的军队为江水和剑门所遏，若曹彬先入成都，建立大功，自己的脸面往哪儿放？

王全斌身披大氅，伫立江边高坡上，俯视脚下湍急的江水，半晌没有移动身躯。一阵西北风吹来，他不由得打了个寒噤，随手摸摸结了冰碴的胡须，紧了紧大氅，转身朝大营走去。数十名亲兵紧随其后。

走近营帐，一身戎装、英姿勃勃的史延德迎了上来，高兴地说，"王将军，抓了一名蜀兵。他说有地方可以渡江，并绕过剑门！"

王全斌急忙入帐，仔细询问。那被俘的蜀兵说："从这里沿岸溯江而上，翻越三座山峰，有一条小路称为来苏，那里水浅，可涉水渡江。渡江后，出剑门南二十里至青强镇，便与官道相合。若行此路，则剑门不足恃也！"

王全斌令人将蜀兵带出去，好生款待，独自在帐中细细地思考。突然间，一阵急促的马蹄声自东而来，他眉头一皱，何人如此大胆，敢在军中纵马驰骋？急令亲兵出帐查看。

不一会儿，马蹄声停了，亲兵引着一位宫中装束的男子进了营帐。王全斌认得他是皇宫的内侍总管，连忙让座，问道："张总管，皇上派你来此，有何要紧的敕令吗？"

张总管擦拭了一下额上的汗水，嘴里呼着白气说："皇上见京城大雪，惦记西征将士苦寒，脱下自己的裘衣、貂帽，令我火速交王将军。我们在路上日夜不停，跑了六天，才赶到这里。"说完，从背袋中取出一个黄色包袱，双手捧给王全斌。

王全斌激动万分，整了整衣襟，接过包袱，动情地说："张总管，请你转告皇上，我王全斌蒙皇上厚恩，虽死不足以报万一。我西征军全体将士，必能跨越剑门，克复蜀中。请皇上放心！"

当天晚上，王全斌召集全体将校，将皇上千里赠寒衣以及对全体将士的亲切问候，一一转达。顿时，诸将感奋，士气高涨。王全斌乘机令史延德、崔彦进率领禁军三万，以投降的蜀兵为向导，经来苏渡江，直抵青强镇，控制住官道，然后立即回师攻打剑门。

很快，史延德出其不意，夺取青强镇，蜀军一片惊慌。王昭远担心宋军回师，令偏将守住剑门，自己亲自率领主力，前往汉源坡，想遏止史延德的攻势。

王全斌得知王昭远离开，立即砍木为筏，指挥宋军渡过桔柏江，猛攻剑门。剑门守军已成惊弓之鸟，在强大的攻势面前，根本无力抵抗，作鸟兽散。王全斌轻取剑门，好不欢喜，派军守住要害之处，随即挥兵杀往汉源坡。

史延德从青强镇杀回，王全斌自剑门杀过去，两路人马形成夹击之势，将汉源坡的蜀军团团围住。王昭远躲到一间民房里，听到外面宋军喊声震天，吓得魂不附体，绝望之下，倒在胡床上，痛哭失声，直哭得双目红肿，形似烂桃，成都出师时的那份潇洒自信，早就荡然无存了。

赵崇韬见主将如此窝囊，只好硬着头皮披挂上阵，指挥作战。刚到阵前，迎面一支冷箭射来，正中面门，他痛呼一声，翻下马来，被马蹄一踏，顷刻间成了一团烂泥。被围的蜀兵无路可逃，四处乱窜，凶蛮的宋军杀红了眼，一阵乱砍乱杀，转眼间死了大半。剩下的士兵一看走投无路，纷纷丢下武器投降。

王全斌生性残暴嗜杀，他不顾士兵投降，只管驱兵屠戮。刀枪起处，惨叫声不绝于耳，人头纷纷滚落，不到一顿饭工夫，蜀军残部杀戮殆尽。方圆十里，举目可见残缺不全的尸首；血腥和死亡的气息，在密林和沟渠间凝结纠缠，经久不散。

王全斌还不肯罢手，又派人去村子里搜索，终于在一家农户的米仓里，找到了蓬头垢面的王昭远，立刻捆起来，派人押赴开封，向朝廷报功。

第三十五章 宋军挺进成都城 太祖旧念皇后情

孟昶受到来自王昭远关于宋军骁勇善战、请求援军的情报后，再也没有心情和花蕊夫人盘桓厮混了，立刻盘点府库的金银，招募勇士，将原来的将士集合起来，共有五万人马，令太子孟玄哲率领，李廷圭、张惠安为左右将领，立刻前往剑门增援。

孟玄哲细皮嫩肉，一副手无缚鸡之力的文弱相，根本不懂军事，李、张二人也都是纨绔子弟，更不知道武备是什么。离开成都的时候，那位风流倜傥的太子，还携着数名美姬、几十个伶人和乐工，晨夕嬉戏取乐，好似去踏春游玩一般。

孟玄哲率军来到绵州，闻剑门已失，吓得魂飞魄散，掉头就跑，将庐舍、仓库尽数烧毁，说是坚壁清野，以困宋军。

眼看着宋军一天天逼近成都，孟昶忧心如焚，寝食不安，仓皇中将百官召集到大殿之内，询问应对之策。众臣虽急，却无良策，皆缄默不语。

白发苍苍的老将军石斌出班奏道："宋兵远来，势不能久。请陛下聚兵，筑高墙固守，以老其师。不知陛下以为如何？"

孟昶叹道："朕父子以锦衣玉食养士四十年，及大敌当前，却无一人为朕东向发一矢，今若固垒拒敌，复有何人为朕效命？"说到伤心处，泪如雨下。满朝文武大臣见此，也都唏嘘不已。

一直主张向宋朝称臣的宰相李昊，乘机进言道："宋军攻破剑门，长驱直入，离成都已不足两日行程，若起兵相抗，只恐使生灵涂炭。不如纳土归降，尚能保全也。"

孟昶深思良久，说："罢了，罢了！事已至此，别无出路，爱卿就速速替朕起草降表吧！"

李昊曾是前蜀旧臣，当前蜀投降之时，也是他起草的降表，因而写起来轻车熟路，甚是利索。孟昶过目之后，便派李昊送往宋军驻扎的魏城。

王全斌接到降书，表面上高兴，心中却隐隐不快。那王全斌不仅残暴，而且贪财。他久闻成都富饶，孟昶宫中金银珠宝不计其数，所以早就希望能杀进城去，大发横财。再说那宋军将士浴血奋战，无非是为了钱财，若无所得，怎么约束他们？如今孟昶一降，根据大宋律条，必须封存所有府库，也不能抢掠平民。眼睁睁看着成都的钱财全归朝廷所有，自己及全军将士一无所得，你说他焉得不恼？然而不快归不快，王全斌还是面带笑容地嘉勉李昊，并于第三日率大军进入成都城。

孟昶携文武大臣在城外跪迎，献上传国玉玺和地图版籍。从此，后蜀四十六州，全部归入大宋版图。后蜀历二世而亡。从宋军离京出发，到孟昶投降，总共不到七十天。

且说李昊那日陪着王全斌等人封府库、验文件，忙了一整天，深夜方回家中睡下。次日早晨起来，刚要出门，发现自家朱漆大门上，赫然写着六个大字：世修降表李家。

他怔怔凝视良久，脸一阵红，一阵白，最后面如死灰，苍老的脸上浮现出一抹凄惨。思及自己几十年来庸庸碌碌，无所作为，老来还遭人奚落唾骂，有何脸面再活在世上？一时万念俱灰，后退几步，一头撞去，碰死在那六个大字下面。

过了几天，曹彬率东路军亦抵成都，两军会师，军势更为壮盛。孟昶为了亲近宋军，举办盛筵以慰劳宋军将士。宋军将士喝得烂醉，免不了骚扰市民，寻衅滋事，幸亏曹彬出面干涉，才避免事态的进一步扩大。

曹彬是个厚道而又细心的人，他见十余万军队驻在成都，担心激发事变，劝王全斌携蜀主孟昶及蜀军降卒，尽早班师。王全斌不但不听，反而住进后蜀宫中，与崔彦进等人昼夜纵酒，不恤军务，纵容部下四处抢掠财物，强奸妇女，蜀人恨之入骨。曹彬毫无办法，只好将自己所率东路军撤到城外，严加管束，以尽量减少与蜀民的摩擦。同时，他又写了一封密信，令人火速送往京师。

赵匡胤于乾德三年(965 年)二月接到蜀主投降、克复成都的消息，龙心大悦，颁下敕令，对王全斌等一干将士予以嘉奖，并在宫中举行宴会，与群臣庆贺胜利。赵匡胤考虑到蜀中的善后事宜不可大意，便派吕余庆前去担任成都知府，主管蜀地政事；同时命令王全斌，速将孟昶及其家眷、官属送回开封。此外，因投降的蜀兵数量太多，叫王全斌对其尽快进行整编，调回京城，以免后患。

这天晚上，赵匡胤在勤政殿起草完发往成都的公文，伸臂打了一个呵欠，突然想起因处理蜀中事务，好几天没见宋贵妃了，连忙唤内侍提着灯笼引路，前往瑶津宫。

宋贵妃的温柔和善解人意，深得赵匡胤的欢心，他乐意在宋贵妃身边度过持政之外的闲暇，他感觉到自己的生命，也因此而变得年轻起来。不知不觉中，赵匡胤已经离不开她了。

前面就是瑶津宫，当赵匡胤看到宫内透出的光亮，想到宋贵妃那浅浅的笑靥时，心中竟漾起一种醉意。他抬脚刚要跨进去，两个宫女打着灯笼，急匆匆追上来，跪伏地上，带着哭腔说：“皇上，不好了，皇后娘娘的病加重了！”

赵匡胤心头一震，望了望瑶津宫的大门，猛地转身，疾步朝延福宫走去。几盏灯笼在内侍与宫女的手中来回晃荡，仿佛是赵匡胤那飘忽不定的心。

几个月以前，赵匡胤一时冲动，在瑶津宫斥责细君。细君哪里受得了这个气？接连几天不吃不喝，躺在床上生闷气。

赵匡胤虽然心里恼她，但也深知细君的脾性，只好向她认错，又令宋贵妃叩头赔罪，细君才勉强开始吃饭。但此后就很少开口说话，终日不见笑容，身子日见消瘦，红润丰满的脸颊，变得苍白而枯涩。更让赵匡胤心神不安的是，细君自此以后，心性大变，整日里吃斋念佛，把延福宫布置得像个寺庙，有时一个人坐在太后杜氏的遗像前，喃喃低语，一坐就是好几个时辰，也不知她念些什么。

赵匡胤越发不安，退朝后时常去看望她，并有意在延福宫留宿，想借此解除她心里的积怨，可每次都被她赶走，说是吃斋之人，不能亵渎佛祖。不久，细君终于病倒了。

赵匡胤既内疚又着急，可是只要走到她的床前，细君便侧过身去，连看都不看他一眼。昔日的恩爱夫妻，如今竟无只言片语。

赵匡胤愧疚不安地走进细君的卧室，首先看到的是儿子德昭。德昭今年十七岁了，个头比自己还高，除了眼睛像母亲绮云、身材尚显单薄外，五官、脸型，甚至说话的声音，无不酷肖赵匡胤。

德昭几岁就死了娘，是细君一手扶养成人的，因此两人感情极深。他一直称细君为“娘”，视她如亲生母亲一般，细君卧病之后，他便早晚在床头侍奉汤药，晨夕陪伴。

赵匡胤正想跟他打个招呼，谁知德昭不但不行礼问安，反而给了他一个白眼，将头猛地偏了过去。赵匡胤极为尴尬，但此时不便发作，强忍了忍，走到床前。细君仰卧床上，盖着那床他十分熟悉的黄色锦被，脸色苍白，两颊的颧骨显得格外突出，眼角拖着长长的鱼尾纹。这就是当年那个年轻俊俏的细君吗？十几天不见，她怎么就如此衰老了呢？赵匡胤震惊之余，心如刀绞，情不自禁地坐在床沿，抓住她那只瘦骨嶙峋的左手，轻轻地抚摸着，抚摸着。

突然，细君的喉结动了一下，紧接着爆发出一阵剧烈的咳嗽。她佝偻着身子，双腿乱踢，两手乱抓，好像有什么东西堵在喉咙里，咳嗽的声音嘶哑而又沉闷。

赵匡胤用右手扶着她的头，左手在她的胸前反复按摩，嘴里不由自主地低语：“细君你怎么啦，你怎么啦？”

细君的喉结又急剧地动了几下，猛地喷出一大口鲜血，将赵匡胤宽大的衣袖染红了一大片。德昭扑了过来，跪在地上，扶着床沿，红着双眼喊道："娘，娘！"

赵匡胤望着那一片醒目的殷红，不禁潸然泪下。

旁边的太医走上来，附在赵匡胤耳边轻声说："陛下，皇后娘娘得的是痨病，恐有传染，陛下还是回避为好。"

赵匡胤回头狠狠地瞪了他一眼，说："你走开！"太医不知所措地退了回去。

细君扭动的身躯逐渐平静，呼吸也慢慢稳定了一些。过了好久，长长的睫毛微微一动，睁开了那双忧郁却仍旧美丽的眼睛。

赵匡胤连忙将沾有血迹的衣袖遮掩住，轻唤了一声："细君！"

细君的眼光落在眼前这张熟悉的脸上，像个孩子般仔细地打量着。那两道竖眉、宽阔的前额、厚实的鼻子……朝夕相处了近十年的夫君，如今却生分了，而且恐怕就要永别了！她心中一疼，秀眉微蹙。当她看到赵匡胤脸上的两行泪水时，目光显出了久违的温情，脸部也因此而生动起来。

细君呻吟般叹了口气，望着赵匡胤，轻轻地说;"表哥，你要是不当皇帝，那多好啊！"说完闭上了眼睛，清亮的泪水滑过眼角，顺着鱼尾纹流过耳际，慢慢地滴落在枕头上。

赵匡胤一怔，随即想道：是啊，假如不当这个皇帝，也许就能与细君和和美美地厮守终生，就不会有那么多的波折了！他直直地盯着细君那苍白憔悴的面容，脑海里不停地闪过模糊的往事，不由在心里忏悔："细君，朕对不起你，朕心中有愧啊！"

正在伤心欲绝之时，一个内侍蹑手蹑脚地走进来，悄悄对他说："陛下，张琼将军有急事在外求见！"

赵匡胤不胜其烦，又不好在房内发火，来到门外，气冲冲地说;"张琼，有什么事，明天再说。你走吧！"说罢，转身欲进房去。

张琼看他神情有异，急忙拦住，递给他一封插有羽毛的信："陛下，这是曹彬送来的急信，切切不可延误！"

赵匡胤打开信，在微弱的灯笼光下急速浏览一遍，脸色陡地严峻起来。细君的房里隐隐透出柔和的灯光，赵匡胤回头看了一眼，说不清是痛苦还是绝望，猛然掉头离去，径直来到勤政殿，当晚拟就诏书，令王全斌火速押蜀军降卒回京，蜀中军事交由曹彬负责。

然而已经晚了！就在这时，蜀中的形势急转直下，发生了巨大的变化。原来，王全斌接到吕余庆带去的诏令后，当即派人护送孟昶一行前往京城，三月初又调发蜀军降卒三万人，前往开封。

这些蜀军降卒本来就心怀不满，加上王全斌又克扣了朝廷发给他们的置装费，怨愤更深。三月中旬，行至绵州，终于酿成兵变。愤怒的蜀兵杀掉监管他们的两千宋兵，组织起来，攻略城池，召集流亡，人众迅速增至十余万。他们自号“兴国军”，一致推举原文州刺史全师雄为帅，号“兴蜀大王”，两川的百姓争相响应。

一时之间，在辽阔的川蜀大地上，战争的风云重又卷起，血腥的杀戮已不可避免地再一次降临。

就在蜀中发生巨变的同时，皇后王氏细君病殁。赵匡胤伤心欲绝，悲痛、内疚与自责，交织成一张无形的大网，令他无法摆脱。此后一个多月的时间里，他神思恍惚，喜怒无常，头脑中经常出现细君的面容和与她相关的种种情景，以致每每在睡梦中惊醒，独坐到天亮。

他明显地消瘦了，脸色黄中带黑，头上出现了白发。当细君的灵柩安置在绮云陵墓的左侧，终于为厚土所覆盖的时候，他仿佛看到绮云与细君，在冥府携手并立，向他投出谴责和哀怨的目光。

平心而论，赵匡胤虽然宠爱宋贵妃，却也深爱细君。如果说宋贵妃激活了他生命的潜力，使他能精力充沛地面向未来，那么细君则以醇厚持久的亲情，维系着他的过去。而过去与未来作为人生的一个部分，都是不可缺少的。他怎么也没有想到，细君竟然会如此偏执，一定要用生命来维护过去的尊严！

无论赵匡胤怎样因细君的逝去而伤心悲痛，作为君主，他首要的事情，永远是社稷存亡、国家安危，而不是其他。蜀中的形势日益严峻，已到了难以收拾的地步，纷至沓来的消息，逼着他从悲痛中挣扎出来，去面对蜀中的严重危机。

蜀军叛乱，王全斌派遣部将崔彦进、高彦辉征讨，被全师雄击败，高彦辉战死。叛军乘胜前进，断阁道，建营寨，声言将攻成都。王全斌、曹彬极为紧张，赶紧退守成都。当时成都尚有蜀军降卒二万七千人，王全斌担心这些降卒乘机叛乱，与众将秘密商议后，在一个晚上将降卒诱至郊外，全数活埋。数万生灵，就这样命归黄泉。

驻在成都的宋军约十三万，而且将士骁勇，装备精良；全师雄属下的“兴国军”虽号称三十万，但大多是乌合之众，因而也不敢贸然进攻。

双方对峙了两个多月，赵匡胤焦急难耐，又派三万禁军前往增援。按理说，宋军的力量加强了，完全可以对蜀军采取攻势，可王全斌依旧固守成都，始终不愿主动出击。

原来，王全斌自收到赵匡胤令他回京的诏书，便起了疑惧之心，有意拖延战事。谣传王全斌与全师雄订有秘密协定，王全斌将在蜀中称王。蜀中的形势变得更加扑朔迷离，难以预测。

还差一个月就要过年了。西北风卷起漫天的尘埃，将开封城的天空搅得一片浑浊。皇宫内的讲武殿中，赵匡胤与赵普、赵光义、陶谷在议事。君臣表情十分严肃，气氛郁闷而凝重。

赵匡胤皱着眉头，瓮声瓮气地说："朕接连下了三道诏令，叫王全斌赶快进军，平息叛乱，他却无动于衷。就这么不明不白地拖着，不知他究竟想要怎样！"

陶谷眨了眨眼睛说："蜀主孟昶已至京城，全师雄区区一介莽夫，成不了大事，故蜀军不足虑也。倒是王全斌手握重兵，长驻成都，若真与全师雄暗通款曲，欲做孟知祥第二，却实在堪忧！"

赵匡胤那两道竖眉猛地跳了一下，他所担心的正是这一点。假如王全斌称王蜀中，不仅朝廷搭进去十几万军队，而且树了一个比孟昶更为有力的强敌，岂不是偷鸡不成反蚀了一把米？他心中不由一阵烦躁，对众臣道："不知诸位爱卿有何良策？"

赵光义恨恨答道："王全斌那厮实在可恶！臣愿领京中禁军进剿成都，既杀背主之臣，亦平蜀中之乱！"

赵匡胤听了，觉得光义未免太过幼稚。现在京城禁军不到五万，如果全部发往西蜀，万一北汉乘虚而入，谁来迎敌？况且传言王全斌欲王蜀中，并未证实，一旦出兵征讨，乃是逼他与朝廷决裂，到那时天下大乱，真是一塌糊涂了！他心中这样想，却依然不动声色，眼睛望着赵普。

赵普的目光与赵匡胤对视了一下，微笑着说："王全斌乃无谋之人，何须兴师动众？只要有一个威望压倒王全斌的人，前往成都，合曹彬、吕余庆、史延德诸人之力，夺回军权，则祸患可消，蜀中可平矣！"

"何人可担此任？"

赵匡胤眼睛一亮。

"韩令坤！除陛下以外，普天之下，只有他可令王全斌畏惮！"

"废话！朕本想任他为西征统帅，他就是不答应，否则何至如此？朕哪里请得动他！"赵匡胤神色黯然。

"韩将军乃陛下八拜之交，最重义气，只要陛下动之以情，便是赴汤蹈火，他也绝不会推辞！"

"可他焉得来京？"

赵匡胤疑虑地问。

赵普想了想说："若明说要他入蜀，他自然不会来，但如果陛下趁着年底腊祭的机会，邀他返京祭奠慕容将军，他必定前来。至于能否说服他，就要看陛下的诚意了。"说完，意味深长地瞟了他一眼。

赵匡胤别无选择，立即差人前往常山，给韩令坤送去他的亲笔信。

慕容延钊的陵墓，建在开封城西南郊的伏牛山下，巨大的白色花岗岩砌成的半球形墓顶，高达两丈，墓前立着一块高大的石碑，碑上刻着“太原慕容延钊将军之墓”几个大字。墓台周围是高大的柏树和青松，因为已是隆冬时候，愈发显得萧瑟幽深。

第三十六章 太祖亲身拜慕容 令坤意图称蜀中

赵匡胤与韩令坤在众人的簇拥之下,来到石碑前。墓碑前已经摆好了三牲祭品与各种各样的点心和鲜果,左右两边的石香炉内,线香烟不断地向上空盘旋,缕缕烟雾弥漫在空气里,将冬天的寒意冲淡了。

两人并排站在墓碑前,恭恭敬敬地鞠了三个躬。赵匡胤正在往下跪,礼部的官员连忙上来劝止:"陛下,以上拜下,有违君臣之礼!"

赵匡胤挥手叫他退下,说:"朕今日不用君臣之礼,而是兄弟之礼。慕容将军是朕的结拜大哥,小弟祭拜他,理所当然!"说完,与韩令坤一齐跪下,认认真真地磕了三个响头。

祭拜完毕,两人登上墓台,默默地沿着围栏走了一圈。韩令坤抚摸着光滑冰冷的墓石,对赵匡胤道:"陛下,你政务繁忙,还是快点回宫去吧!俺还想在这里多陪陪大哥。从今往后,恐怕是再难来了!"

"好,今天咱们兄弟就在这里好好陪陪大哥,什么朝廷大事也不去管它!"

赵匡胤走下墓台,吩咐随从人员去柏树林外等候,又端了三杯酒回来,一杯递给韩令坤,将另一杯缓缓地倒在墓石上,说:"二哥,你还记得吗?当年我们在洛阳城外白龙潭结义时,连喝酒的杯子都没有,只好用大哥的酒葫芦。"

"当然记得,当时俺又累又饿,吃了大哥几个地瓜。嘿嘿,那可真是香甜可口!"韩令坤背靠墓石,眯着眼睛,沉浸在对往事的回忆之中,"那时大哥可真是风流倜傥,一表人才,令人好生仰慕……唉,都过去了,还提这些作甚?"

赵匡胤端起酒杯,走到韩令坤面前,一饮而尽,说:"二哥,倘若不是后来因缘巧合,让朕得了天下,咱们兄弟三人尽可率性而为,逍遥卒岁,岂不快哉!"

韩令坤淡淡地说:"陛下乃一国之君,掌握生杀予夺之权,还有什么不称心的?"

赵匡胤叹了一口气,仰望天空,诚挚地说:"二哥未临其境,哪里知道朕的苦衷!一旦为君,整日待在宫中,批阅奏章,烦闷乏味,这且不说;为了社稷江山,时刻必须小心谨慎,如履薄冰,甚至顾不上亲情义气。所有人都敬你怕你,躲着你,连个能说说心里话的人都没有!人生不过百年,死后不过七尺墓穴,何苦来着?"

他停顿了一会儿,接着说:"然而事已至此,有进无退。况且天下纷乱已久,北方失地尚未收复,总得有人出来收拾残局,完成统一大业啊!你我兄弟二十年,肝胆相照,生死与共,本当一如既往,光大已创的事业!可如今,大哥已逝,李良重归佛门,石头隐居洛阳,你又坚持留在北方,便是细君,亦弃我而去。思之实在令朕伤心。莫非朕做了皇帝,就注定成为孤家寡人不成?"赵匡胤越说越激动,脸上显出愤愤不平之色。

自从赵匡胤削夺大将兵权,韩令坤就一直对他抱有成见。倒不是一定要保住手中的权力,以他的资历、地位以及与赵匡胤的关系,满朝文武谁也不敢小觑他,他只是觉得赵匡胤太不顾兄弟情义,未免感到寒心。因此,他有意自疏,尽量不去京城,即使赵匡胤三番五次召他回京,他也一概婉拒。两人见面的机会越来越少,隔阂也就越来越深。

听了赵匡胤的一番话,心中细细思量,确实也有道理。如果自己处在他的位置,又能如何呢?皇帝总得有人做,自家兄弟坐江山,总比别人坐好。而且身为君主,也确实有他的难处。

韩令坤站起身来,沿着围栏又走了几步,说:"陛下无须多虑!李良本是佛门中人,回去是迟早的事。至于俺和石头,那都是怕你为难……"

"有何为难?大宋江山本来就是我们兄弟一同创建的,你们现在这个样子,才让我为难呢!"赵匡胤打断他的话,挥着右手大声说,"若非你推辞西征军统帅之任,何至于让王全斌率军入蜀,弄到今天无法收拾的地步,令朕寝食难安,焦头烂额!"

"这岂能怪俺?"韩令坤一脸无辜。

"自然要怪你!如今蜀军叛乱,王全斌按兵不动,心怀叵测,一切全因你而起,不怪你怪谁?这个难题……你必须马上给我解决!"赵匡胤犹如一头发怒的狮子,大声吼着。声音惊动了守候在外面的随从,不时有人从柏树林向这边窥探。

韩令坤见赵匡胤大吼大叫,全没了平日那种皇上的气派和矜持,不仅不生气,反而感到几分亲切,仿佛又回到了当年兄弟几个意气风发、效命沙场的岁月。他脸色平静地问:"俺韩令坤多年驻守边地,从不过问朝政,能有什么本事为陛下解此难题?"

"你立即赶往成都,夺回军权,平息叛乱!"

"让俺入蜀掌握兵权,陛下难道不怕俺韩令坤乘机自立,占蜀为王?"

"只要二哥愿意,朕立即起草诏书,封二哥为蜀王,如何?"

韩令坤闻得此言,心头一热,以往的积怨如冰雪融化,涣然消释,说:"好,俺答应。不过陛下要明白,俺去蜀中,并非为皇上,而是为了兄弟!"

他沉思了一会儿，接着说："此外，陛下还要答应俺两件事：第一，王审琦、张琼必须和俺一同前去；第二，平蜀之后，俺便解甲归田，不再任职。不知陛下能否依从？"

"行，一切由二哥自主！二哥，兄弟情谊，山高水长。请在大哥陵前受小弟一拜！"韩令坤大惊失色，抢前一步扶住，不让他跪下去。两双大手紧紧地握在一起，两人的眼睛里，都有亮晶晶的泪光在闪动。

过了春节，韩令坤、王审琦和张琼，率领殿前诸班中最精锐的"金枪班"一千名骑兵，从京城出发，向西南疾驰。这时，正是一年中最寒冷的季节，他们在寒风雨雪中一路急赶。

过了凤州进入蜀地后，天气稍暖，但春雨连绵，道路泥泞，行程艰难，幸亏叛乱的蜀军大多聚集在成都附近，他们才较为顺利地过了兴元、利州、阆州，于二月初到达梓州城外。

梓州城西，就是成都的郊外，曹彬的四万大军就驻扎在那里。按照韩令坤的计划，首先和曹彬会合，然后以此为依托，设法除去王全斌，控制成都城。然而梓州城内城外到处都是蜀兵，要想过去绝非易事。

韩令坤令部下在密林深处驻扎，派几名聪明机敏的士兵，扮成当地山民的模样，先与曹彬联络，约好夜里从梓州城西，突过蜀军的防线，叫曹彬届时前来接应。

韩令坤知道情势紧迫，不宜拖延，即使联系不上曹彬，他也决定晚上行动。只要自已能进入成都，即使牺牲"金枪班"全体将士，也在所不惜！

夜色慢慢地吞噬了大地上的一切。韩令坤带领将士趁着黑夜来到城西驿道附近，出其不意地杀掉防守路口的几十名蜀兵，将木栅栏移开，然后传令全体将士上马，朝成都方向飞驰。

韩令坤率部跑了不到五里，就遇到了前来接应的曹彬的部队。两军相合，欢声雷动。追来的蜀军见此声势，也不敢贸然靠近。

曹彬在驻地周家湾迎接韩令坤。他比韩令坤小五岁，曾经在他手下当校尉，见到韩令坤，自然格外亲切恭敬。

韩令坤刚一坐定，就问道："曹将军，军中盛传王将军与全师雄暗中往来，打算在蜀称王，是否确有其事？"

"回禀将军，其实以我军目前的实力，要剿平叛军绝非难事。王全斌按兵不动，主要是对朝廷有所疑忌，担心平蜀后于已不利，故拥兵自重。然而他又对末将和吕余庆有所顾忌，所以一直不敢行动，正处于观望犹豫之中。至于他是否和全师雄有过秘密接触，末将未能确知，不敢妄言。无论如何，西征军的主力，都是韩将军的旧部，韩将军亲临成都，一切自可迎刃而解！"曹彬恭恭敬敬地回答。

“曹将军，快去弄些酒菜来，俺们几个都饿坏了。我们边吃边谈！”韩令坤好像回到家里，大声吩咐道。

“末将得知韩、王两位将军要来，早已准备了泸州产的好酒。”曹彬满脸堆笑，吩咐亲兵端上热气腾腾的菜肴，还有几大坛美酒。韩令坤等人的到来，使他心头的重担卸去了一大半，黑红的脸上，露出了难得一见的笑容。

“好酒，真是好酒！”韩令坤将碗中的酒一饮而尽，又接连吃了几块大肥肉，舞动着筷子，边嚼边对曹彬说：“来，你也坐下。这次皇上派俺来，代王全斌统帅西征军。你们说，怎样才能令他就范？”

王审琦大大咧咧地说：“明日进城去，把圣旨向他一宣读，令他交出兵符，不就行了吗？莫非他还敢抗命不成！”

曹彬连忙接口说：“万万不可轻率进城！现在王全斌已非昔日可比，万一他恼羞成怒，狠下杀手，那就追悔莫及了！依我看，不如末将请他来周家湾议事，趁他不知韩将军已到成都，未加防范，见机而行，则可万无一失。”

张琼也说：“如此甚妥。明日即派人去见王全斌，只说梓州蜀军有进攻意向，请他来商议防卫事宜，他必然不起疑心。不过，还要请曹将军马上封锁消息，切莫将韩将军到来的消息泄露出去。”

三人都看着韩令坤，等待他做最后的决定。

房内的烛光闪烁不定，照着韩令坤那张黝黑严峻的脸，那一蓬浓密的胡须，在烛光下形成一团模糊的阴影。韩令坤凝神想了想，将手中的竹筷“啪”地猛击在桌上：“行，就这么办！明日俺与王兄、曹将军对付王全斌，张琼则化装进城，去见你的老部下史延德和张万友，控制住城内的禁军，以免发生事变。”

第二天，一切按计划行事。王全斌接到曹彬相约的信函，丝毫没有怀疑，便骑着马，领着几十名亲兵，直奔周家湾。他正想着乘机拉拢曹彬，借以巩固自己在蜀中的地位。这一年多来，他在成都发号施令，作威作福，日夜在蜀宫与孟昶的宫女淫乐，过的是帝王一般的生活，实在让他留恋不已；另一方面，由于赵匡胤曾经下令让曹彬取代自己，心中疑惧，所以朝廷几次下诏，让他剿灭蜀军，他都抗命不从。他知道，只要西蜀一日未平，兵权仍在手中，朝廷就对他无可奈何。然而，赵匡胤的神武、京中精锐的禁军，还有曹彬四万人马的牵制，使他心怀畏惮，始终也不敢与朝廷决裂。如果能得到曹彬的支持，那形势就完全不同了。

王全斌一路胡思乱想，进了村子，来到曹彬下榻的那栋青砖房前。突然，坐下的白马猛然停住，屁股向上一撅，死活不再往前走，嘴里噗哧噗哧地直喘气。王全斌差点被掀翻在地，顺势一跃，跳下马来，狠狠地在马屁股上抽了一鞭子，骂道：“畜生，吓我一跳！”

“王将军光临寒舍，未及远迎，还请包涵！”曹彬听到王全斌的声音，一脸笑容地迎了出来。

“曹兄无须客气。都是自家兄弟，哪里有这么多的讲究！”

两人边说边向屋里走。穿过院子，跨进堂屋的门槛，王全斌一眼看到坐在八仙桌后面的韩令坤和王审琦，惊得双目圆瞪，心里怦怦直跳，张着嘴，半晌没回过神来。

韩令坤黑着一张脸，两眼直直地望着他，平静地说：“怎么，王将军入蜀一年多，就不认识俺韩令坤了？”

王全斌毕竟是个老江湖，转瞬之间恢复了常态，脸上堆满了笑，拱手道：“在下不知韩、王二位将军至此，有失礼数，还望见谅！曹兄，你为何不早通知我？”

“韩将军奉皇上的命令，来成都统率大军，想请王将军前来商议，唯恐不给面子，只好出此下策。未知王将军能否包涵？”曹彬带着调侃的口气说。

王全斌一听，冷汗直冒，再看看三人的脸色，心知大事不妙，眼珠骨碌碌转了几圈，拔腿欲向门外冲。谁知他刚起此念，王审琦倏地纵起，横锏拦在门前，双眼露出骇人的凶光。

王全斌自知难以逃脱，转过身来，按着剑把，咬牙切齿地对曹彬说：“曹彬匹夫，我不曾亏待你，你为何要设圈套害我？我……我宰了你！”拔出佩剑，恶狠狠地刺向曹彬。

剑刚使出一半，猛听得韩令坤大声喝道：“住手！”

王全斌虽凶残成性，但平生最怕韩令坤，听了这一声暴喝，身子一颤，不由自主收住了剑势。他环顾四周，见房外到处是手持刀枪的将校，心知在劫难逃，含恨瞪了曹彬一眼，咬了咬牙，倒过剑来，朝自己的胸口使劲捅去，顿时血流如注。他嘴里发出咿咿呀呀的叫声，同时将剑左右搅动，然后倒在地上，扑腾了几下，再也不动了。韩令坤让人割下王全斌的首级，用木匣装好，火速送回京城，自己和王审琦、曹彬率军进入成都，与张琼、史延德会合，正式接管了西征军。韩令坤诛王全斌，夺兵权，并张贴文告，宣布王全斌的罪状，同时严令宋军不得随意出营，骚扰百姓，违令者斩。韩令坤成名甚早，而王审琦、张琼等人，又都是统领禁军的宿将，威望极高。因此，号令一出，上下肃然，十几万宋军无不遵守。

当时，“兴国军”统帅全师雄，率众十万，驻扎在新繁。韩令坤和众将商议，一致认为，只要击败了全师雄，叛军群龙无首，叛乱自然可以平息。

三月，韩令坤令曹彬守成都，自己和王审琦、张琼统领禁军十万，直扑新繁。宋军将士一来新得主将，士气高昂，二来入蜀日久，人心思归，于是个个奋勇争先，向新繁城发起一轮又一轮猛烈的进攻。

新繁的城墙，远不如北方的那么坚固，守城的“兴国军”徒有血气，但缺乏必要的训练，面对气势汹汹的宋军十万雄师，不免气馁胆怯，好歹坚持了两天，终于全线溃退，丢下近四万具尸体，退至灌口。

韩令坤乘胜追击，率军将灌口团团包围起来。蜀军在退往灌口的途中，不断有人逃跑，此时剩下不到三万人马，而且都成了惊弓之鸟，根本无法与宋军相抗。

全师雄的部将吕翰、谢行本见必败无疑，也顾不得什么恩情义气，杀了全师雄，率领残部向韩令坤投降。

全师雄一死，蜀中四十六州的各路叛军张皇失措，声势顿衰。

韩令坤又令吕余庆以成都知府的名义，发出公告，限令叛乱蜀军，于十日内投降归顺，既往不咎，否则杀无赦。公告一出，各地叛乱的蜀军纷纷归降。不到一个月，蜀中叛乱即告平息。

韩令坤见大局已定，心中宽慰，便从妓院召来两位姿色上乘的妓女，在孟昶的旧宫中寻欢作乐。

这天傍晚，韩令坤正在内室和两位蜀地佳人把盏戏谑，一个亲兵进来报告说：“韩将军，门外有一个叫方广的人求见。”

“让他走，俺谁也不见！”韩令坤挥手道。

那亲兵转身离去。刚走了两步，猛听到韩令坤喊他：“站住！你刚才说，是谁求见？”

“方广，是个五十多岁的矮胖子。”

韩令坤面色一沉，道：“你带他进来！”说罢，挥挥手，示意两个妓女去后堂暂且回避。

这方广是绵州人氏，视家财万贯如粪土，平生专爱结交英雄豪杰，又爱扶危济困。他还精通兵法谋略，喜好谈论天下大事，自比苏秦、鲁仲连一类人物。他曾先后在南唐、后蜀任职，因为无法施展才华，隐居成都青城山，自号“青城居士”，被称为蜀中第一名士，在蜀中固然是妇孺皆知，即使中原士林，也几乎无人不晓。

韩令坤暗自纳闷，这么一个亦官亦隐的名士，此来何意呢？

正在猜测，一个矮胖子走了进来。他知道此人就是方广，趋前相迎。不料方广二话不说，扑通跪在地上，郑重其事地叩起头来。

韩令坤不明原因，连忙上前搀扶：“先生乃蜀中名士，俺韩令坤一介武夫，岂能当此大礼？快快请起！”

方广站起身，一对三角眼端详着韩令坤，嘴里喃喃自语道：“黑脸凸额，浓眉虬髯，果真是黑龙转世，贵不可言也！”言罢又要俯首行礼。

韩令坤不知他是何用意，拦住他道：“俺是个粗人，还请先生明示！”“难道韩将军未闻蜀中之民谚乎？‘长夜逝，天地明；白龙殁，黑龙兴。’此谚所谓者，将军也。蜀中父老得遇明主，可喜可贺！”

“先生是说，俺韩令坤可为蜀中的新主吗？”

“正是！”方广眼睛一亮，凑近韩令坤，压低声音，神秘地说：“西蜀远离中原，民风剽悍，素来难治，故孟氏能据险割据达数十年，王全斌亦生独占西川之意。然孟氏孱弱，任用佞臣；王全斌暴虐，胸无韬略。两人皆非王者之才，乃致颓败。将军神勇非凡，天资卓绝，三军拥戴，蜀人悦服，更兼应乎民谚，合乎天意。若以所辖十三万精锐之师，再收编全师雄残部，以二十余万兵马，扼住东、北之关隘，励精图治，则霸业可成，天下可图也！”

“若俺成了霸业，你方广便是开国元勋、朝廷宰相，是吗？”韩令坤嘿嘿一笑，“可惜你这是一场春梦。你知道当今圣上与俺是什么关系吗？”

方广面上显出嘲讽的神色：“为取天下，亲兄弟尚且兵戈相向，何况是一时性起，结拜而成？当年汉高祖与项羽约为兄弟，最终除之于乌江，方得天下；韩信心怀旧恩，不听蒯通之计，终至身死汉宫，徒唤奈何。所谓‘狡兔死，走狗烹；飞鸟尽，良弓藏’，将军可要三思啊！”

第三十七章 老将临危定蜀中 花蕊得宠进皇宫

韩令坤越听越生气，忍不住往桌上一拍，大声呵斥道："大胆狂徒，简直是一派胡言！我们兄弟三人义结金兰，情深义重，又怎能容忍你一个无名鼠辈在这里亵渎！来人啊，将他左耳割下，轰出宫去！"

此时的方广早已经吓得魂飞魄散，连忙跪下求饶。韩令坤的脸早已变了颜色，令亲兵速速动手。两名强悍的亲兵拽住方广，刀光闪处，一只血淋淋的耳朵掉在地上。方广失声惨叫，捂着满是鲜血的耳朵狼狈而去。身后传来韩令坤痛快淋漓的大笑声。

乾德四年(966年)六月初八，开封城西郊锣鼓喧天，彩旗如林，宋主赵匡胤亲率文武大臣，出城迎接西征凯旋的韩令坤及全体将士。当威武雄壮的大军以及"韩"字帅旗缓缓走近的时候，围观的老百姓都沸腾了，欢呼声、礼炮声响彻云霄。

韩令坤一身戎装，骑在马背上，抱拳致意。他一眼看到杏黄色华盖下的赵匡胤，连忙跳下马背，急步而前。赵匡胤也下了御辇，大步迎了上去。

赵匡胤面带舒心的微笑。一年多来，西蜀战事如一块巨石压在他的心头，现在西蜀之乱已平，他从心底里感谢韩令坤。若不是韩令坤的果决与忠心，蜀中的事变岂能处理得如此顺利，大宋江山怎会有今天这样的局面？

当天晚上，赵匡胤在讲武殿举行盛大隆重的庆功宴会。他亲自给韩令坤、王审琦、张琼等有功将领祝酒，文武官员也纷纷敬酒祝贺。

韩令坤本来就是海量，生性爽直，心中一高兴，便来者不拒，接连喝了十几杯。正喝得兴起，赵普端着酒杯，来到他的面前说："韩将军，在下也敬你一杯。祝你凯旋归来！"

韩令坤将杯中的酒一饮而尽，哈哈一笑说："要不是赵兄的推荐，俺韩某哪有今日如此的风光啊？哈哈！"

赵普环顾四周，见殿中众人正在互相敬酒，喧闹不已，便将韩令坤拉到殿角，神色郑重地说："韩将军，在下有一事相询。"

"不知赵兄所问何事？"

"韩将军此番诛全斌，定西蜀，立下赫赫战功，实乃我大宋开国以来第一功臣也。不知将军今后有何打算，欲返边地，抑或留在京城？"

韩令坤此时正喝得兴起，根本未及考虑今后的事情，猝然听了赵普的询问，不知从何说起，随口道："听任陛下安排罢。"

赵普望了望韩令坤那黑红油亮的脸，平静地说："陛下有意恢复殿前都点检一职，由你来担任，将天下兵马全部交给你统领。不知韩将军意下如何？"

韩令坤心头一震，反问赵普："赵兄向来高瞻远瞩，你以为俺韩某应该如何处置？"

赵普沉吟片刻，答道："一切由韩将军自己做主。只是唐末以来，战乱纷乘，皆因兵权而起。故皇上以都点检之职登上皇位后，仅命慕容将军短时任过此职，尔后遂不复设置。皇上和将军有兄弟之谊，故欲以此职相授，实乃出于至诚。将军对皇上一片忠心，必能恪尽职守，戮力王室，而不至于君臣离心，兄弟反目也！"

韩令坤此时清醒了许多，他反复玩味赵普的话，笑道："赵兄不必绕圈子，有话不妨直说。俺韩令坤一生自在惯了，入蜀前俺就和陛下有约在先，平蜀后，立即解甲归田，在京城闲居，逍遥余生。赵兄不必多虑！"

赵普依然不动声色："一切由韩将军自己定夺！"

第二天，赵匡胤单独在书房召见韩令坤，开门见山道："二哥，眼下我大宋疆土日广，兵员日多，急需一位深孚众望的宿将来总领军事。纵观诸将，只有二哥是最合适的人选。朕将重设都点检一职，请二哥担任。望二哥万万不要推辞！"

韩令坤早有思想准备，不容置疑地回答说："俺与陛下早有约定，君无戏言，无须再劝。若陛下苦苦相逼，俺便携全家迁往边地，从此不再返回京城！"

赵匡胤没想到他的态度会如此坚定，一时不知说什么好。韩令坤看他沉默不语，接着道："陛下，殿前都点检一职，关乎天下兵权，千万不可再设，以免造成无穷的后患。此外，赵普、王审琦、张琼等人，皆是跟随陛下多年的忠臣，望陛下亲之信之。"

赵匡胤明白韩令坤的良苦用心，感动得不知如何表达，只是怔怔地望着他，不再劝说。

于是，赵匡胤下诏，封韩令坤为齐王，检校太师兼中书令，赐银十万两、御马十匹、庄园一处、美女十名，其他各种赏赐不计其数。从此，韩令坤不再任职上朝，在城东郊外的一座豪华庄园里，整日倚红偎翠，饮酒作乐，过着自由自在的日子。

西蜀已平，除北汉以外，只剩下南唐、吴越、南汉三国苟延残喘，但也无法构成对宋朝的威胁。赵匡胤见赵普"守北攻南"的战略目标初步实现，天下大半已入大宋版图，精神大振，便欲乘胜兴兵，攻打北汉。

赵普、陶谷等人很清楚,以宋朝现在的实力,要想平定北汉,绝非易事,而且自五代以来,到大宋建国,连年征战,早已国库空虚,民不聊生。两人以用兵过勤、有损民力为由,竭力相劝,赵匡胤才不得不暂缓此议。

这天清晨,赵匡胤在瑶津官用过早膳,信步来到御花园。此时正是中秋时节,天空一碧如洗,云淡风轻。御花园里各色菊花开得绚烂妖娆,清爽的微风拂过面颊,令人心旷神怡。

赵匡胤仰头深深地吸了一口气,吩咐身边的一名侍卫,去宫中取浑天棍,自己率领诸位大臣,兴致勃勃地赶往玉津园。

玉津园里有一个小型的广场,呈正方形,纵横各一百五十步,是大内侍卫练武的场所,各种兵器、箭靶应有尽有。赵匡胤平时常来此舞棍射箭,舒展拳脚,只因近来西蜀乱起,政务繁忙,所以无暇光顾了。

赵匡胤进了练武场,换上一身宽松的白色练功服,腰间扎一条五寸宽的黑色腰带,显得精干而飘逸。他先伸腿弯腰,做了一番准备活动,然后打了一套虎拳,待到全身发热,微微出了点汗,才取过侍卫手中的"浑天棍",一招一式地舞弄开来。

只见他下盘沉稳,双臂有力,纵跳腾挪,开合自如。手中的浑天棍或扫或挑,或劈或捌,犹如惊鸿游龙,显出神奇莫测的变化。这套浑天棍法,起式稍静,越到后面威力越大,至结束时的那几招,更是如惊雷骤起,声势骇人。六十四式使完,赵匡胤收棍敛势,围观的侍卫齐声喝彩。

赵匡胤笑了笑,缓步走出场外,他对自己的身体状况十分满意。他虽然年过四十,肚子稍微有点发福,但因为多年军旅生活的锻炼,再加上登位以来坚持习武,故仍如年轻时一般身手矫健,精力充沛。

赵匡胤回到瑶津宫,宋贵妃伺候他沐浴更衣,两人正在对弈,忽有内侍进来禀报,说故后蜀主孟昶,于今日在京城病故。赵匡胤不禁大吃一惊。

原来西蜀平定后,孟昶作为亡国之君,接到宋主赵匡胤的诏令,带着自己的母亲李氏,还有后宫的几个妃嫔子女,一路凄凄惨惨来到开封,待罪阙下。对于这个风流倜傥、才情颇高的亡国之君,赵匡胤并没有怎么为难他,倒是颇为优待,封他为中书令,授秦国公,另外还赐庄园一座,让其居住京城,安度余生。

谁料孟昶虽居开封,却常思故国,一直郁郁不乐,以致渐成痼疾,终于病殁。赵匡胤知孟昶为人懦弱敦厚,失国而又病亡,实堪哀怜,便下诏追封孟昶为秦王,赠白银万两、布帛千匹以厚葬,并为之罢朝五日,表示哀悼之意。

孟昶的遗属,对皇上的宽厚仁爱深为感动。丧事办完后,孟昶的母亲李氏,领着孟昶妻妾入宫拜谢,花蕊夫人亦在其列。

赵匡胤早就听说,孟昶有一个妖娆美丽、才情俱佳的妃子,叫花蕊夫人,只是一直无缘得见。花蕊夫人一出现在大殿之上,整个大殿仿佛骤然间灿烂起来。

她款款走来,一身孝服,铅华弗御,反而更显清雅脱俗,明艳照人。所有的大臣都呆呆地看着,尤其是陶谷,整个人都痴了。

“罪臣之妃,叩谢陛下!”声音宛若黄莺出谷,清雅婉转。

花蕊夫人走到御座前,轻敛裙裾,盈盈下拜,裹在丧服中的玲珑身躯,恰似迎风杨柳,婀娜轻盈。秀美的脖颈细腻白嫩,发出诱人的光泽。

赵匡胤闻到一股如兰似麝的异香,扑鼻而入,不禁心神一荡。他定了定心神,说:“起来吧!”

“谢陛下!”花蕊夫人站起身来。

赵匡胤不曾想到,天下竟然有如此艳丽的尤物,一双眼睛,紧紧地盯着花蕊夫人。花蕊夫人亦有所察觉,忍不住双颊泛红,脸露羞色,斜眄了赵匡胤一眼。这秋波一转,似有无边的魔力,直扰得那位神武超凡的宋天子心猿意马,几乎神魂出窍。

直到孟昶的遗属一行出宫,赵匡胤还没回过神来,脑袋里全是花蕊夫人的一颦一笑……这个女人真是天生的尤物,一定要得到她!赵匡胤苦苦思索着,想要找个两全其美的法子,不知不觉来到了瑶津宫。

宋贵妃见皇上驾临,连忙出来迎接:“臣妾恭迎皇上!”

“爱妃不必多礼,平身!”赵匡胤微微弯腰,搀起宋贵妃。

宋贵妃一向乖巧可人,今天再一看,平日里如花似玉的美人,和花蕊夫人一比,顶多也就是中人之姿罢了。

这么一比较,赵匡胤就越发想得到花蕊夫人,下起棋来,也就显得心不在焉。“皇上,皇上!”恍惚间,他似乎听到耳边传来一声娇声软语的呼唤。也不知怎么,嘴里竟然脱口而出,喊了一声:“花蕊夫人!”

“皇上,你怎么了?是臣妾啊!”是宋贵妃的声音。

赵匡胤猛地回过神来,脸上露出一丝尴尬的笑。宋贵妃听了赵匡胤的话,再看看他的神情,就猜到了十之八九。她心里不由涌出一股醋意。

宋贵妃很清楚,眼前这个身为皇上的男人,永远不可能为她所独占。她所能做的,就是尽量去满足他的需要,获取他的欢心。王皇后就是因为不愿接受这种规则,才会伤心欲绝,最终病重而亡。

宋贵妃脸上带着恰到好处的微笑,对赵匡胤说:“皇上,臣妾有一事相求,不知陛下可否答应?”

“爱妃有何事,尽管说来!”

“臣妾听说那西蜀降主孟昶,前日病故,皇上已传旨大殓。臣妾还听说,孟昶有一个妃子,名叫花蕊夫人,精通音律,还会填词。臣妾每日闲居宫中,想找个人做伴，顺便学点音律，不知陛下以为如何?”说完，别有深意地看了赵匡胤一眼。

“既然爱妃有此雅意，那就让花蕊夫人进宫陪你吧!”赵匡胤一看宋贵妃的眼神，岂能不明白?

第二天一早，宋贵妃就以抚慰孟昶妻室，以及跟花蕊夫人学音律为由，召花蕊夫人进宫。花蕊夫人来到瑶津宫，拜过宋贵妃，也不过说些感谢的话罢了。

眼看将近中午，宋贵妃在内室设便宴款待她，花蕊夫人也不好推辞，只好跟随宋贵妃走进内室，却一眼看见赵匡胤也坐在桌旁。

花蕊夫人一看赵匡胤盯着自己的那双眼睛，霎时间全都明白了。说什么抚慰，说什么音律……她心里一阵愤懑，一阵辛酸……

她从没有想过，也不相信孟昶会因为自己而亡国，而现在所有人都把亡国的罪名加在她身上。玩弄她的男人们说她是红颜祸水，她的身体被打上了不祥的烙印。每个男人都把她当作尤物任意赏玩，却从来没有人真正爱过她……

吃惊、伤心之余，花蕊夫人敛首下拜：“臣妾费氏见过皇上。愿皇上龙体康泰，万寿无疆!”那声音有如珠落玉盘，莺啼春林，悦耳动听。

赵匡胤说了声：“爱卿平身。”起身相扶，趁势握住她的双手，只觉得柔嫩如荑，浑若无骨，便将她扶到桌边坐下。

“素闻花蕊夫人善填词，妙善丹青，今日不妨填上一曲，以助酒兴，如何?”宋贵妃在一旁说。

“雕虫小技，恐污了陛下和贵妃尊目! 如若陛下不嫌弃，贱妾就献丑了。”

花蕊夫人走到桌案前，拿起纸笔一挥而就。赵匡胤一看，并不是什么词曲，而是一首诗：君王城上竖降旗，妾在深宫哪得知。十四万人齐卸甲，更无一个是男儿。

这本是息夫人国破被虏时，所写的一首自明心志的诗。赵匡胤看了，感觉有点尴尬。

旁边的宋贵妃连忙打圆场道：“皇上还是先用膳吧!”

三人就座，酒过三巡，宋贵妃见火候已到，起身说：“皇上，臣妾不胜酒力，先行告退!”说完，将门轻轻掩上，转身离开。

房中只剩下赵匡胤和花蕊夫人。赵匡胤见她喝了酒，红云上脸，更显得艳若桃花，越看越爱，心痒难禁，走过去挨着她坐下，右手在她的纤腰上摩挲着，轻声说：“朕一见爱卿，便觉难以自持，不知可否一亲芳泽?”

花蕊夫人羞涩地低下头，好似极不情愿地扭了扭腰肢，娇声道：“贵妃房中,皇上岂可如此?”

赵匡胤早就忍无可忍,干脆挑明:“贵妃早知朕意,爱卿自可放心,尽管‘如此’好了!”说完抱起花蕊夫人,走入帷帐。赵匡胤夙愿得偿,自然倾其全力,大张挞伐,只弄得花蕊夫人娇喘吁吁,欲罢不能。

须臾,云消雨歇,花蕊夫人鬓鬟零乱,双颊酡红,斜倚着赵匡胤说:“贱妾乃残花败柳,何劳皇上错爱?愿得一草庵,了此残生足矣!”说罢泪如雨下。

“爱卿天姿国色,何出此言?”赵匡胤伸手擦去她脸上的泪水,“你以为朕会舍得让你走吗?朕留你在宫中,过些时候,再册封你为贵妃。这样,你就可以常伴朕侧了。如此可好?”

花蕊夫人大喜,裸身跪在床上,谢道:“贱妾得蒙皇上垂顾,愿终生伺候皇上,以报皇恩!”言罢磕头不止,那白玉般丰满温润的双乳,上下颤动着。赵匡胤心旌摇荡,一把将她拥入怀中……

花蕊夫人施展全身解数,将母亲过去所传的倚玉吹箫、倒浇蜡烛等五花八门的闺中招式,尽行使出,一门心思取悦迷惑赵匡胤。

赵匡胤虽然娶过绮云、细君,眼下后宫中也有许多妃嫔,可她们都是出身名门的淑女,何曾见过这些新奇的床上功夫?此番初识花蕊夫人,领略到床笫间如许味道,顿觉其乐无穷,于是,夜夜与花蕊夫人盘桓,竟使后宫粉黛,无缘得见君王了。

转眼到了冬季,赵匡胤果然履行诺言,封花蕊夫人为贵妃。朝中有些大臣以为不妥,但皇上宠爱,料想劝说无益,也就装聋作哑,听之任之。

再说赵匡胤接连两个月恋着新宠,未免在心中对宋贵妃生出些愧意。这天晚上,便留宿在瑶津宫。宋贵妃喜出望外,曲意逢迎,让他体味到一种与花蕊夫人迥然不同的韵味。

第二天用过早膳,宋贵妃见赵匡胤心情不错,乘机建议道:“皇上,不如让臣妾陪你去御花园走走,如何?”赵匡胤本有负荆之意,自然一口应承。

宋贵妃替赵匡胤戴好纱帽,披上大氅,扶他来到御花园。园里百花早已经凋谢,但成行的松柏、冬青依然碧绿葱郁,别有一番景象。

两个人沿着小径随意走着,后面跟着几名侍卫、宫女。突然,不远处的柏树后,隐隐约约传来女人的哭泣声,众人都觉得很奇怪。赵匡胤挥挥手,示意随从停下脚步,自己快步绕过去,想瞧个究竟。

没想到这么一瞧,把他惊得差点背过气去:他的儿子德昭,正搂着一名宫女,欲强行非礼!

赵匡胤虎目圆瞪,大喝一声:“畜生,还不住手!”

德昭转头一看,父皇就站在自己背后,吓得魂飞魄散,匆忙系好裤子,回身便跑。赵匡胤又吼道:“你给我回来!”

德昭不敢再跑，慢吞吞地走过来，跪在赵匡胤面前。那宫女衣衫不整，在旁边发抖，簌簌泪下。赵匡胤一挥手，示意她离开，那宫女如蒙大赦一般，掩面而去。

德昭是绮云的儿子，又是长子，赵匡胤对他寄予厚望，还专门为他设了教授诗书的老师和传授武艺的师傅，希望他长大后能文能武。岂料他贪玩任性惯了，在书房里淘气捣蛋，也不愿好好习武。因为是皇子，打不得，说不得，老师、师傅头痛不已，却也无可奈何。只是赵匡胤万万没想到，他竟会浮浪到如此地步！

第三十八章　皇子顽劣不成统　太祖怒言结姻亲

赵匡胤望着自己的儿子，心中一阵剧痛，这痛中有失望，也有气愤，指着跪在地上的他严厉呵斥道："你身为皇子，不认真学习文武，竟然做出这样的荒唐事来，成何体统？"

德昭抬起头看了父亲一眼，瓮声瓮气地答道："整天待在皇宫中，学文习武，也是无处施展，学它有什么用啊！"

"胡说！只要能够学到真本事，又怎会发愁无处施展？你生在帝王家，将来要靠你支撑社稷江山，你这样让朕怎么能放心呢？朕在你这样的年纪的时候，早已经文韬武略兼备，名震一方了！"

"儿臣虽为皇子，却既无名分，又无行动自由。宫墙之内，弹丸之地，岂能如父皇一般有所作为？"德昭依然不服气。

"你……你还敢顶撞朕！"赵匡胤气得浑身发抖，抡起巴掌就要扇过去。宋贵妃见状，连忙上前拦住赵匡胤："皇上，德昭年纪还小，不懂事，慢慢调教，自会走上正途的。"接着，她又转过身说，"德昭，快起来，给父皇认个错，赶紧回去好好读书！"说罢，冲德昭使个眼色，示意他快走。

谁知德昭根本不领她的情。自从细君去世，德昭就恨死了宋贵妃。在他看来，假如不是她迷住父皇，惹细君娘生气，细君娘就不会那么伤心绝望，这么早地离他而去。他有时真恨不得杀了宋贵妃。

见宋贵妃为自己开脱，他心中骂道："假仁假义的狐狸精！"抬头瞪了她一眼，爬起来对赵匡胤说："儿臣糊涂，有负父皇厚望。今后再也不敢了！"言罢扬长而去。

赵匡胤仰首望天，那张国字脸在冬日下显得无奈而疲惫，喟然长叹："出了这等冤孽，真是皇家之不幸啊！"

赵匡胤无心再散步，默默转身回去。一路想着这些年来，绮云死得早，德昭天性顽劣，加上从小祖母杜氏的娇惯，自己也不便多管。后来杜氏、细君相继去世，自己则忙于政务，根本没有多余的精力来管教他。谁料数年过去，他竟变成了这等不成器的模样。

宋贵妃见赵匡胤眉头紧锁，闷闷不乐，知道他还在为刚才的事生气，开口劝道："皇上，德昭也有他的苦衷。依历朝惯例，皇子十八岁出阁，或立为太子，或授予官职，可他无一名分。这么一个大男人，独身居于宫中，焉能不做出荒唐事来?”停了一会儿,她又说:“皇上,不如让德昭成亲,兴许能使他收心呢!”

赵匡胤听了,眼睛一亮:“对,此法甚佳,倒不妨一试!”

皇上要为德昭选妃的消息,迅速传遍了京城,那些官宦人家,纷纷打起了结亲的主意。尽管有传言说,太后遗命,叫皇上将来传位于其弟赵光义,但皇上这边却一直没有什么表示。现在德昭已长大成人,又是皇上的独子,若能嫁给他不是明摆着要当未来的皇后娘娘吗?退一步说,即使德昭做不成皇帝,也是现成的皇亲国戚啊!

正因为此事非同寻常,直接关系到家族的兴衰荣辱,那些闺中有待嫁之女的大臣,或打探内情,或暗中托人,纷纷在这门亲事上动脑筋。其中心情最为迫切、用心最为良苦的,便是集贤殿学士卢多逊。

卢多逊的府邸在开封城西北的封丘门边,从外表上看,一点儿也不豪华,甚至看上去颇为寒酸。其实,卢家世代习儒亦兼经商,早已积聚了巨额的金银,但卢多逊为人城府颇深,当然深谙财不外露的道理。

长子卢端,见朝中大臣多数华居广舍,竞相奢靡,对父亲的做法颇为不满。卢多逊告诫他说:“金银久贮亦不得腐烂,何苦露财斗富,招致朝廷疑忌、同僚侧目呢?”

卢多逊有个独生女儿,名叫卢萍,年方十六岁,相貌平平,不过身材婀娜,凹凸有致,颇有些风韵。因为有了这个女儿,近来卢多逊颇费了一番苦心。

这天下朝后,回到家里,便与妻子袁氏商量道:“皇上要选儿妃,我家萍儿如能选上,那可是卢家无上的荣耀啊!”

袁氏一听睁大了眼睛:“你说萍儿?别做这个大梦了!卢家又不是什么簪缨世族,萍儿也不是什么天姿国色,哪里轮得到她!”

卢多逊眨了眨那双狡黠的眼睛,不慌不忙地说:“那也不尽然。皇上急于办成此事,故选择的范围,只限定在京城五品以上的大臣之家……”

“即使如此,那也不下三千之众!”袁氏打断他的话。

“你别急啊!这三千大臣之中,或本无女儿,或年纪不相配,余下的不过三百。若再除去相貌甚差者、不识书理者,数量也就很有限了。据我的了解分析,也只有那陶谷、潘美两家女儿在萍儿之上。”

“皇子妃只要一个,萍儿排在第三,那也没有希望啊!”

卢多逊笑了笑,胸有成竹地说:“事在人为,只不过要多花些金银。你可不要心疼啊!娘子想想,只要萍儿进宫,金银珠宝还会少了你的吗?”

袁氏也是贪财之人,见丈夫说得头头是道,也连连点点头道:“只是不要花冤枉钱才好。相公,你打算怎么办呢?”

“求张公公和花蕊夫人帮忙。”卢多逊回答。

那张公公乃大内总管，与卢多逊是老乡，同为怀州人氏，很小就净身入宫为太监，历后晋、后汉、后周，接着又是宋朝，也不知伺候过多少皇室成员。谁也不知道他确切的年龄，看上去约五十岁。

张公公凭着几十年练就的察言观色、谨慎圆滑的本领，处理宫中各类事务老成干练，终于获得了赵匡胤的赏识，当上了大内总管。虽说这个职务仅为五品，级别不高，名声也无法与朝官相比，却十分重要。大凡皇宫内的物资供应、膳食安排、嫔妃起居等大小内务，除警卫之外，一概为其管辖范围。

由于赵匡胤深知宦官、外戚的祸害，明令禁止宦官涉及任何政务，但政务之外的其他方面，却不得不依靠这些内侍。最重要的是，这次为德昭选妃的事，皇上就是委托他协助操办。卢多逊心眼特别多，他知道张公公在选妃中有着很重要的作用，尤其是只有通过他，才能搭上花蕊夫人的关系，并最终影响皇上的抉择。因此，他就以同乡叙旧为名，盛情邀请张公公到自己府中做客。

当时的宦官地位颇低，素来为朝官所不齿。张公公接到卢多逊的邀请，顿觉脸面生光，高高兴兴来到卢府。

卢多逊夫妇俩热情相陪。喝了几杯酒，聊了些怀州地方上的趣闻之后，卢多逊站起身，举杯道：“张公公，你整日在皇上身边操劳，真是劳苦功高。方便的话，还请多多美言几句才是！”

“哪里，哪里！伺候皇上是老奴的分内事！”

“不瞒你说，这次请你来，卢某有一事相求，还请公公多多帮忙！”卢多逊委婉地说出想让女儿参加选妃的事。

张公公一听，连连摆手说：“皇子妃由皇上亲自定夺，小人如何帮得上忙？实在是爱莫能助，爱莫能助啊！”

卢多逊不慌不忙地给张公公斟满酒，说：“在下知道由皇上定夺，也并非要公公承诺什么，只需公公有机会时，在皇上面前说几句好话，并将我的意思转达给费贵妃，这就帮了大忙了！”

他见张公公一副为难的样子，一招手，吩咐仆人端上一个盘子，里面放着三百两黄金、一个精致的檀木匣。他微微一笑，对张公公说：“这些黄金，算是给公公的一点薄礼，不成敬意，还望笑纳；这匣中的两颗夜明珠，乃我家祖传之物，价值连城，请转交给费贵妃，就说是我卢多逊孝敬她的。”说完揭开匣盖，只见两颗麻雀蛋大小、晶莹圆润的宝珠，嵌在红色丝绒当中，熠熠生辉。张公公不由得瞪大了双眼：这等宝珠，即使在皇宫中，也算是稀罕物呢！

像张公公这样的人，毁了身体去当太监，既失去了传宗接代的能力，又无执掌政事的可能，无非就是图几个钱财，过一生舒坦的日子罢了。如今黄灿灿的金子摆在面前，哪有不动心的道理？何况同是怀州人，说不定将来还要卢学士关照呢！于是，他搓了搓那双白皙绵软的手，细声细气地说："既然卢大人如此看重小人，那我就试试看罢。不过，有话说在前面，若事未办成，卢大人可别怨小人啊！"

"那是自然，那是自然！"卢多逊忙不迭地答道。

天黑了，卢多逊将张公公送至门口，回到客厅中。袁氏忧心忡忡地说："相公，只怕咱们这些黄金珠宝是白送了！"

"舍不得孩子套不住狼。夫人，你就放心吧！"卢多逊望着窗外，一副胜券在握的神态。

春节过后就是元宵。元宵那天，赵匡胤在宫中为儿子德昭举办了盛大的婚礼。自然，那位头戴霞帔、身穿大红礼服的新娘，便是卢家的小姐卢萍。虽说金银钱财是身外之物，可它偏偏有如此魔力，使很多难以办到的事成为现实。

按照皇子纳妃之礼，赵匡胤给卢家送去聘礼白银一万两、肥羊五十只、美酒五十坛、绸缎八十匹、香茗一百斤，以及衣服首饰等物品一应俱全，不计其数。当宫中内侍将聘礼送来的时候，袁氏不禁笑逐颜开，暗暗在心里佩服丈夫的谋略。

新娘坐着镀金银妆的花轿，前面有四名宫女打着方团掌扇、十名宫女手擎引障花、另十名宫女高举大红灯笼作为引导，左右各有八名俊俏童子作为陪护，后面则是由数十人组成的乐队。迎亲的队伍一路吹吹打打，风风光光，从封丘门横过马行街，经景龙门往南，由拱宸门入宫，引得无数的市民驻足观看，纷纷感叹道："皇上娶儿媳妇就是不一样，这回咱也算是开了眼界了！"

花轿一到，便有女官将新娘引去休息，随即酒宴开始。广政殿中，朝廷命官、皇亲国戚欢聚一堂。赵匡胤手持金杯，从御座上站起，满脸含笑地说："诸位爱卿，今日乃皇子德昭大喜之日，诸位爱卿，请！"说罢，举杯一饮而尽。殿中顿时热闹起来。

卢多逊因其特殊的身份，居于首席。人们纷纷向他敬酒。他端着酒杯，矜持地应酬着，尽量不使自己的喜悦露于形色之间。

同桌的赵普强压住内心的厌恶，举杯道："卢兄喜得良婿，可喜可贺。赵某敬你一杯！"

卢多逊知赵普一直瞧不起自己，若非今日女儿嫁入皇家，他岂会主动敬酒？卢多逊虽暗自得意，但还是恭恭敬敬地说："宰相如此客气，在下如何敢当？同喜，同喜。"

这时，坐在次席的陶谷，端着酒杯走了过来，冲卢多逊作了个揖："卢兄，恭喜！轻轻易易便成为了皇上的亲家，确是好手段，陶某自愧不如。今后卢兄平步青云，还请多关照！”

卢多逊对陶谷真是又恨又怕，他那张不饶人的利嘴，让人无法招架。况且是开国元勋，他资历深；而此番他的女儿进宫未遂，亦必气愤难平。因此，卢多逊格外小心地赔着笑脸：“陶大人，千万不要取笑我啊！”

“取笑？陶某一介平民，岂敢取笑堂堂皇戚？”陶谷眼一眨，“不过，即使成为皇戚，卢兄许诺的那匹五花马，还是要兑现的。卢兄不至于变卦罢？”

原来，卢多逊有一匹日行数百里的良马，因毛为杂色，号称“五花马”。陶谷爱马，而又性贪，便向卢多逊索要。卢多逊舍不得此马，多次推诿，陶谷却苦苦相逼，令人头痛不已。没想到他竟在此时又提了出来。

卢多逊见陶谷有意为难，狠了狠心道：“只要陶大人喜欢，在下自当奉送！”

陶谷哈哈一笑，拍了拍卢多逊的肩膀：“哈哈，痛快！我想，这次卢兄为攀皇亲，恐怕所费远不止区区一匹马吧。哈哈！”

卢多逊的脸涨得通红，可是又不能发作，心中恨恨不已地想，哪天落到我卢多逊手里，定要你好看！

黄昏过后，婚礼开始了。新郎、新娘在礼部官员的引导下，依次拜了天地、父母，夫妻对拜，然后被簇拥进布置一新的洞房。

婚礼完毕，宾客散了之后，已是深夜。赵匡胤身披裘皮大氅，站在瑶津宫的走廊上，倾听着淅淅沥沥的春雨，凝望着四处悬挂的彩灯，默默想道：德昭娶了亲，若母亲、绮云、细君泉下有知，亦当为之欣慰。但愿德昭从此收心，走上正途才好！

过了几日，赵匡胤在延和殿单独召见卢多逊，以示对这位亲家的恩宠。卢多逊作为集贤殿学士，很少有这样单独面圣的机会，兴奋而又惶恐地应召而来。

行过大礼，赵匡胤示意他在御座旁的椅子上坐下，说：“爱卿家风严谨，教女有方。如今令爱嫁入宫中，与朕成了儿女亲家，不知爱卿有何要求？”

卢多逊急忙起身，低眉敛首道：“不敢。小女相貌平常，诗书粗通，蒙皇上不弃，陪侍皇子左右，实在是她的福气。臣感皇恩尚且不及，岂敢他求？”

赵匡胤含笑挥手，叫他入座：“朕看中的正是她那忠厚之相和世代习儒的家世。美色致人乱性，不足贵也；知书故而明理，弥足珍也。令爱将来相夫教子，主持内务，必能成德昭的贤助。”

“皇上过奖了，与费贵妃和宋贵妃相比，小女差之远矣！”卢多逊不放过任何一个奉承的机会。

“唉。”赵匡胤叹了一口气道：“皇后去世已有两年，蜀中乱起，朕一直无暇顾及立后之事，以致后宫无主，带来极大不便。看来此事当尽快确定才好。”

“皇上圣明，立后之事，确是宜速不宜迟。臣以为费、宋两位贵妃，皆仁慈贤惠，可母仪天下。”

“不知爱卿以为立谁为佳?”赵匡胤有意问他。

卢多逊有些犹豫，沉吟再三，回答说：“臣生性驽钝，未敢妄评优劣。不过依臣的观察，似乎皇上对费贵妃更为喜爱。不知皇上……”

赵匡胤的笑容突然收敛了，脸色变得严肃起来：“喜爱归喜爱，立后归立后，这是两回事。宋贵妃出身名门，温顺端丽，知书达理，有大家风范；费贵妃虽然艳丽可爱，但毕竟是孟昶之妻、娼妓之女，岂可立为国母？这不是让朕惹天下人耻笑吗？爱卿乃朝廷重臣，处事决不能以君主好恶为据，而当以社稷利害为重啊！”

卢多逊张口结舌，惊出了一身冷汗。正在尴尬之时，张公公进来禀告说：“陛下，孟昶府中的贵重物品已运至殿外，不知如何处置，请陛下明示。”原来，孟昶之母李氏，也于年前病故。那几个妻妾，或回成都，或嫁他人，转眼星流云散。于是，朝廷将孟昶所住庄园收回，余下的一些贵重物品，其中包括从蜀中带来的宝物，也就被军士们搬到宫中来了。

赵匡胤与卢多逊走出殿门，只见庑廊上堆放了不少精致华美的器物，大多是些镜台、箱柜之类的东西，做工极精细，镀金描银，甚至装饰着珍贵的宝石。

这时，一位内侍，指着紧挨殿墙摆放的一件形状奇特的碧绿色器具问道：“张公公，那是什么?”

张公公说：“小兄弟，说出来吓你一跳。那就是孟昶用来小便的溺器，是由一整块七色翡翠玉石雕刻而成，据说价值高达十万两黄金呢！”

赵匡胤听了，吩咐将那溺器搬过来。张公公连忙照办，小心翼翼地放在赵匡胤面前，说：“皇上，这溺器既贵重又雅致，正好留在宫中使用。”

赵匡胤眉头一皱：“就连小便之物，亦用七色翡翠雕成，不知他吃饭用什么宝器！奢靡至此，焉得不亡！”随即命身旁的侍卫，用铁锤将其砸碎。

转瞬之间，宝物便化为粉末。卢多逊、张公公在旁边看得眼睛都直了，却也不敢出来阻拦。

赵匡胤对张公公说：“先将这些东西收进库房，以后再做处理。”转身正要进殿，瞥见一面直径约两尺的铜镜，古朴玲珑，煞是可人，便随手取来把玩。不料在铜镜的背面，发现镌有“乾德四年铸”五个古字，忙招手叫卢多逊看，感慨地说：“卢爱卿，当年你说‘乾德’是古蜀国年号，还有人不以为然，看来治国还须用读书人啊！”

卢多逊听了暗暗高兴。

回到大殿中,赵匡胤说:“卢爱卿,你博学多才,堪当重任。很快就要开科取士了,朕命你和陶谷担任今年的知贡举,共同负责科举事宜。卢爱卿,科举关乎我大宋命脉、社稷兴衰,你可要好自为之!”

卢多逊大喜,连忙跪下道:“皇上放心,微臣一定竭尽全力,不负皇上厚望!”他心里说的是:好运终于来临了!

第三十九章 太祖召重臣议政 延嗣觐太祖密谈

宋初科举大体上沿用前朝的制度，到大比之年的时候，秋季进入乡试，取中的举子，于次年春季汇集礼部，参加朝廷主持的统一会试。因此“槐花黄，举子忙”，每当春暖花开的时节，各地的举子赶赴京城，托关系、找门路、熟悉环境，准备考试，将前途命运依托于这三年一试的会试中，希望可以通过会试改变自己的命运。

卢多逊与陶谷共同担任今年的知贡举，但各有心思。卢多逊新被宠任，举手投足处处当心，如履薄冰，而陶谷则倚仗着赵普等人的庇护，大权独揽，根本不把卢多逊放在眼里，借此机会收受贿赂，中饱私囊。

纸里从来包不住火。张榜之后，登榜者共二十八人。才质庸常者名在榜中，学识蕴藉者则多名落孙山。落榜举子中不少人也是“上了供”的，怎能不无名火起。你一言我一语，如同火种投进了干柴堆，立即燃起了熊熊烈火。

礼部门前，人头攒动，吼声如雷。黑压压的一片愤怒的举子，群情汹汹，都喊着陶谷的名字。

赵匡胤闻报，龙颜大怒。

卢多逊见他气得眼都红了，心里一乐，连忙上前，假意阻止道：“皇上，陶谷是否受贿，并无实据，若贸然治罪，难以服人。臣以为，不如将中第者召来宫中，由皇上亲自面试，如不合格，再行追究。不知如此可行否？”

赵匡胤当即准允，诏令二十八名新科中第者，于次日前来讲武殿面试。

“中榜”的考生在殿试中连连露馅，在赵匡胤的逼问下，纷纷交待了行贿陶谷的事。

赵匡胤扫视了大殿中那些几乎吓瘫了的举子，缓缓抬起头，盯着陶谷道：“陶大人，你还有何话可说？”陶谷扑通跪下道：“微臣罪该万死，罪该万死！”

赵匡胤喝道：“来人啊，将罪犯陶谷押入刑部大牢！”几名侍卫应声入殿，就像拎小鸡一般，将陶谷拖了出去。

卢多逊脸上掠过一丝不易察觉的微笑。一侧身，瞥见赵普那冰冷的目光，正直直地射向自己，忍不住打了个寒噤。

赵匡胤对殿中举子严厉地说：“科举乃国家大事，决不能任人亵渎！凡行贿者,削去一切功名,遣回原籍,终身不准再入考场。为示公平,此榜废除,五日之后,凡上次考至终场的举子,重新入场考试,以卢多逊、王明为主考官。中榜之人,再来讲武殿面试。从今往后,礼部会试一依此例!"

从此,在会试以后再加一场殿试,成为宋朝的定制。

赵匡胤收捕陶谷、重开礼部会试的消息,迅速传遍了京城,考生们欢欣鼓舞,奔走相告,盛赞皇上英明。

三月二十三,将近两千名考生再次走进贡院。经过卢多逊等人的反复审核评定,选出一百九十人参加殿试。殿试依然在讲武殿进行,只不过方式由口试改为笔试。这一天,赵匡胤亲临大殿,命殿中侍御史李莹为主考,具体主持。

这次殿试,共录取进士二十六人、五经四人、开元礼七人、三礼三十八人、三传二十六人、三史三人、学究十八人、明法五人,总计达一百二十七人。

当时,南平、楚、西蜀等地相继收复,宋朝的版图日益扩大,对地方官员的要求也有所增加。赵匡胤以军职得天下,攻城野战的军事人才并不缺乏,但通晓经史法律的中下级文臣却严重不足。因此他决定扩大会试录取名额,以这种方式来充实州、县两级官吏,并逐步改善文臣偏少的官员结构。更为重要的是,通过这种方式,可以广纳人才,获得读书人的拥护,使政权在深层的意义上得到坚实的支撑。

赵匡胤亲自审阅了数份答卷,觉得很满意,再加上昨晚得知宋贵妃怀孕的消息,心中十分高兴,特赐其余三十六人同进士出身,由吏部择优录用。

当李莹宣布及第者名单及皇上的诏令以后,殿中的士子一齐俯伏地上,三呼万岁,谢主龙恩。自古以来,读书人最高的目标就是效命君主,经邦治国,如今夙愿得偿,能不感激涕零吗?

赵匡胤赐钱二十万,在皇宫举行庆祝宴会,并令及第的一百二十七名士子披红挂彩,在开封城巡游三日,引得全城百姓夹道观望,钦羡不已。那种风光气派,就连当年慕容延钊、韩令坤征战凯旋,也无法相比。

武陵贫士王嗣宗,落魄客栈,因殿试表现突出,又品貌俊秀,后来被赵匡胤招为驸马,显赫一时。坊间伶人将此事编成传奇,在大江南北广为流传,尤为青年学子津津乐道。

赵匡胤见此番会试,虽经一波三折,但最终士子欢欣,结局圆满,对卢多逊的才干大加赞赏,于是任命他为翰林学士,接替陶谷的职务。

赵普是陶谷的密友,眼见他羁押刑部大牢,心急如焚,又不便在上朝时为他开脱,就找了个机会,约张琼一起去见赵匡胤。张琼时任殿前都指挥使,深得皇上器重,与陶谷亦是相交多年的故人。

赵匡胤正在瑶津宫陪宋贵妃下棋,一听说他们俩求见,满脸苦笑对宋贵妃道:“赵普老儿必定是来替陶谷求情的。”

赵普、张琼二人见了赵匡胤,急忙下拜。赵匡胤挥手制止道:“不必拘礼。两位爱卿有何要事?”

两人听了赵匡胤单刀直入的问话,极不自然地互相望了望。

赵普硬着头皮说:“其实无须说明,臣等的来意,陛下亦十分清楚。翰林学士陶谷,在主持会试时贪赃枉法,不知陛下欲治以何罪?愿闻其详。”

“根据大宋律法,在主持科考中受贿徇私,当处以极刑。赵爱卿身为宰相,难道不知道吗?”

“臣等自然了解。只是陶谷乃开国元勋、当朝名臣,多年来恪守职责,对皇上忠心耿耿。还望陛下念其旧功,从轻发落。”

“你与陶谷关系密切,当然要为他开脱!陶谷为人刻薄狡诈,贪财好色。我大宋立国以来,他一心敛财纳妾,声色犬马,更兼目无国法,仗势妄为,何曾有过尺寸之功?”赵匡胤越说越愤激,“朕念他乃老臣,多次姑息,不想他竟变本加厉,以主考之职收受贿赂。若非举子闹事,卢多逊处理得当,让那些无赖小人登第得官,岂不是断了我大宋的命脉?这等大奸大恶之人,如何能赦!”

赵普见赵匡胤动了真怒,不敢再言,暗暗向张琼使了个眼色。

张琼也有些畏惧,壮着胆子道:“皇上,陶学士确实罪在不赦,但他年已六十五岁,在世之日不多。何不从轻处罚,让他聊度残年,以示皇上宽容仁慈之心呢?”

“二位爱卿不必多言。朕意已决!”说罢起身离去,将两人撇在客房中。

赵普与张琼默默出宫。赵普长叹一口气道:“看来陶兄难逃厄运矣。我与陶兄相知十余年,莫非就这样任他受死不成?”

四下寂静无声,两人神情黯然地走着,突然张琼停下脚步道:“有了!只要宰相能说动韩将军出面,陶学士必有救也!”

赵普一愣,双手猛地一拍道:“我怎么没想到他?”

自从征蜀返京,韩令坤就一直蛰居城东,自得其乐。他本来不愿管这等闲事,但一来碍于赵普的面子,二来与陶谷也算是故交,只好答应试试。

韩令坤来到皇宫,赵匡胤大喜过望,连忙出门亲迎,陪他在便殿闲谈。韩令坤说话从来不拐弯抹角,开门见山道:“俺向来有话直说。俺这次来,是请陛下手下留情,免陶谷一死!”

赵匡胤一听,心知必定是赵普搬的救兵,心里有点恼,可又不能轻易驳回韩令坤的面子。沉默了好一会,面露难色道:“陶谷受贿之事,天下尽知。若免其罪,如何服众?”

“陛下,有罪固然要罚,否则治国无据,但陶学士非同常人,当年在陈桥驿，若不是他出谋划策，说动众人拥戴陛下，恐怕结局难以预料。以昔日立国之大功，抵今日受贿之大罪，亦无不可。老臣故交，知陛下不忘旧情，更会感铭皇恩，效命朝廷。更何况陶学士之罪并非不罚，只不过量刑稍轻而已！俺想什么说什么，还望陛下不要怪罪。”

赵匡胤沉默良久道：“也罢。依二哥所言，饶他一条老命！二哥，朕观你脸色苍白了许多，最近过得如何？”

韩令坤淡然笑道：“托陛下的福，眼下是饱食终日，无所用心。打打杀杀几十年，也该享几天清福了。”

二人又聊了一会儿，韩令坤起身告辞。赵匡胤挽留不住，送他至皇宫大门前，嘱咐他保重身体，以后多来宫中走走，韩令坤满口答应。赵匡胤知他是敷衍自己，望着他的马车远去，心中涌起一种难言的惆怅。

半个月后，赵匡胤传下诏令，免去陶谷翰林学士的职务，发还原籍。陶谷捡了一条性命，回到家乡邠州新平，于三年后无疾而终，享年六十八岁。

自从赵匡胤夺得天下，建立宋朝，虽然采纳赵普的建议，确定了“守北攻南”的基本方针，但北汉确实对宋朝构成了威胁，这一直令赵匡胤耿耿于怀，只是苦于国力兵力的限制，无法出兵平定而已。

早在建隆二年(961 年)，赵匡胤曾托人转告北汉主刘钧：“君家与周有世仇，不屈而相抗，固其宜也。今我大宋与尔并无仇隙，何为困此太原一方人也？若君有志于中原，宜下太行，以决胜负。”

刘钧亦有自知之明，回复赵匡胤道：“河东土地兵甲，不足以当中原，然我北汉并非叛宋者，区区守此太原，盖惧汉氏不血食也！”赵匡胤此时正欲南图，根本无暇北顾，便又让使者告知说：“为我语刘钧，开尔一条生路！”宋、汉就这样对峙了数年。后汉主刘钧不仅膂力过人，而且颇有心机。他一方面对辽国称臣，竭力奉承讨好辽国，同时还在有限的疆域内，奖励耕战，组织兵员，网罗人才，还时不时地在辽国的纵容下向西夏扩张。

刘钧十分清醒，一旦宋朝吞并南方诸国，必然转而对付北汉，他只有在此之前做好各方面的准备，才能保证北汉的稳固。为了达到这一目的，刘钧不惜重金，四处搜罗谋臣武将，任命蓟州人赵文度为丞相，抱腹山道士郭无为任吏部侍郎，以太原人杨业为建雄军节度使。

赵文度精通经史律令，博闻强记，尤擅长诗词，堪称北汉第一才子；郭无为满腹经纶，能言善辩，通晓天下舆地形势，喜论霸王之道；杨业从小倜傥豪侠，精于骑射，智勇双全，号为“无敌将军”，更令人叫绝的是，他的七个儿子延平、延广、延庆、延朗、延德、延昭、延嗣，一个个身手矫健，武艺绝伦，都跟随父亲效命军中。

王延嗣作为老臣，依然担任枢密使，但远不如以前那么受器重，这使他感到非常失落，以致逐渐产生了怨恨之心。

大宋乾德五年(967年)十月，辽国兵马大元帅挞烈丧偶，专程来到太原，欲求一美貌女子为妻。王延嗣的独生女儿王芳年方十六岁，容貌秀丽，誉满太原。刘钧为了讨得辽人的欢心，强令王延嗣将女儿嫁给挞烈。王延嗣多年来对辽人恨之入骨，怎会让如花似玉的女儿去做鞑子的玩物呢？

王延嗣的夫人钱氏，原籍也在开封，是个深明大义的女人，平时常劝丈夫不要忘记自己的祖先宗庙。当她得知刘钧强逼女儿外嫁一事，悲愤难禁，对丈夫说："刘钧简直是利令智昏！自己甘做鞑子的儿皇帝也就罢了，如今还要将芳儿往火坑里推。他眼中哪还有你这个枢密使啊！相公，与其在此忍辱含垢，还不如回归中原投奔宋朝。否则，芳儿可就是死路一条了！"

王延嗣心中早有南归之意，听了妻子的话，其意更坚。可是，怎样才能不引起刘钧的注意，顺利地潜回开封呢？王延嗣经过反复思考，终于想出一个万无一失的方案。

王延嗣首先向刘钧表示，同意将女儿嫁给挞烈，以免他产生提防之心；接着又大张旗鼓地置办嫁妆。一时间，北汉君臣和城中的居民，都知道王枢密使的小姐将嫁往辽国的事。

转眼到了十二月，离挞烈来迎娶的日子只有十多天了。王延嗣和妻子、女儿，在七八名亲兵的护卫下，前往开阳镇选购衣物。

开阳镇在北汉与宋朝晋州的交界处，是两方民间交易的地点。大量产自江南、中原地区的华美丝绸、布料和其他物品，经过数道商贩之手运到这里，以惊人的高价，销售给北汉的富绅达官。因此，王延嗣携家人来此为女儿出嫁购置衣物，是十分平常的事，丝毫不会引起刘钧的怀疑。殊不知王延嗣早已收买了当地边境守军的一个头目，做好了南归的一切准备。

到了傍晚，当夜色刚刚降临，繁星初现的时候，王延嗣一行三顶轿子、十几个人，由几名守军士兵引导，迅速越过边境地区，奔向属于宋朝管辖的晋州地界。

王延嗣面朝南方，凝望着那灰色天幕下绵延起伏的山脉的轮廓，不禁两眼湿润，心潮澎湃。回家了，该回家了！自己少小离家，在太原生活了二十多年，忍辱负重，真是不堪回首啊！

乾德五年(967年)年底，宋贵妃生下一子，取名德芳。小德芳天庭饱满，白胖可爱。赵匡胤四十二岁得了这样一个胖小子，欣喜之情可想而知。德芳满月那天，赵匡胤诏令改元"开宝"，大赦天下，又正式册封宋贵妃为皇后。所谓"母以子贵"，宋贵妃因此而确立了她在后宫的至尊地位。

恰好在宋朝改元之日，王延嗣抵达京城，去谒见宋主。

王延嗣乃北汉重臣，如今弃汉归宋，赵匡胤自是极为高兴，亲自在讲武殿接见。

王延嗣来到殿中，行过叩首礼，抬头一看，见赵匡胤隆鼻丰颐，相貌堂堂，心中好生叹服。他从怀中掏出一卷黄色丝绢，双手捧着说："陛下，此乃臣耗费多日绘制的北汉地形图，或许有可用之处，请陛下笑纳。"

殿前内侍接了过去，呈给赵匡胤。赵匡胤打开一看，是一幅绘制得极为精致详尽的绢图，北汉全境的山川地形、交通关隘、兵员配置等情况，都标绘得清清楚楚，一目了然。

赵匡胤大喜。广济大师从前所赐《舆地与兵法》，虽也绘有北汉地形，但仅具轮廓，而且几十年过去，情况有了很大变化；另一方面，朝廷派往北汉的探子，又往往缺乏绘制精密地图的才能。因此长期以来，他想得到一幅详尽的北汉全图，始终未能如愿。而获得这样一幅地图，显然是对北汉采取军事行动的必要前提。

赵匡胤爱不释手地抚摸着那幅绢图，满脸含笑地对王延嗣说："王先生情系桑梓，弃暗投明，又给朕带来了如此丰厚的礼物，朕好生感激。不知先生是否愿意在朝廷任职？"

"臣既绝汉回归，愿竭忠尽智。只恐才疏学浅，不堪驱使耳。"

"王先生不必过谦。朕未登基时，便闻先生大名。能绘出如此精密的地图，天下复有几人？王先生若不嫌弃，朕任你为集贤殿学士。不知可否？"赵匡胤见王延嗣儒雅稳重，确是谦谦君子，不知不觉生出几分敬意。

王延嗣之所以潜回开封，主要是出于对北汉亲辽的不满，以及摆脱女儿外嫁的厄运，当然也有宦途上的考虑。他连忙跪伏地上："微臣不才，多谢陛下器重。臣虽驽钝，愿尽力焉。"

当天下午，赵匡胤独自埋头案前，仔细地研究那幅地图。由于全神贯注，一直看到黄昏，直到张总管忍不住提醒他，才发现已经过去了两个时辰。他站起身，活动了一下手脚，信步走出大殿。

不知从什么时候开始，天空又下起了雪，飘飘洒洒地在殿外飞舞，皇宫大内的凤阁楼台，都笼罩在银白之中。

春天的雪，晶莹而滋润，一片片轻盈地滑翔，如同漫天嬉戏的精灵。赵匡胤站在台阶下，伸手接住几片飘进殿庑的雪花，凉沁沁的，转瞬间在手掌中化成几点细小的水痕。他伫立殿外，一动不动地凝视前方，似乎要让目光穿透雪网、高墙和重山，看到那片让他久久萦怀的土地。

赵匡胤从小就立志收复燕云十六州，后来无论是投军为将，还是登基为君，此志从未忘怀。只是因为各方面的限制，始终没能如愿，这几乎成了他一块最大的心病；如今天从人愿，王延嗣南归，带来了北汉全图和各种必要的信息。以大宋目前的强大军力，加上王延嗣的帮助，一举克复北汉决无问题！

赵匡胤心潮激荡，倏地转身，令内侍立刻通告赵光义进宫。

晚上，大雪依然纷纷扬扬地飘着，赵匡胤与赵光义共乘一辆车舆，来到赵普家中。赵普夫妇见圣上亲自来访，马上出门恭迎。

第四十章 赵普苦心劝太祖 太祖决心攻北汉

赵匡胤与赵普夫妇在厅堂中坐下。魏氏让仆人将一个精致的青铜火炉安置在堂前,温热的气息在屋子里面弥漫开来,驱散了室内的冷气。魏氏还亲自煮茶奉上,将热气腾腾的香茗,端到各自座位旁边的几案上。

赵普端起茶杯,轻轻吹了一下,靠在唇边抿了一口,问道:"夜里的寒气更重,陛下为什么还要冒雪出宫呢?"

赵匡胤微微笑道:"朕夜不能寐。一榻以外,皆他人也,何以入睡? 故来见卿。"

"陛下连克南平、楚、后蜀诸国,犹以天下为小吗? 南征北伐,今其时也。愿闻陛下之意。"

"朕欲取太原,未知可否?"

赵普略一迟疑,说:"非臣所能知也。"

赵匡胤见他反应冷淡,慷慨说道:"几年来,我大宋收复南方三国,威震天下,南唐、吴越、南汉已成强弩之末。目前,大宋后顾之忧已消,精锐禁军多达三十余万;更兼王延嗣南归,北汉地形、军情,尽在朕的掌握中。此时不取太原,更待何时?"

赵普捋了一下颔下的须髯,从容回答:"太原乃西、北两边之天然屏障,若一举而下,则边患我独当之,此其一也;刘钧近年外结辽人,内罗俊彦,兵员充足,粮草山积,实力不可小觑,此其二也;北汉以逸待劳,我军劳师袭远,所耗军资巨大,必致国库空虚,若遇水旱之灾,激起民变,则祸患无穷,此其三也。唯陛下深思。"

赵匡胤脸色一变,愤然道:"爱卿总是长他人威风,灭自己志气! 朕不信他弹丸之地,能与我大宋抗衡!"

赵光义这时担任开封府府尹,经过多年的磨炼,显得持重成熟了许多,他也开口劝道:"宰相所言确实有理! 臣闻北汉与辽人签订了盟约,故大宋之对手,不仅是北汉一隅而已,而且刘钧手下之赵文度、郭无为、杨业诸人,皆一时英彦,非易与之辈也。"

赵匡胤猛地站起,在厅堂中急速地来回走动,嘴里说:"难道就让刘钧长期占据太原,犹如刀悬颅项,令朕不得安卧吗?"

赵普仍是一副慢条斯理的样子:"陛下放心,北汉固守一隅,并无多大作为,时机一到,即可一举荡平。无须忧虑也!”

赵匡胤长叹一声,默然无语地回到几案旁边坐下。

第二天,赵匡胤又特意召来王延嗣,向他仔细询问北汉君臣的情况,问道:“王先生,若我大宋挥兵讨伐北汉,可有把握?”

王延嗣略一思索道:“臣认为,辽汉联盟,是荡平北汉的最大障碍。此外,大将杨业父子,是大宋军事上最强劲的敌手。依臣看来,陛下还是不要急于进攻北汉,待统一南方后再做计较。”看到王延嗣也如此认为,赵匡胤心中虽然遗憾,可是也无话可说了。

七月,北汉主刘钧因病暴死,养子刘继恩继位。赵匡胤得到消息,收复北汉的雄心重新萌发,而且极为坚定,无论赵普怎么劝说,他都不听。赵普喟然叹道:“欲速则不达,陛下不听臣言,急于北伐,只恐徒致劳军耗资,反遗祸患矣!”

赵匡胤心意已决,火速调集兵马,令昭义军节度使李继勋为河东行营都部署,率领八万禁军攻打北汉;令大将卢怀忠等人领兵驻扎潞州,作为辅翼。

李继勋是大名元城人,曾与赵匡胤同为郭威帐下的校尉,后来一直任职军中。宋朝立国,赵匡胤命他驻守汉、宋边境,立下赫赫战功。李继勋身如铁塔,力大无比,一顿可食十斤肉、三壶酒,虽年近六十,仍然硬朗矫健,令北汉将士十分畏惧。

九月,李继勋率军越过边境,立营扎寨。正在此时,北汉发生内乱,刘继恩被人所杀,其弟刘继元接任帝位。李继勋闻讯大喜,即刻拔寨进军,向北挺进。

刘继元得知宋军大举北进,仓促之间,不知如何应敌,幸得赵文度、郭无为、杨业从容调度,一面遣使向辽国请求援兵,一面令大将马峰领兵五万,前往迎敌,方得稍安。

两军在团柏谷相遇,各列阵势。宋军先锋将何继筠年轻气盛,舞动双枪出阵叫战,北汉军偏将江文挺刀而上,催马应战。两人刀枪相交,拼死搏杀,一时间难分难解。

李继勋久经战阵,经验老到。他见对方人少,且阵势不整,便趁其不备,突然指挥大军猛冲过去。马峰猝不及防,部队约束不住,只得随军稍退。何继筠见机,奋其神威,将江文通挑落马下。北汉兵一时丧胆,宋军士气大振,争先恐后一阵掩杀,北汉军全线崩溃,作鸟兽散。

这一仗,宋军大获全胜,杀敌八千,缴获马匹五百,夺取汾河桥,迫近太原城。李继勋当晚大犒将士,次日引军渡过汾河,直捣太原。

距太原五十里,在太行山的崇山峻岭之间,有一片宽广平坦的原野,人称“望城原”，是古来兵家必争之地。在这片原野的土地深处，不知掩埋了多少征人的尸骨，不知聚集了多少战死的冤魂。这里的草木异常茂盛葱郁，人们都说，那是年轻的躯体与血液滋润而成，甚至割草的时候，也能闻到那股血腥味儿。

李继勋率军来到望城原，接到探子报告，说北汉军已在原中严阵以待，主将乃是北汉“无敌将军”杨业。李继勋早就预料到，在此必有一场恶战，但一听杨业出战，仍不免一阵心跳。李继勋指挥部队缓缓前进，看到对方的军队时，他下令结成阵势，将八千名弓箭手调到阵前，以防敌军突击。待一切布置完毕，又传令宋军保持队形，小心翼翼靠近汉军，在相距三十丈的地方停了下来。李继勋举目望去，只见北汉军人数并不多，但军容严整。军队前列中央一面“杨”字大旗下，杨业骑着一匹赤兔马，须髯飘飘，威风凛凛，周围是一群英姿勃勃的青年将领，他的七个儿子也在其中。

李继勋正在眺望，忽闻对面一声炮响，一位身着白袍的少年，骑着白马，手提一杆红缨枪，掠至阵前，高声喊道：“我乃杨延嗣，人称杨七郎。有不怕死的宋将，速速上来纳命！”

杨七郎出言不逊，惹恼了宋军先锋何继筠、何继篁兄弟。两人一个使枪，一个抡双斧，催马冲了过去。那杨七郎年仅十五岁，性格暴烈，见敌将出阵，策马相迎。双方交战，杨七郎手中的那杆铁枪上下翻飞，前后照应，攻势极为凌厉。不到五个回合，只听得一声暴喝，何继篁胸前中了一枪。何继筠心知自己不是对手，虚晃一招，勒马欲逃，谁知对方马快，追将上来，铁枪一捌，枪尖穿胸而过，何继筠落马气绝。

这边两员宋将刚刚落马，杨业已麾兵冲杀过来。李继勋急令弓箭手放箭，稳住阵势，勿让敌军靠近。然后挥动令旗，将后军变为前军，有条不紊地退出了望城原。

杨业见冲击受阻，而宋军队形未乱，撤退有章有法，也不敢过分相逼，只是将宋军挤出望城原，设立营寨，扼住通向原内的几处关隘要道。

李继勋凭着丰富的临战经验，在不利的情况下成功退却，将军队的损失减少到了最低程度，但他一想到杨七郎的骁勇、两员爱将的阵亡，就不禁胆寒心怯。

双方相持了几天，辽国兵马大元帅挞烈增援北汉。李继勋担心受到两面夹攻，只好撤兵南归。

北汉和辽军会合，见宋军已经退却，心有不甘，便侵入晋州、绛州，杀人放火，大肆抢掠。边境一带的宋朝居民，顿时陷入一场可怕的浩劫之中。

李继勋退兵、辽汉联军大掠的消息传到开封，赵匡胤感到意外而又震惊。当天晚上，他在御书房徘徊良久，想了很多。莫非自己北伐的决定错了吗？难道北汉真的无法收复了吗？假如就此罢兵，我大宋的威名岂不荡然无存？不，决不！我赵匡胤自投军以来，数十年间战无不胜，何况现在朝廷兵多将广，粮秣充足，只要我御驾亲征，并增强兵力，没有不胜之理！

第二天上朝，赵匡胤并未征求群臣的意见，便宣布了这一决定。当时，由于宋朝经济军事实力的增强、疆域的不断开拓，大臣中普遍滋生了一种乐观情绪和自豪心理，对就此罢兵的结局，他们大多难以接受。因此，殿中多数大臣对皇上的决定表示支持；而那些有不同看法的人，知道皇上的脾气，也不敢开口发表意见。

唯有宰相赵普，态度激烈，坚决反对。他说："臣以为当今天下有三，我大宋其一，辽与北汉其一，南方三国其一。辽与北汉缔约结交，与大宋力量相当；而南方三国各自为政，力量分散，正好各个击破。先取南方，则我得天下之二，然后北伐，则胜券在握也。今攻强而弃弱，窃为陛下所不取也！臣观天象，今年将有大旱，应早防备。若大军北伐，导致府库乏竭，届时何以济民？若民不得济，国何以安？故急于北伐，有百害而无一利也！"

赵匡胤此时所有的心思，都集中在尽快击败北汉上，赵普的话，他根本听不进去，反而面带嘲讽地说："爱卿三番五次阻止朕向北用兵，似有畏敌之嫌。多年来我大宋风调雨顺，哪来的大旱？朕意已决，无须多言！"

赵普无奈，只好摇头叹息。

开宝二年(969年)二月，赵匡胤下诏亲征，以赵光义为东京留守。

这一天，在京城北郊，赵匡胤身着戎装，骑着一匹高大健壮的赤色骏马，在数十员大将的陪同下，检阅即将北征的禁军。

宋军将士队列整齐，肃立于郊野之中，在苍茫天宇的映衬下，显出一种特殊的雄浑与壮观。西北风吹动无数的旗帜，发出哗哗的响声，引发此起彼伏的战马嘶鸣。赵匡胤注视着这空前强大的军队，心中充满了自豪和信心。

随着一声炮响，大军出发了，士兵、战马、刀枪和战车组成的洪流，挟着一股摧枯拉朽的气势，坚定地向北方汹涌而去。

三月初，宋军前锋抵达团柏谷。北汉守将马峰面对数量远远超过己方而又士气正盛的宋军，计无所出，惶惶不可终日。

杨业明白，以团柏谷三万人马，根本不可能与宋军抗衡，与其被宋军消灭，还不如将其撤回，保存力量，以求最后的决战。他将这个想法告知汉主。汉主刘继元在军事上素来仰仗杨业，便接受了他的建议，命马峰放弃团柏谷，撤回太原。

宋军未损一兵一将，占领了团柏谷。赵匡胤留下五万人马驻守，领兵继续前进，又相继攻克祁家口、天峰谷和飞石岭等关隘，于四月中旬顺利夺取晋南关,扫清了通向望城原的最后一道险隘。赵匡胤遣使向北汉主送去战书,预定于三日后,在望城原决战。

太原城内,北汉主刘继元在宫中议事厅召集群臣会议,商讨应战与否。刘继元年仅二十四岁,年轻气盛,主张破釜沉舟,与宋军决一死战。赵文度、郭无为处事稳重,反对出战,建议集中力量,固守城池,使敌军疲惫以后,再乘隙出击。

双方相持不下,刘继元只好把求救的目光,投向一直未发一言的杨业,问道:“杨将军,你意下如何?”

杨业手握斜挂在腰间的剑鞘,浓眉一扬,朗声答道:“陛下,太原城中现有八万人马,再加上挞烈将军的三万骑兵,不妨与宋军一战,免得挫了我军的锐气;即便战斗不利,再退回守城亦不为迟! 只是此番赵匡胤亲征,必定有备而来,我军切不可轻敌!”

满脸胡须、双目凶光毕露的挞烈猛地站起来,大声嚷道:“赵匡胤有甚可怕? 三日后只管应战,让他尝尝我辽军铁骑的厉害!”

刘继元见赵文度、郭无为不再吱声,便说:“就这样,三日后在望城原与宋军决战,由杨将军统一指挥。诸位将军分头准备吧。”

三日之后,宋军与汉辽联军在望城原摆开阵势,双方共二十几万人马,刀戈相向,虎视眈眈,准备进行殊死搏杀。

青草萋萋的古战场,又一次腾起了凛凛杀气。

宋军阵前,宋主赵匡胤手提浑天棍,跨着战马,王审琦、张琼、李继勋、曹彬、张光翰等十六员大将分列左右。北汉军阵前,汉主刘继元骑着一匹青鬃马,手执双鞭,杨业、挞烈、耶律材、张知镇、石峰等十六员大将陪侍两边。

在一片战前的岑寂中,赵匡胤轻带马缰,向前走了几步,朗声喊道:“朕乃大宋天子赵匡胤,请北汉主刘继元答话。双方将士不得偷放冷箭!”

刘继元亦策马出列,扬声道:“寡人即北汉皇帝,汝有何话说,尽管道来!”

赵匡胤虎目直视刘继元,说:“汝父子窃据太原,称孤道寡,并数番扰我大宋边境,杀掠百姓。今朕前来削平祸乱,讨伐不祥。汝若上识天时,下明人事,及早开城纳降,束手归命,犹可保富贵,否则定叫你死无葬身之地!”刘继元嘿嘿一笑道:“寡人乃汉高祖之后,称孤道寡,谁敢以为非? 汝欺人孤儿寡母,篡夺天下,人神共殛,尚敢口出狂言,真可谓人面兽心,不知廉耻也!”

北汉将士一阵哈哈大笑。

赵匡胤登位以来,最忌讳别人提及篡位之事,刘继元竟然在两军阵前揭出，焉得不恼？那四方脸顿时涨得通红，咬牙切齿道："谁为朕擒下此贼？"李继勋、张琼应声拍马，跃出军阵，一个舞大刀，一个执双鞭，直扑敌阵。那边厢，则驰出挞烈和杨业的第三子杨延庆，各挺兵器接着。四个人捉对厮杀，足足斗了半个时辰，依然未分胜负。

赵匡胤看得心烦，大喝一声："待朕拿下这两个贼子！"举棍冲了上去。王审琦刚要阻拦，已经来不及了。

杨业见赵匡胤出战，心想若能擒住他，胜斩百员大将，便双腿一夹，胯下那匹赤兔马展开四蹄，如闪电一般，转瞬之间就到了赵匡胤面前，也不答话，一条乌黑的铁枪直刺过来。赵匡胤伸棍一挡，只听得"当"的一声，震得双臂发麻，不由暗道："这人好大力气！"便凝定心神，暗运神力，使出浑天棍法，改守为攻。那浑天棍挟着呼呼的风声，犹如遮天蔽日的巨网，罩向杨业。杨业心中一惊：人称赵匡胤神勇盖世，棍法天下无双，果然并非浪得虚名。连忙收起那小觑之心，打起精神，施展杨家枪法，与赵匡胤周旋。

赵匡胤的棍法与杨业的枪法，都是天下独一无二的绝学，再加上两人皆天生神力，棋逢对手，都将各自的绝学发挥得淋漓尽致。

这一场争斗真是势均力敌，棍枪相交，铿锵之声不绝于耳。双方将士屏息观望，甚至忘记了击鼓和呐喊，连酣斗已久的李继勋等四员战将，也收起了手中的兵器，各退数丈，凝神观看这场旷世罕见的角逐。

双方战了三百回合，兀自力道不减，声势骇人。那挞烈是个狡诈歹毒之人，他见杨业并未占上风，心生毒念，偷偷取出弓箭，朝赵匡胤射去。赵匡胤正全神贯注与杨业拼杀，根本不敢有丝毫分心，哪会注意到挞烈的动静？倒是心细如丝的张琼，担心皇上的安危，一直关注着战场上的动静。他一见挞烈张弓，暗道："不好！"纵马上前欲挡住那支利箭，可惜迟了一步，那支箭已在他赶到之前，射入了赵匡胤的右胸。

赵匡胤感到一阵剧痛，右手顿时使不上劲，头脑里"嗡"的一响：此生休矣！

本来杨业见此突变，可乘机结果赵匡胤的性命，但他是个血性汉子，况且经过这场恶斗，对这个平生未遇的敌手，莫名其妙地滋生了一种惺惺相惜之情，手中缓得一缓，张琼和王审琦已双双掠出，共同敌住杨业。

赵匡胤用手捂住胸口，低头一看，鲜血染红了铠甲。他气愤至极，竖眉一抖，破口骂道："好贼子，竟敢暗算于朕！"右手"啪"地折断胸前的箭杆，双腿猛地发力，策马扑向挞烈。

那挞烈见暗招得手，心中正在得意，毫无防备之心，待赵匡胤驰到面前，试图举起手中的狼牙棒抵挡时，已经晚了。赵匡胤的浑天棍有如泰山压顶，以千钧之力劈了下来，将挞烈那颗硕大的头颅砸得粉碎，红的白的溅了满地。

挞烈的坐骑受到惊吓,狂嘶一声,驮着那具无头的尸首飞窜而去。见此情景,北汉将士无不惊得目瞪口呆。

第四十一章 太祖回师探赵普 匡胤怒火斥大殿

赵匡胤杀死挞烈之后，立刻返回阵中，高高挥舞着令旗，号角响起，宋军以排山倒海之势向敌阵杀过去。已经回到阵中的杨业，也立刻下令北汉军上前抗击。两道狂潮倏地撞在一起，迸发出铁与血的狂潮巨浪。双方将士拼命地呼喊着，将手中的兵器狠狠地刺进敌人的身躯。

在这里，已没有了是非与理智，剩下的只有仇恨与嗜血。在金铁交鸣中，伴随着粗重的喘息、痛苦的呻吟和野兽般的狂嚎。

残酷的杀戮一直持续到黄昏，北汉军终于抵挡不住训练有素的宋军的猛烈攻击，不得不退回太原城。一眼望去，望城原外，宽广碧绿的草地上，已是狼藉不堪。夕阳下的旷野一片血红，受伤的战马负痛狂奔悲鸣，群鸦聒噪，仿佛在为双方阵亡的六万多年轻的生命唱着凄凉的挽歌。

幸亏有黄金锁子甲的保护，赵匡胤右胸的箭伤并不严重，只是箭头入肉约有一寸来深。随军太医将箭头小心翼翼地取出，然后清洗伤口，敷上特效金创药，用细软的白绢包扎起来，疼痛减轻了许多。

第二天，赵匡胤指挥大军越过望城原，在太原城外建立了几十座营寨，并将留驻团柏谷的五万兵马调来，以增强围城的兵力。然而，太原拥有天下最完备、高峻的城墙，墙面光滑平直，高达八丈，根本无法攀援；墙外的护城河又宽又深，假如宋军渡河，城上北汉兵射箭掷石，就会造成重大伤亡。赵匡胤与众将反复商议，实在找不到攻城的有效办法。太原城中军民多达几十万，总会有粮草乏绝的一天。因此，最后一致决定，采取长期围困的方法，修筑围垒，截断外援。

这一招果然见效。宋军包围太原两个多月，城中便出现了粮荒，不时有北汉兵出逃，向宋军投降。赵匡胤的信心大增。

到六月底，接连下了几场大雨。雨后的天气又热又湿，因为水土不服，宋军将士中有不少人患了痢疾，而且瘟疫迅速在军中蔓延开来，每天都有大批的人死去，军心开始浮动。

这一天，赵匡胤正在大帐中与李继勋等人商量如何控制痢疾的事，忽有探子进来报告，说辽穆宗得知挞烈的死讯，震怒不已，调集了十万大军，亲任统帅，誓为挞烈报仇，并解太原之围。辽军的先头部队已出燕京，正向太原进发。

赵匡胤听后，不由大吃一惊。眼下的太原已到山穷水尽的地步，只要再坚持两个月，必可一举攻破，了却自己多年的夙愿。可眼下军中恶疾横行，人心思归，且辽军援兵多达十万，估计半月之内就会到达。倘若辽军从外进攻，杨业又率兵杀出城来，我军岂不是要以疲病之师，而受两面夹击吗？可若就此罢兵，不但让北汉重得生机，不仅贻害无穷，而且也正应了赵普“劳民伤财，无功而返”的预言。

赵匡胤实在不甘心就此退兵。李继勋见他犹豫不决，劝说道：“陛下，以末将愚见，惟有撤兵方为上策。否则，待辽兵赶到，我军腹背受敌，后果不堪设想啊！”

赵匡胤脸色铁青，双眉紧锁，一言不发地低着头。李继勋也不敢上前再劝。最后，赵匡胤猛地抬起头来，极不情愿地对帐中诸将说：“班师回朝！”

宋军于七月初解围而去，并顺便将城外的一万多户居民迁往境内。由于撤军匆忙，宋军遗弃了大量的军资，全为北汉所得。计有米粟三十万担、茶数万斤、绢数万匹，其他辎重不计其数。

赵匡胤在万般无奈之下，率领大军南归。

上朝之前，赵匡胤心里一直惴惴不安，担心赵普在百官面前奚落自己，来到殿中一看，却不见赵普的影子。

一问才知道，几个月来，赵普因为在京城忙着筹集粮草，运往太原前线，同时还要协助光义处理政务，累得呕血，已经病倒好几日了。赵匡胤心中一震，当即宣布罢朝，令张琼准备好车驾，亲自前往赵府探望。

宰相府的大门紧紧地关着。张琼敲了许久，才听到有人在里面粗声粗气地答道：“宰相有令，任何人都不见！”

“是皇上前来探望宰相！”张琼连忙大声通报。

门内一阵急促的脚步声渐渐远去，显然是去请示赵普了。没过多久，又是一阵杂沓而来的脚步声。大门打开了，赵普的夫人魏氏，儿子承宗、承旭跪倒在门旁，道：“臣等恭迎圣驾！”

赵匡胤弯腰扶起魏氏：“朕与宰相情同手足，嫂子何必如此多礼！”

来到赵普的卧室外，赵匡胤摆摆手，示意其他人在外面等候，自己整理了一下衣冠，推门走了进去。

赵普躺在床上，见赵匡胤进来，挣扎着要起身行礼。赵匡胤急忙走过去，制止他道：“爱卿只管躺着，不要起身！”

两人四目相对，竟一时无语。

过了好一阵子，赵匡胤才开口说：“朕未听从爱卿的劝诫，无功而返。朕实在是后悔啊！”

赵普脸色苍白，两颊的颧骨高高突起，额头上布满了深浅不一的皱纹。

他眼睛眨了眨，有气无力地说："陛下能安然无恙，便是国家社稷之大幸。臣所虑者，自四月以来，全国大旱，今年必定是荒年。然太原之役，朝廷所积贮的粮食消耗殆尽。管子云'仓廪实而知礼节'，饥馑之民，最为难治啊！"

"爱卿以为，如何方能渡过此难关？"赵匡胤焦急地问道。

赵普眯着双眼，缓缓答道："窃以为当前有两件事急需处理。一则，令各州府以地方钱款，向当地豪绅大户收购粮食，做好赈灾准备；二则，免除天下赋税，并禁止地主向佃户强行索租。此外，各州厢兵须严阵以待，提防动乱的发生。至于其余的，就非老臣能力所及了……"

赵匡胤看他一脸疲惫，连说话都显得十分吃力，连忙起身道："爱卿好好休息。朕马上吩咐太医，来为你把脉开药，朕先行回宫了！"

赵普咳嗽一声，又叮嘱道："陛下，臣此番患病，恐怕一时难以痊愈。朝政大事，还望多与光义、吕余庆、薛居正等人商量。王延嗣忠厚持重，亦可多加询问。遇事当三思而行，万万不可冲动！"赵匡胤心中虽不以为然，但知道他也是出于一番忠心，便一一应承下来。

百年未遇的大旱依然在持续。开封、洛阳一带连续两百天没下过一滴雨，黄河出现了断流，汴河有些地方露出了河床，甚至连南方各州，也遭遇了罕见的旱情。赵匡胤本不信鬼神之事，但经不住大臣们的怂恿，在京城主持了祭神祈雨的仪式。不过，神灵似乎并不领情，连一滴雨也不愿赐予如此敬他的苍生。

秋收时节到了。除了水滨地区之外，农民的收成几乎不及去年的两成，洛阳一带，则基本上颗粒无收。农民吃光了粮食，只好挖野菜、剥树皮、掘观音土充饥。等到连这些都找不到时，为了生存，不得不铤而走险，抢大户、砸米店，聚众滋事，落草为寇。

各地时有饥民闹事，由饥馑引发的社会冲突越来越激烈。朝廷虽事先有所防范，也采取了一系列的赈灾措施，但终归是杯水车薪，无法从根本上消缓灾情。

出了洛阳城，往东走约四十里，是一片长满茅草灌木的山冈，当地人称为黑龙冈。黑龙冈的旁边，有一座雄伟的大刹，叫崇德寺。这崇德寺可不是那等随便修建在荒山野岭、村外路旁的小庙宇，而是历史悠久、远近闻名的大道场。

相传唐玄宗从西蜀回京，见江山美人皆离己而去，便绝了那尘世之念，拿出一大笔金银，在这里修建了崇德寺，准备日后来此吃斋念佛，终其一生。只不过佛缘未合，阴差阳错，最终还是老死于长安。

尽管唐玄宗始终未踏进崇德寺半步，人们也不知道他为什么要在这黑龙冈旁边建寺，但由于此寺格外宏伟，且经营得法，香火日益旺盛，不仅方圆百里的普通乡民奉之如同神明,就连洛阳、开封城中的达官贵人,也常来此顶礼膜拜。因此,崇德寺每年收入的香火、功德钱十分可观,再加上土地、当铺、作坊等大量庙产,它的富裕,在天下寺庙中也是很少见的。

崇德寺的现任住持智海大师,本是个落魄的读书人,因屡试不第,才出家为僧。此人颇具野心,而又聪明绝顶,擅长经营产业,尤善于收买人心。他入寺不到十年,便出任住持,接着又培植、招纳了一批亲信,充任寺内各级职事,将那寺中一千余名僧众,管理得服服帖帖。

曾跟随王仁多年的空明和尚,便是智海手下的干将之一。那年赵匡胤痛诛王仁,空明一怒之下,率领三百多弟兄离开京城,投奔在智海门下,担任寺中武僧的头目,深得智海器重。

智海大师已五十三岁,若就此管理僧众,坐禅诵经,倒也不失为一代高僧。可偏有个南方来的云游和尚,见了他的相貌,啧啧称奇,说他是黑龙转世,他的造化不在佛门,而在俗世,并预言他一旦时机到来,风云际会,定能高飞九天。

智海久入佛门,但功名之心并未泯灭,对年轻时的科场失意不甘心。听了云游和尚的话,不由有些神往。于是更加注意时局动态,刻意收买人心,购置刀剑兵器,加紧训练武僧。特别是大旱以来,赤地千里,民不聊生,他乘机施放米粥,免费治病赠药,方圆百里的乡民感激不尽,视他为救苦救难的菩萨。

中秋已过,树叶开始凋零,崇德寺大大小小的殿顶屋脊上,覆盖了一层青黄色的落叶。在观音殿后面一间精致的禅房里,智海披着袈裟,手捻佛珠,端坐在蒲团上,眼睛半启半闭,保养得极好的脸,如同处女一般白皙。他并不是在诚心坐禅,而是在等待手下人的消息。他听说定居洛阳的石守信派人来这一带收租,与乡民发生了冲突,赶紧叫人前往打听。直觉告诉他,这件事大有文章可做。

过了不久,门开了,空明、空性、空见依次走进禅房。三人都是他的亲信,也是他成就大事的主要帮手。

"情况如何?"智海问道,依然保持原来的姿势。

年轻的空性急于表功,趋前一步说:"大师,正如你老人家所预料,冲突越来越激烈。今天上午,石守信的管家,在大各庄打死了三名佃户。附近各庄的乡民群情愤慨,大有闹事的架势。"

智海的眉毛猛地一跳,张开双眼:"乡民方面有无行动?"

"暂时还没有,主要是缺乏敢作敢为的领头人。但眼下人心如干柴,一点即着。"空性说。

智海又闭上了眼睛,似在思索。

空明双目一瞪，大声道："大师，我看不如派些僧人，乔装成乡民，混在人群中，煽动乡民的情绪，乘机动手，杀了石守信的手下，然后遍告四方，拉起几万人马，占山为王。如此岂不快哉！"

智海沉默片刻，抬起头望着众人，阴鸷的目光闪了闪，嘿嘿笑道："好，就按空明所言行事。我佛慈悲，普度众生乃出家人的本分！"

那石守信自从被削夺兵权，挂了个天平节度使的闲职，心中郁郁不乐，干脆离开京城，迁居洛阳。既然不用带兵打仗，就将心思全用在聚敛财物上。迁来洛阳不到八年，他巧取豪夺，大肆兼并土地，洛阳附近百里，几乎有一半土地转到了他的名下。

今年大旱，朝廷虽颁布了严禁强行收租的法令，但石守信倚仗他与皇上的特殊关系，我行我素，照旧派他的管家石雄，领着几十名家丁，去各地收租，自然遭到了乡民的抵触。那石雄是石守信的亲侄儿，一贯飞扬跋扈，气愤之下，拔刀杀了几个佃户，由此惹动众怒，并为智海所利用，引发出一场惊天动地的大事变。

第二天，数千名愤怒的乡民，涌进石雄的住所，不问青红皂白，逢人便打，将石雄和几十名家丁活活打死。智海派去的许多僧人混在人群中，四处煽风点火，散布流言，说己巳年（开宝二年即公元969年）是灾乱之年，只有黑龙出世，才能消灾祛邪，根除旱情，保得平安。到后来越传越邪乎，说宋朝天子是赤龙转世，崇德寺智海大师是黑龙转世，天下大旱，正应着赤龙将亡，黑龙将兴，智海大师才是泽被万民的真命天子。

流言是大众情绪的催化剂，在失去理智的乡民面前尤其如此。于是，无数狂热的乡民，从四面八方涌向崇德寺，俯首叩拜，请求智海大师顺从民意，出来拯救苍生。

智海见火候已到，从乡民中挑选了四万人，发给武器、粮食和护身符，组成黑龙军，自称黑龙大将军，正式树起了反宋大旗。

消息传到京城，赵匡胤并未在意，他认为只不过是一群愚昧的乡民、几个臭和尚的胡闹而已，便派人告知驻在汝州的高怀德，叫他带领厢兵，去黑龙冈一带，驱散起事的乡民，将为首的和尚绳之以法。

赵匡胤此时所关注的，除了粮食还是粮食。安定民心需要粮食，三十万禁军需要军粮，明年的春耕需要种粮。到现在他才深切地体会到，粮粟对于国家的重要性，由此也领会了赵普当初坚决反对北伐的良苦用心。

赵匡胤心事重重地换上龙袍皇冠，来到广政殿。文武大臣已按品级肃立殿中。群臣行礼之后，赵匡胤简单地介绍了目前的旱情，说："天下大旱，百姓缺粮，朕为之寝食不安，不知诸位有何高见？"

殿中大臣面面相觑，无人说话。

见此情景，赵匡胤觉得一股无名火直往上窜，虎着脸道："为何不说话？常言道，食君之禄，为君分忧。尔等身为朝廷重臣，怎不为朕排忧解难？"

话音刚落，集贤殿学士王延嗣出班奏道："陛下，据臣所知，今年旱情，南方较轻，而蜀中仍然风调雨顺，五谷丰登。陛下可遣使入蜀，征集粮粟运至中原，以解燃眉之急。辽国、北汉今年亦无旱情，可令边境百姓以民间贸易的方式，用布帛换取粮食和肉类。此外，中原之豪绅大户、官宦人家，多囤积了大量粮食，或可强令交纳一定数额，由朝廷统一调配。微臣驽钝，所言未必妥当，请陛下圣裁。"

赵匡胤听了颇觉有理，当即诏准，令群臣讨论如何实施。商议的结果是：曹彬、吕余庆速往蜀中征粮；开放西北边境贸易；所有富商大贾、拥有千亩以上的地主、四品以上的官员，一律缴纳粮粟一百石。

且说高怀德在赵匡胤收兵权时，外放为归德节度使，后来又因妻子燕国公主病殁，于三年前调往汝州。汝州是个小地方，土地贫瘠，没有什么油水。高怀德颇感失意，终日借酒浇愁，精神萎靡，几乎不去校场习武，武艺也荒疏了许多。

高怀德接到赵匡胤的敕令，匆匆忙忙集合汝州城中所有的厢兵，共约六千人，皆是禁军中淘汰下来的老弱士兵，朝黑龙冈进发。由于朝廷实行挑选禁兵的制度已有多年，各州的厢兵均是如此。尽管手下是这样一支部队，高怀德觉得对付那些闹事的乡民，还是绰绰有余的。

汝州离黑龙冈并不远，仅有一天多的路程，中途要经过银盆岭，那里正好是全部路程的一半。高怀德率军来到这儿，见士兵们皆露出疲惫之色，只好下令休息，在岭下生火做饭。

士兵们刚刚散开，还未及坐下，突然听到一阵雷鸣般的呼喊声。紧接着，数万名头缠青巾的乡民，手里举着刀枪、棍棒、锄头、扁担等五花八门的武器，像潮水一样从岭上冲下来。在狂热的乡民面前，那些惊慌失措的老弱厢兵，根本不堪一击，死的死，伤的伤，很快就崩溃了。

高怀德拼着全身的力气，杀了几个围上来的乡民，腾身跳上坐骑，正要逃跑，忽见一个胖大和尚，将手中的禅杖奋力掷出，那马的后腿应声而断，把高怀德甩在地上。十几名乡民一拥而上，用绳子捆住高怀德，押到那胖和尚面前。

高怀德冷眼一瞧，认得是多年不见的空明，心中不由得一动。这时，空明也认出了高怀德，赶紧让乡民松绑，满脸含笑说："高将军，真是有缘。洒家知道高将军和那赵官儿一直不和，不如就此跟朝廷决绝，加入黑龙军，将来杀到开封去，夺了赵官儿的龙位，岂不快哉！"

高怀德轻蔑地说："我高家世代为朝廷大将，岂能与鼠辈为伍，辱没家门？要杀便杀，何必多言！”

“哎，高将军，你受了赵官儿二十年的窝囊气，难道还嫌不够？你高家乃世族大姓，却落到今日这般田地，实在堪怜。那赵官儿心狠手辣，从不眷念旧情，说不定何时不如意，像杀了我王大哥一样，砍了你的脑袋。你何苦替他卖命呢？”

第四十二章 怀德兵败洛阳城 太祖怒斥佛门中

高怀德不免觉得一阵心酸。他并非贪生怕死，只是觉得，就这样死在一群乡民的手里，实在太冤了，赵匡胤也绝对不会领情的。想着自己在战场上厮杀了几十年，到头来竟然备受冷落，狼狈不堪，我如此尽心尽力，朝廷究竟给了我什么？高怀德越想越气恼，越想越怨恨赵匡胤，咬了咬牙说："好，大不了就是一个死，我倒要给他出点难题看看！"

空明咧着大嘴，连连说道："好，好！这才是英雄本色！"

智海的黑龙军在银盆岭初战告捷，又招降了朝廷大将高怀德，一时名声大振，前来投军吃粮的乡民络绎不绝，队伍迅速扩大到近十万人。

高怀德一心想向赵匡胤报以颜色，便建议智海攻打洛阳，说只要拿下此城，以其为依托，进而天下可图。

智海此时得意忘形，以为江山易主就在眼前，也未细加思索，当即表示同意，并委派高怀德负责指挥攻城，由空明协助。于是，黑龙军的主力，一窝蜂拥向洛阳，将洛阳城团团包围起来。

洛阳守将袁彦，见黑龙军人多，而他手下不过一万余老弱厢兵，只好闭城固守，并派人向朝廷紧急求援。

洛阳乃宋之西京、赵匡胤的故乡，城中如石守信之类的权贵亦不少；而且，洛阳一旦失陷，就会直接威胁京城的安全，使本来就不太稳定的政局更加动荡。因此，当赵匡胤得知高怀德兵败投降，洛阳危急的消息时，内心的焦急可想而知。他马上召见王审琦和张琼，令他们俩率八万禁军，速往洛阳，平定黑龙军起事，并特别交代，决不能放过高怀德。

朝廷出兵的消息，很快传到洛阳，袁彦和守军信心大增，再加上洛阳城防坚固，黑龙军又缺乏攻城的经验，因而双方形成僵持的局面。

那高怀德毕竟是行伍出身，他心中雪亮，假若继续攻城，待朝廷援兵一到，黑龙军必败无疑。如果及早放弃攻城，集中全部人马，利用乡民的愚昧和狂热，与宋军一拼，或许还有一线生机。而即使失败，也可以让朝廷心惊肉跳，出胸中的一口闷气。

主意已定，他将自己的计划告知智海。智海听了很不高兴：当初主张攻打洛阳的是你，现在提出放弃的也是你，这不是瞎折腾吗？但眼下情况确实很严重，继续攻城，一时半刻无法攻破；而撤回黑龙冈，朝廷禁军一到，依然逃脱不了被剿灭的命运。想来想去，他只得听从高怀德的建议，做鱼死网破的最后一拼。

智海下令停止攻城，与高怀德、空明率领黑龙军，向东进发，迎击朝廷派来的援兵。

两军在郑州南边四十里的郊野相遇。王审琦正要指挥部队列成阵势，那些裹着青布的黑龙军，举着各式各样的武器，嘴里发出咿咿呀呀的怪叫声，迈着惯于奔跑的两腿，杂乱无章地朝前涌。一个个双眼呆滞，面对如蝗的箭雨，没有丝毫畏缩与恐惧，前面的人倒下了，后面的人照样喊叫着，毫不犹豫地大踏步前进。因为智海大师告诉他们，倒下的弟兄并未死去，而是被佛祖召到了西方极乐世界，那里没有饥饿与贫困、不平与邪恶，只有享用不尽的食物和遍地盛开的鲜花。

王审琦身经百战，但从未见过如此疯狂而又奇异的场面，转瞬之间，黑龙军突入阵中，奋不顾身地杀向禁军。尽管禁军大多武艺高强，面对这样不怕死的对手和胡搅蛮缠的战法，却也不免惊慌失措。

智海和高怀德见有机可乘，驱赶着失去理智的黑龙军，继续冲杀。禁军抵挡不住，开始溃退。王审琦见势不妙，挥锏打死几名溃退的士兵，大声喊道："弟兄们，顶住！后退只有死路一条！"

训练有素的禁军逐渐稳住了阵脚。可是，成群而上的黑龙军，简直像疯了一般，杀掉一批，又涌上一批，双方缠斗在一起。王审琦望着这些中了邪的亡命之徒，焦急万分，那双黄眼珠滴溜溜转了几圈，突然想到：肯定是智海给他们施了什么法术，否则怎会如此疯狂？——假如除掉智海，也许能使他们恢复本性呢！

心念一动，他在马上四处观望，只见在约两百步远的一个小山冈上，站着一个身披袈裟的和尚，身边簇拥着一群人。王审琦猜想那就是智海，急忙叫过张琼，低声嘱咐了几句。

张琼点点头，转身挑选了几十名剽悍的骑兵，一声令下，猛然冲向那座山冈。蜂拥而来的黑龙军猝不及防，被冲得七零八落，无形中让开了一条通道。

智海正在山冈上观战，见一彪骑兵向自己飞驰过来，刚要派人拦截，张琼眼疾手快，在马上弯弓搭箭，飕地射出。智海来不及躲避，应箭而倒。可怜他那"黑龙大将军"的滋味还没尝几天，就很快去了西天佛国。

张琼见智海倒地而亡，急令手下骑兵掉转马头，边跑边齐声高呼："智海已死，尔等速降！智海已死，尔等速降！"其他宋军也跟着呐喊起来。一时之间，朝廷禁军士气大振，而刚才还气焰万丈的黑龙军，顷刻间仿佛失去了主心骨，开始慌乱起来，那股疯狂劲儿陡然衰减下去。

王审琦知道时机已到,令旗一挥,号角响起,数万禁军转守为攻,冲向已呈颓势的黑龙军。尽管高怀德、空明等人声嘶力竭地咒骂督战,也无法遏止溃退的狂潮。四处逃窜的黑龙军很快失去了抵抗能力,只有挨打的份儿。

高怀德目睹眼前的一切,心知大势已去,马缰一带,便向郑州方向逃跑。刚跑了一箭地,空明从左侧纵马而来。高怀德停马,欲与空明答话。不料,空明瞪了他一眼,突然将禅杖横击过来,高怀德未加提防,结结实实地挨了一禅杖,痛号一声,倒于马下。空明下了马背,一边用禅杖狠击高怀德的尸体,一边骂道:“丧门星!若不是你提出攻打洛阳,何至于此!”直到那具血肉模糊的尸体被截成几段,才翻身上马,自顾逃命去了。

开封的皇宫内,赵匡胤正在讲武殿与卢多逊、王延嗣、李莹商议筹粮与戡乱之事。因为心中牵挂洛阳战局,一直忧心忡忡,脸色显得十分憔悴,全没了出师北伐时的那种勃勃生气。短短几个月的时间,他几乎老了十岁。

天色渐暗,赵匡胤吩咐点上蜡烛,柔和的烛光立即照亮了大殿。正在这时,内侍进殿报告:“皇上,王将军的特使紧急求见!”

“速传他进来!”赵匡胤眼睛一亮,迫不及待地说。

浑身是汗的特使,向赵匡胤禀告了与黑龙军作战的详情,说:“王审琦、张琼二位将军,唯恐陛下担忧,故命末将火速回京。一路上跑死了好几匹马呢!”

特使下去之后,赵匡胤长吁了一口气道:“唉,洛阳之围虽解,谁知以后又出什么乱子呢?最近两个月,大大小小的乡民起事不下二十起。粮荒不解除,国无宁日啊!”

“陛下,臣数日前听说,荆州湖南的麓山寺也聚众闹事,好不容易才平息下去。看来这寺庙是祸害之源啊!”卢多逊颇为感慨地说。

赵匡胤本来就对佛教没有什么好感。母亲杜氏一生笃信佛教,病重时他求佛祖保佑,却照样病殁。细君也信佛,到头来,年纪轻轻就病死了。为此,他心中一直恨恨不已。如今听卢多逊一说,不禁又勾起了他对佛门的不满。现在全国的寺庙不下五万,僧尼多达数十万,他们不事生产,却要消耗大量的粮食;修寺庙,铸铜像,又要耗费无数的木料、金属;况且,那些僧人乘此粮荒,往往妖言惑众,制造动乱,威胁朝廷安全。真是有百害而无一利!何不就此限制佛教,以绝后患?

他望了望殿中的几位大臣,开口说道:“诸位爱卿,佛教之道,本为妄言,未若儒学之经纶世务,维系人心。大旱以来,佛门僧众屡屡滋事,以致天下汹汹,实乃社稷之患也。朕欲加以限禁,不知诸位意下如何?”

卢多逊连忙接口道:“陛下英明。禁佛既可消除祸乱之源,保我大宋太平,亦可令僧人还俗,从事生产,又增添许多劳力。此外,寺庙中大多囤积粮食，若将其用于赈济灾民，亦可缓解粮荒。此乃利国利民之举，臣以为势在必行也！”

李莹是个没主见的人，一贯唯皇上之命是从，自然不反对。倒是王延嗣觉得禁佛之举颇为不妥，道：“陛下，佛教乃天下第一大教，信徒甚多，影响甚巨，稍有不慎，则招致更大的祸乱。臣以为，陛下还是仔细斟酌，再作决定不迟。”

“王兄不必顾虑。那唐武宗不也曾灭佛吗？”卢多逊说。

“非也！朕不是灭佛，而是禁佛，如相国寺、龙兴寺、少林寺等名刹仍可保留。朕之禁佛，主要是取缔一般寺庙，限制僧尼数量，禁止寺院借传教惑众。至于具体的措施，由卢爱卿主持制定一个方案，经大臣商议后，再行颁布。”赵匡胤不容置疑地说。

王延嗣本想再加劝谏，但念及自己刚刚投奔宋朝，不便多言，只得缄默不语了。

一年将尽，再过几天便是立春。一阵凛冽的北风刮过之后，飘起了丝丝细雨，紧接着开始下雪，而且越下越大，整个中原大地，很快变成了银装素裹的冰雪世界。

正当饱受干旱之苦的人们，为这甘霖般的雨雪欣喜若狂的时候，襄阳岘山龙兴寺巍峨的大殿里，几位身披袈裟的僧人却面露愁容，端坐在蒲团上。四周环列的罗汉塑像，生动逼真，神态各异，琉璃嵌成的眼珠熠熠发光，仿佛在注视着殿中那几位高僧。

原来，开封方广寺的住持法融大师，得知皇上准备禁佛，心急如焚，却计无所出，便暗地里去宰相府，向赵普讨教挽救之策。

赵普与法融原是好友，并且也担心因为禁佛引发新的矛盾，就对他说：“能救此难者，天下唯有一人耳。”“请问何人？”“觉慧，只有火速告知他，想方设法劝阻皇上，方可消除这场佛门的大劫难，否则就无力回天了！”

法融明白此事关系到佛教的生死存亡，即刻动身南行，并令手下僧人，前往嵩山少林寺、天台灵耀寺、南岳云峰寺，分别约了空、道鉴、海印三位住持，赶赴岘山，共商护法保教大计。

觉慧经师兄弘忍的启发而顿悟，此后决然斩断尘缘，回到龙兴寺，潜心佛经与武学。十多年来，他不但将龙兴寺管理得井井有条，使其规模扩大了一倍，而且常常云游四方，弘扬佛法，广结善缘，声名传遍佛界。

觉慧刚刚南游归寺，法融等人便先后赶到。听了法融的陈说，也不免大吃一惊。昔时唐武宗灭佛，关闭、毁坏的寺院数以万计，四十余万僧尼被迫还俗，其中许多被杀害，以致佛门历经百年也难以恢复，那真是一场空前的浩劫！

虽说皇上言此番禁佛,不同于唐武宗的灭佛,可谁又能保证地方官吏不会节外生枝、变本加厉?退一步说,即使如此,天下只剩下十几座大寺、数千名僧人,又何以担当说经传法、超度众生的重任?

觉慧表情凝重地请四位法师来到寺中主殿,共同商议对策。

突额暴眼、满脸杀气的道鉴大师刚一坐定,就愤愤地说:"无须多议。依老衲之见,不如挑选数名高手,潜入宫中,除去赵官儿那个暴君,便万事大吉,否则将祸患无穷!"

朝廷将要禁佛的消息传开后,一些地方闻风而动,开始对寺院施行限制和掠夺。道鉴主持的天台灵耀寺,前不久刚刚被勒令遣散新出家的五十多个僧人,又被强征了四千石粮粟,所以道鉴气恼异常,恨得咬牙切齿。

法融大师是位慈眉善目的忠厚长者,与朝廷关系素来不错。他手捻佛珠,神情肃然道:"我佛慈悲,不可妄开杀戒!况且当今皇上勤政爱民,也算得上是贤明之君。老衲以为,觉慧大师与皇上交情甚深,若能亲往京城,面见皇上,陈说禁佛之弊,定能有所改观。不知各位大师以为然否?"

"赵官儿倚仗他手中的兵权,以阴谋手段篡取天下,视忠节恩义于不顾。如此见利忘义的小人,岂会念及昔日的情谊?"道鉴出家前是故周主郭威的部将,提起赵匡胤,气就不打一处来。

海印大师雪白的眉毛微微一动,睁开一直闭着的双眼说:"阿弥陀佛。进宫行刺不可取也。且不说此举有违佛教宗旨,便是那皇宫戒备森严,高手如云,又岂能容你随意进出?"

"不瞒诸位,老衲早已绘就大内详图,且有宫中侍卫充当内应,更兼老衲手下四大弟子,皆能飞檐走壁,身手超群。任他皇宫天罗地网,我视之亦如坦途!"道鉴身子一侧,直视觉慧,继续说:"觉慧大师,老衲欲除赵官儿已非一日,若得大师相助,便可万无一失。不知大师肯否为拯救佛门而出手?"

觉慧曾多年在皇宫充任侍卫,且十年来武功精进,已臻炉火纯青的境界,就连自视甚高的道鉴,也知非其对手,所以只要他肯出手,进宫行刺必能成功,道鉴亦是因此而来。

众人的目光,都投射在觉慧那张棱角分明的脸上。也许是由于心境清明,了无尘念,再加上天天习武的缘故,十年的光阴,似乎并未在这张脸上留下多少岁月的痕迹,甚至连脸颊上的伤痕,也还是那么醒目,宛如刚刚弥合一般,闪着暗红的光泽。而那深沉的目光,以及眼角细细的鱼尾纹,则分明透出一种对世事的洞彻。

觉慧见道鉴逼他表态,微露笑容,不愠不恼地说:"道鉴大师欲进宫行刺已非一日,显然非因朝廷禁佛而起,盖为昔日俗世之恩怨也。贫僧见识浅陋,以为刺杀皇上,只会使事情更加恶化,决不可行!"

其他几位高僧，也纷纷表示赞同。道鉴恼羞成怒，蓦地站起身，愤然冲出殿去。余下的四人知他性烈，也未加劝阻。

众僧在殿中坐了一会儿，法融叹了一口气道：“阿弥陀佛，由他去吧！觉慧大师，看来要想皇上回心转意，非劳你大驾不可，赵宰相亦有此意。不知大师以为如何？”

觉慧低头深思片刻，答道：“也罢！贫僧明天动身，前往京城权且一试。不过，皇上素来倔强，能否说服他，贫僧心中也无数。好在禁佛的诏令尚未颁下，否则木已成舟，那就无法可想了！”

入夜，觉慧独自在方丈室坐禅，可总是无法达到平时那种灵净的禅境。从内心来讲，他实在不愿意再次见到赵匡胤，更不愿意重新面对已经决绝的俗世的一切。但佛门面临如此可怕的厄难，他焉能袖手旁观？

觉慧双眼微睁，墙上广济大师那张熟悉的画像映入眼帘。突然，他心念一动：当年师傅的遗嘱中有“数年后禅林将蒙厄难，唯汝或可解也”的预言，莫非他老人家那时让我随皇上下山，几经磨难，便是为了今日？对，一定是这样！

多年苦思不解的疑团涣然冰释，觉慧不由得感慨万分。一旦想通了，就下定决心，要不遗余力地去消弭这场佛界的浩劫。不然的话，怎么对得起广济大师当年的一番良苦用心，又怎么对得起自己在俗世间那十五年的青春年华？

觉慧正在慨叹沉吟，房门砰地一声被推开了。一位身材颀长、眉目清秀的小沙弥，大步走进禅房，对觉慧大声说道：“师傅，不好了！今天下午，道鉴大师带着他的四大弟子不辞而别。听说他们是要赶往京城，与另一拨人会合，准备进宫行刺赵官儿。师傅，怎么办？”

觉慧脸色一变，站起身来，果断地说：“法照，你速去备好三匹骏马，并通知弘忍师伯，我们立即启程，前往开封！”

夜色已经很深，觉慧、弘忍、法照三人，皆换上普通百姓的衣服，扎着头巾，携着兵器，策马朝开封飞驰。

觉慧三人日夜兼程，恨不得立刻赶到京城，阻止道鉴等人。三人到达京城时，已是十二月二十八的晚上，离过年只有两天的时间了。

此时已是深夜时分，皇宫一带几乎没有人影。若是白天，觉慧完全可以由正门入宫，可眼下城门紧闭，按照律条，夜晚是严禁开皇城门的，但如果等到天明，假如道鉴抢在今晚动手，岂不是大事不妙？觉慧在城墙下走了几个来回，抬头望望城墙，对旁边的弘忍和法照说：“上墙，进宫！”

弘忍迟疑道：“觉慧，深夜擅自入宫，又带着武器，倘若道鉴并未在今晚动手，我等反而有行刺皇上之嫌，到那时如何说得清？你可要三思而后行啊!”

“师兄,箭在弦上,不得不发,只能如此了。快上吧!”

弘忍知他心意已决,也不多说。三人施展壁虎功,贴着光滑的城墙,眨眼间上了墙头,纵身跃下,悄无声息地向后宫跑去。

第四十三章 道鉴设计刺太祖 觉慧劝谏断念头

觉慧凭着自己的印象，带着二人一路穿过乾元门，来到后宫。但是皇上的妃子有数十人，他今天晚上究竟会在何处呢？觉慧慢慢停下了急促的脚步，招呼弘忍、法照过来，三人藏在暗处，然后屏息倾听四周的动静。他相信只要到了这里，道鉴等人一旦有任何动静，是无论如何瞒不过他的。

冬季午夜的寒风呼呼作响，不时有枯枝被风吹断，坠落在琉璃瓦上，发出清脆的响声。觉慧闭目敛神，仔细地捕捉着每一个细微的动静。突然，广圣宫南边传来一阵杂沓的脚步声。道鉴果然要动手了，而且就在延福宫。三人拔腿就朝延福宫跑去。

这天晚上，赵匡胤在御书房处理完一些紧急公务，来到延福宫时，德芳已经熟睡多时。他见时候已晚，身子有些困倦，稍稍洗漱，便与皇后相拥而卧，不久即进入了梦乡。

他何曾想到，道鉴领着他的四大弟子，还有刚刚投奔灵耀寺的空明和尚，在两个早就以重金买通的大内侍卫的协助下，此时已进了皇宫，只等午夜一到，便要取他的性命。

延福宫外并未布置侍卫，只有大厅内站了四个带刀的侍卫和两个内侍。

本来，按照道鉴的计划，只要他们八个人一齐杀进寝宫，赵匡胤纵有天大本事，也难逃一死。可偏偏有个侍卫尿急，匆匆出来，迎面看到几个黑衣人，一边拔刀，一边大喊："有刺客，有刺客！"

张琼正好当值，听到喊声，带着七八名侍卫飞奔过来。

道鉴见形迹败露，懊恼之余，挥刀将那喊叫的侍卫劈成两段，双眼圆睁道："快，杀进去！"

余下的三名侍卫知情况紧急，对那两个内侍说："快，快去叫醒皇上！"横刀挡在大厅中央。他们虽然武功不弱，而且忠勇尽职，可怎能敌过几大高手的凶狠招数？凭着一腔热血应付了一会儿，就都身首分离，横尸地上。道鉴对着地上的尸体踢了两脚，叫空明与两个内应守住宫门，自己提着滴血的宝刀，与四大弟子一起，冲向寝宫。

寝宫内的赵匡胤已被内侍唤醒。他匆忙穿上衣服，从墙上抽出宝剑，就要冲出去。宋皇后见状，从后面一把抱住他，苦苦哀求他不要出去。赵匡胤想，即使自己不出去，刺客也会杀进来，那反而会殃及皇后和德芳。他狠了狠心，对皇后说："你照看好德芳！"猛然挣脱身子，扬起手中的宝剑，杀向扑面而来的道鉴等人。

与此同时，张琼赶到，与空明等三人，在宫门前展开了殊死的厮杀。

赵匡胤对自己的武功向来充满自信，可实际上，自从登基以后，因为不再像以前那样经常练习，而年龄的增长，也导致了筋骨的僵化和劲道的衰减，再加上这段时间以来，北伐失利，长期干旱，乡民作乱，弄得他焦头烂额。他的武艺，实际上已大不如前。因此，与刺客一交手，他就感到了明显的压力，虽然奋力抵挡，还是穷于应付，险象环生。

张琼心念皇上的安危，见赵匡胤手忙脚乱，情势危急，奋起神威，大喝一声，杀死两个内应，接着一刀劈下空明的左臂，几个箭步冲过去，与赵匡胤会合一处，这才暂时解除了险情。

道鉴本以为，几招之内即可取赵匡胤的性命，不料张琼拼死杀出，实在懊丧，随即催弟子加紧进攻。五把雪亮的宝刀，织成一张严密的网，将赵匡胤和张琼罩在中间，令他们喘不过气来。

张琼拼着全身的力气，尽量用身体护住赵匡胤，奋力抵挡对方的狠招。片刻之间，他受伤已有七八处，浑身是血，但仍然挥刀苦苦支撑。

眼见两人的抵抗越来越弱，很快就要丧生刀下。正在这千钧一发之际，只见一条黑影掠进大厅，身形奇快，闪电般在众人中穿过，紧接着听见"当当"数声，道鉴和四大弟子的刀，全部掉在了地上。

厅中双方的人都惊呆了。

待惊魂甫定，却见一位身穿黑色夜行衣的僧人，手持利剑，气定神闲地站在那里。

道鉴眼尖，认出来人是觉慧，心知难逃一死，举起右手，朝自己的天灵盖击去。觉慧眼疾手快，倏地发出一颗佛珠，正中道鉴的手腕。

道鉴顿觉右手一阵酸麻，再无半点力道，不由神情黯然道："罢了，老衲技不如人，落到今天这个下场，实在是咎由自取！"

"道鉴大师不必介怀，生即是死，死即是生，大师何必拘泥于形迹？何况你我皆佛门弟子，均为护教弘法，只不过同致而殊途罢了。"觉慧刚说完，弘忍、法照也赶到了。两人一左一右，站在他的身边。

赵匡胤目睹觉慧出手，须臾之间便制住刺客，解除了自己面临的险境，心中好生感激。他将剑丢在地上，走近觉慧。两人相视良久，不知从何说起，只觉得有一种温热酸涩的感觉充溢胸间。

十年了，他俩一个在北，一个在南，一个在朝廷为君，一个在寺庙为僧，有着完全不同的生活与追求。然而，那段长达十五年的兄弟之情，岂能为离别和时光所消磨？

赵匡胤大步跨过去，抓住觉慧的双手说："李良，朕终于又见到你了！"

觉慧脸颊上的伤疤急剧地跳动着，因激动而红晕的脸色，很快恢复了常态。他抽回双手，竖起单掌，施礼道："贫僧觉慧见过皇上。"

赵匡胤眉头一皱，显得有些尴尬。

停了一会儿，觉慧又说："皇上，道鉴大师等人，因为护佛心切，一时冲动，冒犯皇上。望皇上慈悲为怀，饶了他们的性命吧！"

这时，大批侍卫冲了进来，将延福宫围了个水泄不通。赵匡胤横眉扫了一眼道鉴，肃然道："死罪可免，活罪难饶！先将这些人押下去！"

赵匡胤目送侍卫们将刺客押出去，转过身来，迎面看到法照，不禁脸色陡变，指着他问："你……你是何人？"

觉慧急忙上前，道："他是小徒法照！"

赵匡胤喃喃低语："太像了，实在是太像了！"

是啊，法照那张棱角分明的脸，明亮有神的眼睛，简直就是故周主郭荣的翻版，这怎能不叫他触目惊心呢？而赵匡胤也万万不会想到，他面前的法照，正是十年前觉慧带走的宗让——绿珠和郭荣的亲生儿子！

第二天，赵匡胤偕觉慧来到御书房，觉慧把事情的原委一一告知。赵匡胤听说觉慧等人，从襄阳一路赶来，为了自己的安危，冒险夜闯皇宫，十分感动，嘴里却故意说："你不辞而别，一去十年，兄弟之情早已置之脑后。朕之生死，你何须牵挂？"

"救人一命，胜造七级浮屠。何况制止杀戮，亦是佛门弟子的本分。"

"如此说来，朕在你眼里，不过是一介普通生灵而已。莫非其中就没有半点特殊之处吗？"

觉慧默然，半晌无语。他捻了捻胸前的佛珠，尽量用平静的语气说："往者往矣，阿弥陀佛。朝野盛传皇上要禁佛，不知确否？"

"确有其事。"赵匡胤答道。

"佛教劝人向善，摈弃邪念，利国利民。皇上何以如此深恶痛绝？"

"僧尼不事生产，徒耗财物，且常以传教为名，蛊惑人心，甚至聚众公开反叛朝廷，这些你都看到了。朕若不加限禁，国家焉得安宁？"

"皇上此言差矣！天下僧尼数十万，如智海一般的造反者又有几人？朝中大臣也不乏叛乱者，依理类推，难道便要禁臣？"

"你……"赵匡胤被他问得张口结舌。

觉慧见赵匡胤理屈，乘机劝道："更有甚者，大旱之后，继以粮荒，民心本就不稳，一旦禁佛，必定激起僧众的反抗，只怕到那时，真的是国无宁日了！道鉴等人铤而走险，虽因旧日恩怨而起，然禁佛乃其契机也。贫僧以为，禁佛决不可行，还望皇上三思！"

赵匡胤眉头紧锁,习惯性地在书房中来回踱步,心中想道:李良所言确非危言耸听,那寺院里多有武功深不可测的高人,若逼之过甚,惹得他们如道鉴一样拼命,令你防不胜防,岂不糟糕!他一忆及道鉴及其四大弟子那精湛凌厉的刀法,就不禁一阵后怕。

这时,觉慧又说:"皇上,当年你离开龙兴寺的时候,广济大师曾告诫过你,佛门和政教并不冲突,望你兴之存之。不知你是否还记得?"

赵匡胤心头一震,依稀想起,当年广济大师确曾劝诫过。自己当时落难襄阳,多亏广济大师赠以兵书和浑天棍法,才能大展宏图,开创基业;昨晚又是觉慧及时出手,使自己免遭暗算。如此说来,佛门也有恩于朕啊!

他沉默良久,对觉慧说:"好,朕可以答应你,不再禁佛,但是你也要答应朕两件事!"

"皇上所言,贫僧自然应允!"

"好,痛快!第一,各地寺庙僧尼,明年春天要协助朝廷赈灾,帮助百姓度过灾荒;这第二件事嘛,朕要你留在朝廷,协助朕统领禁军!"

觉慧脸色一变,说:"皇上,贫僧乃方外之人,尘缘已了。还望皇上万勿勉强,以成贫僧之志!"

"李良,朝廷眼下正是用人之际,你一身武艺,理当奋击疆场,扬名后世,否则岂不可惜?"

"浮生若寄,苦海无边。功名富贵,皆为过眼云烟,只不过世人被欲望所障,沉溺其中,不可自拔而已。一旦除去障翳,看破世情,方觉渣滓顿失,心地清明。那份宁静欣悦,岂是世俗的功名所能比拟?这也正是我佛普度众生的无量功德,贫僧怎会弃之而重入世俗?"

赵匡胤还是不肯死心,说:"朕不夺你之志,你也可以在相国寺出家做住持,这样咱们兄弟也可经常见面!"

觉慧微微一笑,道:"僧俗一也,南北同也。心中有佛,何论远近?皇上,你还是让贫僧回襄阳吧!"

赵匡胤知他心意已决,再劝也是无益,心中怅然不已,却也无可奈何。

"皇上多多保重,贫僧即刻返回襄阳!"

"老之将至,再保重也是枉然!"赵匡胤伤感地说:"朕当年曾向广济大师许诺,要重游岘山。日后稍有闲暇,朕自当履行诺言。"

"皇上果有此意?"

"绝不食言!"

"那好,贫僧在寺中等候!"李良刚要转身,赵匡胤突然叫住他,"李良,绿珠出家,就在开封城外的明月庵。你是否要见她一面?"

"阿弥陀佛!青灯古寺,各得其所,何必再去扰乱她的清修!"说毕,出了宫门，接过法照递过来的马缰，翩然上马，一路南去。

赵匡胤摇了摇头，望着觉慧一行远去，才郁郁地回到宫中。

接连几场春雨，各地的春播顺利完成。粮荒的危机刚刚解除，赵匡胤的心情还没轻松几天，新的烦恼又来了。

最近半个月，皇后和德芳不知犯了什么病，隔不了两三天就头痛、胸口痛，像针扎一般，痛得在地上直打滚，呼天抢地，惨不忍睹。尤其令人奇怪的是，每次发作前，都没有半点征兆，发作后亦无任何不适，能吃能睡，真是说发便发，说止便止，猝然而至，倏然而去。宫中御医虽然见多识广，却也查不出病因，只好开些通筋活络、滋阴补阳的药品，权为敷衍罢了。

这天下午，赵匡胤正在延福宫陪着皇后弈棋，一个小宫女牵着德芳的手，在旁边玩耍。突然，宋皇后"哎哟"一声，双手猛地按住太阳穴，脸色发白，浑身抽搐，抓头捶胸，口中呼号不绝，似有无数钢针，在穿刺她的身体。

赵匡胤心中一惊，那怪病又发作了！他连忙过去抱住她："爱卿，你怎么啦？你……"

"哎哟，我实在受不了啦！让我去死吧！"宋皇后全身是汗，披头散发，拼命扭动身子，试图挣脱他的手，恨不得拿头去撞墙壁。

赵匡胤使劲抱紧她，宽解道："皇后不可如此，忍受片刻就会好的！"

这里正在手忙脚乱，那边小德芳又哭喊起来："父皇，好疼啊，好疼啊！"那稚嫩而凄厉的叫声，有如利剑，刺在赵匡胤的心窝上。那可是他最喜欢的爱子啊！赵匡胤左手揽着宋皇后，右手抱着德芳，看着两人痛不欲生的惨状，不禁潸然泪下："朕贵为天子，却无法解除你们母子的痛苦，更复何言！"

过了好一阵，仿佛雷雨骤歇般，皇后、德芳同时恢复了正常。赵匡胤松了口气，屁股还没坐到凳子上，就看到花蕊夫人款款进了延福宫。见了赵匡胤，纤腰一欠，微启朱唇道："贱妾给皇上、皇后请安。"

当她看到宋皇后鬓发散乱、脸色苍白憔悴的样子时，那张美丽精致的脸上，竟然浮上一抹不易觉察的微笑，很狰狞、很恶毒，转瞬即逝，谁都没有在意。

"哟——，皇后娘娘的病又犯了？娘娘乃万金之躯，可要抓紧诊治哟。贱妾倒是有个治头痛的偏方，呆会儿给娘娘送过来。试试总是好的哟！"

宋皇后只是乏力地笑了笑，没有做声。

花蕊夫人眼波一闪，转向赵匡胤："皇上，贱妾今日亲手做了冰糖莲子羹，欲请皇上品尝。几个月来皇上日夜操劳，也该补补身子了。瞧着皇上那么劳累，贱妾真是忧虑万分！"

赵匡胤见她说话间，眼眶都红了，心里既感动又内疚。近一年来，自己的心思全花在朝政上，稍有闲暇，也多在延福宫与皇后、德芳相伴，况且由于精力不济，对床笫欢娱没什么兴趣，因而从未去过瑶津宫，确是冷落了她。

赵匡胤抱着刚刚睡去的德芳，对花蕊夫人道："德芳母子发病，朕好生担忧。过些时日，再去品尝你的手艺吧！"

花蕊夫人扬起秀眉，哀怨地瞟了赵匡胤一眼，又宽慰了皇后几句，就告辞走了。

赵匡胤听说卢多逊颇谙医道，次日退朝后，将他传至偏殿，把皇后、德芳的症状详细述说一番，问道："卢爱卿，你是否知道皇后和德芳所犯何病？"

卢多逊沉思良久，说："确实奇怪。连御医都查不出病因，臣自然不敢妄言。不过，民间素有中邪之说。莫非此即邪气侵身？"

"什么中邪？堂堂皇宫大内，哪来的邪气？朕从来不信那一套！"

"陛下，所谓'宁可信其有，不可信其无'，只要有利于查清病因，不妨一试。臣闻西南苗瑶之民，常以巫蛊之术害人，故医者、巫者不分也。"

赵匡胤听他提到"西南""巫蛊"，不由得心念一动：花蕊夫人来自西蜀，难道……？但随即又否定了这种猜测，花蕊夫人如何会懂得此等妖术？

阳春三月，时和气清，群芳争艳，百草滋生，御花园里姹紫嫣红开遍。可是在花蕊夫人费贵妃的眼中，那满园花卉和成双成对的粉蝶，反而令她生出无尽的凄恻。她本因百无聊赖，才来园子里走走，谁料见了这等美景，反而倍增愁绪，便恹恹地回到瑶津宫。

三月的阳光本有点湿热，花蕊夫人顶着大日头，走了这么远的路，恁是冰肌玉骨，也觉得浑身绵软无力，极不舒服。她吩咐宫女搬出澡盆，加满热水，再放些兰香，准备洗浴。

宫女弄好沐浴之物，掩上房门，轻轻退出。

花蕊夫人缓缓脱去身上的衣裳，站在热气腾腾的澡盆里。对面巨大的梳妆镜里，立刻显出一具曲线玲珑的完美躯体：双腿修长，小腹平滑，乳峰高耸，披散的黑发犹如瀑布，将美丽的脸庞衬托得分外白嫩娇艳。

花蕊夫人对着镜子，痴痴地凝视了许久，轻轻叹了一口气，慢慢滑坐下去，整个身体浸泡在温热的兰汤之中。轻柔的水，若有若无地抚慰着她浑身每一处肌肤，一股酥软的感觉，霎时流向全身，令她心跳加速，陡然生出无穷的欲望。那是来自生命深处的本能渴求，长期压抑的生命能量，需要某种形式的释放。

花蕊夫人将头靠在盆沿，合上双眼，两只纤若无骨的手，慢慢地滑到胸前，在那两点鲜红上轻揉着，右手缓缓抚过光滑的小腹，停留在两条白皙丰满的大腿之间……随着双手动作的加剧，花蕊夫人的脸涨得通红，嘴里发出断断续续的呻吟，腰肢与臀部不停地扭动，澡盆里激荡起一阵又一阵的水花。

也不知道过了多久，修长的双腿猛地绷紧，用力一蹬，之后所有的动作与声音都止息了。她缓缓睁开双眼，长长的睫毛下，泪水不由自主地流出眼眶……

第四十四章　施巫蛊香消玉殒　触龙威君臣生隙

花蕊夫人的心中满是绝望。她以为可以用自己的身体迷惑赵匡胤,伺机报仇,但是现在,事情的发生发展已经完全不在她的掌控之中了。

记得她刚进宫的时候,赵匡胤对她百般宠爱,还封她为贵妃,但是自从宋贵妃生下德芳,册封皇后,这一切都改变了。赵匡胤的一颗心,将整颗心放在他们母子的身上。这一年来,赵匡胤竟然从未踏进自己的寝宫半步,她只好在孤单寂寞中,打发一个个难捱的白昼与长夜。她满腔的妒意和怨恨,都转移到了宋皇后和德芳的头上。如果没有皇后和德芳,她怎会落到如此光景呢?

花蕊夫人越想越恨,腾地从澡盆中站起,匆匆擦了擦身子,披上长袍,从梳妆台的抽屉里,拿出两个泥塑的人像。右手捏着一根又粗又长的钢针,拼命地往塑像的头上、胸前一阵狠扎,一面咬牙切齿地骂道:“扎死你,扎死你!你这个婊子,你这个兔崽子!赵匡胤,我要让你亲眼看到自己最在乎的人,求生不得,求死不能!哈哈……”因为极度的愤怒,她那张娇美的脸扭曲了,显得狰狞可怖。

原来,花蕊夫人在成都时,曾向巫师讨教过一种巫术。只要用泥塑成某人的形象,将针扎在塑像的哪个部位,某人的那个部位就会疼痛万分,如同真的用针扎进去一样。

她恨极了皇后和德芳,却又奈何不得,只好用这种巫术来解恨,让他们母子痛不欲生。足足扎了半个时辰,直到她觉得累了,才停止这种残酷的报复,把泥塑扔进抽屉,自己爬到床上,沉沉睡去。

一位小宫女进房收拾澡盆和换洗的衣物,无意中看到梳妆台的抽屉里,露出两个稀奇古怪的泥塑,一时好奇,便揣在怀里,心想玩一玩再悄悄放回去,反正贵妃娘娘也不会知道。

那小宫女拿着两个精致的塑像,在草地上玩耍。一个年龄稍大的宫女走过来,见她玩得开心,猛地抢了过去。拿过来一看,觉得有点像皇后和皇子德芳;再仔细一瞧,塑像的头上、胸口处,还留着无数的针孔。

这宫女聪明而又细心,她马上联想到皇后、皇子所得的怪病,便拉着小宫女的手,急急忙忙往延福宫跑去。

这时,皇后、德芳发作刚刚结束,赵匡胤正愁眉苦脸地和面无血色的皇后相对而坐。

"奴婢有要事禀告皇上！"

"大胆，什么人敢擅闯延福宫！"赵匡胤正在心烦，抬头一看，是花蕊夫人宫里的两个小宫女，心里一阵诧异，以为那花蕊夫人又出了什么事。

"奴婢整理衣物，偶然在贵妃的抽屉里发现了两个小泥人，上面扎满了针孔，奴婢觉得很奇怪，又听说最近皇后身体有恙，奴婢不敢隐瞒，所以才来禀告皇上，望皇上恕罪！"说着递上了那两个小泥塑。

赵匡胤半信半疑，接过小泥人，仔细一看，依稀就是皇后和德芳的样子。他又联想到卢多逊的话，心里明白了十之八九，脸色铁青，对身旁的女官道："传朕旨意，速让费氏前来延福宫见驾！"

花蕊夫人被女官从睡梦中唤醒，以为皇上又想起了自己，匆忙化了点淡妆，兴高采烈地跟着女官来到延福宫。

她一脚跨进房门，抬头望见赵匡胤那满脸的怒意，手里正拿着两个塑像，自己宫中的两个宫女也站在房中，脑袋嗡地一响，灿烂的笑容顿时凝固了。

"费爱卿，你真是蛇蝎心肠！皇后、德芳与你有何深仇大恨，你竟然用这种毒辣卑劣的手段折磨他们？"

赵匡胤走到花蕊夫人面前，指着她的鼻子问。因为极度愤怒，他伸出去的手不断地颤抖着。

花蕊夫人知道事已败露，辩解无益，反倒镇定下来。她抬起一双美目，直直地迎着赵匡胤的日光，挺胸答道："对，所有事情都是我做的！哈哈……我恨皇后，恨德芳，也恨你！我要报仇，在你们这些男人眼里，我永远只是一个婊子，还不如一条狗呢！我就是要扎死他们，让你失去最爱的人，让你痛苦终身！我恨你，我恨你——"

她歇斯底里地高喊着，声音悲愤而凄厉，胸脯剧烈地起伏。

赵匡胤两眼冒火，气急败坏地喝道："来人啊！把这个贱妇拖出去，砍掉双手双脚，打入死牢！"

"不必了！"花蕊夫人双眼圆瞪，满怀怨毒地盯着赵匡胤，"我到阴曹地府也不会放过你！"使劲朝墙上撞去，顿时殒命。鲜血和脑浆四处迸溅，将墙壁染红了一大片。

春节过后，赵普的病情逐渐好转，可以下床在厅中走动了。又调养了一段时间，身体基本痊愈，脸色也慢慢红润起来。在他生病期间，赵匡胤经常派太医前来诊治开药，自己亦偶来探视，希望他早日康复，因为朝廷需要处理的事情实在太多。

这天傍晚，赵普习惯性地步出大厅，在自家的后园散步。这个园长不到六十步，宽仅四十步，显得十分局促，与赵普宰相的身份极不相符。夫人魏氏多次提出扩园，但园外是皇宫的菜圃，赵普思前想后，以为不便，也就将扩园的事搁置下来了。园中栽了几株桃树，树上可见许多暗红色的花蕾，再经几阵春风，便该吐苞扬蕊、尽情绽放了。赵普信步走到树下，闻了闻那似有似无的幽香，却怎么也无法消释心中的烦躁。

几个月来，朝中颇不平静，旱情、暴乱、禁佛、粮荒，接踵而至；更令人担忧的是，卢多逊越来越受到皇上的器重，并屡次在皇上面前言己之短，幸亏自己与皇上关系甚深，否则后果不堪设想！

正在低头沉吟之际，管家来到园中，告知有客人求见。赵普回到客厅，见厅中站着两个头戴毡帽、身穿裘衣的魁梧汉子，一看就知道绝非中原人士。心里正自纳闷，那两人连连作揖，说他们是西州回鹘的使者，前来与大宋通好。

赵普招呼他们坐下，问道："两位既是国使，应当直接面见吾皇，以申邦交友好之意，何以私至敝舍？此于法不合也！"

"我等在异域即闻宰相大名，久怀瞻仰之意。此番出使贵国，除通好外，另有隐情，故先行拜访宰相。还望宰相见谅。"那个长着一脸胡须的使者文绉绉地说。

"有何隐情？"西州回鹘是西北的一个部落，与辽国毗邻。赵普猜测，所谓隐情，必与辽国有关。

赵普猜得果然不错。原来，辽穆宗为人残暴，嗜酒好杀，晚年尤甚，弄得民不聊生，结果在怀州打猎时遭到暗杀。他的第二个儿子耶律贤继承皇位，就是历史上的辽景宗。辽景宗即位后，为了稳定政局，制定了"内行宽政，外息干戈"的策略，于是委托西州回鹘使者，向大宋婉致双方和平相处的意旨。两位使者知道赵普深为宋主所倚重，握有朝政实权，所以先来宰相府申述其意，希望赵普从中斡旋，以成两国之好。

赵普一贯主张向南用兵，而对辽国、北汉采取守势。听了来使的介绍，内心窃喜，却不动声色道："宋辽修好，乃天下苍生之福也，两位尽管将辽主之意禀告吾皇。吾皇圣明，自会慎重考虑。"

来使见赵普支持辽宋讲和，不觉大喜，立即告辞。临行时，指着靠墙一口很不起眼的大木箱说："敝国地处僻远，无以为敬。些微薄礼，还望宰相笑纳。"

"两国通使，何须如此！"赵普眉头一皱，表现出明显的不悦。他走过去，打开箱盖一看，全是些木耳、香菇之类的土产，挥了挥手道："下不为例！"

送走来使之后，魏氏收拾客厅，发现那木箱十分沉重，觉得奇怪，翻开上面那些土产，发现底下全是码得整整齐齐的黄金！

赵普不由脸色大变，连连说："上当了，上当了！这可如何是好？——夫人，我看还是速速上交朝廷吧！"

魏氏想了想说："相公，现在交上去，只怕更惹人疑惑，到那时众说纷纭，百口莫辩，反而不妥。不如暂且不予声张，过一段时间再说吧！"

赵普一时也没有妥善的办法，只好应允。

再说赵普因病不能料理政事，因为儿女亲家这层关系，加上陶谷科举舞弊一案，卢多逊获得了赵匡胤的信任。有很多朝廷机密大事，赵匡胤也会征询他的意见。卢多逊心里暗自高兴。

这天退朝后，赵匡胤特意将他留下。两人闲聊了些家事，赵匡胤随口问道："赵普力主朝廷接受辽人议和，卢爱卿以为如何？"

"臣以为与辽修好，可暂免北患，于我朝大有利焉。这本是好事，然而……"卢多逊欲言之止，似有所顾忌。

"爱卿无须忌讳，只管畅所欲言！"

卢多逊犹豫再三，说道："臣近日得闻传言，说西州回鹘使者面圣之前，先拜谒了宰相，说什么'外邦皆知我朝政事，全由宰相决断，便是皇上亦无法改变'，诸如此类。此外，微臣还听说，宰相赵普收了回鹘使者所赠的一箱珠宝黄金，据说价值连城哪！"

"确有其事？"赵匡胤惊得张大了嘴。

"臣只是风闻而已，并无确凿证据。但宰相自傲，一贯独断专行，无人敢逆其意，异邦无知，看重宰相而忽视皇上，也并非无此可能。"卢多逊恨死了赵普，如今被他抓住了把柄，故意在皇上面前大肆挑拨。

赵匡胤心里的火直往上窜，这赵普平时屡屡犯颜直谏，体谅到他如此做，是出于一片忠心，也就不加追究。但他私自收受外邦重金，损害君主威严，绝不能置若罔闻！

赵匡胤正要发作，一眼瞥见卢多逊那闪烁莫测的眼光，心念一动：卢多逊与赵普素来不和，莫非他是借机诽谤？于是压住心头的火气，尽量平静地问道："依爱卿之见，若想避免宰相专权之弊，当以何策？"

卢多逊似乎胸有成竹："陛下，说来十分简单。只需恢复以前的多相制度，分宰相之权，则皇权自重矣！"

赵匡胤觉得有理，但仍不动声色："爱卿，此事重大，不可不慎，容朕仔细考虑再作决定。爱卿千万不要外传！"

"陛下放心，臣明白，臣明白！"卢多逊见赵匡胤有所触动，暗暗高兴。

过了几日，赵普病愈上朝。赵匡胤十分欣慰，在御书房单独召见。赵普行过大礼，抬头望去，只见赵匡胤两鬓斑白，眼圈发暗，两颊肌肉松弛，短短数月之间，衰老竟至如此！心中一酸，愧疚地说："臣身为宰相，于国家多事之秋，未能替陛下分忧，甚感惭愧……”

“爱卿不必内疚。诸多事变，皆因朕不听爱卿劝告而起，所谓咎由自取也。爱卿病情如何？”

“谢陛下垂顾，已无大碍，不久即可处理政事了。陛下，春播在即，不知种粮如何解决？”

“赖曹彬、吕余庆二卿之力，蜀中粮食已于数日前抵京，再加上各地寺院鼎力济民，又天降甘雨，野菜滋生。因此京城所聚饥民已陆续返乡，种粮亦已分发各州郡。这次粮荒总算是度过了！”赵匡胤长长地吁了一口气，似乎卸下了千斤重担。

“那就好，”赵普话题一转，“陛下，风闻辽主托人致意，愿与我大宋罢兵修好。陛下之意如何？”

“赵爱卿真是消息灵通，足不出户，对朝廷之事却了如指掌。你以为呢？”赵匡胤颇含深意地瞟了他一眼。

赵普手捻胡须，缓缓说道：“臣以为辽主新立，唯恐根基不稳，求和必出于诚心。我大宋正可利用这段时间，向南经略。未知陛下以为然否？”

“朕料定你定会赞成议和，果不其然！辽人占我中原土地，又支持北汉与大宋相抗，实在欺人太甚。若与之媾和，任其猖獗，只恐将来祸及子孙，后患无穷啊！赵爱卿，你素来知道，朕一心收复失地，一旦订立和约，岂不令朕汗颜？”

“陛下此言差矣！与辽议和乃权宜之计。只要统一了南方，国力增强，便可兴师北伐，收复失地。到那时一举荡平北汉、辽国，彻底根绝北患，陛下夙愿得偿，并建万世伟业，岂不快哉！”

赵匡胤强压着心里的怒火，默不作声。

赵普接着说：“陛下静心思之，三五年内，我大宋具有击败辽国的实力吗？若无此实力，何不就势应允求和之议，专力南向？陛下，行事万勿冲动，前车之覆，后车之鉴啊！”

“朕行事冲动，只有你赵则平处事稳重，高瞻远瞩。朝廷大事，全由你决定好了！”赵匡胤高声喊道。一气之下，他独自出了御书房，将赵普撇在房中。

赵匡胤生气归生气，却也知道赵普的意见确有道理。几天之后，他亲自接见西州使者，托他们转告辽景宗，希望宋辽两国共守诺言，停战修好。

尽管议和仅是口头承诺，并未签订正式和约，但此后的十几年间，两国从未发生大规模的战争。这种局面，给宋朝专力南图提供了极大的便利。当然，反过来说，假如赵匡胤当时放弃南唐、南汉，集中军力对付辽人，也许就不至于留下祸患，使整个北宋处于辽人的威胁之下，最终中土沦丧，被迫南渡。不过,历史又岂能假设呢?

南汉是唐末大动乱中形成的一个割据政权,于后梁末帝三年(917 年)正式立国,以广州为都城,拥有潮、容、邕、韶等数十个州。因为地处蛮荒,交通阻隔,历代王朝不便征伐,使南汉不但得以延续,而且有所扩张。南汉刘氏的历朝国主,大多残暴荒淫,政刑苛酷,及至刘张,更是暴虐无道,无以复加。

南汉赋税极重,所得来的钱财,全部用来修筑离宫别院。刘张所居住的宫殿,全部用珍珠玳瑁装饰。刘张还有一个癖好,就是喜用毒酒鸩杀大臣。大臣中稍有不合其意者,就被赐以毒酒,须臾毙命。

史载刘张为人昏庸,朝政全部委托给亲信李托、宦官龚澄枢和才人卢琼仙,自己则日夜在后宫放纵行乐。当时有海外商客献给他一名波斯美女,巨乳肥臀,艳丽无比,又善房中之术,深得刘张宠幸,还赐其号曰“媚猪”。

刘张还有一个观人交媾的癖好,常在宫中挑选齿红唇白的美貌少年,配以宫女,裸体相接,自己则和媚猪往来巡察。见男胜女则喜,若男子不敌宫女,则将男子大加鞭挞,甚至将阳具割下。他又令人制作烧煮、剥剔、刀山、剑树等酷刑,或者使犯人与饿虎、大象相搏,其状惨不忍睹。

开宝三年(公元 970 年)五月,潭州防御使潘美,擒获南汉官吏十余人,押送京城。其中有个叫余延业的,矮小而猥琐。赵匡胤问他在南汉任何职,他说是护驾弓箭手首领。赵匡胤一笑,令人给他一张弓箭,命他一试。结果那余延业用尽全身力气,脸涨成猪肝色,愣是拉不开那张普通的弓。

赵匡胤觉得十分可笑,顺口问起有关刘张治国的情况。余延业把刘张暴虐之迹一一说出,赵匡胤大为惊骇,不禁拍案而起道:“朕当救此一方子民!”

可是毕竟粮荒刚过,赵匡胤不愿用兵,于是遣使至南唐,令南唐主李煜转谕刘张献地称臣。李煜接到宋主诏书,不敢有丝毫怠慢,即刻展开生花妙笔,写了一封情文并茂的劝降书,派人送往广州,转达宋主之意。

南唐使者抵达之时,正值刘张在后宫与媚猪饮酒作乐。这刘张年仅二十七岁,一双凸眼,肤色黑黄,长着一个葫芦似的三角脑袋。他左手接过内侍呈上来的信函,右手却仍然插在媚猪的怀里忙乎。

匆匆阅过来信,刘张勃然大怒,将媚猪往旁边一推,喷着酒气吼道:“那赵官儿真是目中无人!李煜软弱可欺,难道我大汉便怕你不成!来人啊!速替寡人拟就一封复信,口气强硬一点儿,叫赵官儿断了那痴心妄想!”

刘张一面喝酒,一面口授,令内侍记录下来,将充满不敬之辞的复信交南唐使者,带给宋主赵匡胤。

赵匡胤读了刘张的复信,恼怒至极,决意南征。此时正值九月,各州郡上报粮食大丰收。赵匡胤见时机成熟,诏令潘美为帅、尹崇珂为副,统领十万禁军征讨南汉;同时命南唐、吴越各出兵两万,作为应援。

当时南汉国内已数十年不闻鼓角,朝廷旧将多因遭谗被诛,掌兵权者几乎全是宦官。此外,刘鋹耽于游宴,不重装备,把许多城壁壕沟改成宫馆池沼,战船饰为游船,就连兵器,也因长期废置而生锈腐烂了。及闻宋师大举进攻,全国震恐,人心惶惶。

第四十五章 偏安南汉一朝丧 飘摇南唐苟求全

刘钅长立刻召来群臣进行商议，决定派大将军龚澄枢率领五万精兵，前往贺州迎敌。龚澄枢入宫较早，曾经侍奉过先帝刘晟，凭借着自己察言观色的本事，得到重用和赏识，哪里有领兵作战的本事？目前形势所迫，无法推却，只好硬着头皮上了。谁知，大军还没有到达芳林，就听到宋军已经逼近的消息，一时间乱了阵脚，不管三七二十一，丢下大军独自一人逃跑了。因此潘美得以顺利攻下贺州，接着又一连攻下昭、桂、连三州，直逼韶州。

刘钅长手下另有一员大将，名叫李承渥。此人不但骁勇，而且擅长驯象，能驱象用于军阵，号称“象兵将军”。刘钅长见宋军势盛，连下数城，唯恐危及广州，便搜罗国中十万精锐人马、驯象千余头，令李承渥率领，开赴韶州前线。

李承渥领兵来到韶州城北，在莲花峰下列成阵势，以千余头大象为先锋，每头象载十余人，皆头扎白巾，手执长兵器，大声呐喊，向宋军阵地冲去。宋军将士都是北方人，初次见到这样声势浩大的象兵进攻，未免心虚，脸上露出惊慌之色。

潘美急了，令亲兵数十人，分头传告将士们道：“象阵并不可怕。弟兄们赶快准备强弩，尽力攒射，并敲铜锣、放鞭炮，管教象群回窜，反伤南汉兵！”

宋军将士听了，才稍稍放下心来。待象兵冲到阵前，潘美一声令下，万箭齐发，射向象群。与此同时，宋兵纷纷敲起锣鼓、放起鞭炮，顿时响声震天，仿佛震雷骤起。大象受此惊吓，果然纷纷逃窜。骑在大象上的士兵控制不住，多半被甩了下来，经象脚践踏，转眼成了肉饼。溃散的象群，撇开四条粗腿飞跑，把象阵后面的大队南汉兵冲得七零八落。

潘美乘机麾兵冲杀过去，犹如秋风扫落叶，杀得南汉兵哭爹喊娘，抱头鼠窜。李承渥还算跑得快，侥幸捡了一条性命。

这一仗，宋军大破敌军象阵，歼敌五万余人。潘美马上差人向皇上报捷，同时驱兵急进，于次年正月，攻下广州附近的英德和南雄，屯兵双汝山下，离广州城只有十里之遥了。

宋军十万大军兵临城下，广州城内一片混乱。一贯狂妄骄横的刘钅长急得顿足捶胸，李托、龚澄枢等一班大臣也束手无策。

宫中大殿内，刘钅长如同困兽一般，拔剑将一张精美的几案砍得稀烂，愤怒地说:“寡人平日待你们不薄,现在面临生死存亡,你们却一言不发,畏敌如虎。究竟是何道理?”

才人卢琼仙上前奏道:“陛下,城中兵员不足,难与宋军抗衡。臣妾以为,不如与宋军议和,多纳金银美女,以求度此难关。其他事情,以后再议。”

刘钅长别无良策,只好姑且依从,遣使前往双汝山议和。

潘美在大帐中接见汉使,呵斥道:“刘钅长与我大宋分庭抗礼,出言不逊,又荒淫无道,荼毒百姓,罪不可赦,议和决不可行!你回去转告刘钅长,速速献城纳降,方可保全性命。否则我大军克城之日,定教他死无葬身之地!”

刘钅长闻报,下令宦官乐范,将仅有的十来艘大船泊在海边,装着媚猪等宠爱的妻妾和宫中的奇珍异宝,准备远逃海外。

那乐范本是个奸恶小人,心中早存异图。他趁着混乱,把宫中的黄金珠宝悉数搜刮上船,并指挥手下亲信死党,连夜起锚驶离广州,逃往南洋去了。等到次日早晨,刘钅长来到海滨码头,唯有海水浩渺,汪洋一片。他不禁仰天长号,徒唤奈何!

刘钅长此时已山穷水尽,走投无路,只好无条件向宋军投降。李托、龚澄枢心知即使投降,也难免一死,于是纠集心腹,在城内四处放火,焚毁府库宫殿。偌大的一座广州城,顿时黑烟四起,火光冲天。

潘美接到刘钅长的降表,急率大军入城,分兵保护刘钅长、扑灭大火、维护秩序。三天之后,城中已基本安定,李托、龚澄枢亦被擒获,当即斩首示众。于是潘美令尹崇珂领兵两万,押解刘钅长等人先行返京,自己仍率军驻扎广州。

南汉自刘隐据广州,至刘钅长亡国,凡五主,历六十五年。当时广州有一首民谣颇为流行:“羊头二四,白天雨至。”人莫能解。等到潘美入城,刘钅长丧国,正好是二月初四,而这“天雨”二字,意谓宋师如及时雨,救民之困渴。

南征之役,宋朝得到六十个州、两百一十四个县,扩大了疆域,增加了人口,更为重要的是,宋朝的领土由北直贯南海,将东面的南唐、吴越牢牢地控制起来。事实上,这种局面一经形成,东边二国再也无法逃脱灭亡的命运了。

三月,赵匡胤亲御明德门,接受献俘。刘钅长这时也不再顾及国主的面子,俯伏地上,连连叩首道:“罪臣年十六登基,李托、龚澄枢等皆先主旧人,把持朝政。在国时,罪臣是臣下,他们才是国王。此情还望陛下详察圣裁!”言罢竟至垂泪。

赵匡胤见他又可怜又可笑,留下来也造成不了什么威胁,而且他终能献城纳降,就赦免了他的罪,还赐以袭衣、冠带、器币、鞍马,授予检校太尉、右千牛卫大将军,封为恩赦侯,令他暂住玉津园。

刘钅长大喜过望,千恩万谢。

过了十来天，刘𬬮刚在玉津园安顿下来，忽有内侍传下圣旨，召恩赦侯往讲武殿见驾。刘𬬮不明原因，唬得面无人色，含着泪跟众妻妾告别一番，忐忑不安地跟随内侍，来到讲武殿。到了以后才知道，不过是虚惊一场，原来是皇上犒劳南征有功人员，召他来作陪助兴，心里暗暗松了口气。

赵匡胤兴致颇高，招手叫刘𬬮坐在身边，赐他美酒一杯。这刘𬬮在位时，常以毒酒赐臣下，如今见赵匡胤赐酒，吓得脸色发白，冷汗直冒，扑通跪在地上："罪臣继承祖父基业，抗拒天朝，劳王师讨伐，罪固当诛。陛下既已饶臣不死，臣愿为开封布衣，观太平盛世。未敢饮此酒也！"

赵匡胤一愣，既而明白过来，哈哈大笑道："朕推赤心于人腹中，岂会行此卑劣之举？"命内侍取过刘𬬮面前那杯酒，一饮而尽，又另斟卮酒以赐刘𬬮，刘𬬮惭愧得无地自容。

席间，诸大臣纷纷向皇上敬酒。赵匡胤心中高兴，来者不拒，喝得满脸通红。刘𬬮见状，也上前奉承道："陛下，朝廷威力远播，将来南唐、吴越、北汉、辽国，四方僭越之主，尽入陛下囊中。臣等率先来朝，愿为诸国降王之首领也！"

赵匡胤听了极为受用，殿中诸臣也拍手称好。

从此，刘𬬮在开封过着一种衣食无虞的闲居生活，直到宋太宗太平兴国五年(980 年)因病去世，享年三十八岁。

江南八月，天高气爽，正是秋收的时节。农人在稻田里挥镰收割，纵横交错的河道上，运粮的小船往来不绝，空气弥漫着稻谷的醇香。

江都通往金陵的驿道上，一对身着戎装的骑兵，正在策马飞奔，马蹄落处，腾起一阵阵尘土。为首那位身穿白袍的将军，三十四五岁模样，浓眉俊目，豹身猿臂，显得威武而精干，他便是天下闻名的江南第一骁将林仁肇。

林仁肇是名将皇甫晖的外甥，从小跟舅舅学习武艺兵法，朝野誉为青年俊彦，很快得到南唐主的器重，几经升迁，被任命为江都留守。江都隔淮水与宋对峙，堪称南唐第一重镇。

林仁肇与皇甫晖关系十分亲密。自从十五年前皇甫晖死于赵匡胤之手，他就决意报仇雪恨，发誓与宋朝誓不两立。他上任以后，整顿军队，加强防卫，修造战船，把江都治理得井井有条，令宋朝颇为忌惮。

昨日，林仁肇接到南唐主的诏令，令他回金陵，有重要国事商议。他立即动身，马不停蹄地赶往京城。

一到京城，林仁肇来不及回家中和妻儿团聚，就直奔皇宫。

宫中侍卫见到林仁肇，如获救星般，飞快迎了上来："将军，皇上正在议事厅等候！"

林仁肇跟着内侍走进议事厅，果然见枢密使陈乔、清辉殿大学士张洎、吏部尚书徐铉、内史舍人潘佑、都指挥使皇甫继勋等官员，均在厅里。厅正前方的御座上，端坐着南唐主李煜。

林仁肇整了整戎装，趋前行礼后，依班次站在皇甫继勋之侧。

唐主李煜见大臣到齐了，咳嗽一声，环视一下殿中群臣，说："诸位爱卿，朕召你们来，乃有一件要事相商。宋主灭掉南汉之后，进逼南唐之心更甚，日前令吴越王钱弘俶转致其意，欲使朕去国号，改'唐国主'为'江南主'。不知诸位对此事有何高见？"

李煜说完，右手习惯性地抬起，修长白皙的手指，轻捋颔下的须髯。李煜五官匀称，相貌俊秀，儒雅犹如书生。其实，他本来就是个擅长填词作诗的文人。作为李璟的第六个儿子，他从未想过要继承皇位，谁料几位兄长或逝或病，南唐主的皇冠，戏剧性地落到了他的头上。

李煜于建隆二年（961 年）登基时，宋已代周，国家面临宋朝强大的军事压力。无奈之下，只好委曲求全，年年向宋朝纳贡，以换取南唐暂时的安宁。久而久之，也就成了一种习惯。

李煜在登位前，已是江南杰出的词人，并精通音律，即使当了国君，也依然热衷此道。在他看来，填词作曲、偎红倚翠，比治国为政有着更大的吸引力。因此，十余年来，他日日流连于词曲与声色之间，而将政事委托给陈乔、张洎等人。

然而，当南汉灭亡，赵匡胤令他取消国号时，他终于感到了危机的临近，于是，召集朝廷的主要大臣，希望他们想出良策来。

李煜捋着胡须，那双聪慧而颇带女性气的眼睛，焦灼地盯着沉默不语的大臣们。

"陛下，当前宋朝带甲百万，天下土地十得其九。宋朝强盛如此，势不可抗也。愚臣以为，不如顺宋主之意，去唐国号，以免兵灾！"陈乔首先表态。

林仁肇对陈乔求和苟安的主张一贯不满，听了他的话，不由得心头火起，出班奏道："陛下，切不可轻去国号！十几年来，我大唐忍辱含垢，一让再让，以致国力日蹙，士气日颓。若这样任人宰割，臣恐亡国之祸不远矣！"

"林将军豪气干云，固然令人佩服，但也不能无视现实。小不可敌大，弱不可敌强，古人之训也。西蜀、南汉未量力而行，终丧其国，前车之鉴也。何苦定要逞一时意气，招致祸患呢？"说话者是老气横秋的皇甫继勋。

潘佑是个口无遮拦的人，素称狂士，闻听此话，直直地走到皇甫继勋面前，叹了一口气道："想当年，令尊皇甫晖将军奋击疆场，宁死不屈，何其壮哉！何曾料到其子竟会如此胆怯。实在可悲可叹！"

皇甫继勋气得浑身颤抖，指着潘佑说："你……你……"

张洎见此情景，连忙上前调解，拉开潘佑道："潘兄，豪言易出，壮行难为啊！依潘兄所见，以吾积弱之国，欲对付强大的宋朝，应当采取什么措施？”

林仁肇抢先答道：“据臣观察，淮北宋军并不多；且宋疆土日广，兵力分散；又刚取南汉，师疲力竭。江都现有精兵八万，臣愿率军从寿春径渡，收复江北失地。纵使宋军来援，臣据淮御之，亦可保万无一失。兵起之日，陛下以臣叛告于宋朝。如此，则事成可享其利，不成亦不至累及陛下也！”

陈乔、张洎、皇甫继勋纷纷反对，认为此举无异于以卵击石，唯有潘佑表示支持。群臣形成了针锋相对的两派。李煜觉得双方都有道理，一时无法决定，望了望一言未发的徐铉，问道：“徐爱卿，你以为如何？”

徐铉上前答道：“陛下，一味对宋妥协，绝非长久之策；以吾江南眼下的实力，贸然出击亦无胜算。臣以为，可先上表去国号、改国印，此仅损名而未坠实也。但与此同时，当招募兵丁，积蓄粮草，做好与宋决战之准备。两国交战迟早会发生，臣愿陛下今后以国事为重，则国家之幸、万民之幸也！”

李煜听了，不由得一阵脸红。他见殿中大臣无人提出异议，决定按照徐铉的意见，派皇弟李从善出使开封。

李从善接受敕令，携带李煜的亲笔奏章和大量的金银贡品，离京北上。抵达开封之后，他按徐铉的指点，先去宰相府拜见赵普，献上白银五万两。赵普热情接待李从善，但坚决推辞了他的赠银。

第二天，李从善入宫谒见赵匡胤，呈上李煜的书信及黄金十万两、贡绢二十万匹、香茗二十万斤。

赵匡胤仔细阅过书信，朗声道：“汝主自去国号、贬损制度，可谓英明之举也。”说完，令内侍赐白金五万两，道：“昨日汝主赠予我朝宰相白银，今日朕以白金答之。投桃报李，礼尚往来也。”

“启禀陛下，赵宰相并未接受！”李从善诚惶诚恐，慌忙跪下。

“他要推辞是他的事，朕之所赐却不可辞也！”赵匡胤倾身向前，接着说：“为答汝主善意，朕便授卿为泰宁军节度使，以后长居京师吧！”

李从善明知这是扣留自己为人质，但慑于赵匡胤的威势，只好叩头谢恩，悻悻离去。

赵匡胤接见完毕，回到宫内，想起赵普之事，仍旧不乐。尽管赵普拒绝了南朝来使的金银，可江南使者未见国君，却先拜宰相，在外人眼中，孰轻孰重，这不是明摆着的事实吗？他再三斟酌，吩咐内侍，速宣赵光义来延福宫。

赵光义匆匆赶到延福宫，赵匡胤招呼他进内室，赵光义推辞道：“陛下，不可坏了朝廷礼仪，还是在外面谈！”

“同胞骨肉，何必拘于那些繁文缛节？昔日绮云、细君在时，你何曾有过避讳？”赵匡胤不由分说，将他一把拽进内室。

宋皇后迎了上来。赵光义忽觉眼前一亮，不敢正视，连忙跪下：“微臣见过皇后!”宋皇后慌不迭地欠腰,连声说:“皇弟快请起,请起!”惊鸿一瞥之间,不禁心中叹道:“好一个英俊儒雅的美男子,难怪皇上屡屡夸他!”

原来,皇宫规矩甚严,男性不得轻进后宫。宋皇后虽入宫多年,但从未见过这位皇弟,此番一见,方知皇上平时所言不虚。

两人在案边坐下,宋皇后端上香茗,眼波频频飞向赵光义。赵光义故作不知,正襟危坐,问道:“陛下召臣前来,所为何事?”

赵匡胤说:“朝廷只设一个宰相,容易形成权力过分集中、尾大不掉的弊病,此为政之大患也。朕反复思量,决定恢复从前的多相制度。除赵普外,另设两名副宰相,称为‘参知政事’。想与你商量一下人选。”

“如此重大的决定,陛下向赵宰相咨询过吗?”

“若征询他的意见,肯定行不通!然大臣中多有不满其专权者,希望对宰相的权利有所钳制。此举势在必行。你认为由谁任参知政事较为合适?”

赵光义对此事颇为忧虑,本欲再劝解一番,但见赵匡胤态度坚决,不便再说。沉思了好一会儿,才缓缓说道:“如果陛下一定要设参知政事,吕余庆倒是最好的人选。”

“与朕不谋而合!吕余庆精通文史,为人谨慎,又在平蜀、购粮中立过大功,确为首选也。那另外一位呢?你以为卢多逊如何?”

赵光义抬起头来,眼睛直视赵匡胤:“不知陛下要听真话,还是要听好话?”

“当然是真话!你我兄弟,何须顾忌?”

“陛下,臣以为卢多逊虽为皇亲,且博学多才,但心术不正,为人奸诈,切不可重用。更有甚者,他与宰相素来不和,若同朝为相,如何共事?”

赵匡胤微微笑道:“卢多逊确实心眼太多,但只要朕加以提防,亦不足为患;至于他与赵普不和,却正可为朕所用。此古代圣君驭人之术也!”

赵光义欲言又止,他确实有一种难以启齿的尴尬。当年太后临终时,令赵匡胤将皇位传给他,但十几年来,赵匡胤一直没有什么明确的表示,而现在皇子德昭已长大成人,卢多逊又是德昭的岳父,假如自己坚持反对卢多逊出任参知政事,岂不是更让人误解自己有何图谋?想到此一端,只好保持缄默。

开宝五年(972 年)清明过后,赵匡胤颁旨任命吕余庆、卢多逊为参知政事,与宰相赵普同理朝政。圣旨一出,朝臣震动,议论纷纷。

第四十六章　卢多逊预设圈套　宋太祖怒斥赵普

几天之后，殿前都指挥使兼许州节度使王审琦进宫面圣，并递交了辞呈。赵匡胤感到十分意外，沉默了一会，说道："大哥已经去世；二哥、石头深居简出，对朝廷更是漠不关心；李良已经重归佛门，潜心礼佛。当年与朕一起出生入死的兄弟，就只剩下你还留在身边，难道你也要离开吗？"

王审琦说："臣二十余年来，置身锋刃之间，落下不少伤病，最近尤感气力不济，常觉老之将至，自知无法再为陛下效犬马之劳。恳请陛下恩准，让臣回到洛阳，安享晚年，则臣不胜感激。"

"若爱卿身体欠佳，此后无须征战，只管在京为官便了！"赵匡胤尽力挽留，显得一片至诚。

"陛下关爱之心，为臣感铭于怀。然与其空居其位，还不如去职归家，了无牵挂的好。况且眼下朝廷文臣武将，人才济济，臣之离去，亦无伤大局。臣去意已定，还望陛下念在昔日的情分上，容臣告老！"王审琦突然离开座位，跪在赵匡胤面前。

"爱卿请起！"赵匡胤将他搀扶起来，"既然爱卿如此执著，朕也无话可说了。洛阳那边的住宅等事宜，是否安排妥当？"

"谢陛下关心！臣已委托石守信，代为购买了一所宅子，随时可以搬去住，而且地点就在石府附近，与石头来往甚是方便。"

"自从二十几年前离开洛阳，朕仅回去过数次。唉！"说起洛阳，赵匡胤不由心驰神往。那里毕竟还有父母的陵墓。

赵匡胤若有所思地背着双手，在殿中慢慢走了几个来回，扭头对王审琦道："王爱卿，朕之二女昭庆公主，年已十七，朕欲将她许配给你的公子承衍，你以为如何？"

"多谢陛下厚爱！"王审琦大喜，那张马脸显出少见的笑意。临别之前，王审琦踌躇再三，对赵匡胤说："臣即将离京，对于朝廷之事，本不该饶舌，但为陛下计，若不说出，总觉于心不安……"

"爱卿有有何话，不必顾虑，尽管说吧！"

"陛下，赵宰相乃开国勋臣，胸怀韬略，忠于陛下，实是国家栋梁，远非卢多逊之辈可比，望陛下亲之信之，万不可听信谗言才是。陛下虽正当盛年，可皇嗣还宜尽快确定，或皇弟、或皇子，望陛下早日定夺，以安人心，以绝后患。臣不计驽钝,昧死以闻!”

以王审琦的为人,平日里决不会说这样的话,可自知以后再无相见之由,一番话说得诚恳异常。

后来王审琦定居洛阳,整日与石守信弈棋打猎,过着优哉游哉的日子,两年后得暴疾而亡。他的儿子因娶了昭庆公主,仕途通达,显赫无比,宋真宗时官至护国军节度使、检校太尉。在众多开国将领的后代中,算得上际遇最好的一个了。

赵匡胤送走王审琦,闷闷不乐,便出了讲武殿,来到延福宫。宋皇后听到内侍通报,连忙出来迎接。

自从花蕊夫人死后,宋皇后不再受那怪病的折磨,逐渐恢复了昔日的风韵。赵匡胤进了内室,轻轻掩上房门,望着风姿绰约的宋皇后,忍不住伸手将她揽了过来,在她脸上亲了一下道:“朕让德芳跟随师傅念书,令爱卿受此孤独,亦于心不忍。然为长久之计,不得不如此。望爱卿体谅。”

德芳已经五岁,年纪尚幼,但德昭资质平常,难当大任,赵匡胤便将所有的希望,都寄托在德芳身上。因此,他不顾皇后的反对,坚持为德芳配置了师傅,从半年前开始,每天教他习字念书,另居别宫。

“臣妾知道皇上的用心。”宋皇后依偎在赵匡胤怀中,轻声说道。赵匡胤嗅到一股熟悉的、淡淡的幽香,情不自禁地低下头去,吻着她的秀发,双手缓缓移向她的前胸。在赵匡胤的记忆中,已经很久没有这样的亲昵了。

“皇上,臣妾有一事相求,请皇上恩准。”

“爱卿的事,朕一定尽量照办。”赵匡胤的呼吸开始变得粗重,欲望如潮汐般涌来。

“皇上,妾父长年在沧州任职,地处僻远,而又身体欠佳,欲求皇上将他调回京城,不知可否?”

赵匡胤的手停止了动作,推开宋皇后,一言不发地走到桌前坐下,冷冷说道:“他一直任职沧州,何以突然要回京?”

“皇上,他是臣妾的生父,当今国丈,且年近六十,皇上就不能有所垂顾吗?”

宋皇后有些激动。她父亲宋延渥在沧州任节度使,年老体弱,难御东北严寒,故有返京之意。作为女儿,难道不应该关心他吗?

“你父亲是否返京,那是朝廷的事,爱卿不得干预!爱卿的责任,就是主持内宫,管好德芳。外戚干政,不知乱了多少朝纲,我大宋是绝不容许的!”赵匡胤非常坚定,显得冷酷无情。

宋皇后哀怨地望了赵匡胤一眼,默默地踱到床前坐下,嘤嘤低泣起来。赵匡胤本就心烦,见此情景,起身出了延福宫。

皇宫大内,清风朗朗,柳影低垂。赵匡胤默立于湖畔,在这一刻,他忽然觉得自己是这样的孤独虚弱。

秋天是开封一年中最好的季节,天气晴朗,很少下雨,也不像冬天那么干燥。这样的日子里闲来无事,倒也十分惬意舒适。

这天下午,京城巡检李万超在巡检府公堂上批阅着公文。由于昨晚与新纳的小妾过度盘桓,刚批了一会儿,他觉得有些困乏,双眼发涩,面前的公文似乎变得模糊不清了。

正在迷迷糊糊似睡非睡之际,忽闻有人急急进了公堂。李万超睁眼一看,是负责汴河巡查的副将刘遇,便打起精神问道:"刘遇,你有何事禀报?"

刘遇行礼答道:"启禀大人,昨晚卑职在汴河查得以巨木扎成的大木筏五十余只,皆是采至秦陇的上等木料。"

"朝廷律条,严禁私人贩运秦陇木料。你将其没收充公即可。"

刘遇走近李万超,压低声音道:"大人,事主身份非同寻常,乃宰相府管家赵万全。据他说,这批木料是为宰相府扩建而特意采购的,希望我们能够放行。不知大人意下如何?"

李万超听说是赵普家的木料,不禁有点兴奋。他站起身来,在公堂上踱来踱去,脑子里格外活跃,刚才的倦意顿时一扫而光。

赵普为人素来严厉刻板,丝毫不讲情面,李万超曾因嫖妓受过他的训斥,并被他罚了两个月的俸银。李万超一直心怀不满,只不过地位相差悬殊,实在无法泄愤而已。

现在,赵普不再像以前那么受皇上器重,正好又出了这事,岂不是天赐良机吗?况且卢多逊与赵普势同水火,这已为朝野所共知。假如将此事报告卢宰相,他一定会禀奏皇上。这样一来,既出了胸中的闷气,又可让卢宰相满意,真可谓一举两得的良策。没准儿卢宰相将来一高兴,重用提拔自己亦未可知呢!

主意一定,李万超停下脚步,对刘遇说:"王子犯法与庶民同罪。你速速回去,将木筏并赵万全扣押起来,等待处置!""李大人,赵宰相权倾天下,你可要三思而后行啊!"刘遇脸上露出疑惑的神色。

"你只管放心去办,出了事有我顶着呢!"李万超大义凛然道。

待刘遇一走,李万超立即坐着轿子,赶往卢多逊的府邸,将此事详细地告知他。卢多逊一听,火速前往皇宫,向赵匡胤禀报。赵匡胤若有所思地听卢多逊说完,脸色平和地说:"赵普的住宅太狭小了,他向朕提出扩建的要求,朕也表示同意,将皇宫的几亩菜圃,赐给他作为宅基。他从秦陇购买木料,虽然违反禁令,亦属情有可原。卢爱卿,你就不要小题大做了!"

卢多逊见赵匡胤没有表现出他预期的恼怒,连忙说:"此事并非那么简单。此番所扣木料,数量巨大,足可建一座皇宫。区区赵府,哪用得了这么多木料?据微臣调查,多数木料,都被以高价售给城中那些富商大贾,以牟取暴利。可惜啊,赵宰相才智过人,德高望重,唯有将那钱财看得太重,确实令人叹惋!"

"爱卿所言可有凭据?"赵匡胤的脸色变得有些阴沉。

"皇上,微臣所言句句不虚。赵府管家赵万全在京城开了数间货店,将各类物品售给朝廷各部,日进斗金,财源滚滚。只不过瞒着皇上罢了!"卢多逊知赵匡胤气恼,不失时机地又补了两句。卢多逊所说的也并非空穴来风。赵普的侄子赵万全,爱财如命,他背着赵普开店,利用宰相的招牌赚钱,早已弄得满城风雨。这次从秦陇购木料,他又借机多购数倍,想获取厚利,却没想到被巡河官兵查获,捅出一个天大的娄子。

第二天,赵匡胤派人核查,果然俱是实情,不由得大发雷霆,便要将赵普革职查办。幸好赵光义、吕余庆、张琼,一听到这个消息,匆匆赶到皇宫,三个人轮番劝说,甚至不惜以辞官相要挟,赵匡胤才勉强作罢。最后,下令将所有木料充公,将赵万全逮捕下狱。

此后,赵普更加被疏远。朝政大权慢慢落到了卢多逊手中。

再过一个多月就是春节,接连刮了几天西北风后,天空中飘起了小雪。天气十分寒冷。

封丘门边,卢府的书房里,卢多逊正手执狼毫,在黄色的毛边纸上,写下一行行漂亮工整的小楷,那是钦定编修《开宝通礼》的草稿。他时而奋笔疾书,时而握笔沉思,写了约一个时辰,这才感到寒意。他放下毛笔,搓了搓双手,走到炭火边坐下,一股暖意立即弥漫了全身。

自从担任参知政事以来,卢多逊如鱼得水,深得皇上宠信,身居翰林,掌管机务。上次抓住赵万全私运木料,大做文章,使赵普威信扫地,颜面丢尽,想来真是解恨。如今赵普徒有宰相虚名,基本上赋闲在家,不理朝政,而吕余庆奉旨编撰《五代史》,无暇他顾,自己成了实际上的宰相。一人之下,万人之上,何其风光!

可惜的是,女儿卢萍嫁给皇子德昭后,至今未有一男半女。哎,假如萍儿争点气,替皇室生下龙种,将来德昭继承皇位,那我卢家可立于不败之地了!转念又一想,如果这皇位,果真按老太后的意思传给赵光义,那自己可就不妙了。赵光义对自己显然很有戒心,甚至有点反感……卢多逊心里有点沉。

正当他在炭火边胡思乱想时,一个家人进来禀告:"大人,吴越王派人送来十坛海鲜,请大人过目。"

却说唐代末年,趁着黄巢之乱,杭州人钱镠占据两浙,立国号为吴越,以杭州为西府，越州为东府，传两代而至钱弘俶。

这钱弘俶倒也颇为精明，他审时度势，知宋朝强盛，吴越乃海隅之国，终难相抗，一登基便确立了亲宋的基本国策。

从赵匡胤登基为帝开始，他就年年向宋朝进贡金银、宝物，并接受宋朝封号，颇得赵匡胤的欢心。为了巩固两国之间这种亲密的关系，钱弘俶还每年给朝中重臣送上一份礼物，这已成为一种定例。因所送礼物大多是些吴越的特产，价值并不昂贵，所以朝廷从不过问，大臣们也往往不以为意。

然而最近几年，钱弘俶逐渐做了些手脚，在土特产中藏着金银珠宝。试想那为官者有几个不贪？何况是拿了白拿，谁也不知道。于是，所谓吴越特产，已有了特殊的含义。

卢多逊出了书房，在客厅中等候的吴越使者，急忙躬身施礼："宰相大人，敝国僻远穷厄，无以为敬，区区数坛海鲜，还望大人笑纳。"说着，用手揭开其中一口坛子的木盖："请卢大人过目！"卢多逊弯腰一看，坛中哪有什么海鲜，分明是一坛黄灿灿的瓜子金！那瓜子金成色足，质地佳，堪称金中极品。

卢多逊心中会意，微微一笑，直起身来问道："此等海鲜，都送了朝中哪几位大臣？"

"回宰相的话，按敝国主的吩咐，暂时只送三位大人。吕余庆大人和卢大人的已送到，唯剩赵普大人的尚未送去。车子就停在门外，在下即刻前往宰相府。"

"送往赵府的亦是同样的海鲜吗？"卢多逊又问。他在"同样"二字上，故意顿了顿。

"非也。三年前因送此类年礼，遭宰相斥骂，尔后再也不敢造次，每年所送皆为鱼虾之类。"

使者对卢多逊谄媚地笑了笑："赵宰相为人过于苛刻，何曾有卢大人这般随和？难怪皇上不喜欢他了！"

卢多逊眉头一皱，沉思了一会儿说："天气这么冷，你们一路舟车劳顿，确是辛苦了，不如将门外的弟兄唤进来，去厨房喝几杯酒，暖暖身子再走，如何？外面的车物，我自会吩咐家人看管。"

使者自然十分欢喜，连忙说："谢大人，谢大人！"

待他们进了厨房，卢多逊立刻吩咐几个家人，悄悄将厅中的十个坛子搬出去，换掉了车上那十个装着真正海鲜的坛子，照原样捆好。那几个使者还在喝酒烤火，丝毫没有发觉。

当吴越使者带着几分醉意，押着车子前往宰相府时，天色已近黄昏。卢多逊暗自得意："赵普老匹夫，此番我看你怎么辩解？"估摸着使者一到赵府，他也立即坐着轿子,进宫去见皇上。

卢多逊的话令赵匡胤将信将疑。为了证实真假,他当即命侍卫备好车驾,直驱宰相府。

皇上御驾抵达赵府时,天色已黑,吴越使者刚刚走了不久。

赵普听说皇上驾临,心中忽然有一种不祥的预感。这一年多来,皇上的有意疏远,处处牵制,他当然心知肚明。这次皇上突然驾临自己的府邸,肯定有什么事情发生了……

赵普带领家人到大门口,迎接皇上。行过君臣之礼,便陪着赵匡胤向厅中走去。

赵匡胤乃是有备而来。一进客厅,看到走廊上摆着一溜的瓦坛,阴沉着脸问道:"赵爱卿,这些瓦坛倒是式样古朴,不知里面所装何物?"

"哦,那是吴越王派人送来的海鲜,刚送到,还未及贮藏。"

赵普近来身体不适,加上朝中卢多逊的步步紧逼,心情烦躁,吴越使者来时,他以为是照例文章,连看也没看。赵匡胤这么一问,他立刻意识到:莫非其中暗藏玄机?赵普突然感到后背涌上来一股凉意。

"是何海鲜?不妨尝尝!"赵匡胤拼命抑制心中的恼怒。

"无非是些鱼虾罢了!"

赵普命人抬过一坛摆在厅中,取掉木盖一看,不禁大吃一惊:那里面竟然全是上等的瓜子金!

赵普的心怦怦直跳,张口结舌站在那里,不知如何是好。

赵匡胤冷笑一声。下令将余下的瓦坛全部搬进来,一一检查,果然坛坛如此。他冷着脸说:"人言赵普嗜财如命,诚哉斯言!——赵爱卿,你还有何话可说?"

"陛下,此事臣确不知情!"赵普惶恐不安地回答,那张憔悴的脸,变得更加苍白,没有半点血色。

赵匡胤横眉怒目,直视赵普:"不必解释!定是那吴越王知道,朝廷大事都由宰相一人决定,所以才赠此厚礼了!哼,你就守着这些黄金,当你的富翁吧!回宫!"一甩袖,转身就往门外走。

"陛下,请听臣解释!"赵普紧步赶上,欲拦住赵匡胤。但此时赵匡胤气愤已极,根本不愿意听,猛地推开赵普,径直回了皇宫。

赵普怔怔地看着赵匡胤的背影,半天一动不动。这次怕是在劫难逃了!

第二天一早,赵普忐忑不安地来到广政殿,手执笏板,依班次站在群臣首位。他的左侧是卢多逊,一见面,卢多逊朝他诡秘地笑了笑。赵普心中不禁一阵发毛,不知他又使了什么歪心眼。

赵匡胤登上御座之后,群臣叩首行礼,值班内侍拉长声调喊道:"有事上奏，无事退朝——！”

声音刚落，卢多逊一步上前，奏道：“启禀陛下，臣有事上奏。宰相赵普，私贩秦陇木料，违反禁令；放纵亲侄开店，与民争利；又收受吴越重金，贬损国格。赵普身为宰相，屡违国法，臣以为不可姑息。望陛下圣裁！”

此言一出，殿中顿时鸦雀无声，群臣面面相觑。谁也不曾想到，卢多逊会公开弹劾赵普。沉默了一会儿，又有礼部侍郎王明、殿前侍卫御史李莹上奏，检举赵普贪赃枉法，要求皇上依法处置。

卢多逊与赵普的矛盾，文武大臣无不知晓；而且卢多逊现在乃是皇子岳丈，日益为皇上所倚重，人人心里都雪亮。大凡官场上的人，趋炎附势是其本性，保住头上的乌纱帽，比什么都重要，至于什么明镜高悬、正大光明，都是冠冕堂皇的漂亮话，纯粹是说给别人听的。

更何况那卢多逊、王明、李莹敢于这样做，必定有所恃，说不定还是皇上的授意呢。如此权衡利弊，大臣中尽管有人心里同情赵普，却不敢出来说话，唯恐惹祸上身。众人的目光，自然而然地都投向端坐在御座上的赵匡胤。赵匡胤的身躯略显得有些臃肿，他双手搭在御座两侧的扶手上，神情肃然道：“赵普身为宰相，贪赃枉法，目无君上，确系实情。本当从严处置，朕姑念他乃开国功臣，从轻发落，故仅革去其宰相之职，外调为郴州节度使，限半月之内离京，不得有误！”

第四十七章 殿前临朝罢赵普 太祖恶疾延军战

话音刚落，赵光义走上前说道："陛下，赵普的侄儿犯法，他固然难辞其咎，但是毕竟不是本人所为。如今赵普已经年过半百，精力尚且不足，又怎么能够扛得住郴州那湿热瘴气？希望陛下可以宽恕他，让他留在京城，安享晚年吧！"

"朕未将他交付刑吏，已是网开一面。若再姑息，其如国法何？朕意已决，无须多言！"

接着吕余庆、王延嗣等大臣，先后出班为赵普求情，皆遭拒绝。

卢多逊心中暗喜，却故意做出一副严肃凝重的样子。

赵普自始至终面无表情，似乎一切都与己无关。从刚才的架势，他就知道，皇上其实并不一定就真的相信卢多逊，但要除去他的宰相之职，却是一定的。事已至此，难有转圜余地，也就听之任之。

眼看此事已成定局，忽听到有人高喊："卢多逊，你个卑鄙小人！你挟私报复，陷害忠良！赵宰相乃我朝开国勋臣，功昭日月！你这个小人却只知逞其口舌，搬弄是非。我大宋的朝政，总有一天会坏在你的手中！"

大家一看，原来是殿前都指挥使张琼。他怒目圆瞪，指着卢多逊，咬牙切齿地斥道："赵万全私运木料，擅自开店，关宰相什么事？你故意混淆事实，欺蒙陛下，居心何在？我……我要打死你这个奸贼！"他越说越激动，扬起拳头，向前猛扑过去，吓得卢多逊连退数步。

"张琼！堂堂广政殿，岂容你如此放肆！"赵匡胤生气地喝道。

张琼止住脚步，腾地转身，大步走到殿前，扑通跪倒在地，泪流满面道："陛下，赵宰相二十年来，披肝沥胆，鞠躬尽瘁，朝野共知；卢多逊为人阴险，弄权耍奸，居心叵测，明眼人谁不知晓？为何陛下只信奸人的一面之词，却听不进忠臣的陈说呢？难道陛下真的得了新宠，就忘了旧知吗？臣委实感到寒心！"

"大胆！"赵匡胤何曾受过如此顶撞？不禁拍案而起，浑身发抖，指着张琼说，"赵普收受吴越重金，乃朕亲眼所见，哪里冤枉了他？莫非依仗旧臣的身份，便可以胡作非为不成？你再胡言，朕连你一同处罚。快下去！"

"不，臣绝非胡言！陛下，你自己看一看，这满殿的大臣当中，当年跟随你南征北伐开创天下的尚有几人？如今连赵宰相也要被逐走了。陛下，你……你如何忍心哪!”张琼跪在殿前,泣不成声。

“张琼,你真是……真是目无君上,胆大包天!来人啊!把张琼拉下去,打入大牢!”

赵匡胤气急败坏地喊道。

张琼猛地站起身,昂起头说:“陛下!臣这条命本来就是你所赐,现在就还给你吧!”说完,奋力朝殿前廊柱上撞去。

站在前排的赵光义一看大事不好,慌忙过去阻拦,但终究还是慢了一步。只听“砰”的一声,张琼的头碰到了廊柱上,鲜红的血迸射而出,溅得殿前到处都是。张琼挣扎着,还想再次撞去,被赵普等人拼命抱住。

张琼倚在赵普怀中,脸色苍白,断断续续地说:“宰相,你……你……要多保重,陛下终有一天会……会明白的!”头一耷拉,昏厥过去。

赵匡胤再也控制不住自己的感情,快步走下龙椅,上前低唤一声:“张琼,我的好兄弟!”泪水潸然而下。一切都发生得那么突然,赵匡胤没有一点儿思想准备。当他看到张琼浑身是血,昏倒在赵普怀中时,觉得心惊又心疼。

张琼是他最喜欢的爱将。且不说他立下的战功,便是数年前在延福宫拼死救驾,几乎丢了性命,就足以令他终生感铭了。

“来人哪!快将张琼抬至偏殿,叫太医全力医治!”赵匡胤喊道。

张琼被抬下去之后,赵匡胤重登御座,铁青着脸,对惊魂未定的文武大臣宣布:“张琼无礼之举可赦,赵普枉法之罪难饶,外调郴州,不可更改。退朝!”

半个月后,开封城南熏门外,赵光义、王延嗣等大臣,冒着大雪,为南去的赵普送行。

大雪漫山遍野,天地间一片白色。赵光义手持酒杯,对赵普说:“宰相此去,路途遥远,风恶天寒,务必保养身体。异日风消雨歇,国家朝政,还有赖于宰相主持指点。宰相千万不可消沉!”

赵普淡然道:“吾本一介草民,蒙陛下不弃,在朝为相十余年。今虽远赴岭南,乃一方长官,衣食无虞,何至消沉?”

“宰相有此豁达胸怀,在下就放心了。不知宰相对朝廷大事,还有何指点?”

赵普沉吟片刻,郑重地说:“吾有此劫难,固其命也,实不足虑。倒是当前内外政事,确有堪忧者,那吴越钱弘俶,一心内附,难以为患;然那江南后唐李煜,虽然表面顺从,暗中却在策划攻守之计,大将林仁肇通治兵之道,尤为心腹大患。又北汉凶顽,辽人强悍,宜先防御,待平江南后而图之。朝中卢多逊固然险诈,但吕余庆持重,陛下英明,亦不致造成大咎。另有一事,吾一直耿耿于怀,然未敢与陛下言……”

“何事令宰相如此顾虑?”赵光义见他欲言又止,追问道。

赵普将赵光义拉到一边,轻声说:“太后临终时,曾与陛下有金匮之盟,令传位于你。你还记得吗?”

赵光义点点头,面无表情。

“转眼已过了十多年,皇嗣至今仍未确定。眼下皇子德昭已然长大,朝野疑惑,更有卢多逊,怀有不测之心。吾担心此情稍有不慎,将导致大乱。你宜早做筹划也!”

赵光义若有所思,望了望赵普,却什么话也没说。

赵普面对城门,颇为伤感地说:“吾观陛下日夜操劳,精神远不如前。还望你勤于政事,多为陛下分忧。唉,只怕今生再也见不到陛下了!惜哉!惜哉!”不禁哽咽唏嘘,老泪纵横。

良久,赵普止住泪,撩开裘皮大氅,跪在雪地上,对着皇宫方向,恭恭敬敬地磕了三个头,道:“陛下多多保重,臣告辞了!”

祈毕,与诸大臣、故友拱手作别,含泪登车而去。

雪下得更大了,纷纷扬扬,犹如玉龙漫天飞舞。

赵光义等人伫立在风雪中,望着车子渐行渐远,终于消失在铺天盖地的雪花之中。

卢多逊的父亲卢亿,当时已退职在老家,他得知赵普被贬外放之事,写信训斥卢多逊:“赵普乃开国元勋。小子无知,轻诋先辈,吾不忍见卢氏灭门之祸也!”只过了半年,竟郁悒而终。

卢亿的忧虑并非杞人忧天。四年之后,赵光义登上皇位,将赵普召回,不久又任他为相,重掌朝政大权。而卢多逊却日渐失势,最终被贬往海南,于贫病交加中,死于天涯海角。

而赵普此去郴州,果然再也没见过赵匡胤。待他重返中原,只能叩拜宋太祖的陵墓了。

开宝六年(973 年)春天,淮水两岸已是青翠一片。几阵桃花雨过后,水位迅速升高。浑浊的河水漫过堤岸,填平近岸的洼地。河面显得十分开阔。

烟雨迷茫之中,一艘宋朝的战船,行驶在淮水中游,在执行每日例行的巡逻。船上的头领叫张平,沧州人士,满脸的络腮胡子,左眼在作战时被射瞎,将士们都称他为“独眼龙”。

张平披着蓑衣,站在甲板上眺望。忽然看到一艘大船迎面驶来,定睛一看,认出是江南的巡逻船,不禁心血来潮,想搞个恶作剧,一招手,命令舵工朝来船直驶过去。

江南巡逻船是逆流而行,船头的舵手见宋船直冲过来,脸都吓白了,连忙用尽全身的力气，将舵板打向一边。两船靠近，船头刚好错开，宋船擦着江南船的左舷飞快地掠过。由于舵打得太急，江南船上数十名军士来不及提防，一个个歪倒身形，狼狈不堪，有的甚至掉进了水里。与此同时，他们听到宋船上传来阵阵嘲笑声和辱骂声。

江南船上的头目叫朱三，他揉着额头上鼓起的一个大包，双眼冒火，几步窜上船头，对舵工吼道："掉头，快掉头！日娘贼，老子宁愿跟他们拼个鱼死网破，再也不受这份窝囊气了！"士兵们也纷纷摩拳擦掌，要与宋兵决一死战。

原来，平日里双方在淮水巡逻，宋军就仗着强大的军事优势，经常对他们故意刁难，谩骂更是家常便饭。弱小就意味着忍让。为了息事宁人，他们忍辱含垢，压抑着心中的怨愤。可是，他们毕竟是血性汉子，忍耐总有个限度。长期的屈辱忍让，酝酿转化为一股格外强烈的反抗意识，在此刻猛然迸发出来。

江南船迅速掉头，几十名军士拼命划桨，很快接近了宋船，不顾一切地向前撞去。

宋船上的士兵根本没有提防，船舷被对方装有铁板的船头，撞开了一个大缺口，船身即刻倾覆。宋兵乱成一团，纷纷跳入河中，向北岸游去。红了眼的江南士兵操起弓箭，追射水中的宋兵。除了几个水性极好的得以侥幸逃生外，其他宋兵全部丧生淮水，连尸首也给激流冲走了。

消息传到开封，赵匡胤初闻大为震惊，既而却高兴地说："好，好！天助我也！"

吕余庆在旁边大惑不解，问是何故。

赵匡胤笑道："收复江南是早晚的事。朕所忌惮者，唯江都留守林仁肇也。江南的淮水防务，均由林仁肇负责。朕借此事件，逼江南主杀了林仁肇，除去这个心腹大患，则取江南不足忧矣！天助我也！"

"陛下怎知江南主定会接受呢？"吕余庆又问。

"那后主李煜生性懦弱，耽于诗词歌赋，无心朝政，手下一帮大臣陈乔、张洎、皇甫继勋等，胆小如鼠，而且皆嫉恨林仁肇。只要朕软硬兼施，李煜必杀林仁肇！"赵匡胤胸有成竹地说。

次日，赵匡胤写了一封亲笔信，令人火速送往金陵。信中不外乎对淮水事件表示极大愤慨，措辞激烈地要求杀掉主将林仁肇，否则宋军将兴兵南下，直捣金陵！

正当赵匡胤处心积虑地要除去林仁肇，为夺取江南扫平障碍时，江南主李煜却是另一种心境，他正为新得的美人而心醉神迷。那美人不是别人，而是皇后周氏的亲妹妹。

小周后年方十八，不但容貌美丽，而且秀外慧中，精通音律，擅长歌舞。李煜借姻戚为名，召她入宫，密与交欢，又听她弹琴一曲，不禁击节叹赏，于是将她留在宫中，朝歌暮舞，爱之异常。皇后渐遭冷落，郁郁谢世，她的妹妹顺理成章地继立为皇后，世称“小周后”。

赵匡胤的亲笔信送来时，李煜正命小周后试奏他特意为她新填的《菩萨蛮》，其词曰：

> 花明月暗笼轻雾，今宵好向郎边去。刬袜步香阶，手提金缕鞋。
> 画堂南畔见，一晌偎人颤。奴为出来难，教郎恣意怜。

李煜聚精会神地听着小周后弹唱，随手接过内侍呈上的信函，扔在几案上。直到一曲唱毕，才打开阅读。及至读罢，脸色陡变，挥手叫殿中众人离开，传令陈乔、张洎、皇甫继勋、潘佑等人，火速进宫，商议对策。

陈乔、张洎、皇甫继勋、潘佑等重要大臣急忙赶到殿中，只有徐铉因母亲去世，奔丧未归。

李煜将赵匡胤的来函交众臣传阅，苦着脸说：“宋主以淮水事件为借口，逼朕处决林将军。林仁肇乃我朝骁将、朕的股肱之臣，朕焉能忍心杀之？然非如此，强宋一旦大举入侵，江南危矣。此事实在令朕左右为难！诸位爱卿以为朕该如何是好？”

几位大臣读完信函，互相看了看，谁也不吭声。

李煜见此情景，催促道：“诸位爱卿，你们看如何处理？”

众人都望着宰相陈乔。陈乔无奈，只好上前说：“陛下，臣以为处事当以国家为重。林仁肇平时不听劝告，不自量力，纵容部下与宋军相抗，终于酿成了今天的祸患，危及国家，着实令臣痛心！”

“那陈爱卿以为该怎么办呢？”李煜见他仍未明确表态，焦急地问。

皇甫继勋见陈乔吞吞吐吐，脱口说道：“林仁肇素以血性男儿自诩，如今惹出祸端，理应自己承担后果，以免危害国家！”

“狗屁！宋主逼杀林将军，分明是忌惮他的威名，欲借机除之，其用心昭然若揭。陛下，林将军决不可杀，否则正中了宋主的圈套！”潘佑态度鲜明，坚决反对。

“哎，徐爱卿不在，朕不知如何决断！”李煜神色黯然。

“陛下万勿犹豫！宋朝兵多将广，宋主雄才大略，与之相抗，必然师败国亡。若牺牲一个林仁肇，换取江南军民的安宁，又何足惜哉！”陈乔见李煜还不表态，接着说，“陛下如不忍为之，臣愿代陛下草诏书一封，令林仁肇以国家为重，自行了断。如何？”

正如赵匡胤所料，李煜畏宋如虎，读了来函，就存了舍林仁肇以求苟安的念头，只是于心不忍而已。现在听了陈乔的一番话，也就顺势答应："好吧，爱卿看着办吧！"

潘佑急趋殿前，跪在地上哀求道："陛下，林将军不可杀啊！你怎么如此糊涂呢！"

李煜脸一红，有些生气，头偏向一边，不再理他。

潘佑心知再说无益，站起来仰天叹道："将军一去，大树飘零。国亡有日矣！"接着狂号三声，径直离去。

林仁肇接到诏书，悲愤欲绝，徘徊良久，挥毫在室中墙写了十六个大字："有心报国，无力回天。奸臣误我，夫复何言！"掷笔拔剑自刎。一代名将，就这样含恨去了黄泉。

不久，潘佑因诋毁君上，也被腰斩于市。

徐铉在家中守丧，得知林仁肇死讯，喟然叹道："江南本弱小，现又自毁长城，焉得久安？"

李煜逼死林仁肇，心怀愧疚，于是诏令，厚葬林仁肇尸体，用檀木匣装其首级，遣专使火速送往开封。

赵匡胤见林仁肇已死，得意之余，更加瞧不起江南主李煜，在讲武殿接待唐使者，口气强硬地说："汝主杀林仁肇，以明归附中原之心，朕深感欣慰！回去转告汝主，朕正在京城修建集贤宅，以赐诸位藩王。待落成之日，再邀汝主北上，届时望不要推诿！"来使唯唯应诺而去。

半个月来，赵匡胤日夜操劳，忙于政务，尤其是制订对江南用兵的前期规划。这一天，赵匡胤在御书房对着江南地形图出神，他在思考由谁担任出征江南的统帅。这是统一南方的关键一役，只要攻取江南，吴越即为囊中之物。如此重任，必须选择一位智勇双全、忠诚可靠的主帅。当年令王全斌率军入蜀的教训，实在太大了！他反复权衡，朝中将领，唯有曹彬可担此任。

唉，假若韩令坤不坚持赋闲该多好啊！正在惋惜，宫中总管张公公推门进来，赵匡胤眉头一皱，问道："你有何事？"语气明显不悦，他不希望此时有人随意打扰他。

"启禀皇上，适才韩府来人报信，说韩令坤将军背部旧伤发作，于昨晚谢世。奴才不敢耽搁，故赶紧禀告皇上，请皇上明示赐予奠仪的具体数目。"

"你……你说什么？"赵匡胤下意识地问道，丝毫没有听到张公公接下来都说了些什么，只是双目定定地盯着那张白皙却皱缩犹如核桃的脸，嘴里喃喃说道："大哥去了，如今连二哥也去了。果真是四大皆空，烟消云散……"

突然间，赵匡胤爆发出一阵剧烈的咳嗽。张公公慌不迭地走上前去，将他扶到椅子上坐下，握拳在他后背轻轻捶着。

赵匡胤的脑子里一片混沌，似乎坠入了黑暗的深渊，而胸口则隐隐作痛，好像堵着一块巨石。赵匡胤捂着胸口喘息几声，忽觉喉咙一痒，不由自主地张嘴吐出一口鲜血，将桌案上那张江南地图弄得狼藉不堪。紧接着两眼一黑，便失去了知觉。

林仁肇被逼自刎后，赵匡胤本来打算马上发动江南战事，谁料天有不测风云，闻知韩令坤的死讯，赵匡胤悲痛过度，以致呕血不止，身体时好时坏，前前后后病了半年之久，江南战事也就延搁下来。

一直到了开宝七年(974 年)五月，赵匡胤基本痊愈，才又开始筹划南征之役。正在此时，江南主李煜遣使前来开封，向朝廷进贡方物，同时请求放还其弟李从善，让他们兄弟团聚。

赵匡胤正愁出师无名，便对来使说："汝主思念兄弟，何不来京城相见？况且朕已建成集贤宅，可供汝主居住。汝主宜速来京城！"于是派知制诰李穆为特使，与来使一道前往江南召李煜入朝。

半个月之后，李穆抵达金陵，宣谕宋主圣意。李煜思弟心切，未及细想，便欲动身北上。陈乔劝道："臣受先帝顾命之恩，陛下若往，必致扣留。臣虽死无以见先帝于地下也。陛下绝不可行！"张洎等人也纷纷劝李煜切勿轻往，李煜本是个没主见的人，便放弃了亲往开封的打算。

第四十八章　太祖出兵征江南　李煜含泪叹国亡

李穆知道这件事情之后，求见李煜，装腔作势地说道："是不是入朝，国主可以自己定夺。但是宋廷的甲兵都是精锐部队，物力雄富，恐怕没有能力可以抵挡。国主请三思。"

李煜答道："江南如此偏远，所以我们对宋朝一直小心谨慎，希望可以苟延残喘，仅是这样就够了。现在寡人有病在身，没有办法入朝觐见陛下，希望先生可以代为转达，以表达寡人的歉意。若先生苦苦相逼，寡人只有以死相报了！"

李穆软硬兼施无果，又在金陵滞留数日，见李煜留意颇坚，只好返京复命。赵匡胤又令梁迥出使江南，重述前言。李煜仍不为所动。

九月，赵匡胤向天下发布文告，称江南主李煜拒不接受天朝之命，内怀异心，故兴兵讨之。一时之间，四海震动。

深秋时节，天清高远，雁阵惊寒。开封城南的郊野，十五万禁军将士，肃立于秋风中。旷野上，千百面旌旗猎猎翻飞，千万匹战马声声嘶鸣。阅兵台上，赵匡胤在众将的陪同下检阅军队。

望着台下十余万威风凛凛的虎贲之士，感受着大批人马混杂而成的那股独特的气息，赵匡胤热血沸腾，两眼炯炯发光，仿佛又回到了年轻时代，就连两颊下垂的赘肉也绷得紧紧的。他挺直身躯，目视前方，向台下挥手致意。将士们齐声高呼："万岁，万岁，万万岁！"那声音犹如骤起的惊雷，传向四面八方。

赵匡胤转过身来，对主帅曹彬说："曹爱卿，江南之事全部委托给你。切勿妄开杀戒，暴掠生民；务必先广威信，使自归顺，无须急击。金陵城破之日，尽量不要屠戮，勿陷朕于不仁也！李煜一门，尤其不可加害。若能平江南而少杀戮，凯旋之时，朕便封你为相。爱卿好自为之。"

曹彬一一承诺。赵匡胤从随身侍卫手中拿过一把精致的宝剑，赐给曹彬道："爱卿，朕赐汝此剑，副将以下，不听命者，斩之！"

曹彬慌忙跪下，双手郑重接过："多谢陛下信任。臣等一定同心协力，早日攻克江南，不负陛下厚望！"副将潘美、曹翰等人见此光景，不禁失色悚然，表情严肃起来。

赵匡胤扫视了一下数十员大将，挥手道："出发罢！"

曹彬手执令旗,在空中挥三下,大军出发了。人马和战车组成的洪流,挟着威严与力量,向南滚滚推进。它将摧毁一切敢于阻挡它的障碍,赵匡胤深信这一点!他的目光越过行进中的人流,投向南方那深邃渺远的天宇。

曹彬率宋军浩浩荡荡开往荆南,然后折而向东,接连攻下池州、铜陵、当涂,进展颇为顺利。然而再向前去,便是宽阔的长江天堑,它像一条强悍不羁的巨龙,横亘在宋军面前。江南主正是凭借这道天险,才敢于对抗宋朝。他的希望,全部寄托在这天然的屏障之上。

不过,曹彬并不以此为忧,因为赵匡胤早在数年之前,就罗致了一位能人,为大军过江做好了准备。这位能人就是池州人樊若水。

樊若水本江南子民,因为参加南唐的进士考试,屡试不第,不免心灰意懒,生出许多怨恨,反复思量,便投奔了宋朝。

樊若水隐居在当涂西北的采石矶,借钓鱼为名,测量江面的宽度。他曾从南岸系着长绳,用小船引至北岸,往返数十次,尽得江面尺寸,不失毫厘。他又精心绘制长江地形图,标明各处险要。当他得知宋朝准备对江南用兵时,立刻前往开封,上书言江南可取的情况,并献上长江地形图。

赵匡胤当时正在筹划江南战事,马上召见樊若水。樊若水将自己所知,悉数说出,建议在采石矶江面,用小船搭建浮桥,以跨越长江天险。朝中大臣都认为长江江阔水深,自古以来无此先例,不可贸然为之。赵匡胤却认定此计可行,当即赐樊若水同进士出身,为右赞善大夫,令他速往荆南,造黑色、黄色小舟各两千艘,筹办浮桥事宜。

曹彬率大军来到采石矶,在长江北岸扎下大营,立即派人往荆南,通知樊若水,约定三天后搭建浮桥,以便大军过江。

长江水滔滔而来,在采石矶形成一个水湾。这里水位虽深,但水流相对缓慢,且南岸无敌军防守,实为渡江的最佳位置。

那一日,适逢天气晴朗,风烟俱静。四千艘小船编好号码,装着竹、索和木板,泊在北岸。每舟两名军士,手持轻桨,听候调遣。

当太阳升起一竿子高的时候,曹彬、潘美、樊若水等人来到江边。樊若水挥动手中令旗,军士熟练地划动双桨,依次把船身连接起来,然后再用竹、索固定。所有这些操作程序,他们已演练了千百遍,因而进行得有条不紊,灵活自如。

当天中午,船体连接即告完成,樊若水又令军士用碗口粗的长竹、索,顺着船头、船尾,由南岸到北岸,将四千艘小船系牢、加固,使之浑然一体,再铺上木板。一道贯通南北的浮桥便建成了。

曹彬登上浮桥,走了数十步,在木板上跳了跳,果然十分稳当,心中大喜。回到岸边,他高兴地拍了拍樊若水的肩膀说:“樊先生,此次克复江南,你可是立了头功！”

浮桥建成，曹彬传令部队渡江。潘美、曹翰率领先头部队跃上浮桥，如履平地，迅速渡过长江，占据了南岸的险要地段。

宋军造浮桥渡江的消息传到金陵，李煜大为惊恐，急忙召集群臣会议。陈乔笑道：“臣遍览古书，从未有过在长江造浮桥的记载。长江水急，宽数百丈，仓促之间，如何建得浮桥？此必为军中讹传也。陛下无须惊惧！”

张洎也说：“长江自古是难以逾越的天堑，况有数十万防守将士，宋军岂能轻易渡江？陛下不要听信那些谣言，以免自己乱了方寸。”

江南君臣还在这里引经据典，高谈阔论，那边宋军却已击溃南岸的江南守军，然后一路横扫过来，水陆并进，攻克新寨，直逼白鹭洲。与此同时，吴越王钱弘俶，也应赵匡胤之命，由东向西进攻，包围了常州。

李煜君臣怎么也不相信宋军能渡过长江天险，等军情终于得到证实，江南已丧失了布防的时机。李煜虽然心怨陈乔，但于事无补，面对两面夹攻的严峻形势，赶紧派大将于禁增援常州，令皇甫继勋率兵八万，火速迎拒宋军。

皇甫继勋一贯心惧北宋，无奈受此王命，领军出了金陵。刚行了一日，闻知白鹭洲已失，胆战心惊，驻营不进。

当时春节将至，军中将士几乎从未经历战阵，既恋家又胆怯，无不口出怨言，士气颓废。皇甫继勋见此光景，心想出击毫无胜算，不如撤回固守。与几位将佐商量后，便率兵南撤，在秦淮河南岸建立营寨，下令毁掉河上桥梁，准备据河固守。

皇甫继勋的退师，给宋军的进攻又一次提供了有利时机。曹彬抓住这一战机，麾师猛攻，一举夺取新林港，随后马不停蹄，杀至秦淮，兵临金陵城下。

春节期间，尽管局势紧张，江南的宫廷里，依然是张灯结彩，歌舞连台。陈乔、张洎等人明知宋军已至城外，忧心如焚，因为上次对长江浮桥判断的失误，招致李煜埋怨，现在更加不敢将实情告知，唯恐李煜发怒责骂。这样一来，深居大内的李煜，对眼前的危机毫不知情，糊糊涂涂地过了一个安乐年。

元宵过后，李煜从春节的喜庆中醒来，仔细询问战况。陈乔见无法隐瞒下去，只得硬着头皮禀告。李煜大惊失色，在群臣的陪同下登上城墙，只见隔着秦淮河，无数宋军列栅为营，旌旗遍野，号角声声，他不禁仰天长叹：“皇甫误我，皇甫误我！”令人速召皇甫继勋进宫。

皇甫继勋来到宫中，李煜那张白皙的脸涨成了紫色，怒不可遏地责问道：“朕将国中主力交付与你，望你奋击疆场，保家卫国，你竟敢擅自退兵，并隐情不报，你该当何罪？”

皇甫继勋辩解道："陛下，宋军强劲，无人可敌；我方将士军心涣散，出击徒然丧师辱命，退守犹可保存实力，以卫金陵。至于未将实情报告陛下，臣以为若惊动陛下，徒令宫中惶惧而已。陛下难道还有什么退敌良策吗？"

"大胆！"李煜见他不仅不认错，反而口气张狂，语带讥诮，气得脸色铁青，拍案喝道："你误国误君，还敢一派胡言！来人哪，给我施出去，斩首示众！"

皇甫继勋并不慌张，他以为殿中大臣定会为自己开脱。谁料陈乔、张洎诸人，从未见过李煜如此暴怒，再加上对目前局势心中有愧，都不敢上前陈说，眼见那皇甫继勋被侍卫拖了出去，手起刀落，霎时身首分离。

李煜杀了皇甫继勋，任命大将杜真主持城防，同时飞诏都虞候朱令赟，令他赶紧率领驻在上江的军队，入援金陵。那是李煜心中唯一的希望了。

曹彬为了让皇上及时了解前线战况，每天通过驿站，给京城送去战报，因此赵匡胤对江南战局了如指掌。

这天傍晚，赵匡胤接到前方快信，知皇甫继勋被杀，李煜惶惶不可终日，金陵已处于宋军包围之中，于是提笔写了一纸诏令，嘱咐曹彬保护浮桥，加强对金陵的围困，暂停攻势，以逼李煜投降。写罢，他又仔细读了一遍，令侍卫用蜡丸装好，即刻送往江南。

战事进展得颇为顺利，似乎一切都按照他的计划，在有条不紊地进行着。这种运筹帷幄之中，决胜千里之外的喜悦与兴奋，让赵匡胤感觉到一种俯瞰全局、造就历史的成就感，伴随着这种感觉而来的，还有心情的舒畅和放松。

时近中秋，天气清爽，江南的群山郁郁葱葱。在广陵城边，青山脚下，隐藏着一处气势不凡的庄园，那就是江南重臣徐铉的府邸。因母亲病故，他居家已经两年。此时，他身穿素服，在房中撰写《说文解字校注》。只是宋军南渡，局势动荡，徐铉虽处山野，却心境难宁，时时牵挂着战局动态，无法专心致力于著述。

徐铉坐在那张特别宽大的黑漆梨木书案前，右手挥毫疾书。写完一段，自觉不满意，将纸撕去，停笔伏案沉吟。正在凝神之际，一名仆人匆匆进来报告，说朝廷派人前来送信，在客厅等候。

徐铉二话未说，快步来到厅中。

信使是集贤侍讲周惟简，与徐铉素多交往。他见了徐铉，也不客套，递过李煜的亲笔信道："徐兄，金陵被围数月，形势危急，陛下忧虑万分。盼兄速返金陵，共商退敌良策！"

"金陵被围，吾亦知情，常欲赴京为陛下分忧。然母丧在身，三年未满，轻率远游，孝心何在？"徐铉阅过书信，眉头紧锁道。徐氏是江南望族，书香门第，格外看重孝道。

“徐兄，国家事大，个人事小，岂能因服丧而废了君臣大义？若国家破，徐兄的忠孝何在？”周惟简慷慨激昂地劝说道。

周惟简的话无可辩驳。徐铉反背双手，在厅中来回踱步，考虑再三，终于答应返京。其实，他也知道自己一介书生，根本无力挽回大局，但义之所趋，也只有尽力而为了。

李煜在议事厅召见徐铉，动情地说：“徐爱卿居丧两年，寡人如失臂膀。眼下宋军兵临城下，虎视眈眈；我方兵微将寡，城破便在旦夕之间。朕欲遣你为特使，前往开封面见宋主，请求罢兵；寡人愿去江南国号，年年进贡，岁岁上朝。不知爱卿能否一行？”

徐铉见李煜衣冠不整，脸色憔悴，全没了往日那种风流倜傥的神采，不觉心中一酸：“臣受先帝与陛下的知遇之恩，常思报答。虽蒙斧钺汤镬，肝脑涂地，亦不敢辞也！”李煜大喜说：“朱令赟正准备率兵来援，爱卿既往开封，朕便令他暂勿行动。”

“陛下，臣此去未必能说服宋主撤军，江南所恃者仍是援兵，为何要阻止？”

李煜说：“爱卿前往开封求和，而我方又在调集援兵，若宋主知情而恼怒，爱卿岂不危哉！”

徐铉肃然道：“陛下当以社稷为重，焉能因一介之使而止援军？况且臣已是花甲之年，若为国而死，流芳千古，又何足惜哉！”

李煜听了，不禁流下热泪，哽咽着说：“寡人何幸，得此忠臣！爱卿，你要珍重，万勿顶撞宋主。和约不成，再做计较吧。”

君臣执手，相泣而别。

徐铉于次日动身，马不停蹄赶到开封。

赵匡胤在讲武殿接见他。徐铉呈上江南主的亲笔信，请求罢兵。赵匡胤草草阅过书信，随手丢在案上，冷冷地逼问徐铉道：“早知今日，何必当初？彼时朕令尔主入朝，他为何抗命不从？”

徐铉答道：“陛下征召，吾主本当应命，但因有病在身，故未成行。他如地，陛下如天；他如子，陛下如父。天乃能覆地，父乃能庇子。陛下心地仁厚，皇恩浩荡，当哀矜江南，赐诏罢兵，方是圣明天子！”

赵匡胤笑道：“徐先生真是巧舌如簧。汝主既然事朕若父，父子本自一家，哪有南北对峙、分成两家的道理？”

“陛下即使不矜吾主一人，亦当念及江南百姓。若金陵城破，玉石俱焚，其如苍生何？”徐铉叩首固请。

“先生无须担忧。朕已谕令军中，不得妄杀一人。江南百姓，可保无虞！”

徐铉还想再谏，赵匡胤不耐烦地挥手说：“毋庸多言！卧榻之侧，岂容他人酣睡！回去转告李煜，能战则战，不能战则降。此外别无他途！”

徐铉猛地站起，勃然作色说：“陛下自称明主，然吾主诚心求和，却仍要讨伐，这不是寡恩薄义吗？臣窃为陛下所不取也！”

“徐铉，你好大的胆子！若非看在故交的分上，朕早就杀了你！”赵匡胤大声呵斥。

“要杀便杀！臣死不足惜，唯陛下无好生之德，为史家留下口实，良可叹惋！”徐铉两眼直视赵匡胤，针锋相对。

赵匡胤知他犯了横，说：“朕不想与你争辩。徐先生，你走吧！”

徐铉直趋殿前，一副不依不饶的样子。几名侍卫拦住他，将他拽出了讲武殿。赵匡胤望着他那佝偻的背影和雪白的须发，心中感慨不已，连忙吩咐内侍赶上去，叫侍卫千万不要为难这位耿直的老臣。

徐铉求和不成，只得返回金陵复命。李煜如坐针毡，惶惶不可终日。他每天在宫中求神拜佛，祈望朱令赟的上江兵早日到来，以解金陵之围。

然而，李煜最后的希望也很快破灭了。那朱令赟早就接到了李煜的诏令，但迟迟没有进军。常言道：树倒猢狲散。他明知江南势弱，朝不保夕，自己手握重兵，称得上是一枚举足轻重的筹码，岂肯轻易下注？他按兵不动，足足观望了十个月，见江南败局已定，才向宋军主帅曹彬投降，以十万之众换取了自己的荣华富贵，同时也将李煜推向了绝望的深渊。

朱令赟投降之后，曹彬知破城的时机已经成熟，遣使者劝李煜说：“事已至此，城必破矣。君宜早定良策，以免生灵涂炭！”

李煜接到最后通牒，犹豫数日，未作应答。曹彬等了几天，决计攻城。他召集全军将校于辕门，手持皇上所赐御剑，厉声告诫道：“大军出师之日，皇上宣谕我等，不得妄杀一人。今李煜不降，破城在即，希望你们入城之后，对部下严加管束。若有滥杀，悬视此剑！”遂令众将焚香为誓，这才麾兵攻城。

金陵被围日久，城中军民粮尽物绝，不堪其苦，早已人心涣散，甚至有许多将士，在盼望李煜尽快投降，谁还会全力守城？因此不到三天，城门告陷，宋军如潮水般涌进金陵，江南兵纷纷弃械乞降。

曹彬命令部队守住城中各处要塞，封库安民，然后亲率精锐，包围江南主皇宫，叫皇宫卫士通告李煜，速速出来投降。

李煜与数名大臣及宫女嫔妃，闻知城破，既而听到宋军进城那震耳欲聋的呼喊声，明白大势已去，一个个面无人色，垂涕相向。不久又闻人喊马嘶，不由得战栗难禁，惊惧惶恐，那些嫔妃则花容失色，哭作一团。

陈乔平日执掌朝政，独揽大权，此时见城破国亡，君主临难，而自己计无所出，又愧又恨，扑通一声，跪在李煜面前，老泪横流道："陛下，今日国亡，皆臣等之罪，愿加刑戮，以谢国人！"

"此乃天数使然，你死了于事何补？"李煜眼睛红肿，神色凄然道。

陈乔顿首说："陛下不杀臣，而臣有何面目复见国人！"倏地起身，奋力向殿中廊柱撞去，顿时毙命。

众人正在悲伤慌乱，侍卫进来告知曹彬之意。李煜仰天叹道："唉，悔不该杀了林仁肇与潘佑！"可后悔归后悔，还是立刻取笔写了降表，叫宫中总管拿出国玺与江南图籍，率群臣出宫去见曹彬。

曹彬下马接过降表、国玺、图籍，好言抚慰道："既已纳降，你我便是同僚。陛下反复谕告，须保证你的安全，你自可放心。你回宫收拾行装，召集大臣，两日后在城外码头汇集，由水路赴京。如此可好？"

"将军能否宽限几日，让罪臣告别先人陵墓？"

"不行！大军南征旷日持久，陛下令我等克城即归，岂能一误再误？"曹彬一脸肃然，斩钉截铁地回答。

李煜君臣去后，潘美满脸疑惑地对曹彬说："曹兄焉得放李煜回宫？若他自戕，如何向陛下交代？"

"李煜优柔寡断，贪生怕死，既已乞降，必不会自杀。潘兄无须多虑！"

果然，两天之后，李煜与江南旧臣及子弟共二百五十四人，按时来到江边码头。曹彬一一清点，突然问道："徐铉何以未到？"

"徐铉现仍在广陵家中，为母守丧，故未能赶到。"李煜回答。

曹彬沉思一会儿，唤过一名将领，令他率两百禁兵，速往广陵礼请徐铉，另乘船赴京，并郑重交代："尔等对徐先生一定要以礼相待。陛下曾说，江南诸臣，唯徐铉与林仁肇可称俊彦也。异日必得大用！"

张洎、汤悦等一班江南降臣听了，不禁垂首默然。

正是江南的雨季，淫雨霏霏，更显得一片愁云惨雾。李煜带着自己的嫔妃和大臣，一路迢迢赶往开封。就在赶往开封的路上，漫天的烟雨弥漫中，他写下了那首著名的《浪淘沙》：

帘外雨潺潺，春意阑珊，罗衾不耐五更寒。梦里不知身是客，一晌贪欢。

独自莫凭栏，无限江山，别时容易见时难。流水落花春去也，天上人间。

而这些，不过是他生命中苦难的开始而已。

开宝九年(976年)正月,春节过后不久,曹彬率大军凯旋。赵匡胤在明德楼接受献俘,宣诏赦免江南君臣之罪,接着册封李煜为右千牛卫上将军,封违命侯,册封李煜妻为郑国夫人,赐居集贤宅,其他官属一律量才授职。李煜君臣惶恐受诏,俯伏谢恩。

江南自李升篡吴,至李煜灭亡,共历三世、四十八年而亡。

赵匡胤知李煜藏有大量书籍,特令曹彬将其妥善包裹,悉数运回开封。这些宝贵的文献,为后来宋太宗赵光义诏编《太平广记》《太平御览》等大型类书,提供了极大便利。

献俘次日,赵匡胤在讲武殿召见南征军主要将领。曹彬、潘美皆着戎装,同往见驾。潘美带着几分艳羡的口气说:“此番平江南,曹兄功昭日月,举世无双。陛下曾许以宰相之职,真是可喜可贺!”曹彬答道:“潘兄所言差矣。江南之役,全凭皇上调度,诸将奋发,乃成其事。况且宰相品高权重,岂可轻易授之乎?”潘美大惑不解,追问其故。曹彬微笑说:“太原未平耳!”两人来到讲武殿,赵匡胤满面春风,褒奖诸将功劳,对曹彬说:“爱卿攻取金陵,秋毫无犯,功推第一。朕本拟授卿宰相之职,然太原刘继恩未下,故稍待之。”

潘美听了,忍不住望着曹彬扑哧一笑。赵匡胤觉得奇怪,问是何故,潘美道出实情,赵匡胤大笑不止,赐钱五十万给曹彬,作为补偿。

出殿后,曹彬欣然对潘美说:“人生何必为相?好官不如多得钱。”过了不久,曹彬被拜为枢密使。

第四十九章 定皇储光义遂愿 游故地太祖伤心

亡国之君的日子总是漫长的，但是没有想到的是，让他亡国的词曲，再一次为他惹来了杀身之祸。

宋太宗赵光义即位之后，李煜将自己写的一首《虞美人》交予小周后，没想到的是，这首词竟然阴错阳差地落到了赵光义的手中。赵光义一看，词中字字句句透露着对故国的思念：春花秋月何时了，往事知多少！小楼昨夜又东风，故国不堪回首月明中。雕栏玉砌应犹在，只是朱颜改，问君能有几多愁，恰似一江春水向东流。

宋太宗对待亡国君主可没有赵匡胤那样仁慈，于是便将李煜毒死了。可怜李煜因为诗词美人亡国，又因为诗词断送了性命，真是可悲啊！

赵匡胤自江南战事一开，整日忙于战事，三个多月没见过德芳和皇后。现在江南战事已经结束，心头无比舒畅，吩咐内侍通知御膳房，将晚膳送往延福宫。

宋皇后、德芳没想到赵匡胤会突然幸临，不禁喜出望外。德芳已八岁，个子长高了不少，对赵匡胤跪下叩首道："儿臣拜见父皇。"那神态动作，颇有几分成人的味道。

宋皇后微笑着接过赵匡胤的大氅，挂在衣架上。

三人在桌边坐下。一会儿，御膳房送来精美丰盛的晚餐。赵匡胤夹一块鱼翅放在德芳碗中，问道："德芳，告诉父皇，最近读了什么书？"

"师傅教我读《诗经》和《论语》。"

"那你背诵《诗经》的第一篇，让父皇听听。"

德芳放下筷子，正襟危坐，抑扬顿挫地背诵道："关关雎鸠，在河之洲；窈窕淑女，君子好逑……"字正腔圆，一字不差。

赵匡胤满意地摸摸德芳的头："好孩子，有出息，比你哥强多了！"

吃过饭，赵匡胤又考了德芳一些书本上的问题，叮嘱他不要贪玩，好好念书，便叫内侍送德芳回他自己的房中休息。

德芳走后，赵匡胤取过大氅，准备回寝宫。宋皇后一步抢在他前面，关住房门，哀怨地说："皇上难得来一回，这么晚了，还要走吗？"

赵匡胤望着风韵犹存的皇后，觉得有些内疚，默默将大氅挂上衣架，回到桌旁坐下。皇后掩饰不住内心的喜悦，连忙唤进宫女："告诉外面的侍卫，皇上今晚宿在延福宫。你们快去准备兰汤,供皇上洗浴。"

待一切都弄完之后,宫女悄然退下,房中只剩下赵匡胤和宋皇后。

香炉里燃起的沉香,淡淡地飘过来,赵匡胤坐在床沿上,忽然感到一阵不安。这时,双颊泛起红润的宋皇后走过来,轻声说:"皇上,安歇吧,时候很晚了。"说着,替他脱去鞋袜,宽衣解带,服侍他睡下。然后吹灭蜡烛,脱衣躺在他的身边。

黑暗中,赵匡胤感觉到宋皇后柔软的身体,慢慢贴了过来,纤细的手掌轻轻抚过他的胸肌,停留在他的腹部。赵匡胤的身体似乎有些感应,但那要害之处仍然无法昂奋。

事实上,自从去年病后,他就再也没有这方面的冲动,好像那雄性的生命,已无可挽回地消失了。因此,这一年来,他几乎总是独宿寝宫,而让宫中所有的后妃寂守空房。

赵匡胤觉得宋皇后的身体越来越热,两只乳房紧紧抵着自己的右臂,嘴里发出轻微的喘息声。他侧过身子,吻住宋皇后那发烫的双唇,又将手在她光滑如玉的肌肤上抚摸,试图调动自己的情绪。遗憾的是,一切都无济于事,他那里还是绵软如初,倒是宋皇后的身体开始扭动,喘息声也变得粗重起来。

赵匡胤懊丧已极,抽出手来,仰头躺下道:"罢了,罢了!"然后长长地叹了一口气。宋皇后怕他难过,安静下来,静静地依偎在他的身边。

房内无比寂静,就连彼此的心跳也听得清清楚楚。

第二天早朝,赵匡胤眼睛睁都睁不开。张琼见他脸色不好,扶他至偏殿休息。赵匡胤斜靠座背,望着他头顶上那个铜钱大的伤疤,问道:"张琼,你头上的伤怎样了?阴雨天是否感到疼痛?"张琼在廷中以死相谏,虽然卢多逊认为他冒犯君上,不宜留在宫中,但赵匡胤不为所动,仍让他担任旧职,负责大内警卫。

"不碍事,臣全身是伤,多一处也无妨。只是宰相被贬往郴州,臣心里疼!"对于赵普被罢相一事,张琼依然耿耿于怀。

见张琼还是一副愤愤不平的样子,赵匡胤倒也不介怀。张琼对自己的一片赤诚,他深信不疑。

"皇上,宰相临行前,臣曾前去送行。他言及皇嗣之事,深以为忧。臣也觉得他的忧虑不无道理,皇上当早日确定皇嗣。"

赵匡胤闭着眼睛,半晌没说话,沉默良久,问道:"赵普在郴州过得怎样?"

"宰相走后,杳无音信。在那种荒蛮之地,好能好到哪里去?"

"张琼,赵普长期患偏头痛。你叫太医配制几十副药,托人捎往郴州。"

“多谢陛下！”张琼心中大喜，立刻前去办理。

张琼一走，赵匡胤陷入了冥思苦想之中。最近一段时间，他的身体状况越来越糟，处理政事明显感到力不从心，尽管自己不愿承认，但衰老却已不可抗拒地到来了。为了国家社稷，确定皇嗣刻不容缓！

其实，关于此事，赵匡胤并非未曾考虑，只不过难以决定而已。确定皇嗣，他有三种选择：其一，按照母后的临终嘱咐，以光义为继承人；其二，依据旧例古法，立长子德昭为太子；其三，定次子德芳为嗣，令光义等人辅之。

从赵匡胤内心说，传弟毕竟不如传子，可问题在于：德昭资质平庸，缺乏帝王之才；而德芳年纪尚幼，孤儿寡母，极容易引起外戚专权，甚至是篡位夺权的大祸。宋贵妃之所以三番五次，求他将自己的父亲宋延渥从边关调回，难保没有这个心思。如此一来，三个选择其实只有一个，那就是赵光义。他不仅年富力强，为人持重老练，而且在大臣中颇有人缘，实为最佳人选。可是，皇位不传给亲生儿子，总觉得心中隐隐作痛。

赵匡胤站起身来，独自在殿中徘徊沉吟。大宋江山得之不易，无论如何也不能有半点闪失，如果我先传光义，令他再传德芳，不是两全其美吗？况且，我好生保养，多服补品，也未见得就不能长寿啊！他想来想去，终于作出了决定。

几天之后，赵匡胤正式颁诏，封皇弟赵光义为晋王兼中书令，另赐门戟，位在宰相之上；封弟弟匡美为魏王、皇子德昭为燕王、德芳为秦王。诏令一出，群臣欣然，只有德昭心存怨恨，而那卢多逊的如意算盘落空，却也无可奈何。

二月，吴越王钱弘俶带儿子钱惟浚入朝，觐见赵匡胤，庆贺大宋平定江南。赵匡胤遣长子德昭郊迎十里，赐居礼贤宅，并亲自在宫中设盛筵，款待钱弘俶一行，相见甚欢。席间又命钱弘俶与晋王光义叙兄弟礼。钱弘俶作为归降之臣，没想到会受如此礼遇，大为惶恐，满脸是汗，坚决推辞，赵匡胤方才作罢。

当时江南已平，南方诸国仅余吴越。卢多逊、吕余庆等大臣纷纷上表，劝赵匡胤扣留钱弘俶父子，以绝后患。

赵匡胤说：“朕观钱弘俶一贯温顺，江南一役中，倾其所有兵马，助我朝攻取江阴、宜兴、常州，其功甚伟。况且他又主动入朝，心怀坦荡。朕岂能不仁不义，留下千古骂名？”众人见赵匡胤心意已决，虽然心中惋惜，也只好作罢。

钱弘俶等人在开封住了一个月，因水土不服，常感不适。赵匡胤知道此事后，亲临探视，对他说：“南北风土不同，卿可早日还国，不必长居开封。”

钱弘俶感激涕零道：“多谢陛下垂顾。臣愿今后一年一贡，三年一朝，永守藩国之礼！”

赵匡胤道：“水陆迂远，无须定限期。只要爱卿心中有朕，亲睦中土，朕便颇感欣慰了。”

赵匡胤在讲武殿大摆筵席，为钱弘俶饯行。宴毕，赵匡胤令随身内侍将一个黄布包袱赐予钱弘俶：“爱卿路途寂寞。读后务请烧毁，勿泄与他人！”

出城之后，钱弘俶迫不及待地打开包袱，里面竟然是宋朝群臣要求扣留自己的奏疏，总共多达百余封。钱弘俶看过这些奏疏后，感怀泣涕，对着开封方向，恭恭敬敬地磕了三个头，才上车东归。

三年后，钱弘俶入朝，在宋太宗赵光义的威逼下，献出两浙国土军队，吴越亦归入宋朝版图。这钱氏父子的吴越国，自光启年间(885年至888年)入主杭州，中间经历了钱镠、钱元瓘、钱弘佐、钱弘倧、钱弘俶，共三世五主，历时百年，无论在五代还是十国，都是立国最久的地方割据政权。

赵匡胤因在宴席上多喝了几杯酒，头昏昏沉沉的，回到寝宫，躺在床上休息。这是一张新制的檀木大床，精美绝伦。赵匡胤闭着眼睛，嗅着那浓郁的、不绝如缕的檀香味，渐渐进入一种半睡半醒的恍惚状态。

突然，似乎是无意之间，那股熟悉的檀香，使他联想到一件久已忘怀的旧物。他翻身起床，在房中东找西寻，终于找到了那个他曾视如珍宝的檀香木锦盒。

赵匡胤暗自松了口气，脸上浮现出一丝笑容，双手捧着锦盒，小心翼翼地放在桌上，用一块丝绸，擦去表面久积的灰尘，慢慢地打开盒盖。一股檀木所特有的香气，迅即弥漫开来。

盒中是两册书，《舆地与兵法》和《浑天棍法六十四式》。赵匡胤取出书来，一页一页地翻阅。三十年前，龙兴寺广济大师赠书赠棍的情景历历在目。现在想来，广济大师当时的所言所为，无不含有深意，似乎他早已预知后来要发生的一切。莫非他真是下界的佛祖，有意点化自己吗？

当年，广济大师临别时曾以偈语相赠：“今当往北莫南行，他日黄袍自加身。削夺藩镇重文士，根除北患为子孙。”后来自己投奔郭威，掌握兵权，最终取得天下；现在藩镇彻底削弭，江南亦平定，大宋的江山稳如磐石。唯一遗憾的是，北汉仍在，燕云十六州未能收复。北患不去，于心不甘，实在有愧于广济大师的殷殷之情啊！

赵匡胤叹了口气，将手中的两册书放回锦盒，盖上盒盖，两眼盯着那个有些褪色的锦盒出神。时光确是无所不能的，它不仅能在不知不觉中，带走人的青春和生命，而且能冲淡一切，包括情感和记忆。当年得到广济大师的帮助，满怀感激，真心承诺，将来若有出头之日，一定扩建龙兴寺，使其成为天下闻名的大刹。可这些年来，自己却忘得一干二净了。

这天晚上，赵匡胤在寝宫徘徊沉思，到深夜才上床睡去。

第二天，他把赵光义召进宫中，对他说："光义，朕欲往襄阳龙兴寺一行，你以为如何？"

赵光义听了惊愕不已："陛下万金之体，朝中政事纷繁，岂可随意离京？"

"光义，三十年前，朕受龙兴寺之恩，曾有过许诺，不去一趟于心不安。况且江南已平，朝中安稳。朕从襄阳返回，顺便去洛阳拜祭父母的陵墓。今后须全力对付北汉，只怕无暇顾及了。"

停了一会儿，赵匡胤又说："光义，朕此番南行，往返大约三个月，其间就由你代朕主持朝政。为方便起见，你还是暂住宫中。延福宫旁边的广圣宫，长期闲置，你不妨就在那里处理政事。"

"陛下，我还是待在开封府衙吧，需要处理的公文，自可派人送往那里！皇宫大内，臣岂能轻易出入？这样的做法有违礼制，臣决不敢为！"赵光义坚决推辞。

"光义，不必拘谨。你又不是外人。何况朕的身体大不如前，将来你继承大统，迟早要入宫主政。朕之所以让你住在宫中，就是要明示天下，你就是朕既定的皇嗣！"

"陛下洪福齐天，万民所仰望，必能安康永寿，切勿轻出此言！"赵光义见他语中颇带伤感，连忙宽慰道。

"生死寿夭，自有定数，朕亦知非人力所能及也。你正当盛年，精力充沛，望多以国事为念，勉力为之。朕外出的这段时间，尤须尽心尽力，以免疏漏！"

赵光义自然一一应承。

初夏的南方，风和日丽，景色宜人，满山遍野的杜鹃花竞相绽放，远远望去，连绵的群山，宛如一幅无穷无尽的彩锦；清澈的河水依着山脚，曲曲折折地延伸，仿佛是一条轻轻飘舞的白绢。

在通往襄阳宽阔的驿道上，两辆并不十分华丽的黄色马车，正在不急不慢地行驶，前后各有十六名身着劲装的剽悍骑士充当护卫。这样的仪仗规模，在当时还不及一个出巡的节度使，谁也不会想到，其中竟是当朝的天子！

赵匡胤这次南行，意在故地重游，了却心愿，不想过于张扬。一路上或坐在后面的马车上，透过车窗欣赏着沿途美景，或与同车的吕余庆、张琼讲述当年投奔襄阳的旧事，显得兴致勃勃。

数十年来，像这样了无牵挂的轻松出游，还是第一次，更何况是以帝王之尊重游旧地，心情自然格外好。本来漫长难捱的旅程，因心情愉快而变得饶有兴趣。不知不觉，襄阳城已遥遥在望。

马车驶近城门，现任襄阳节度使高防、知州李符等数十名地方官员，接到皇上出巡岘山的消息，早早地肃立路旁，恭迎圣驾。

张琼跳下车去，令高防领路，一行人直趋节度使衙署。那里是赵匿胤在襄阳的下榻之处。

下午，高防在府中设宴，为皇上接风洗尘，还邀请了一些当地的重要官员和名流出席作陪。赵匡胤穿着便服，满脸笑容坐在席间。那些有幸参加宴会的人，无不兴奋有加，虔诚叩拜。对他们来说，能亲近皇上，一睹圣容，实在是千载难逢的喜事，足可以光宗耀祖，令世人羡慕。

赵匡胤挂着一脸的笑容，跟作陪的宾客寒暄着。无意中瞥见一位老者坐在桌旁，落落寡欢，与众人的热烈情绪形成极大的反差，心中感到奇怪，便低声问身旁的高防："那位是何人？"

"启禀陛下，那位是退职的襄阳防御使王彦超，现定居此地。"

赵匡胤一愣，随即脸上浮现了一抹半是戏谑、半是哀悯的笑意，对高防道："你速去替朕唤他前来。朕数十年前，和王将军颇有渊源呢！"

王彦超前来出席宴会，其实很想看看皇上，与三十年前有何变化，但又怕皇上因旧事怪罪自己。正在犹豫，高防来唤他，只好硬着头皮走过去，双膝跪下道："罪臣王彦超见过皇上。祝皇上万岁，万岁，万万岁！"

赵匡胤哈哈一笑："王将军乃朕的故人，何罪之有？快起来，赐座！"

高防搬过一张凳子，扶他坐下。赵匡胤仔细端详，王彦超身子臃肿，须发皆白，老态毕现，感慨万分道："朕记得王将军今年高寿六十六。没记错吧？"

"皇上真是好记性！臣六十有六，行将就木矣！"

"王将军老家在大名，为何退职后不返归故里？"

"臣在襄阳任职数十年，已习惯这里的一切。老家又无甚亲人，乃定居此地，聊度残生而已。"

赵匡胤望着敛首低眉的王彦超，突然问道："三十年前，朕不远千里投奔于你，王将军何以不愿收留？"

王彦超心里"咯噔"一下，慌忙站起，拱手肃然作答："皇上恕罪！蹄涔之水，安可容神龙？若当年皇上留在襄阳，岂有今日？"

"哈哈！王将军应对机敏，果然不同一般！"赵匡胤捋捋须髯，含笑道："王将军，当年你虽未收留朕，却送了朕二百两银子。朕现赐你白银二万两，大氅一袭。望你无灾无病，安享晚年！"

王彦超磕头谢恩。君臣饮酒同乐，尽欢而散。

第二天清晨，赵匡胤一行，动身前往龙兴寺。张琼担心赵匡胤的身体，执意让他乘马车。于是，他乘着马车越过城南郊野，来到岘山脚下，随后改坐抬竿上山。

赵匡胤坐在四人抬着的抬竿上，一晃一悠地过了松林间的小径，望见龙兴寺那一片建筑，竟有一种近乡情怯的激动。他一挥手，示意跟在身边的张琼和高防停下。两人赶紧令轿夫放下抬竿。

“朕乃龙兴寺的俗家弟子，如今返寺参谒，当步行以示敬意。”赵匡胤走了两步，转过身来，双手叉腰，俯瞰那一片葱郁茂密的松林，凝视良久道：“……树犹如此，人何以堪啊！”又指着双脚所履之处说，“高将军，此处可立一块石碑，上刻‘文武百官至此下马下轿’字样，不得有违！”

“臣遵旨！”高防恭恭敬敬地应道。

众人簇拥着赵匡胤，缓缓走近寺门。觉慧大师身披袈裟，与弘忍一道迎了出来，竖掌敛首道：“贫僧觉慧、弘忍，恭迎皇上和各位施主。”

先行抵达的吕余庆，也忙向皇上请安。

话音刚落，张琼跨前一步，对着弘忍单腿跪下：“弟子见过大师！”慌得弘忍连忙上前扶起：“张将军万勿如此，别折煞贫僧了！”

觉慧神色清朗道：“张将军乃贫僧俗家兄弟，弘忍乃贫僧同门师兄，彼此皆是同辈，不可乱了礼数！”

赵匡胤走上前道：“说得好！此番朕重返龙兴寺，为的就是尽师徒之礼、兄弟之谊，准备在寺中小住几日，还望各位兄弟不要拘谨。——李良，你速领朕去拜谒广济大师的灵塔。当年他老人家授朕以棍法、兵书，对朕可谓恩重如山！”

“皇上，贫僧法号觉慧，乃先师所赐。望勿再称俗名。”觉慧抬脚向后山走去，赵匡胤等一大群人，跟在他的后面。

龙兴寺的塔林，建在后山的山坳里，四周是成片的古柏，显得幽邃而肃穆。塔林由数十座白色的灵塔组成，寺中历代住持的灵骨，火化后葬在这里，是历代高僧灵魂的安息之所，也是龙兴寺所有僧人心中的圣地。

来到塔林的边缘，觉慧停下脚步，脸色凝重地说：“各位请止步，以免打扰本寺历代祖师的清净。”

赵匡胤神色肃然，跟在觉慧身后默默走了进去，在一座看上去极为平常的灵塔前站住。那就是安放广济大师灵骨的舍利塔。

赵匡胤亲手点燃一炷香，双膝跪下，虔诚地叩了三个头，说：“广济大师，俗家弟子赵匡胤，昔日承蒙厚爱，赐以兵书、棍法，指点迷津，使弟子终成大业。现弟子专门从京城来此拜谒，并献白银十万两、香油一万斤，以襄功德，以扩寺庙，履行弟子三十年前的承诺。请大师明察，并保佑我大宋社稷、黎民百姓！”

赵匡胤将手中的香，插在塔前泥土中，半晌无语。直待一炷香烧完，方才与觉慧一同归去，当晚便宿在寺中。

由于旅途劳顿,再加上拜过广济大师灵塔,心境安详,赵匡胤晚上睡得特别香。一觉醒来,天已大亮。推开窗户,一股清新凉爽的空气迎面而来,令人心旷神怡。他在随从侍卫的服侍下穿好衣服,活动了一下手脚,觉得精神格外好。

这时,忽然听到寺内大院中,传来一阵闹哄哄的声音,不知道发生了什么事,径直往院子里走去。

原来是弘忍在教僧众练习射箭,觉慧、张琼、高防都站在旁边观看。年过半百的弘忍,兀自身形矫捷,向僧众讲解过一遍要领后,弯弓搭箭,"飕"的一声,那箭矢快如闪电,直奔百步以外的箭靶,正中靶心。顿时,数十名少年僧人齐声喝彩,叫好声响成一片。

弘忍一眼看到人群中的赵匡胤,连忙过去道:"让陛下见笑了!"见赵匡胤一副跃跃欲试的神情,回头对众人道:"贫僧这点武艺算得了什么?皇上天生神力,十八般武艺无一不精,当年打遍天下无敌手,那才叫真功夫呢!"

"那就请皇上表演一下射技,让我等开开眼界吧!"院中的僧人,多是些十来岁的孩子,也没有任何顾忌,纷纷叫喊着,要皇上露一手。

赵匡胤自从登基以来,习武时断时续,可一来他此时心情特别好,二来孩子们的喊声激起了他的信心。他微微一笑,接过弘忍递过来的弓箭,走到场中,对众人道:"朕已久未习弓马,且年老体衰,不可再提当年之勇。若丢了丑,你们可不要笑话!"

觉慧见他持弓上场,身形已是大不如前,心中暗觉有些不妥,却又不好阻拦,只能暗暗担忧。

赵匡胤脱了外衣,舒展一下身子,随即将箭扣在弦上,左手持弓,右手拉弦,暗中用劲。那弓只是略微弯了一弯,却仍未张满。赵匡胤心中一急,脸憋得通红,用尽全身的力气,终于拉满了弦,瞄准靶心,右手一松,那支脱弦的箭呈抛物线向前飞行。可是由于力道不够,在木质的靶上碰了一下,慢慢坠落下来,掉在地上。

院子里一片死寂,谁也不敢发出半点响声。赵匡胤尴尬地站在那里,脸色极为难看。

觉慧见此情景,走过去大声说:"该吃斋饭了,快去斋堂!"僧众霎时散去。

闷闷不乐地吃过斋饭,赵匡胤对觉慧说:"朕心中烦闷,你陪朕出去走走吧。"随从的侍卫也想跟着去,赵匡胤挥手制止。

张琼见众侍卫脸露担忧之色,道:"有觉慧大师在皇上身边,你们尽管放心。他给皇上当侍卫的时候,你们还没出生呢!"

两人出了寺门,一前一后,谁也没有开口说话。走上松间小径,赵匡胤放慢脚步，等觉慧走近，摆弄着手中的折扇说：“觉慧，龙兴寺在你手中修缮一新，规模也扩大了不少，其功甚伟啊！”

“皇上这些年定荆湖、平蜀中、取南汉、克江南、统一海内，四方慑服。如此功业，谁可比肩？”

“北患未除，焉称统一海内？”

两人又陷入了沉默，但闻松涛阵阵，鸟鸣啾啾。走到小径尽头，折而向东，是去岘山山顶的道路，地势转陡，赵匡胤感到吃力，便驻足小憩。

觉慧缓缓道：“人生本如苦海，彼岸方是净土，脱离苦海，又何足悲哉？倒是道鉴师徒数人，至今依旧囚于大牢。皇上曾许以宽赦，言出不行，恐有愧于贫僧吧。”

“他们行刺君上，罪不可赦！朕当时因你之请，已经饶其性命，又岂能放虎归山？”提起此事，赵匡胤仍旧气愤难平。

“其实爱恨本乃空无，全因心障而起。心障一消，爱恨何在？何况数年牢狱，也足以抵其罪孽了。皇上还是以慈悲为怀吧！”

赵匡胤心有所动，却并未接腔。

登上山顶，赵匡胤围着“羊祜碑”绕了一圈，手抚碑顶，感慨地说：“当年朕在此碑前怀忧嗟叹，担心空掷光阴，一事无成，何曾想到后来的一切呢？”他只顾说话，一不小心，手中的折扇被风吹向山崖，在空中飘荡。觉慧纵身掠出，犹如展翅的大鹏，在半空中抓住悠悠下坠的折扇，然后顺势一个鹞子翻身，双脚在石崖上轻轻一点，就回到了原处。动作身形的轻灵舒展，令赵匡胤钦佩不已。

赵匡胤接过折扇，望着心定气闲的觉慧说：“你也是四十六七岁的人了，怎么颜面一如往昔，身手也依然那么矫健？难道真有佛祖保佑不成？”

“贫僧无贪无欲，除了念经习武，便了无牵挂，哪有皇上那么多的军政大事？若皇上三十年前留在岘山，今日的身手岂在贫僧之下？”

赵匡胤黯然，远眺汉水和雄踞一方的襄阳古城，喟然说道：“天下事难得两全。即使时光倒流，朕亦断不会改变选择，此乃命中注定也。千百年后，谁复知朕之心乎？”

转眼赵匡胤在寺中住了七日。尽管他心里不愿下山，但终究必须离去。

第五十章　宋妃抱枕频传怨　烛光斧影叹萧墙

觉慧、弘忍送到寺外，恋恋不舍，依依惜别，但是张琼迟迟没有出寺。就在人们纳闷的时候，只看到张琼光着头，一身灰色僧袍，双掌合十，从寺里面走出来，这样的场面让众人目瞪口呆。

张琼走到赵匡胤的面前，扑通跪下说道："皇上，臣原本就是一介莽夫，有幸得皇上垂青，陪伴皇上左右。但是臣下心慕佛门，并且没有妻儿，孑然一身。臣愿意从此之后与山林古寺为伴，度过余生。希望皇上可以成全臣下的心愿！"

"张琼，朕的确是有愧于你，但是朕从来都将你视为兄弟。你怎么可以如此绝情，竟然要离开朕呢？"赵匡胤脸上的肌肉不停地抽搐着，就连说话的声音也变得颤抖了。

"皇上的心意臣明白，但是天下没有不散的筵席！臣之所以出家，并非负气，也并非心有怨言，只是因为当年臣因为复仇一时失了心智，竟然将孙道英一家赶尽杀绝，就连吃奶的孩子都没有放过。这么多年来，那双无辜的眼睛，一直日日夜夜看着我。臣下自知罪孽深重，只有这佛门净地，才可以洗去这满身的冤孽，希望陛下可以成全臣！皇上若不答应，臣就会立刻死在你的面前！"说着，将刚剃的光头朝地上狠狠地叩去，一下、两下、三下，砸得地面咚咚直响，殷红的血汩汩而下，染红了坚硬的地面。众人瞪大了眼，谁也不敢去劝阻。

赵匡胤的脸色变得非常凝重，颔下的须髯簌簌抖动，紧紧地盯着张琼，半晌才猛地一甩手，大声吼道："好了，你们全都留下，只要朕一个人回京城就是了！"转身登上抬竿，挥手说，"走，下山！"张琼立刻爬起来，顾不及擦去满脸的鲜血，跪倒在轿子前面，哽咽着说道："皇上，臣有负于陛下。陛下，您多保重啊！"

抬轿杆的依旧是那几个轿夫，但是赵匡胤明显感觉比上山的时候晃得更厉害了。每一次晃动，就意味着离开龙兴寺、觉慧、张琼又远了一步，他心中的沉重，也随之加了一分。他明明知道张琼他们依然还在山上眺望，但是始终没有回头再看一眼。

今生今世，只怕是再也不会来到龙兴寺，再也见不到这些出生入死的好兄弟了！赵匡胤紧闭双眼，一把抹去眼角两行浑浊的泪。

赵匡胤一行，经唐州向北，一路上因天气转热，到达洛阳，已经是六月中旬，盛夏已经来临。

洛阳是大宋的西京，建有专门的行宫，赵匡胤前几次来省墓的时候，都居住在这里。这座行宫建于乾德初年，坐落在洛阳城正北，凤阁楼台，飞檐碧瓦，除了规模较小之外，丝毫不亚于东京的皇宫，堪称洛阳最有气势的建筑。

赵匡胤在宫中休息了几天，召石守信来行宫见面。

自从石守信交出兵权之后，从来都不过问政事，一心敛财礼佛，把自己养得白白胖胖的，就像一尊弥勒佛一般。他行过叩拜礼之后，在赵匡胤左侧的椅子上面坐下来，说道："臣闻皇上南巡襄阳，一路辛苦了。皇上，李良现在怎么样了？臣已经有十几年的时间没有见到他了，真的非常想念。"

"他依旧是老样子，精力充沛，身手更胜往日了。龙兴寺真的是一块风水宝地，比朕的皇宫强上百倍，所以他当年毅然决然的回到寺中，现在就连张琼也都留下不回来了。"一说起张琼，他就不免伤感。

"皇上不必难过，人各有志。皇上还是不要伤心了。"

"你不要再安慰朕了。这些出生入死的兄弟死的死，走的走，朕现在真是变成了孤家寡人！"

石守信眯着眼，微微一笑道："其实只要皇上愿意，有一个人肯定会回到皇上身边。""谁？"

"赵普！赵宰相为大宋江山殚精竭虑，立下汗马功劳，但是却被贬往郴州，臣也替他打抱不平。如果皇上深思故人，为什么不将其召回呢？"石守信抓住机会替赵普鸣怨。

赵匡胤陷入沉思，久久没有说一句话。

第二天，石守信等人陪同赵匡胤往城东拜祭安陵。

赵匡胤在父母的陵前，亲自摆放好祭品，点燃香烛，叩拜之后，依旧跪在地上，迟迟不愿意起来。他默默回忆着父母生前的容貌，暗暗叹道："人生易老，只怕是今生今世难以再来朝拜安陵啊。真是太可悲了！"赵匡胤悲从中来，不禁潸然泪下。

石守信叩拜之后，站在一旁，见赵匡胤的行动缓慢，目含忧戚，也不禁暗自感叹："皇上已经老了！"

过了很久，赵匡胤才控制住情绪，直起身子，一步步登上墓台，默默地注视着远方，脸色变得十分沉重。整整观望了半个时辰，才缓缓走下墓台，面朝安陵的西北方向，走了两百步，终于开口说了第一句话："这个地方就是朕以后的陵墓所在地。朕在他们生前没有尽孝道，死后愿意永伴父母身边，朝夕陪侍。朕的陵墓就叫做‘永昌’,与安陵合为‘安昌’。愿我大宋江山永在,国民安昌!”

自从赵匡胤离京,赵光义就遵旨入住广圣宫,替皇兄处理政事。赵光义与宋皇后可谓是日久生情,赵光义起初对皇后的热情甚感惶恐。但是宋皇后因为身份较为特殊,在赵光义继任国君的大事上,起着举足轻重的作用,是绝对不可以得罪的。这样,两个人的关系就更加亲密了。

终于,赵匡胤从洛阳返回京城。赵光义去郊外迎接,见赵匡胤神情萎靡,印堂发暗,比离京的时候显得更加衰老了,心里一阵酸楚,表情显得非常不自然。赵匡胤哪里会想到其中的奥秘?回到宫中,对他说:“光义,朕这一次外出,旅途劳累,感觉自己的精力已经大不如从前了,所以想要你继续留在宫中,总理朝政。你感觉怎样?”

赵光义的内心十分矛盾,想了想说:“陛下,我可以在白天的时候进宫,帮助皇上处理日常事务,晚上的时候还是回府歇息吧!”他实在没有勇气面对皇兄与宋皇后,尤其是在看到赵匡胤如此这般衰老之后。

也许是因为外出的时间太长,身体透支太严重;或许是因为数十年持续高度紧张的生活,一旦松弛下来就再难以恢复。总之,自从赵匡胤回京之后,一直打不起精神,每天神思恍惚,目光呆滞。

就这样恹恹地过了一段时间,直到九月底,终于一病不起。

赵光义满怀怜悯加赎罪的复杂心情,日夜侍奉在他的床前。

这一天,天气转晴,赵匡胤感觉精神好一点了,吩咐光义把自己扶起来,倚在床头,慢慢说道:“光义,朕看你龙行虎步,有一副太平天子的相貌。我赵氏的天下得来不易,你一定要好自为之啊!”

赵光义坐在赵匡胤床头安慰道:“陛下没有什么大病,即日就可痊愈。你就放心修养吧。”

赵匡胤越是对自己信任亲密,他越是感到自责内疚。

“光义,朕的病自己心里有数。更何况人都有一死,只是早和晚的事情而已,何须顾忌?”赵匡胤停顿了一下,又说,“开封地处四塞,朕本想迁都长安,倚山带河,裁减冗兵,认为这才是长治久安的计策;只可惜身罹痼疾,这个愿望是很难实现了。”

“治天下在德不在险,又何必一定要迁都呢?”

“唉,你熟读史籍,怎么眼光如此短浅?若是定都开封,想要守住江山需要大量禁兵,只怕不到百年的时间,天下就会民力衰竭!你应选择适当时机迁都,不要再犹豫了。”

赵匡胤闭上双目,仰着头,继续说道:“当下朝廷内外没有一员骁将,朝廷内更无良相。朕反复思考,北汉杨业,熟谙军阵,武艺绝伦,可以招降作为己用,授以攻城野战之任;赵普,虽然非常喜欢钱财,但是忠心耿耿,处事干练,可以再一次宣召回宫,恢复宰相之职。如此则才尽其用,才可以安邦定国。”

赵光义见他说话吃力,想要扶他躺下休息。赵匡胤说道:“不要急。朕还有三件事情需要告诉你,你要仔细听着:

其一,周室柴氏子孙,有罪不能加刑,即便是谋反,也只能是在监狱里赐尽,不能在市曹刑戮,更不可以连累亲属。

其二,读书人就是国之根本,国之栋梁,直谏者就是国之忠良,千万不要杀士大夫和上书言事的人。

其三,南人本性懦弱心计较深,千万不能任职宰相。我赵氏子孙世世代代都是君者,不遵此誓,天必殛之! 光义,你赶快跪下,对天发誓!”

赵光义只好跪下发誓,谨遵此诫。

赵匡胤又非常郑重地说道:“你一定要将这三诫,镌于石碑,立于密室,将来传授于子孙。切记,切记!”说完这些已经是气喘吁吁,就让赵光义服侍睡下了。

十几天过去了,赵匡胤的病情一天天恶化了,咳嗽不止,一连几天都是滴水未进,脸色蜡黄,皱巴巴的皮肤显得有些松弛,就像一个水分不足的柿子,难看极了。面对此情景,文武大臣、皇后、皇子,都已经惶恐失色。御医们几次会诊,均无良策。

开宝九年(976年)十月二十,赵匡胤昏迷不醒,躺在龙榻上,呼吸急促沉重。赵光义与宋皇后面露愁容,守在床头不肯离开。

寝室内外一片沉寂,充满着哀伤与死亡降临的气息。

迷迷糊糊之中,赵匡胤看到慕容延钊与韩令坤一身戎装朝着自己走了过来,面带笑容,称呼他三弟。

此时的赵匡胤似醒非醒,想着刚才的一幕,心中充满了美好的感觉。他觉得身子酸痛,换了一下睡姿,无意中侧身一望,瞬间就像雷击一般,周身的血液好像都已经凝固了:赵光义与宋皇后非常亲昵地抱在了一起!

此时已经是后半夜。赵光义与宋贵妃二人,见赵匡胤气如游丝,以为他一时半刻不会醒来;更何况赵匡胤已经是一个快死的人了,二人也没有什么顾忌了,旧情萌发,略示亲热。没想到赵匡胤突然睁眼坐起,两人顿时惊呆了!

赵匡胤不知道哪里来的如此大的力气,顺手拿起床边那把用来镇邪的斧头,怒呼一声:“你们……这两个畜生!”用力地扔了过去。那斧头带着响声,在空中划了一道优美的弧线,撞在墙上,震得室内烛光猛烈地摇曳起来。随后,赵匡胤的身体就像山崩一般,轰然倒下。

此时，万岁殿内，顿时发出一阵阵的哭声。在这嘈杂的哭声中，纵横天下数十年的一代君主赵匡胤，走完了他一生的历程。他的灵魂，却超越了这尘世的喧嚣，飘向苍冥的天界，飘向神秘的彼岸。